사회복지실천론

남연희 · 박영국 · 도기봉 · 김연진

KNOWLEDGE COMMUNITY 공동체

사회복지사를 꿈꾸는 사람들은 다양한 동기에 의해 사회복지를 접하게 되지만, 실상 그 공부를 하게 되면 아무나 사회복지사가 될 수 없다는 것을 알게 된다. 말하자면 전문가가 되기 위한 과정은 단지 책으로만 배울 수 없음을 알게 된다는 것이다. 사회복지사가 되고자 하는 독자들에게 필자가 이야기하고 싶은 것은 누군가를 도와주는 역할을 수행하기 위해서는 스스로를 확인하고 스스로를 바로 세울 수 있는 통찰과 인내가 필요하다는 것이다. 사회복지 학문은 하루가 다르게 변화되는 현대사회의 일상처럼 변화무쌍하게 바뀌어 가고 있다. 이처럼 사회복지를 공부하고 연구하고 실천하는 우리들에게 필요한 것은 끊임없이 자신을 개발하는 일이다.

중언부언하며 머리글을 열면서 이 책을 접하는 독사들에게 하고 싶은 말은 우리가 스스로를 알고 스스로를 채워나갈 때 진정한 사회복지실천을 펼쳐나갈 수 있다. 하지만 사회복지사로서 기초지식이 부족하다면 실천가로서의 역할수행은 불가능할 것이다. 따라서 이 책은 사회복지를 전공하는 학생들에게 사회복지실천을 보다 쉽게 이해하기 위한 길잡이가 필요하겠다는 동기에서 집필하게 되었다. 나아가 이 책은 사회복지를 전공하는 학생이나 사회복지관련 전문영역에서 활동하는 구성원들에게까지 사회복지실천에 대한 정보를 제공해 주는 유용한 안내서가 되기를 희망한다.

이 책은 총 11장으로 구성하였으며, 각 장의 주요 내용은 다음과 같다. 1장은 사회복지실천에 대한 이해로 사회복지실천과 관련된 개념들을 제시하였다. 2장은 사회복지실천의 가치와 윤리, 3장은 사회복지실천의 과학과 예술, 4장은 사회복지실천의 발달과정, 5장은 사회복지실천의 기본 관점, 6장은 사회복지실천현장, 7장은 사회복지실천의 관계, 8장은 사회복지실천 대상, 9장은 사회복지실천 접근방법, 10장은 사회복지실천 면접과 기록, 11장은 사회복지실천과정으로 구성되었다.

그리고 이 책은 사회복지사 1급을 대비하여 그동안 자주 출제되었던 문제들을 반영하여 집필하였다. 따라서 사회복지사 1급 문제풀이를 위한 기본서로서의 내용을 담고 있다. 출판에 이르고 보니 아직도 부족한 부분을 느끼게 된다. 이러한 부분은 개정판을 통하여 더 보완해나갈 것이며, 끝으로 출판을 도와주신 모든 분들께 깊은 감사를 드리며, 도서출판 공동체에도 감사를 드린다.

대표 저자 남연희

차 례

chapter 04 사회복지실천의 발달과정

chapter 05 사회복지실천의 기본 관점

chapter 06 사회복지실천현장

chapter 09 사회복지실천 접근방법

chapter 01

사회복지실천의 이해

chapter

01 사회복지실천의 이해

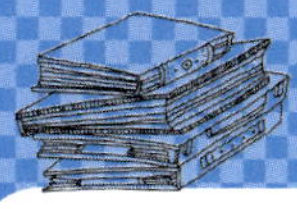

1. 사회복지실천의 개념 및 정의

우리는 일상생활 속에서 사회복지라는 용어를 자주 사용하고 있지만 그 의미에 대해서는 시대나 학자에 따라 용어에 대한 설명이 조금씩 상이하며, 오늘날까지도 일관된 정의를 제시하기는 어려운 상황이다. 사회복지(Social welfare)에서 "welfare"는 만족스러운 상태, 건강과 번영, 안녕의 의미로 사용되어지고 있다. 여기에 "Social"이란 형용사를 붙이면 사회적으로 행복한 상태를 뜻하게 된다. 즉, 개인의 행복만을 추구하는 것뿐만 아니라 사회구성원 모두의 행복을 추구하기 위한 노력을 의미한다. 여기에서 사회복지란 누구나 행복을 누릴 권리와 존엄성이 있다는 이상과 "fare"라는 동사가 말해주듯이 그 이상을 지향하는 실천상태, 즉 구체적 제도나 서비스는 사회구성원의 집합적 활동에 의해 이루어져야 한다는 것이다. 여기서의 행복은 비단 물질적인 풍요만을 뜻하는 것이 아니고 신체적·지적·정신적 발달의 기회를 누구나 가질 수 있는 상태도 함께 의미하는 것이다.

이처럼 사회복지라는 용어 속에는 크게 두 가지 차원의 의미가 내포되어 있다. 하나는 사회구성원 모두가 복지를 누리는 상태, 즉 사회적 안녕상태(social well-being)의 의미이고, 다른 하나는 그런 안녕상태를 만들기 위한 사회의 총체적 제도 및 노력의 의미이다. 첫 번째 차원인 사회구성원 모두의 복지상태 또는 안녕상태라고 하는 것은 사회구성원 모두가 기초적인 생활욕구들을 큰 문제없이 충족하면서 최소한의 인간다운 생활을 해나가는 데 필요한 신체·심리·정서·사회·경제적 자원들을 기본적으로 누리는 상태이다. 두 번째 차원인 사회적 노력은 사회구성원 모두가 안녕상태를 누릴 수 있도록 하기 위해 사회가 취하는 가능한 모든 조치를 말한다.

따라서 사회복지의 의미에는 사회·경제적 강자의 부가 복지국가라는 체계의 작동에 의해 약자에게로 이전되는, 사회자원의 적절한 배분이라는 요소와 함께 사회구성원 모두가 부당한 차별과 억압 없이 생활한다는 사회적 형평성의 요소도 포함되어 있는 것이다.

사회복지의 개념을 나누어 살펴볼 때 사용한 사회적 안녕상태와 그 상태를 이루기 위한 사회나 국가의 노력을 동시에 포괄하는 것이다. 우리가 흔히 '사회복지가 잘 되어 있는 나라'라고 하는 나라들을 보면 사회복지의 상태도 좋은 나라이고 그런 상태를 만들기 위한 제도나 노력 또한 잘 되어 있는 나라들이다(엄명용 외, 2008).

그렇다면 사회복지실천은 무엇을 의미하는가? 이는 사회복지실천활동을 의미하며, 사회복지실천활동이란 사회구성원 모두의 안녕상태를 지향하는 사회의 집합적·조직적 노력이다. 사회복지실천(social work practice)은 사회복지사가 사회적 안녕상태를 이루기 위해 필요한 구체적 서비스들을 그 서비스가 요구되는 현장에서 실천에 옮기는 작업이다. 이 작업은 보통 사회복지사가 사회복지서비스 대상자(client)를 직접 만나서 실천하는 일이기 때문에 직접실천(direct practice)이라고 불린다. 다시 말해, 사회복지실천은 다양한 사회복지실천현장에서 사회복지사가 어떤 활동을 어떻게 해야 할 것인가에 대한 내용, 즉 사회복지실천 방법에 관해 상세히 살펴보는 분야이다.

사회복지실천(social work practice)은 용어에서도 알 수 있듯이 사회복지의 실천적 의미를 강조한다. 사회복지실천은 사회복지사가 개인, 집단, 가족 그리고 지역사회를 대상으로 하여 이들이 자신들의 문제와 욕구를 스스로 해결할 수 있도록 도와주어서 이들의 사회적 기능을 향상시키고 배분적 사회정의를 실현하는 것을 목적으로 하는 종합적이며 전문적인 활동이다.

사회복지실천에 대한 가장 고전적인 정의는 리치몬드(Richmond, 1922)에 의해 제시된 개별실천(social casework)에 대한 정의이다. 『개별실천이란 무엇인가(What is Social Casework?)』라는 책을 통해서 사회복지실천을 개개인 그리고 사람과 그 사회환경 사이에서 의식적인 조정을 통해 개개인의 인격발달을 이루어가는 과정으로 정의하였다(Richmond, 1922).

전미사회복지사협회(NASW, 1982)의 사회복지실천의 정의를 살펴보면 다음과 같다.

1) 인간과 사회환경 간의 상호작용을 보는 생태체계적 관점에 기초하여 개인, 집단, 가족이 자신들의 문제해결능력과 대처능력을 향상시킨다.
2) 인간이 필요로 하는 사회자원, 서비스, 기회 등의 환경체계가 원활하게 상호작용할 수 있도록 도와준다.
3) 자원과 서비스를 제공하는 다양한 사회복지기관이나 조직이 클라이언트에게 보다 좋은 서비스를 제공할 수 있도록 효과적이고 효율적인 운영을 추구한다.
4) 새로운 사회정책의 개발과 향상을 목적으로 하는 실천활동이라고 정의한다.

즉, 사회복지실천활동을 개인, 집단, 지역사회로 하여금 그들 각자의 사회적 기능을 증진, 복구시키며, 그러한 목적에 합당한 사회적 조건들을 스스로 만들어갈 수 있도록 돕는 전문적 활동으로 정의하였다(NASW, 1973).

사회복지사 국제연맹(IFSW, 2000)은 사회복지실천가의 사회복지실천을 위한 노력으로 다음을 제시하고 있다. 첫째 약자의 권익증진을 위해 사회변화를 촉진한다. 둘째 인간관계 내 문제해결을 촉진한다. 셋째 개인의 복지증진을 위해 개인의 역량강화와 함께 개인을 차별과 억압으로부터 해방시키기 위해 노력한다. 이러한 노력과정에서 사회복지실천가는 인간행동과 사회체계에 대한 지식을 활용하여 사람들이 그들의 환경과 교류하는 지점들에 개입한다.

사회복지실천에 관해 펄만(Perlman, 1957)은 사회복지실천의 구성요소를 분석하여 문제(problem), 사람(person), 장소(place), 과정(process) 등의 4－p로 요약하였다. 이 4－p는 사회복지사가 클라이언트, 클라이언트가 처한 상황, 사회복지적 개입을 행하는 기관 등과 관련한 사고들을 체계적으로 조직화하는 수단으로 지금까지 많은 사회복지실천가들에 의해 유용하게 사용되어왔다. 펄만(Perlman, 1986)은 나중에 전문가(professional)와 제공자원(provisions)의 2－p를 추가하였는데, 전문가는 자격을 갖춘 사회복지사를 의미하며 제공자원은 클라이언트에게 제공되는 유형 및 무형의 서비스를 의미한다(엄명용 외, 2008).

이를 바탕으로 사회복지실천의 정의를 정리해 보면 다음과 같다. 즉, 사회복지실천은 문제(problem)를 가진 사람(person)이 사회복지기관 및 시설(place)에 왔을 때 사회복지사인 전문가(professional)가 그들의 전문지식과 기술을 바탕으로 사회복지실천과정(process)에 따라 지역사회 제공자원(provisions)을 활용하여 문제를 가진 사람(클라이언트)을 돕는 전문적 활동으로 정의할 수 있다.

2. 사회복지실천의 목적과 목표

1) 사회복지실천의 목적

사회복지실천의 목적은 사회복지실천이 가지는 궁극적이면서도 추상적, 관념적, 이상적 측면의 포괄적인 서비스의 사명에 대한 의도적 표현이다. 핀커스와 미나한(pincus & Minahan, 1973)은 사회복지실천의 네 가지 주요 목적을 다음과 같이 제시하고 있다.

첫째, 개인의 문제해결능력과 대처능력을 향상한다.

둘째, 사회자원과 서비스, 기회를 제공하는 체계와 연결한다.

셋째, 이 체계들을 효과적으로 그리고 인도적으로 운영하도록 한다.

넷째, 사회정책 개발과 발전에 기여한다.

전미사회복지사협회(NASW)에서 제시하는 사회복지실천의 목적은 시대에 따라 조금씩 변화되었는데, 1958년에는 인간과 환경 사이의 균형에 초점을 두고, 개인, 집단, 지역사회를 대상으로 이들을 돕는 역할을 강조한다. 그러나 개입대상이 모호하고, 원조자의 전문성이 결여된 듯하며, 개입기능보다 진단과 사정 기능이 두드러지고, 궁극적인 목적을 제시하지 않은 한계가 있다. 그러나 1977년과 1982년 두 차례에 걸쳐 사회복지실천은 인간의 삶의 질 향상을 위해 사람과 사회적 조직체가 사람들의 심리·사회적 기능이 향상되도록 그들의 행동을 변화시키는 전문적 활동으로 정의하고 있으며, 이는 개인과 사회 간에 상호성을 인정하고, 개개인의 삶의 질 향상에 초점을 맞추고, 개인과 환경의 관계를 회복하고 증진하는 것이 목적이나 대상이 너무 광범위하다는 한계가 있다. 1994년 정의에서는 사회복지실천을 인간복지의 향상, 빈곤과 억압의 경감, 최상의 삶의 질 향상을 위해 업무를 수행하는 전문적 활동으로 규정하고 있다.

미국사회복지교육협의회(CSWE, 2001)는 사회복지실천의 목적을 다음과 같이 제시한다.

첫째, 빈곤, 억압 및 기타 사회적 불평등을 경감시키고 인간의 복지를 증진시킨다.

둘째, 개인, 가족, 집단, 조직, 지역사회가 목적을 성취하고, 자원을 개발하며, 고충을 경감시키고 예방하도록 도움으로써 그들의 사회적 기능과 상호작용을 증진시킨다.

셋째, 기본적인 인간의 욕구를 충족시키고 인간의 잠재력 계발을 지원하는 사회정책, 서비스, 프로그램을 계획하고 수행한다.

넷째, 옹호 및 사회행동을 통해 사회·경제적 정의를 증진시키는 정책, 서비스, 자원을 추구한다.

다섯째, 사회복지실천을 발전시키는 조사, 지식, 기술을 개발하고 활용한다.

미국의 시카고에서 열린 NASW의 사회복지전문인 전국회의(1979)에서 『사회복지실천 목적에 관한 실질성명(Working Statement on the Purpose of Social Work)』(Social Work, 1979)에서 사회복지실천의 목적을 제시하고 있다(엄명용 외, 2008).

사회복지실천의 목적을 "모든 사람의 삶의 질 향상을 위해 개인과 사회 간 서로 유익한 상호작용을 촉진 또는 회복시키는 것"으로 정의하고 있다. 이 성명에 내포된 요소들을 살펴보면, 첫째, 모든 사람의 삶의 질을 향상시킨다는 데에 사회복지실천의 목적을 두고 있다.

둘째, 사회복지실천은 사회구성원과 사회체계 사이의 유익한 상호작용을 회복 또는 촉진시키기 위해 노력한다. 사회구성원 개인과 그를 둘러싼 사회체계 사이의 상호작용은 구성원의 사회적 기능이라는 개념에 의해 설명될 수 있다. 즉, 개인이 갖고 있는 각종 역량 또는 능력이라는 한쪽 요인과 주변환경의 요구 또는 기대라는 다른 쪽 요인 사이에 적절한 균형이 맞춰져 있을 때 개인의 사회적 기능이 잘 발휘될 수 있다. 사회적 기능을 향상시키기 위해서는 개인의 역량이나 능력을 향상시키는 방법이 있을 수도 있고, 개인 주변의 사회·물리적 환경의 조건이나 요구들을 수정 또는 조정하는 방법이 있을 수 있다. 개인에 대한 개입은 사전 예방서비스와 사후 회복을 위한 서비스가 있다. 사전 예방서비스는 개인 능력이나 자원이 훼손되기 전에 취약계층을 대상으로 적절한 서비스를 제공하는 것이다. 사후 회복을 위한 서비스는 신체·정신적 문제로 인해 사회적 기능이 이미 손상된 경우, 경제적 자활능력이 상실된 경우, 기타 일상생활이 어렵거나 불가능하게 된 사람들의 경우 그들의 능력복구를 위해 노력하는 것이다. 사회·물리적 환경에 대한 개입의 목적은 환경이 개인의 개별적 욕구에 적절히 반응하도록 하게 하거나 개인에 대한 환경의 요구나 기대를 낮추도록 하는 것이다.

개인의 사회적 기능을 향상시키기 위해서는 개인의 요소와 환경요소 사이의 상호작용과정에 적절한 균형이 이루어져야 한다고 했다. 이러한 균형을 이루기 위해서 사회복지실천 개입의 초점이 때로는 개인적 요소에, 때로는 환경적 요소에 집중될 수 있다. 좋은 기회와 자원이 주변환경 속에 존재함에도 불구하고 그것들을 적설히 활용할 능력이나 의사를 충분히 갖고 있지 못한 사람들인 경우 사회복지적 개입의 초점은 개인에게 집중될 것이다. 이때, 개인과 환경 사이에 유익하지 못한 상호작용의 책임이 개인에게 더 많이 있다고 보는 것이다. 이러한 개인적 역기능을 경험하고 있는 사람들은 대인관계상의 어려움, 자신에게 맡겨진 사회적 역할의 불이행, 자신감의 결여 등으로 사회적 고립을 경험하고 있는 사람들이다. 이러한 클라이언트들로 하여금 대인관계기술을 습득하고 자신의 역할을 제대로 수행할 수 있도록 하며 사회적 자신감을 갖도록 도와주는 것 등은 사회복지실천활동의 목적이 될 수 있다.

2) 사회복지실천의 목표

미국의 NASW의 사회복지전문인 전국회의(1979)에서 「사회복지실천 목적에 관한 실질성명(Working Statement on the Purpose of Social Work)」에서 사회복지실천 목적을 수행하기 위해 사회복지실천인력들이 여섯 가지의 실행목표를 달성하기 위해 노력한다고 기술하고 있다(엄명용 외, 2008).

첫째, 개인으로 하여금 자신의 역량을 확대하고 자신의 문제해결능력 및 대처능력을 증진할 수 있도록 도움을 제공한다. 개인들은 대개 자신의 대처자원이 고갈되었을 때 누군가에게 도움을 청하게 된다. 사회복지 전문인력이 이러한 도움 요청에 반응해 지원을 제공하는 방법에는 여러 가지가 있을 수 있다. 클라이언트에게 문제상황에 대한 새로운 시각이나 관점을 제시하는 일, 적절하고 합리적인 대안을 생각할 수 있도록 돕는 일, 클라이언트가 갖고 있는 자신의 장점 또는 강점을 스스로 깨달을 수 있도록 도움을 제공하는 일, 당장 동원할 수 있는 자원 또는 잠재적 대처자원을 동원할 수 있는 방법을 제시하는 일, 문제해결전략 또는 절차를 교육시키는 일, 대인관계기술을 개발하도록 돕는 일 등이 이러한 목표에 해당되는 일들이라 볼 수 있다.

둘째, 각종 자원을 확보할 수 있도록 도움을 제공한다. 인간이 최소한의 인간다운 삶을 유지하기 위해서는 각종 자원들을 필요로 한다. 여기에는 주거, 음식, 최소한의 생활필수품 등의 유형의 서비스들과 의료서비스, 정신의료 상담서비스, 보호서비스, 법률서비스 등의 무형의 서비스들이 포함된다. 사회복지실천인력들은 이러한 유형·무형의 서비스들을 클라이언트에게 직접 제공하거나 클라이언트들이 그러한 서비스들을 제공받을 수 있도록 도움을 제공하는 역할을 담당한다. 이러한 과정에서 각 서비스 제공기관들에게 클라이언트를 소개하고 연결하는 중개자의 역할을 담당한다. 또한 다양한 서비스를 연속적으로 필요로 하는, 복합문제를 갖고 있는 클라이언트에게는 각 기관들이 연계하여 문제해결에 필요한 적절한 서비스를 제공하도록 하는 책임을 지는 사례관리자의 역할을 담당하기도 한다. 클라이언트가 필요로 하는 서비스가 사회 내에 존재하지 않을 경우에는 그러한 서비스 제공에 필요한 프로그램이나 제도를 개발하는 일도 사회복지사의 일에 해당한다. 우리 사회에서 최근에 탈북 이주민의 증가에 따라 일부 사회복지관에서 탈북 이주민을 위한 생활적응 훈련 프로그램을 실시하는 일과 이혼율의 급속한 증가에 대한 대책으로 이혼전 숙려제도를 마련하는 일 등은 이전에는 존재하지 않았던 새로운 프로그램이나 제도를 마련한 예들이라고 볼 수 있다.

셋째, 사람들의 욕구에 반응하는 조직이 될 수 있도록 감시한다. 클라이언트에게 서비스를 제공하는 기관들이 클라이언트의 인간적 존엄성을 존중하면서 적절한 절차와 기준에 의해 시의적절하게 서비스를 제공하는지 유심히 살피고, 경우에 따라서는 시정을 요구하는 활동들이 여기에 속한다. 사회복지서비스의 소비자인 클라이언트의 의견들을 수시로 수집하여 클라이언트를 대신하여 클라이언트에 대한 비인간적 대우, 침해된 권리 등을 찾아주는 역할도 여기에 해당된다. 최근 확산되고 있는 시민운동단체들의 사회복지관련 분야활동이 대표적인 예다. 이들 분야는 앞으로 사회복지사들의 적극적인 진출이 기대되는 분야이다. 이에 앞서, 사회복지사 자신과 자신이 속한 기관이 클라이언트의 진정한 권익보호를 위해 책임있게 행동하고 있는가를 우선 살펴봐야 할 것이다. 자신이 속한 기관의 운영상태가 사회복지실천 윤리 및 목적과 거리가 먼 경우 조직 내부 변화를 위한 양심적인 행동도 요구된다.

넷째, 개인과 개인 주변환경에 속한 사람들 사이의 상호작용을 촉진한다. 인간의 삶의 질은 대개의 경우 주변사람들과 이루는 원만한 상호관계에 바탕을 두고 있다. 사회복지사는 개인과 개인 주변사람들과의 원만한 상호관계를 촉진하는 역할을 담당한다. 비행 청소년의 문제를 해결하기 위해 청소년 본인과 부모와의 대화, 청소년과 선생님, 선생님과 부모 그리고 이 3자 모두 사이의 대화가 원만하게 이루어질 수 있도록 중개자 역할을 담당하는 것이 그 예가 될 수 있다. 그 외에도 시설에 거주하는 노인이나 장애인과 시설 운영진 사이에 상호대화를 촉진함으로써 원만한 관계를 형성, 유지할 수 있도록 활동하는 것도 여기에 해당된다. 포괄적으로 말하면, 클라이언트의 복지에 관계하는 여러 당사자들 사이의 의사소통경로를 구축하여 그들 간에 협동과 조정이 순조롭게 이루어지도록 하는 활동을 의미한다.

다섯째, 조직과 조직, 기관과 기관 사이의 상호작용에 영향력을 행사한다. 클라이언트의 복지는 어느 한 조직 또한 기관의 활동에 의해서만 이루어지지 않는 경우가 많다. 즉, 관련된 여러 기관과 조직들 사이에 긴밀하고 원만한 협조가 이루어져야 하는 경우가 대부분이다. 그 예로 복합적인 문제를 갖고 있는 노인들의 경우 소득의 부족, 건강의 악화, 사회활동의 위축, 배우자 및 친구들의 사망 등으로 인한 복합된 서비스 욕구를 갖고 있다. 따라서 이들 욕구들이 조화롭게 충족될 때 노인의 복지가 이루어질 수 있는 것이다. 이러한 조화로운 욕구충족을 위해서는 보건, 복지, 오락, 비공식적 사회지지망 등과 관련된 정부기구·조직, 지역사회조직, 가족 등이 긴밀히 협조해야 한다. 사회복지사는 이러한 기관들 사이의 협조가 원만히 이루어지도록 조정 및 중재활동을 통해 연결고리의 역할을 수행한다. 또한 이들 기관 및 조직들에 클라이언트의 복지와 관련된 정보를 제공하는 일도 이에 해당된다.

여섯째, 사회·환경의 정책에 영향력을 행사한다. 물리·사회적 환경의 개선, 물질적 서비스의 확보 등을 위한 정책형성 및 법제정 등을 위해 활동하는 일도 사회복지사의 일에 해당된다. 사회복지실천 전문인력의 활동은 주로 클라이언트와 직접접촉에 의한 활동이지만, 클라이언트의 문제는 필연적으로 정부의 기본 정책 및 법률에 의해 영향을 받고 있으므로 이러한 분야에 대한 관심이 요구된다.

3. 사회복지실천의 성격

리치몬드와 펄만이 제시한 사회복지실천 구성요소 6-p의 정의에서 발견될 수 있는 사회복지실천의 성격을 살펴보면 다음과 같다(엄명용 외, 2008).

첫째, 개인과 환경 간의 상호작용과정에서 무엇인가 문제(problem)가 있을 수 있다. 이 문제는 개인의 불충족된 욕구, 대인관계상의 부적응, 주변환경과 개인과의 부적응 등을 포함한다. 사회복지실천현장에서 일하게 되는 사회복지사는 자신의 활동대상이 되는 문제의 성격(문제의 정도, 문제의 발생빈도, 문제의 지속기간 등), 문제에 대한 클라이언트의 정의와 그 밖의 타인의 정의 사이에 있을 수 있는 차이점, 문제의 해결 가능성, 가장 쉽게 우선적으로 해결될 수 있는 문제, 문제해결을 위한 과거의 노력 여부와 그 효과성, 문제해결의 시급성, 현재 문제가 해결되지 않을 경우 예상되는 결과 등을 면밀히 분석해야 한다.

둘째, 개인과 환경 간의 상호작용 내용의 변화를 위해 조정을 필요로 하는 사람(person), 즉 클라이언트가 있다. 리치몬드의 정의에서는 조정을 통해서 이루어내려는 것이 인격의 발달이라고 정의함으로써 환경의 변화보다는 개인의 변화에 초점을 두고 있는 것으로 보인다. 실제로 리치몬드는 빈곤의 뿌리를 개인의 도덕적 상태에서 찾으려 하였고(Leivy, 1978), 개인에 대한 진단(diagnosis)을 시작으로 사회복지실천을 시작하였다. 하지만 인격발달을 강조한 것은 개인만의 변화를 통해 문제를 해결하려 하였다기보다는 개인과 환경 간의 조정과정에 클라이언트가 주체적으로 참여해야 함을 강조한 것으로 볼 수 있다. 리치몬드가 사회구조의 급격한 변혁을 요구하지 않은 것은 사실이지만 개인 문제해결을 위해서는 적절한 관련법들이 제정 또는 개정되어야 함을 주장하고 그를 위한 행동에 나서는 것을 옹호하였기 때문이다(Weismiller & Rome, 1995). 사회복지사들은 사람(person) 또는 클라이언트를 신체, 행동, 감정, 인지, 정신적 측면들이 결합되어 이루어진 전인적 인간으로 여겨, 전인적 인간을 형성하고 있는 이러한 요소들 중 어떤 요소가 문제와 관련되어 있는지, 클라이언트의 일상적 대처양상 중 어떤 측면이 문제의 효과적인 해결을 지연 또는 방해하고 있는지, 클라이언트에게 도움이 될 수 있는 사람들 또는 자원요소들과 클라이언트의 관계양상은 어떠한지, 클라이언트의 일상적 역할수행 상황은 어떠한지, 일상적 사고방식과 행동양식은 어떠한지, 이러한 모든 요소들 사이의 관계양상은 어떠한지 등에 대해 세심한 관찰을 해야 한다.

셋째, 조정을 위해 전문가의 개입이 이루어지는 장소(place)가 있다. 사회복지사 또는 사회복지사가 소속되어 있는 기관(place)이 장소에 해당된다. 이 장소는 사회복지사가 소속된 기관을 말하지만, 장소 또는 기관은 클라이언트를 접촉하게 되는 사회복지사가 소속된 기관만을 의미하는 것은 아니다. 클라이언트의 문제해결을 위해 참여 또는 동원가능한 모든 기관들이 여기에 포함된다. 기관과 관련하여 사회복지사는 클라이언트가 클라이언트 자신의 문제에 기관이 관여하는 것에 대해 어떤 생각(고마움, 부끄러움, 굴욕감, 낙인감 등)을 하고 있는지, 현 소속기관은 클라이언트에게 필요로 하는 서비스를 제공할 능력이 있는지, 없다면 어떤 다른 기관이 개입되어야 문제해결이 효과적으로 이루어질 수 있을 것인지, 기관의 프로그램, 정책, 절차 등은 클라이언트의 문제해결에 도움이 되는지 등에 대해 살펴보아야 한다.

넷째, 클라이언트가 표출하는 문제, 문제해결을 위한 클라이언트의 노력, 사회복지사의 개입활동 등을 조화롭게 서로 연결할 수 있는 체계적인 연결고리가 필요함을 알 수 있는데 이것이 바로 사회복지실천 과정(process)이다. 이것은 즉흥적, 임의적으로 이루어지는 활동이 아니라 일정한 목적을 갖고 합리적인 절차와 이론에 입각하여 신중히 이루어지는 활동을 의미한다. 이러한 실천과정과 관련하여 사회복지사는 어떤 형태의 문제해결 접근방법이 클라이언트, 클라이언트의 문제, 기관 그리고 사회복지사의 입장에서 적절한지, 어떤 접근법이 문제해결에 가장 효과적인 것인지, 원조실천과정에서 요구되는 사항들이 클라이언트의 현재 역할수행 및 클라이언트와 주변 주요 인물 및 자원들과의 관계에 어떤 영향을 줄 것인지 등에 대해 살펴야 한다.

다섯째, 사회복지실천활동에 있어 전문가(professional)는 자신이 소속된 기관을 대표하는 사람으로 사회복지사라 볼 수 있다. 이때 전문가는 나름대로의 감정체계, 가치체계, 정신체계로서의 독립성을 발휘해 보고 싶은 자신과 기관에 소속된 책임있는 전문인으로서 클라이언트의 이익을 위해 활동해야 하는 자신 사이의 균형을 적절히 이루어내야 하는 부담이 사회복지사인 전문가에게 주어진다. 사회복지실천현장에서 사회복지사는 자신의 가치관, 인생관, 세계관 등과 자신이 소속된 기관에서 요구하는 가치관, 활동원리, 활동목표 등을 분명히 인식하여 나름대로의 정리와 절충을 통해 균형을 이루어가려는 노력을 해야 한다.

여섯째, 펄만이 추가한 또 하나의 실천구성요소로서 제공자원(provisions)이 있다. 이것은 꼭 물질의 공급만을 의미하는 것은 아니다. 클라이언트의 물질적 욕구는 물론, 클라이언트의 지지관계망 확보 욕구, 만족스런 일상활동에 대한 욕구 등을 충족시키는 데 필요한 제반 서비스 및 기회들을 클라이언트의 생활환경 가운데서 적극적으로 발견하고 찾아내어 클라이언트가 이용가능하도록 만들어 주는 모든 활동들을 포함한다(Perlman, 1986).

chapter 02

사회복지실천의 가치와 윤리

chapter

02 사회복지실천의 가치와 윤리

1. 가치와 윤리

사회복지실천에서 가치와 윤리는 매우 중요한 개념이다. 모든 전문직은 가치체계를 가지고 있다. 전문가가 지니는 가치관은 인간에 대해 지니고 있는 믿음, 인간을 위한 최선의 목표와 인간을 상대로 하는 데 필요한 최선의 방법에 대한 믿음이다.

가치(value)는 사람들이 중요시하는 삶의 방식, 행동기준, 신념을 말한다. 가치는 객관적으로 증명할 수 없고 주관적으로 선호하는 것으로 인간의 적절한 행동을 선택하는데 있어서 지침이나 기준이 된다. 가치는 지식을 분류하는 틀로 기능하고 우리가 무엇을 해야 하고 어떻게 해야 하는지에 대한 믿음을 확인하여 주는 역할을 한다(Morales & Sheafor, 1986).

윤리는 선악의 속성이나 도덕적 의무를 결정하는 일련의 지침, 행동기준, 원칙이라고 할 수 있다(Baker, 1995). 즉, 가치에서 비롯되나 무엇이 옳고 그른가를 판단하여 주는 도덕적 지침이 되는 동시에 어떤 상태가 행복하고 불행한가를 판단하는 기준이 된다. 사회복지실천의 윤리에서 가치문제를 중요하게 다루는 것은 사회복지사의 가치에서 윤리적 원칙들이 나오기 때문이다.

윤리와 가치의 차이점은 가치는 무엇이 좋고(good) 싫은가(bad)와 관련되고, 윤리는 무엇이 옳고 바른가를 다루는 데 있다. 사회복지실천에 있어서 "가치는 추구해야 하는 이상적인 것"과 관련된 것이고, "윤리는 가치를 실현하는 실천적인 것"과 관련된다. 가치가 채택되고 규정되는 방법은 사회규범의 형태로 이루어지기도 하며, 교육이나 윤리적 원칙에 의하여 내면화된다(Siporin, 1975 : 68). 사회복지실천에서의 윤리는 가치에서 비롯되고, 이 윤리는 실천적인 원칙을 낳으며, 원칙은 옳고 바른 것을 추구하게 하는 윤리기준을 제공한다.

사회복지사가 있는 대부분의 국가에서는 사회복지사가 지켜야 할 윤리강령이 제정되어 있다. 윤리강령은 전문직의 가치를 기반으로 하여 구체화된 것으로 전문가들의 행동원칙과 기준을 정한 것이라 할 수 있다. 그러나 이러한 윤리강령이 사회복지사의 전문적 판단에 항상 절대적으로 우선하는 것은 아니다.

사회복지실천에서 일반적으로 중시되는 주요 가치들을 재스트로우(Zastrow, 2004)는 다음과 같이 제시하고 있다.

첫째, 인간의 존엄성과 개인의 독특함을 존중함

둘째, 자기결정권에 대한 클라이언트의 권리를 존중함

셋째, 비밀보장

넷째, 기타의 가치들

- 잔여적(residual) 대책이 아닌 제도적(institutional) 대책을 지향한다.
- 클라이언트와 전문적 관계를 맺는다.
- 사회적 · 경제적 정의를 추구한다.
- 서비스의 단위로 가족에게 초점을 둔다.
- 서비스의 사회적 책임성을 지향한다.

또한 미국사회복지교육협의회(CESW, 1992)는 사회복지의 중심적 가치를 다음과 같이 제시하고 있다.

첫째, 사회복지사들의 전문적 관계는 개인의 가치와 존엄성에 기초하며, 상호참여와 수용, 비밀보장, 정직 그리고 책임 있는 갈등관리를 통해 발전한다.

둘째, 사회복지사들은 개인의 독립적인 결정권과 원조과정에 적극적으로 참여하는 권리를 존중한다.

셋째, 사회복지사들은 클라이언트가 필요한 자원을 획득하는 데 원조할 책임이 있다.

넷째, 사회복지사들은 사회제도를 보다 더 인도적이며, 인간의 요구에 부응하도록 만들기 위해 노력해야 한다.

다섯째, 사회복지사들은 다양한 집단의 고유한 특성을 존중하고 수용해야 한다.

여섯째, 사회복지사들은 자신이 행한 윤리적 행위와 실천내용에 대해 책임을 져야 한다. 이를 위해 사회복지사들은 전문적 지식과 기술을 지속적으로 발전시키는 노력을 해야 한다.

한편 로웬버그(Lowenberg) 등은 사회복지전문직의 중심가치를 다음과 같이 제시하고 있다.

첫째, 사회복지사의 전문적 관계는 개인존중과 인간존엄에 바탕을 두고 구축되며 클라이언트의 참여, 가치존중 및 수용, 비밀보장, 정직성, 갈등을 다루는 책임성 등의 가치에 의해 증진된다.

둘째, 사회복지사는 클라이언트의 선택권리, 서비스 계약 권리, 서비스 개입을 인정하는 권리를 존중한다.

셋째, 사회복지사는 사회제도가 보다 인본주의적이며 인간의 요구에 반응하는 제도가 되도록 하는 데 기여한다.

넷째, 사회복지사는 다양한 인구집단이 가진 고유한 특성을 존중하고 수용하는 데 솔선한다.

다섯째, 사회복지사는 질 높은 실천을 위해서 전문적 지식과 기술을 끊임없이 연마하고 자신의 윤리적 행동에 책임을 진다.

이와 같이 모든 사회복지사는 클라이언트의 참여, 자기결정, 비밀보장 등을 기본적인 사회복지실천의 가치라고 보는 데 일반적으로 동의한다. 그러나 사회복지사의 가치관에 대한 우선순위와 목적 그리고 수단 등이 다르기 때문에 사회복지사는 일반화된 가치기준과는 다른 가치나 윤리적 선택을 할 수 있다(Loewenberg et. al., 양옥경 외, 1993 재인용).

사회복지실천에서 이러한 가치기준은 절대적인 것이 아니며, 클라이언트들을 도울 때 유용하게 사용할 수 있는 개념들에 지나지 않는다. 유능한 사회복지사는 이 지침을 잘 이해하여 특정한 클라이언트를 만날 때 어떤 지침내용이 유용한지를 잘 파악할 수 있어야 할 것이다(Zastrow, 1995).

2. 자기인식

사회복지사의 가치는 클라이언트가 무엇을 결정할 것인가에 영향을 미칠 수 있다. 사회복지사는 도덕적으로 하자가 없어야 한다. 왜냐하면 타인을 도우려고 하는 사람들은 도움을 주기에 앞서 먼저 사회구성원으로부터 깊은 신뢰를 얻어야 하는데 그러한 신뢰는 일차적으로 도덕성에서 나오기 때문이다 (김상균 외, p. 19).

사회복지실천에서 사회복지사가 가치갈등과 윤리적 딜레마에서 벗어나기 위해 고려해야 할 사항들은 다양하나 사회복지사의 개인적 가치관, 윤리, 편견에 대한 자기인식을 분명히 하는 것은 매우 중요하다.

개인의 가치관이나 과거의 경험, 관심사 등은 의식적, 무의식적으로 자신의 행동에 영향을 주기 때문에 클라이언트를 돕는 사회복지사는 자신의 가치관이 무엇인지를 분명하게 인식할 필요가 있다. 이를 위해 사회복지사는 계속적으로 자기훈련을 해야 한다. 사회복지사는 자신의 개인적·전문적 가치는 무엇이며, 그것이 어떻게 자신의 행동을 규제하여 클라이언트 원조와 대인관계에 영향을 미치는가를 항상 염두에 두어야 한다.

이러한 가치판단에 있어 중요한 점은 사회복지사가 자신의 가치관과 생활양식을 얼마나 잘 인식하고 있느냐 하는 점이다. 예를 들어, 좌절을 경험하지 않은 사회복지사는 클라이언트의 좌절로 인한 고통을 이해하기가 쉽지 않으며, 평소에 솔직하게 이야기하지 않는 생활양식을 지닌 사회복지사는 자기 이야기를 싫어하는 클라이언트를 만났을 때 굳이 물을 필요가 없다고 쉽게 결정을 내릴 수 있다. 또한 사회복지사의 개인적인 가치에 따라 클라이언트의 나태함은 문제가 안 되지만 거짓말은 참을 수 없으며, 술을 전혀 마시지 않거나 혐오하는 사회복지사는 막노동 후에 술을 한잔 마시고 귀가하는 클라이언트를 알코올중독자로 보고할 수도 있다.

이러한 가치판단에 영향을 주는 사회복지사의 개인적 가치관은 때로 본인이 그 존재를 지각하지 못할 만큼 깊숙이 내면화되어 있어서 사회복지사는 자신의 편견이 무엇인지를 알아차리지 못할 수 있다. 사회복지사는 자신의 가치에 감정적 요소가 다분히 개입되어 있음을 인식해야 한다. 따라서 사회복지사는 자신의 편견이 무엇인지를 의식하는 데 최선을 다해야만 하며, 자기 자신과 스스로의 가치관을 객관적이고도 현실적으로 평가하도록 노력해야 한다(Brill, 1985). 이를 위해 자신의 가치관이 형성된 배경을 인식하고 그것이 어떤 행동과 결정에 기여하고 있는가를 검토하고, 그 가치관이 다른 사람에게 어떤 영향을 주는지를 고려해야 할 것이다.

자신의 가치관에 대한 일련의 평가가 이루어지고 난 후, 사회복지사는 클라이언트의 욕구를 충족시킬 수 있다면 클라이언트의 생활양식을 허용하고, 클라이언트와 사회복지사 자신의 생활양식은 서로 다르다는 사실을 인식해야 할 것이다. 사회복지사는 다양한 계층과 취향을 가진 사람들을 만나고, 그들의 다양한 생활양식, 가치관을 이해하도록 노력해야 한다. 이러한 자기인식을 높이려는 노력의 일환으로 사회복지사는 생체자기제어(biofeedback), 초월명상(transcendental meditation), 근육이완법(muscle relaxation), 게스탈트 치료(gestalt therapy), 자아정체감 형성(identity formation), 감수성 훈련(senstivity training), 참만남집단(encounter groups) 등의 프로그램에 참여할 수 있다(Zastrow, 1990).

브릴(Brill, 1985)은 인간을 돕는 원조자의 자질론에서 자신에 대한 이해를 높이기 위해 자신을 활용할 수 있는 훈련방법을 다음과 같이 제시하였다.

- 나는 자신에 대해 어떻게 느끼고 생각하고 있나?
- 자신의 기본 욕구를 어떻게 처리하나?
- 나의 가치체계는 무엇이며 그것이 어떻게 내 행동과 다른 사람과의 대인관계를 규정하는가?
- 내가 생활하며 일하는 사회에서 나는 어떻게 관계를 맺고 있는가?
- 자신의 생활양식은 무엇인가?
- 나의 기본 철학은 무엇인가?

브릴은 사회복지사의 내면화된 가치의 중요성을 지적하며 이를 파악하기 위한 노력으로 다음과 같은 사항들을 제시하고 있다.

- 가치관은 그 존재가 인식될 수 없을 정도로 깊숙이 내면화되어 있고 감정적인 요소가 깊숙이 개입되어 있다.
- 자신의 편견이 무엇인가를 의식하는 데 최선을 다한다.
- 자신의 가치관을 객관적이고 현실적으로 평가하도록 노력한다.
- 변화가 필요한 가치관은 변화시킨다.

3. 사회복지실천의 가치와 윤리적 딜레마

사회복지사는 사회복지실천현장에서 두 가지 이상의 가치 및 윤리가 상충되는 가치갈등으로 윤리적 딜레마를 겪게 되는 경우가 있다. 사회복지에서 윤리적 딜레마는 성장과 분배의 조절, 자유와 평등의 양립, 국가와 개인의 조화 등의 다양한 측면에서 제기될 수 있다. 사회복지실천과정에서 발생하는 윤리적 문제는 가치의 상충, 의무의 상충, 클라이언트체계의 다중성, 결과의 모호성, 권력의 불균형 등의 상황에서 일어난다고 할 수 있다(양옥경 외, 1993). 그러나 사회복지사는 어느 행동이 더 윤리적인가를 결정해야 하는 상황을 맞게 되었을 때, 윤리적 원칙들 사이에서 무게의 경중을 따져 우선순위를 선정할 필요가 있다.

삶과 죽음에 있어 개인의 선택권은 어디까지 보장되어야 하는가?

* 태아에게 장애가 있음이 발견되었다는 이유로 임신중절한 여성은 도덕적인가?
* 에이즈, 알츠하이머병을 가진 개인은 자신의 생사를 선택할 수 있는 권한이 있는가?

말기질병을 앓는 사람에게 우리는 얼마만큼의 개입과 치료를 해야 하는가?

* 생명의 연장 여부에 관한 윤리적 결정은 누가 해야 옳은가? 의사인가? 가족인가? 당사자인가? 종교인인가?
* 거의 회복될 희망이 없는 환자에게 끝도 없는 치료과정을 인내하라고 요구해도 되는가?
* 치료에 관한 결정을 할 때 경제적 문제도 고려되어야 하는가?

생각해보기

더 이상 의학적 치료가 불가능한 말기암 환자의 경우, 적극적·자발적 안락사를 허용하는 것에 대해 자신의 입장을 설명해 보라.

실천현장에서 직면하게 되는 윤리적 결정에 관한 사례는 다음과 같다(Poindexter et. al., 2003).

사회복지실천 기관에 종사하는 대부분의 사회복지사는 클라이언트의 문제를 해결하는데 있어서 다양한 가치갈등을 겪게 되고 거의 매일 윤리적 결정을 해야 하는 상황에 직면하게 된다. 윤리적 선택을 위해 혼자 깊이 생각하든지 아니면 동료나 전문가와 상의하기도 한다. 그러나 대부분의 사회복지사들은 어려운 윤리적 결정에 직면하여 혼자 처리하는 경우가 많고, 몇 시간 혹은 며칠만에 윤리적 결정을 내려야 할 때가 많다(서미경 외 공역, 2000).

당신이 다음의 사례를 담당하게 된 사회복지사라고 가정한다면 이들을 위해 어떤 도움을 줄 수 있겠는가?

다음은 복잡한 가치 딜레마를 겪을 수 있는 사례의 한 예이다.

사례 1

갑은 2개월 된 임산부로 신발공장에서 시간제로 일하고 있고 최저임금에도 못 미치는 저임금을 받는다. 남편은 건설현장에서 막노동을 하고 있어서 저임금에다 불안정한 수입을 받고 있는 형편이다. 그들에게는 이미 네 자녀가 있어서 이들을 교육시키고 양육하는데도 빠듯한 생활을 하고 있는 실정이다. 이들은 더 이상 아이를 원하지 않고 있고, 아이를 또 가진 것은 실수라고 생각하고 있다. 이들은 독실한 가톨릭 신자이나 현실적인 상황을 감안하여 임신한 아이를 낙태시키길 원한다. 다른 한편 이들은 낙태가 태어나지 않는 아동을 살해하는 것이고 가톨릭의 교리를 위배하는 것으로 매우 비도덕적이고 세속적인 행동이라고 믿고 있으며 괴로워하고 있다.

생각해보기

1. 갑의 사례에 대한 여러분의 생각과 느낌을 말해보자.
2. 당신이 사회복지사라면 여러분의 생각과 느낌이 여러분의 판단에 어떻게 영향을 미칠 것이라 생각하는가?

사례 2

갑은 남편과 사별하고 중학교와 고등학교에 다니는 두 자녀와 함께 살고 있다. 뚜렷한 직업이 없으며 파출부 일을 하여 생계비를 벌어왔으나 얼마 전부터는 몸이 아파 집에서 쉬고 있다. 국민기초생활보장대상자로 선정되어 생계급여와 교육급여를 받기 원하나 현재 이들이 살고 있는 시가 3,000만 원 상당의 집이 갑의 명의로 되어 있어서 불가능하다. 그러나 이 집은 갑의 남동생이 아파트를 분양받기 위하여 갑의 명의를 빌린 것뿐이며 언제 내주어야 할지 알 수 없다. 가장인 아버지를 잃은 충격에서 아직 완전히 벗어나지 못한 자녀들은 경제적 궁핍과 어머니의 건강악화로 매우 불안해하고 있는 상황이다.

을 역시 두 자녀와 함께 살고 있으나 남편이 생존해 있으며 미장일을 하고 있다. 매일 일을 나가는 것은 아니지만 요즘에는 인건비가 많이 올라 실질적으로는 상당한 수입을 올리고 있다. 그러나 이들이 살고 있는 집은 1,200만 원에 전세를 든 집이며, 남편의 수입 역시 월급명세서가 있는 것은 아니므로 얼마라고 정확하게 말할 수는 없다. 재산기준, 소득기준에 아무런 하자가 없는 것이다. 더욱이 남편은 쉬는 날이면 동네유지나 통반장들과 어울려 노름도 하고 술도 마시며 가깝게 지내고 있다. 국민기초생활보장대상자를 선정하는데 있어 실질적인 권한을 가지고 있는 생활보장위원회에 위원들은 대부분 을의 남편과 가까운 사람들이며 이들이 이미 대상자로 선정되어 보호를 받아온 을가족에 대한 보호와 서비스를 계속 제공할 것을 강요하고 있다.

생각해보기

1. 갑의 사례에 대한 여러분의 생각과 느낌을 말해보자.
2. 을의 사례에 대한 여러분의 생각과 느낌을 말해보자.
3. 당신이 사회복지사라면 여러분의 생각과 느낌이 여러분의 조치에 어떻게 영향을 미칠 것이라 생각하는가?

이러한 사례를 접하게 될 때 대부분의 사회복지사는 가치 딜레마 및 윤리적 갈등상황을 경험하게 된다. 우선적으로 클라이언트뿐 아니라 클라이언트와 상호작용하는 외부체계들과의 관계에 미치는 영향들까지 고려하게 되면 누구를 클라이언트로 보아야 할 것인가?

위의 사례들에 대한 그 어떠한 결정에도 항상 긍정적인 면과 부정적인 면의 양면성을 내포할 수 있다. 유능한 사회복지사라면 이런 다면성들을 잘 고려하는 동시에 윤리적으로 가장 정당하다고 판단되는 것을 선택할 수 있어야 한다.

사회복지실천은 과학과 예술의 성격을 동시에 지니고 있다. 사회복지실천의 한 부분이 예술이기 때문에 사회복지사는 종종 지식보다는 가치에 입각하여 어떤 결정을 하게 된다. 이것은 또한 사회복지사가 사용하는 기법들이 증명된 개입기술에 의존하기보다 이론과 가치 가정에 입각하여 있다는 것을 의미한다(Zastrow, 1995).

사회복지실천의 많은 부분은 사회복지사의 전문적 판단에 의존하고 있다. 사회복지기관의 장(長)들은 가장 훌륭한 사회복지사란 상식에 의존하고, '자신의 배짱을 신뢰'(느낌, 배짱, 인지에 대한 신뢰)하는 사람이라는 견해를 강조하고 있다(Sheafor et. al., 1998).

4. 사회복지실천에서 가치갈등과 해결책

1) 가치갈등

사회복지실천에 임하는 사회복지사는 개인적 가치, 전문적 가치, 클라이언트와 클라이언트 집단의 가치, 사회의 가치에 의해 영향을 받으며, 이러한 가치들 간의 갈등으로 인해 어려움을 경험하게 된다. 사회복지사가 겪게 되는 다양한 가치갈등의 유형은 다음과 같이 제시될 수 있다(양옥경, 1993 : 17-18).

(1) 가치상충

사회복지사가 가장 빈번하게 겪게 되는 윤리적 딜레마는 두 가지 이상의 가치가 상충되는 경우이다. 가치상충은 윤리적 딜레마가 가장 빈번히 야기될 수 있는 상황으로 사회복지사는 두 개 또는 그 이상의 경쟁적 가치와 직면했을 때 윤리적 딜레마에 빠지게 된다. 자주 문제가 되는 것은 '클라이언트의 자기결정'이라는 가치와 '인간의 생활보호'의 가치 사이에서 어떤 윤리적 결정을 내려야 하는 상황이다. 예를 들면, 심각한 유전질병을 가진 남편이 부인에게 이 사실을 알리지 않고 자녀를 갖기 원하는 경우, 사회복지사는 클라이언트의 자기 삶의 결정권이라는 가치와 장애아 출산예방이라는 가치 사이에서 윤리적 갈등에 빠지게 된다.

(2) 의무상충

의무의 상충으로 인한 사회복지사의 윤리적 딜레마는 기관에 대한 의무와 클라이언트에 대한 의무 사이에서 갈등하게 된다. 사회복지사는 자신이 속한 기관의 정책을 따라야 하나 기관의 목표가 클라이언트의 이익과 위배되면 윤리적인 딜레마에 직면하게 된다. 클라이언트의 이익이 최선이라는 가치에도 불구하고 기관에 자원이 부족하기 때문에 클라이언트에게 최선의 서비스를 제공하지 못하는 사례는 드물지 않다. 예를 들어, A라는 클라이언트는 노숙자 쉼터에서 경미한 정신적인 어려움을 갖고 있지만 계속 여기에서 생활하면서 공공근로를 계속하기를 원하고 있고 이를 사회복지사도 계속 도와주고 싶지만, 다른 클라이언트들과 공동생활을 해야 하는 어려움으로 인해 정신요양원으로 보내야 한다는 기관의 결정이 의무상충이라는 갈등상황을 유발할 수 있다.

(3) 클라이언트체계의 다중성

아동학대 문제, 심각한 부부갈등, 구타 등의 복합적인 문제를 가진 이혼부부의 자녀문제를 다룰 때 사회복지사는 누가 클라이언트인가를 결정하는 데 어려움을 겪는다. 누구의 이익을 최우선적으로 고려하고, 어떤 문제에 먼저 개입해야 하는가를 결정하는 것은 어려운 일이다. 판사의 관점, 사회의 관점, 아동의 관점, 어머니의 관점에 따라 문제에 접근할 때 다양한 윤리적 딜레마를 겪게 된다. 예를 들어, 약물 오·남용을 하고 있는 청소년과 그 부모와의 상담과정에서 약물을 남용하는 아들보다 돈벌이가 오히려 중요하다고 하는 부모의 경우가 이에 해당된다.

(4) 결과의 모호성

클라이언트가 스스로 자기결정을 할 수 없는 경우에 클라이언트를 대신하여 결정을 내려야 할 상황이거나 클라이언트와 함께 결정을 내려야 할 경우라도 장기적으로 효과성에 대한 확신이 모호할 때 어떤 결정이 최선책인가 하는 선택의 딜레마에 봉착하게 된다. 특히 클라이언트가 아동일 때 어떻게 결정하는 것이 아이를 위해 최선인지, 앞으로 5~10년 후에도 최선일 수 있는지, 무슨 권리로 사회복지사가 아동에 대한 결정을 해야 하며, 바른 윤리적 결정이 어느 것인지가 모호한 상황에 사회복지사는 종종 봉착하게 된다. 예를 들어, 해외입양이 아동을 위한 최선의 결정인지를 확신할 수 없기 때문에 해외입양 담당 사회복지사는 자주 갈등을 겪게 된다.

(5) 힘 또는 권력의 불균형

사회복지사와 클라이언트의 관계가 정보, 능력 및 권력적으로 평등하지 않다는 것은 사실이며 이것이 기본적으로 윤리적 딜레마를 일으킨다. 클라이언트는 도움을 구하는 위치에 있으므로 전문가에 의존하는 관계가 되기 쉽다. 따라서 비록 사회복지사들이 클라이언트의 자기 결정권, 클라이언트 이익의 최우선성, 의사결정에서 클라이언트 참여 우선성 등의 요인들에 높은 가치를 두고 있지만 사회복지실천과정에서 이를 충분히 반영하지 못하는 경우가 생길 수 있다. 특히 미성년자나 지적장애 등의 요인으로 클라이언트의 능력이 제한되어 자신의 결정과 선택을 전문가에게 의존할 수밖에 없음으로써 클라이언트의 알 권리와 자기결정권의 포기가 생길 수 있다.

2) 가치갈등의 해결책

이와 같이 사회복지사가 클라이언트의 문제를 해결하는 데 있어서 다양한 요인으로 인해 가치갈등과 윤리적 딜레마에 봉착하게 되는데, 이를 해결하기 위한 방법들을 살펴보면 다음과 같다.

(1) 일반적 지침

재스트로우(Zastrow, 1995)는 사회복지사의 가치갈등을 해결하는 데 도움이 되는 지침들을 다음과 같이 제시하였다.

① 가치갈등의 문제에 대응하는 첫 단계는 가치갈등이 존재한다는 것을 인식하는 것이다. 그러나 가치갈등을 인식한다는 것은 쉬운 일이 아니다. 윤리적인 문제는 종종 모호하고 우리를 불편하게 만든다. 그러나 어떤 전문직도 지역사회와 국가의 일반적 윤리기준에 총체적으로 위배되는

윤리적 원칙을 세울 수 없는 것이 현실이다. 사회복지사는 항시 사회의 법이나 도덕, 사회규범 등에 익숙해 있어 갈등이나 모순에 대해 올바른 가치판단을 내릴 수 있어야 한다.

② 사회복지사는 클라이언트를 위하여 자신의 가치를 '밝혀(label)'야만 하고, 클라이언트가 사회복지사와 평등한 입장에서 자신의 가치를 밝힐 수 있어야 한다(Kelman, 1965). 이러한 접근은 약물, 혼외정사의 문제, 절도 등의 문제를 지닌 클라이언트의 문제를 다루는 데 유용할 수 있다. 그러나 이러한 접근에는 위험이 도사리고 있다. 사회복지사의 가치는 클라이언트에게 중요한 관심사가 아닐 수 있다. 사회복지사의 가치를 클라이언트에게 이야기하는 것은 클라이언트에게 영향을 줄 수 있다. 예를 들어, 낙태에 반대하는 가치를 지닌 사회복지사는 자신이 의식하지 못하는 가운데 클라이언트가 낙태에 대해 죄의식을 갖게 할 수 있다. 사회복지사가 자신의 가치를 어떻게 이야기하는 것이 클라이언트에게 가장 건설적이고 도움이 될 수 있는지를 전문적으로 판단해야 할 것이다.

③ 클라이언트는 자신의 가치관이 무엇인지 알도록 도움 받아야 하고, 자신의 가치에 부합되는 해결책을 모색할 수 있도록 도움을 받아야 한다. 클라이언트는 자신이 선택할 수 있는 자유를 침해하는 조종으로부터 보호받을 필요가 있다. 예를 들어, 낙태를 원하는 클라이언트는 이를 수용하는 사회복지사에게 의뢰될 필요가 있다.

④ 글래서가 제안한 보다 발전된 도덕적 지침은 클라이언트가 타인의 요구를 침해하지 않는 한 자신의 요구를 충족시키고 그들이 원하는 것을 하도록 허용한다(Glasser, 1965). 이러한 방법이 낙태, 동성연애자, 혼전관계를 갖는 사람 등의 문제를 해결하는데 있어서 매우 유용하다는 것이 발견되었다. 이러한 지침은 아동학대, 혼외관계, 근친상간 등의 문제를 해결하는 데도 유용한데 그것은 자신의 행동이 타인에게 미치는 영향을 다루기 때문이다. 모든 사람에게 유용하게 적용되는 단일한 도덕적 지침은 존재하지 않는다. 그것은 사람마다 생활방식과 목표 그리고 개인적인 가치들이 다르기 때문이다.

⑤ 사회복지사는 누가 가치 딜레마를 갖고 있는지를 아는 것이 중요하다. 사회복지실천에서 중요한 점은 사회복지사가 자신이 담당한 사례에 지나치게 정서적으로 개입되지 않는 것이다. 만일 클라이언트의 문제가 당신이 집에 있을 때도 생각이 나고 이것이 당신의 생활을 방해한다면 그것에 지나치게 개입되어 있는 것이다. 클라이언트가 이혼, 낙태, 가족 구성원의 시설입소 등의 문제에 대해 딜레마에 빠져 있다면 그것이 사회복지사의 딜레마가 아닌 클라이언트의 딜레마가 되게 해야 한다. 사회복지사의 딜레마가 아니게 함으로써 사회복지사가 가장 객관적으로 클라이언트를 도울 수 있는 사람이 될 수 있을 것이다.

(2) 윤리원칙 준거틀

로웬버그와 돌고프(Loewenberg & Dolgoff, 1996)는 윤리적 의무들이 서로 갈등적인 상황에서 어떤 원칙이나 법적 이무를 우선시해야 하는지를 결정하는 것을 돕기 위해 '윤리원칙 준거틀'을 위계서열 형태로 다음과 같이 제시하였다(엄명용 외, 2008).

윤리원칙 1 : 생명보호의 원칙
윤리원칙 2 : 평등과 불평의 원칙
윤리원칙 3 : 자치와 자유의 원칙
윤리원칙 4 : 최소해악의 원칙
윤리원칙 5 : 생활의 질 원칙
윤리원칙 6 : 사생활과 비밀보장의 원칙
윤리원칙 7 : 진실과 사실을 완전히 알릴 원칙

윤리원칙 1은 윤리원칙 2~7보다 상위의 원칙이며, 윤리원칙 2는 윤리원칙 3~7보다 높은 위계서열에 있다. 어떤 실천상황에서든지 우선 관련되는 윤리원칙과 적용되는 법적 의무를 확인해야 한다. 그런 다음 만일 갈등이 생기면 '윤리원칙 준거틀'에서 제시된 범주에 따라 결정하게 된다.

'생명보호의 원칙'은 인간의 생명에 대한 보호가 모든 다른 것에 우선하는 최고의 의무임을 말해준다. '평등과 불평등의 원칙'은 능력이나 권력이 같은 사람들은 '똑같이 취급받을 권리가 있고', 능력이나 권력이 다른 사람들은 '다르게 취급받을 권리가 있음'을 나타낸다. 예를 들어, 능력이 같은 성인들은 서로 합의하에 성관계를 가질 권리가 있다. 그러나 아동의 분명한 동의가 있었다고 하더라도 어른이 아동과 성관계를 가질 권리는 없다. 이는 어른과 아동은 능력이나 권력이 서로 다르기 때문이다. '자율성과 자유의 원칙'은 클라이언트의 자율성과 독립성 그리고 자유는 중시되나 무제한적인 것은 아니다. 자신이나 타인을 살해하는 것, 아동을 학대하는 등의 권리는 없다. '삶의 질의 원칙'은 지역사회는 물론이고 개인과 모든 사람의 삶의 질을 보다 증진시킬 수 있는 것을 선택해야 함을 의미한다.

5. 한국 사회복지사 윤리강령(한국사회복지사협회)

전 문

사회복지사는 인본주의·평등주의 사상에 기초하여, 모든 인간의 존엄성과 가치를 존중하고 천부의 자유권과 생존권의 보장활동에 헌신한다. 특히 사회적·경제적 약자들의 편에 서서 사회정의와 평등·자유와 민주주의 가치를 실현하는 데 앞장선다. 또한 도움을 필요로 하는 사람들의 사회적 지위와 기능을 향상시키기 위해 저들과 함께 일하며, 사회제도 개선과 관련된 제반활동에 주도적으로 참여한다. 사회복지사는 개인의 주체성과 자기결정권을 보장하는 데 최선을 다하고, 어떠한 여건에서도 개인이 부당하게 희생되는 일이 없도록 한다. 이러한 사명을 실천하기 위하여 전문적 지식과 기술을 개발하고, 사회적 가치를 실현하는 전문가로서의 능력과 품위를 유지하기 위해 노력한다. 이에 우리는 클라이언트·동료·기관 그리고 지역사회 및 전체사회와 관련된 사회복지사의 행위와 활동을 판단·평가하며 인도하는 윤리기준을 다음과 같이 선언하고 이를 준수할 것을 다짐한다.

Ⅰ. 사회복지사의 기본적 윤리기준

1. 전문가로서의 자세

1) 사회복지사는 전문가로서의 품위와 자질을 유지하고, 자신이 맡고 있는 업무에 대해 책임을 진다.
2) 사회복지사는 클라이언트의 종교・성・연령・국적・결혼상태・성 취향・경제적 지위・정치적 신념・정신, 신체적 장애・기타 개인적 선호, 특징, 조건, 지위를 이유로 차별대우를 하지 않는다.
3) 사회복지사는 전문가로서 성실하고 공정하게 업무를 수행하며, 이 과정에서 어떠한 부당한 압력에도 타협하지 않는다.
4) 사회복지사는 사회정의 실현과 클라이언트의 복지증진에 헌신하며, 이를 위한 환경조성을 국가와 사회에 요구해야 한다.
5) 사회복지사는 전문적 가치와 판단에 따라 업무를 수행함에 있어, 기관 내외로부터 부당한 간섭이나 압력을 받지 않는다.
6) 사회복지사는 자신의 이익을 위해 사회복지전문직의 가치와 권위를 훼손해서는 안 된다.
7) 사회복지사는 한국사회복지사협회 등 전문가단체 활동에 적극 참여하여, 사회정의 실현과 사회복지사의 권익옹호를 위해 노력해야 한다.

2. 전문성 개발을 위한 노력

1) 사회복지사는 클라이언트에게 최상의 서비스를 제공하기 위해, 지식과 기술을 개발하는 데 최선을 다하며 이를 활용하고 전파할 책임이 있다.
2) 클라이언트를 대상으로 연구하는 사회복지사는 저들의 권리를 보장하기 위해, 자발적이고 고지된 동의를 얻어야 한다.
3) 연구과정에서 얻은 정보는 비밀보장의 원칙에서 다루어져야 하고, 이 과정에서 클라이언트는 신체적・정신적 불편이나 위험・위해 등으로부터 보호되어야 한다.

4) 사회복지사는 전문성을 계발하기 위해 노력하되, 이를 이유로 서비스의 제공을 소홀히 해서는 안 된다.
5) 사회복지사는 한국사회복지사협회 등이 실시하는 제반교육에 적극 참여하여야 한다.

3. 경제적 이득에 대한 태도

1) 사회복지사는 클라이언트의 지불능력에 상관없이 서비스를 제공해야 하며, 이를 이유로 차별대우를 해서는 안 된다.
2) 사회복지사는 필요한 경우에 제공된 서비스에 대해, 공정하고 합리적으로 이용료를 책정해야 한다.
3) 사회복지사는 업무와 관련하여 정당하지 않은 방법으로 경제적 이득을 취하여서는 안 된다.

Ⅱ. 사회복지사의 클라이언트에 대한 윤리기준

1. 클라이언트와의 관계

1) 사회복지사는 클라이언트의 권익옹호를 최우선의 가치로 삼고 행동한다.
2) 사회복지사는 클라이언트에 대하여 인간으로서의 존엄성을 존중해야 하며, 전문적 기술과 능력을 최대한 발휘한다.
3) 사회복지사는 클라이언트가 자기결정권을 최대한 행사할 수 있도록 도와야 하며, 저들의 이익을 최대한 대변해야 한다.
4) 사회복지사는 클라이언트의 사생활을 존중하고 보호하며, 직무수행과정에서 얻은 정보에 대해 철저하게 비밀을 유지해야 한다.
5) 사회복지사는 클라이언트가 받는 서비스의 범위와 내용에 대해, 정확하고 충분한 정보를 제공함으로써 알 권리를 인정하고 존중해야 한다.
6) 사회복지사는 문서・사진・컴퓨터 파일 등의 형태로 된 클라이언트의 정보에 대해 비밀보장의 한계・정보를 얻어야 하는 목적 및 활용에 대해 구체적으로 알려야 하며, 정보공개 시에는 동의를 얻어야 한다.

7) 사회복지사는 개인적 이익을 위해 클라이언트와의 전문적 관계를 이용하여서는 안 된다.
8) 사회복지사는 어떠한 상황에서도 클라이언트와 부적절한 성적 관계를 가져서는 안 된다.
9) 사회복지사는 사회복지 증진을 위한 환경조성에 클라이언트를 동반자로 인정하고 함께 일해야 한다.

2. 동료의 클라이언트와의 관계

1) 사회복지사는 적법하고도 적절한 논의 없이 동료 혹은 다른 기관의 클라이언트와 전문적 관계를 맺어서는 안 된다.
2) 사회복지사는 긴급한 사정으로 인해 동료의 클라이언트를 맡게 된 경우, 자신의 의뢰인처럼 관심을 갖고 서비스를 제공한다.

Ⅲ. 사회복지사의 동료에 대한 윤리기준

1. 동 료

1) 사회복지사는 존중과 신뢰로써 동료를 대하며, 전문가로서의 지위와 인격을 훼손하는 언행을 하지 않는다.
2) 사회복지사는 사회복지전문직의 이익과 권익을 증진시키기 위해 동료와 협력해야 한다.
3) 사회복지사는 동료의 윤리적이고 전문적인 행위를 촉진시켜야 하며, 이에 반하는 경우에는 제반 법률규정이나 윤리기준에 따라 대처해야 한다.
4) 사회복지사가 전문적인 판단과 실천이 미흡하여 문제를 야기시켰을 때에는, 적절한 조치를 취하여 클라이언트의 이익을 보호해야 한다.
5) 사회복지사는 전문직 내 다른 구성원이 행한 비윤리적 행위에 대해, 제반 법률규정이나 윤리기준에 따라 조치를 취해야 한다.
6) 사회복지사는 동료 및 타 전문직 동료의 직무 가치와 내용을 인정·이해하며, 상호간에 민주적인 직무관계를 이루도록 노력해야 한다.

2. 슈퍼바이저

1) 슈퍼바이저는 개인적인 이익의 추구를 위해 자신의 지위를 이용해서는 안 된다.
2) 슈퍼바이저는 전문직 기준에 의해 공정하게 책임을 수행하며, 사회복지사·수련생 및 실습생에 대한 평가는 저들과 공유해야 한다.
3) 사회복지사는 슈퍼바이저의 전문적 지도와 조언을 존중해야 하며, 슈퍼바이저는 사회복지사의 전문적 업무수행을 도와야 한다.
4) 슈퍼바이저는 사회복지사·수련생 및 실습생에 대해 인격적·성적으로 수치심을 주는 행위를 해서는 안 된다.

Ⅳ. 사회복지사의 사회에 대한 윤리기준

1) 사회복지사는 인권존중과 인간평등을 위해 헌신해야 하며, 사회적 약자를 옹호하고 대변하는 일을 주도해야 한다.
2) 사회복지사는 필요한 사회서비스를 개발하기 위한 사회정책의 수립·발전·입법·집행에 적극적으로 참여하고 지원해야 한다.
3) 사회복지사는 사회환경을 개선하고 사회정의를 증진시키기 위한 사회정책의 수렴·발전·입법·집행을 요구하고 옹호해야 한다.
4) 사회복지사는 자신이 일하는 지역사회의 문제를 이해하고, 그것을 해결하는 일에 적극적으로 참여해야 한다.

Ⅴ. 사회복지사의 기관에 대한 윤리기준

1) 사회복지사는 기관의 정책과 사업목표의 달성·서비스의 효율성과 효과성의 증진을 위해 노력함으로써, 클라이언트에게 이익이 되도록 해야 한다.
2) 사회복지사는 기관의 부당한 정책이나 요구에 대하여, 전문직의 가치와 지식을 근거로 이에 대응하고 즉시 사회복지윤리위원회에 보고해야 한다.
3) 사회복지사는 소속기관 활동에 적극 참여함으로써, 기관의 성장·발전을 위해 노력해야 한다.

Ⅵ. 사회복지윤리위원회의 구성과 운영

1) 한국사회복지사협회는 사회복지윤리위원회를 구성하여, 사회복지윤리실천의 질적인 향상을 도모하여야 한다.
2) 사회복지윤리위원회는 윤리강령을 위배하거나 침해하는 행위를 접수받아, 공식적인 절차를 통해 대처하여야 한다.
3) 사회복지사는 한국사회복지사협회의 윤리적 권고와 결정을 존중하여야 한다.

chapter 03

사회복지실천의 과학과 예술

chapter I

03 사회복지실천의 과학과 예술

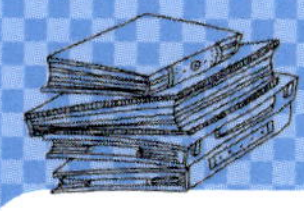

사회복지사는 클라이언트의 사회적 기능을 향상시키고 사회문제를 예방하기 위해서 자신의 사생활과 전문가적 생활을 적절히 조화시켜야 한다. 뿐만 아니라 자신의 개인적 특성, 창조적 능력, 사회적 관심을 전문적 지식과 결합시켜야 한다. 모든 개인은 사회복지실천의 예술적 요소를 나타내는 독특한 개인적 특성을 가지고 있다. 교육과정에서는 사회복지를 배우는 사람들에게 효과적인 실천을 위해 필요한 지식(이나 과학)을 기본적으로 이해할 수 있도록 도울 수 있다. 교육과정에서는 예술(art)적 특성과 같은 개인적 강점을 확인하고, 클라이언트와의 원조관계에서 이런 강점을 적용할 수 있는 능력을 개발하도록 강조할 수 있지만 이를 가르치는 데는 한계가 있다.

이처럼 개인의 예술과 전문직의 과학을 융합, 조화하려는 노력이 사회복지교육에서 시도되고 있다. 이러한 부분은 사회복지 지식이 계속적으로 확대되고 있으며, 사회복지사가 자신의 인생경험을 통하여 지속적으로 변화함에 따라 이런 융합 및 조화는 생애 전반에 걸친 활동이 될 수 있다(Sheafor, Horejsi & Horejsi, 1997).

사회복지실천에 있어서 사회복지사는 다른 사람이 변화하도록 돕기 위해서 창의성, 직관적 감정, 개성, 관심, 애정 등의 직관이 있어야 하는 동시에 그것을 인간행동, 사회환경, 변화과정에 대한 지식과 기술이나 절차를 이용할 줄 아는 노련한 능력과 결합시켜야 하며, 변화 노력을 위해 체계적인 지침을 제공하는 문제해결의 방법과 결합시켜야만 한다(Pincus & Minahan, 1873 : 33).

Eaton(1958)은 사회복지실천에 있어서 사회복지사가 모든 것을 "안다"는 것은 불가능하다고 하였다. 인간문제의 해결에 관한 연구나 경험이 충분히 적용된다고 하더라도 거기에는 항상 무지와 오류의 영역이 존재하고 있다. 사람은 어떤 면에서는 (1) 모든 사람과 같고, (2) 몇몇 사람과 같고, (3) 누구와도 같지 않다. 그중의 (1)과 (2)는 과학을 실천에 적용할 수 있게 하지만 (3)은 한계상황을 설명한다. 사회복지사는 하나하나의 사례가 다르다는 것을 인정하기는 하나 이 사실이 유사한 사례들을 통해서 얻은 경험을 적용하지 못한다는 것은 아니다. 지식은 확실성의 열쇠가 될 수는 없지만 적절하지 않거나 잘못된 결정을 하는 빈도보다는 적절한 결정을 하게 되는 빈도가 더 많을 것이다(Eaton, 1958 : 3-4).

그러므로 사회복지사는 어떤 문제를 이해하고 적절한 개입방법을 선택하기 위해서는 다양한 지식과 기술이 있어야 하며 동시에 창의성과 직관이 필요하다. 그 이유는 지식은 완전하다고 볼 수 없으며, 사례 또한 각기 독특한 면이 있기 때문이다.

사회복지사는 실천지식과 기술(Knowledge and skills) 이외에 자신의 성품, 가치관, 생활양식 그리고 다른 사람들에 대한 감정을 가지고 실천에 임하게 된다. 만약 사회복지사가 자신의 감정을 부인한다면 그는 기계적인 시술자와 같아질 것이고, 다른 사람들의 문제해결에 자신을 관여시키기가 어려울 것이다. 또 만약 그가 지식과 기술을 사용하지 않는다면, 그 사회복지사는 관심있는 초보자와 같은 수준에서 일할 수밖에 없을 것이다. 그러므로 사회복지실천에 있어서 과학(science)과 예술(art)은 대립되는 상황으로 보기보다는 각기 서로를 강화시키는 것으로 볼 수 있다. 펄만(Perlman)은 이들 서로의 상호보완성에 대한 그의 신념을 "예술가의 창의력은 그의 특수활동의 기본 구조와 형태를 확실히 파악했을 때 비로소 자유로워질 수 있다. 그의 에너지는 이들을 실천에 통합시켰을 때에 비로소 충분히 방출되어 감각, 지각, 반응 그리고 상상에 영향을 주게 된다"(1957 : 6)라고 언급했다.

사회복지사는 지식(Knowledge)과 창의성(creativity)을 적절히 조화해야 하는지를 스스로 알아야만 한다. 즉, 사회복지사는 효과적으로 실천하기 위해서 예술적 기반과 과학적 기반을 혼합하여야 한다. 그리고 사회복지사는 실천상황에서 과정과 성과에 영향을 미치는 보이지 않는 요인들을 알아야 한다. 예를 들면, 관계를 형성하고 창의적인 사고를 하고, 동정과 용기, 희망과 에너지, 건전한 판단력의 사용 그리고 적합한 가치에 헌신하는 것들을 포함하는 예술적 요인을 활용하고 동시에 사회복지사는 자신의 예술적 능력을 전문적 지식과 과학적 기반에 혼합시켜야 한다. 예술이 없는 지식기반은 거의 가치가 없다. 그러나 지식이 없다면 예술은 효과성에 한계가 있기 때문이다.

제1절 사회복지실천에서의 과학

사회복지사는 클라이언트와 상호작용을 하고 서비스를 제공하기 위해 가슴과 머리를 모두 활용해야 한다. 즉, 예술적 능력을 기초하고, 축적된 지식으로부터 이끌어낸 다양한 기법을 활용하는 사회복지사는 개입하는 사례를 통해 학습하면서 전문가적 능력을 쌓아간다. 사회복지에서 사용되는 어떤 지식은 다른 학문, 특히 사회과학과 행동과학에서 빌려왔으며, 이를 실천에 적용시켜 발전하였다. 뿐만 아니라 어떤 지식은 여러 세대에 걸친 사회복지사들의 집합적 경험을 통해 도출된 것이라 할 수 있다.

전문직은 그 지식과 실천에서 과학적 방법을 활용할 때 과학적인 것으로 간주된다. 과학적 방법은 현상을 연구하고 지식을 형성하기 위한 접근이다. 과학적 방법은 가장 엄격하게 적용된다. 즉, ① 주의깊게 개념을 규정하고, ② 연구상황에 적절하게 문제를 분리시키며, ③ 정확히 규정된 모든 개념과 용어를 사용하고, ④ 검증할 가설을 설정하며, ⑤ 적절한 표본절차를 따르고, ⑥ 자료수집을 위한 계획을 세우며, ⑦ 비교를 위해 통제집단과 실험집단을 사용하며, ⑧ 타당하고 신뢰성 있는 측정도구를 사용하며, ⑨ 연구결과를 보고하여 전문가 동료들이 검토할 수 있도록 한다. 이렇게 함으로써 그들은 연구를 반복할 수 있고 결과물을 입증하거나 부인할 수 있다. 비록 과학적 방법의 사용이 유일한 지식의 근원이 되는 것은 아니지만 편견이나 주관성으로 인한 판단상의 오류를 최소화하는 데 도움이 된다(Sheafor, Horejsi, & Horejsi, 1998).

그러나 사회복지에서 과학적 방법의 적용은 쉽지 않다. 왜냐하면 어떤 연구는 클라이언트의 비밀보장을 지킬 수 없으며, 확인된 클라이언트 상황은 엄격한 비교와 검증이 어려운 여러 가지 문제가 있을 수 있기 때문이다. 또한 때때로 개입의 효과성을 아무것도 개입하지 않는 것과 비교할 수 없는 경우도 있다. 더욱이 과학적 방법의 사용을 복잡하게 만드는 요인은 개입의 다양한 형태가 전형적으로 몇 가지 공통적인 특성(예를 들면, 사회복지사와 클라이언트의 관계)들을 갖는다는 사실과 그런 이유로 흔히 단일요인이나 변수의 진정한 영향을 알아보기가 쉽지 않다.

또한 사회복지실천이 환경 속의 개인에 초점을 두는 것 외에도 원조 전문직에서 전문직의 가치와 철학이 기여하는 바가 독특하기 때문에 과학적 방법의 적용은 용이하지 않다고 볼 수 있다. 그럼에도 불구하고 사회복지사는 자신의 사고에서 과학적이 되고자 노력해야 한다. 사회복지사는 물리학이나 화학과 같은 정도의 과학은 아니지만 다른 분야의 과학적 지식을 활용하고 점차 그 이론적 준거틀을 개발하고 그 효과성을 평가하는 데 과학적 방법을 활용하고 있다. 사회복지는 다음과 같은 방법을 활용할 때 과학적이라고 할 수 있다.

(1) 사람들의 사회적 기능을 나타내는 자료들을 수집하고, 조직화하고 분석한다.
(2) 새로운 기법을 만들고, 새로운 실천지침을 형성하고, 새로운 프로그램과 정책을 개발하기 위해 관찰, 경험 그리고 공식적 연구를 활용한다.
(3) 사회복지 개입을 안내하는 계획과 개념적 준거틀을 세우기 위해 기초가 되는 자료를 활용한다.
(4) 개입이 사람들의 사회적 기능수행에 미치는 영향을 객관적으로 검토한다.
(5) 전문직에서 다른 사람들이 설명하는 아이디어, 연구 그리고 실천을 교환하고 비평적으로 평가한다.

카두신과 마틴(Kadushin, & Martin, 1988)은 많은 다른 전문직처럼 사회복지사가 과학자라기보다는 뛰어난 기술자라고 설명했다. "기술자로서 의사는 생물학자의 발견을 활용하고 엔지니어는 물리학자가 발견한 것을 활용하며 사회복지사는 사회학자가 발견한 것을 활용한다. 사회과학자는 단지 클라이언트의 세계를 이해하려고 한다. 기술자로서 사회복지사는 그 세계를 변화하려고 시도한다"(p.3).

변화과정을 촉진시키기 위해서 사회복지사는 사회적 조건과 문제, 사회정책과 프로그램, 사회적 현상, 사회복지전문직 그리고 다양한 실천이론에 관련된 지식을 도출해야 하기 때문에 전문영역의 폭넓은 지식을 필요로 한다. 사회복지 지식은 많은 부분이 사회과학과 행동과학의 다른 학문분야들로부터 차용되었지만 그 지식은 독특한 방식으로 종합되어, 사회복지전문직의 많은 기본 개념들로 형성되었다. 전문직의 지식영역은 미국사회복지교육협회(CSWE)가 사회복지교육에서 지도력을 제공하고 사회복지대학의 공식적인 인정기준으로 사용되고, 핵심교과영역으로 여기는 다음과 같은 영역을 포함한다(Hepworh & Larsen, 1993 : 11-13).

1. 사회문제에 관한 지식

사회복지사는 인간의 문제들이 어떤 관련성을 갖는지에 대해 이해해야 한다. 청소년 범죄, 학령기 아동양육, 학교 무단결석, 빈곤, 실업, 약물남용, 가족폭력 등의 문제를 논의하면서 쇼어(Schorr, 1989)는 다음과 같이 언급하였다.

"현실에서는 문제들이 서로 상호작용하고, 서로를 강화시키며, 동시에 나타날 수 있다. 아동기에 시작되고, 청소년기에 가시화되는 손상들이 세대 간 순환되어 근린지역에 퍼져나간다"(p.15).

이처럼 인간문제의 상호관련성은 피할 수 없는 것이 사실이다. 사회복지사는 삶의 전반적인 특성에 미치는 요인들에 익숙해야 한다.

그리고 사회복지를 실천하는 사회복지사는 자신이 속한 사회와 정부, 정치·경제체제의 신념, 가치 그리고 조직을 이해해야 한다. 어떤 사회적 조건과 문제가 국가차원의 문제라 하더라도, 다른 범주의 문제들은 지방정부의 기능적 특성에서 비롯되기도 한다. 예를 들면, 가뭄이나 농작물의 가격저하는 농업지역에 사는 사람들에게 직접적인 영향을 미칠 수 있지만 일부지역에서는 그렇지 않을 수 있다. 따라서 사회복지사는 어떤 문제를 다룰 때 자신이 속한 지역사회의 다양한 맥락을 확인하고 이해할 수 있어야 한다.

2. 사회정책과 프로그램에 관한 지식

사회복지실천이 사회복지학 관련학문들의 교과과정과 가장 분명히 구별되는 것은 사회정책에 관한 지식체계에 강조를 두는 것이다. 이러한 광범위한 지식체계는 정부와 민간 부문의 모든 수준에서 인간서비스체계를 형성하고 계획수립을 안내하는 사회정책의 형성에 관련되는 복잡한 요인들을 포함한다. 사회복지사들은 개인, 가족, 집단 및 지역사회의 사회적 기능수행을 증진시키는 사회정책의 개발과 활용에 참여할 책임을 가진다. 사회복지사에게 사회정의에 대한 사회복지의 책임성이 있기 때문에 기회, 자원, 이익과 서비스의 분배는 불평등에 관한 지식과 취약계층에 미치는 이러한 불평등성의 영향과 취약계층집단에 관한 지식은 필수적으로 알아야만 한다(전재일 외, 2010).

본질적으로 사회정책은 보통 법과 정부의 규정에서 표현되는 원리들의 종합이고, 구체적인 혜택과 기회에 관한 할당 또는 행동규정을 안내한다. 사회정책과 프로그램은 건강보호, 정신질환, 범죄, 아동복지, 교육, 장애, 노인, 빈곤, 실업 등과 같은 주요 문제를 중심으로 개발되는 경향이 있으며, 현존하는 사회정책을 반영할 뿐만 아니라 정책을 입안한 사람들의 가치, 신념 그리고 판단을 반영한다.

사회복지사는 자신의 기관에서 제공하는 프로그램을 이해해야 하고 기관에서 제공되는 서비스를 이용하는 클라이언트에게 익숙해야 한다. 사회복지기관에서 제공되는 프로그램은 클라이언트와 직접적으로 접촉하는 서비스 제공자가 필요하다. 제공자는 자원봉사자가 될 수도 있지만, 대개의 경우는 전문가들이다. 휴먼서비스 영역에서는 사회복지사를 비롯하여 의사, 간호사, 교사, 작업치료사 등 다양한 전문직들의 활동이 있으며, 때때로 이들의 활동은 중첩되기도 한다. 사회복지실천에 있어서 사회복지사는 이처럼 다양한 전문직의 능력과 전문가 간의 협력의 역동성이 사회복지사의 지식기반에 중요한 측면임을 이해해야 한다(Sheafor, Horejsi, & Horejsi, 1998).

3. 사회적 현상에 관한 지식

사회복지사는 사람들 사이의 상호작용, 사람과 사회적 프로그램을 전달하는 체계 사이의 상호작용에 관심을 두어야 하므로 사회적 현상과 다양한 수준의 환경 속의 인간 상호작용에 관해 이해해야 한다.

사회복지실천에서 강조하는 다양한 상황의 상호관련성에 관한 이해뿐만 아니라 사회복지사는 한 사람으로서 개인을 이해하기 위해서 신체적·심리적 발달에 관한 지식을 알아야만 한다. 사회복지사는 가족과 그 외 가족구성원에 관해서도 이해해야 한다. 가족은 사회복지사에게 중요한 개입대상이므로 가족역동성에 관한 지식은 매우 중요하다 할 수 있다.

사회복지사는 인종적 정체성, 문화적 상호작용 그리고 인종차별주의에 영향을 미치는 것과 관련되어 문화적·종교적 차이와 개인적·사회적 이슈도 이해해야 하며, 소집단의 행동과 과정을 이해해야 한다. 사람들은 자신이 살고 있는 이웃과 지역사회의 영향을 받기 때문에 사회복지사는 집단 간 갈등 그리고 지역사회 변화에 관해 익숙해야 하며 지역사회의 보편적인 신념과 태도를 이해할 필요가 있다.

대부분의 사회복지실천은 사회기관, 학교, 병원 혹은 교정시설과 같은 공식조직에서 이루어진다. 사회복지사는 클라이언트와 지역사회의 다른 성원이 이런 조직들을 어떻게 보는지 그리고 사람들이 조직의 행동에 의해 어떤 영향을 받는지에 관해 이해해야 한다. 기관이나 프로그램 내에서 효과적으로 활동하기 위해 사회복지사는 조직개발, 조직구조, 수행방법 그리고 의사소통 패턴에 관해 이해해야 한다. 즉, 사회복지사는 그들이 활동하는 사람과 조직에 관해 구체적인 지식을 소유할 필요가 있다(Sheafor, Horejsi, & Horejsi, 1998).

4. 인간행동에 관한 지식

사회복지실천가들은 개인이 생애발달 동안 직면하게 되는 생활과업과 인간의 성장과 발달에 관한 지식을 알고 있어야만 한다. 즉, 인간이 겪는 생활상의 문제를 사정(assessment)하고 다루기 위하여 실천가들은 각 생애발달단계에 관련된 욕구와 자원을 알아야만 된다. 그리고 그 욕구를 해결하지 못함으로써 발생되는 여러 가지 심리·행동상의 문제를 파악할 수 있어야 된다. 특히 발달상의 어려움에 영향을 미치는 요인들에 관한 지식에 관심을 두어야 하는데, 왜냐하면 이러한 지식은 효과적인 예방과 치료 프로그램을 계획하고 수행하는 데 필수적이라 할 수 있다(전재일 외, 2010).

5. 사회복지실천을 위한 지식

사회복지와 같은 전문직에서 실천과 이론을 구분하거나 행동에서 개념을 분리하는 것은 사실상 어렵다. 사회복지실천은 구체적인 유형의 변화를 초래하기 위해 지식을 활용하고 이론을 적용하는 과정이다. 이론이 없는 실천은 반복적이고 단조로운 반면에 현실적인 실천이 없는 이론은 단지 흥미위주로 이루어지기 쉽다.

사회복지 문헌에서 논의되는 많은 이론, 모델, 관점은 모두 개념적인 준거틀로 고려될 수 있다. 개념적 준거틀은 개념, 신념, 가치, 명제, 가정, 가설 그리고 원리로 구성되었다. 이 준거틀은 사람을 이해하고, 사람들이 어떻게 기능을 수행하며, 어떻게 변화하는지를 이해할 수 있도록 돕는 개념이다. 이런 준거틀은 유용성이 있기 때문에 중요하다. 예를 들면 다음과 같다.

(1) 준거틀은 복잡하고 정서적인 인간문제와 상황을 분석하기 위한 구조를 제공한다.
(2) 준거틀은 정보, 신념 그리고 가정을 의미있는 전체 속에 조직화한다.
(3) 준거틀은 행동과 의사결정을 위한 합리성을 제공한다.
(4) 준거틀은 사람들과 활동하는 데 체계적이고, 질서정연하며, 예측적인 접근을 촉진한다.
(5) 준거틀은 전문가 사이의 의사소통을 촉진시킨다.

사회복지사는 사회복지실천에서 다양한 이론, 모델 그리고 관점을 활용한다. 비록 이런 용어들은 다소 다른 의미를 지니고 있지만, 이론과 같은 용어로 사용할 수 있다. 하우웨(Howe, 1987 : 166)는 폭넓게 말해서 사회복지의 이론과 사회복지를 위한 이론이 있다고 설명했다. 사회복지의 이론은 전문직에 초점을 두고 있는 반면에 사회복지를 위한 이론은 클라이언트와 원조활동에 초점을 둔다고 하였다.

실천 준거틀에서 가장 지배적인 것은 실천관점이다. 실천관점은 인간행동의 사회구조를 바라보는 개념적 렌즈라고 할 수 있고, 동시에 개입전략 선택을 안내한다. 카메라 렌즈처럼 실천관점은 배경이 되는 현상과 특정 현상을 확대하거나 초점을 둔다. 사람과 환경의 관계를 사정하기 위해 사회복지에서 보편적으로 사용되는 두 가지 관점은 일반체계적 관점과 생태체계적 관점이다.

준거틀의 두 번째 유형은 실천이론이다. 실천이론은 어떤 행동이나 상황에 대한 설명과 어떻게 그런 행동이 변화될 수 있는지에 관한 폭넓은 지침을 제공한다. 실천이론은 특정 유형의 변화를 초래하는 개입을 위한 안내지도의 역할을 한다. 대부분의 실천이론은 하나 혹은 그 이상의 이론들에 뿌리를 두고 있다.

실천이론과 실천모델 사이에는 차이가 있는데 이것이 실천 준거틀의 세 번째 유형이다. 실천모델은 어떤 개입을 안내하기 위해 사용되는 개념과 원리의 종합이다. 대부분 실천모델은 행동에 관한 특정 이론으로부터 전개되었다기보다는 실제 경험이나 실험에서 개발되었다. 예를 들면, 위기개입은 실천이론이라기보다는 실천모델로 본다. 왜냐하면 이 개입의 실천단계는 위기상황에 관한 어떤 한 가지 설명에 얽매이지 않기 때문이다. 같은 이유로 과제중심접근도 실천이라기보다는 모델이란 용어로 쓰인다.

6. 사회복지실천방법에 관한 지식

전문직의 임무와 목표를 달성하기 위하여 사회복지사들은 클라이언트들의 사회적 기능수행을 증진시키도록 가능케 하는 지식과 기술을 필요로 한다. 그 수준은 미시적(micro), 중간적(mezzo) 그리고 거시적(macro) 수준으로 구분하여 왔다. 효과적인 실천은 세 가지 모두 실천수준에 관련된 지식을 요구하지만, 보통 사회복지대학들은 미시적·거시적 실천에 집중하여 왔다. 최근 각 대학들은 교과과정이 다양하고 학부제를 도입하여 복수전공이 가능하도록 하여 전공과목에 대한 이수단위가 낮아지게 되어 학생들에게 세 가지 모두 실천수준에서 균형있는 준비를 하도록 요구하기 어렵게 되었다. 학부수준은 모든 인구집단 수준에서 일하도록 학생들을 준비시키는 데 목적을 두어야 한다. 세 가지 실천수준에 따른 실천방법은 다음과 같다(전재일 외, 2010).

1) 미시적 수준의 실천

이 수준에서 실천가들이 제공하는 인구집단은 개인, 부부, 가족 그리고 집단을 포함하는 여러 가지 클라이언트집단들이다. 이 수준에서의 실천가들이 면 대 면(face to face)의 접촉으로 클라이언트에게 직접적으로 서비스를 전달하기 때문에 직접실천(임상실천)이라고 한다. 이러한 미시적 수준의 실천에 관한 지식은 사회복지실천을 위한 가장 기본적인 지식이다.

2) 중간수준의 실천

직접실천과는 반대로 중간수준과 거시적 수준은 일반적으로 클라이언트와의 최소한의 면 대 면 접촉을 의미하며 그래서 간접실천이라고 부른다. 중간수준의 실천은 인간서비스 조직에서 지도력을 맡는 행정의 과정을 의미한다. 직접실천가들은 반드시 행정적인 활동에 어느 정도 관여하게 된다. 더욱이 많은 직접실천가들은 사회복지기관의 행정을 책임지는 역할을 수행하기 때문에 행정에 관한 지식은 직접실천가들에게 중요하다.

3) 거시적 수준의 실천

거시적 실천은 사회계획(social planning)과 지역사회조직(community organization)의 과정들을 의미한다. 이 수준에서 사회복지사들은 사회문제를 다루는 개인, 집난 또는 단체들로 구성되는 지역사회행동체계를 돕는 전문적인 변화매개인(change agents)으로서 일한다. 이 수준에서 실천가들은 시민집단이나 민간, 공공 또는 정부조직과 함께 일할 수 있다.

7. 연구에 관한 지식

연구에 관한 지식은 과학적이고 학술적인 조사를 위해서뿐만 아니라 사회복지를 실천하는데 있어서 필수적이라 할 수 있다. 즉, 시대의 흐름에 뒤떨어지지 않는 지식을 유지하기 위하여 실천가들은 조사연구에서 얻은 정보를 활용할 수 있어야만 한다. 이처럼 연구에 관한 지식은 실천현장의 문제점을 확인하고 실천현장의 변화를 가져올 수 있으며, 제공되는 서비스의 정당성과 효율성, 효과성 등을 제시할 수 있다. 뿐만 아니라 이러한 과정을 통해 사회복지정책의 입안과 개선을 요구할 수 있기 때문이다.

제2절 사회복지실천에서의 예술

예술이란 "능숙한 실천을 수행하는 데 필요한 특수한 기술로 학습만으로는 배울 수 없는 직관적인 능력을 발휘하는 것"이라고 정의된다(American Heritage Dictionary, 1978, s.v. 'art'). 자신의 예술적 혹은 직관적 능력에만 전적으로 의지하는 원조자를 성공적인 원조자로 볼 수 없는 것은 아니다. 예를 들면, 자원봉사자 등 훈련받지 않은 휴먼서비스 제공자들은 공식적인 교육을 받지 않았음에도 많은 상황에서 도움이 되고 있음을 알 수 있다. 반대로 정규교육을 받고 지식이 많음에도 불구하고 실천에 필요한 예술적 요소의 부족으로 클라이언트를 원조하는 과정에서 때때로 실패하게 되는 경우도 보게 된다.

어떤 요인들이 사회복지의 예술에 포함되는가?를 정의하기는 쉽지 않다. 하지만 사회복지 예술에 해당되는 것으로 동정과 인간의 고통에 직면할 수 있는 용기, 의미있고 생산적인 원조관계를 수립할 수 있는 능력, 변화에 대한 장벽을 극복하는 창의성, 에너지와 희망을 불어넣는 능력, 건전한 판단력, 적합한 개인적 가치들 그리고 효과적인 전문가 스타일을 형성하는 것 등이라고 할 수 있다(Sheafor, Horejsi & Horejsi, 1997).

1. 동정과 용기

효과적인 사회복지실천의 필수조건은 사회복지사의 동정(compassion)이다. 동정이란? 다른 사람들과 함께 괴로워하는 것을 의미하는 동시에 비탄에 빠졌거나 괴로움을 겪는 사람들의 고통에 하나가 되거나 몰입하려는 의지를 말한다. 사실 다른 사람의 고통에 관여하기란 쉽지 않다. 그러나 동정이 결여된 사회복지사는 자신과 클라이언트의 관심사 사이에 거리를 둘 가능성이 있다.

또한 사회복지실천은 용기를 필요로 한다. 이런 용기는 단순히 대담무쌍한 감각을 말하는 것이 아니라, 일상적으로 발생하는 인간의 고통과 혼란 그리고 흔히 인간의 부정적이고 파괴적인 행동에 대해서도 직면할 수 있는 것을 의미한다. 때때로 사회복지사가 접하는 실천현장은 대부분의 사람들이 상상하지 못하는 현장일 수 있다.

사회복지사는 질병, 장애, 폭력, 방임, 성학대, 약물중독, 범죄적 착취, 빈곤, 이상행동과 혼란스러운 가족생활, 사랑하는 사람과의 이별, 외로움, 유기와 같은 유형의 고통을 받는 사람들에게 건설적으로 반응할 수 있어야 한다. 뿐만 아니라 사회복지사는 직접적으로 혹은 간접적으로 다른 사람들에게 고통을 가하는 사람들에게도 건설적으로 반응할 수 있어야 하며, 혐오스러운 인간의 문제들도 다룰 수 있어야 한다(Sheafor, Horejsi & Horejsi, 1997).

시간이 흐름에 따라 사람은 이런 인내나 용기를 계발할 수 있지만 책이나 강의실에서 배울 수 있는 것은 아니다. 만약 학습될 수만 있다면 내적인 강점과 인간상황의 한 부분으로써 인간의 고통을 수용하는 능력을 가진 모델이 될 만한 사람으로부터 배울 수가 있다. 그럼으로써 분노나 좌절로 인해 소모되는 것을 피할 수 있다. 이런 용기를 가진 사람들은 다른 사람에게 상처를 입히는 사람조차도 가치있게 여기고 존중할 수 있다(전재일 외, 2010).

2. 전문적 관계

전문적인 관계는 개인, 가족 혹은 클라이언트 집단을 효과적으로 원조하기 위한 전제조건이 될 뿐만 아니라 조직이나 지역사회를 구성하는 사람들과의 활동관계에도 중요하다.

원조관계의 특성은 때때로 모호하며, 분명히 설명할 수 없는 부분이 있다. 예를 들면, 사회복지사는 어떻게 곤란을 겪고 있는 개인의 생활에 개입하여 필요한 변화를 이루는 활동을 함께 할 수 있는 유대감을 형성할까? 왜 클라이언트는 낯선 사람에게 사적인 정보를 드러내려고 할까? 클라이언트들이 이전에 그들의 자원을 실패했을 때 사회복지사가 조치를 취할 수 있도록 해준 것은 무엇인가? 이 모든 상황에서 질문에 대한 답은 사회복지사가 관계의 힘을 형성하고 활용할 수 있다는 것이다(Sheafor, Horejsi & Horejsi, 1997).

피셔(Fischer, 1978)는 개별 사회복지실천에 관한 비평적 분석에서 전문적 관계가 효과적이었는가라는 질문은 대개 성격이나 기법의 문제라고 강조했다.

개별 사회복지와 관련된 분야에서 지속적으로 논쟁이 되어 온 것 중 하나는 클라이언트의 변화에 대한 책임이 전문가의 기법사용에 있다고 믿는 사람들과 사회복지사의 성격 특성에 있다고 믿는 사람들 간의 대립이다. 기존 연구에 의하면, '성격'과 '기법' 모두 측정할 수 있고, 다른 사람들에게 혜택을 주는 효과가 있다는 것이 점차 나타난다. 그러나 지금까지는 오로지 원조자의 선택적인 성격 특성이나 대인관계기술이 성공적인 결과와 관련이 있는 것으로 확인되었다. … 이것에 포함되는 것은 감정이입, 소유하려 하지 않는 온화한 진실성이다(p.191).

많은 아메리카 원주민 종족들 사이에는 "만일 당신이 다른 사람을 이해하고 싶다면 먼저 그의 짚신을 신고 1마일을 걸어야 한다"라는 말이 있다. 즉, 그 사람의 사고, 신념, 생활경험 속으로 들어가야 한다는 것이다. 그러나 그것이 가능하려면 먼저, 자신의 가치, 태도 그리고 판단을 배제해야 한다. 이처럼 다른 사람의 관점을 받아들이는 능력이 감정이입이다.

사회복지사는 다른 사람의 관점을 인정하는 것이 어렵다하더라도 가능한 가장 밀접한 수준에서 클라이언트를 이해할 수 있어야 있다. 예를 들면, 학대받는 아내의 공포와 분노 그리고 그녀를 학대하는 남자를 향한 그녀의 사랑과 관심을 이해하기 위해서, 학대부모의 분노와 죄책감에 민감해지기 위해서, 집단 내에서 자신에 대한 동료의 위험스러운 비평에 대해 10대가 느끼는 곤란함을 이해하기 위해서, 심지어 과중한 업무로 좌절을 느끼는 스태프 성원의 한탄을 듣기 위해서도 감정이입은 필요하다. 감정이입능력은 직접개입을 실천하는 사회복지사로부터 행정업무만을 수행하는 사회복지사에 이르기까지 모든 사회복지사에게 아주 중요하다고 할 수 있다.

감정이입은 에너지의 투입이 필요하다. 다른 사람의 세계 속에서 일시적이라도 대신하여 살기는 어렵다. 사회복지사는 언제든지 모든 클라이언트에게 그리고 동일한 클라이언트라고 할지라도 똑같은 수준의 감정이입을 유지하기 어렵다. 감정이입은 에너지 투입이 필요한데, 왜냐하면 피로와 스트레스가 사람의 감정이입능력을 감소시킬 수 있기 때문이다.

소유하지 않는 온화함(nonpossessive warmth)은 다른 사람을 존중하면서 수용하고 의사소통하는 것이고, 다른 사람의 안녕에 관심을 갖는 관계 특성을 말한다. 그러나 온화함은 단지 "나는 관심이 있다"라고 말하는 것 이상이다. 온화함은 안심시키는 웃음에서부터 구체적이고 확실한 원조를 제공하는 것에 이르기까지 다양한 형태의 의사소통을 통하여 전달된다.

일반적으로 온화함을 나타내는 모든 표현은 수용과 비심판적 태도를 통해 나타낼 수 있다.

온화함과 **감정이입**을 연결한 것이 **진실성**의 특성이다. 사회복지사는 '실제적'인 사람처럼 행동해야 하고, 진심으로 사람들을 돌보고, 그들의 안녕에 관심을 가져야 한다. 클라이언트는 사회복지사가 거짓으로 행동하거나 진심으로 그들을 돌보는 것 같지 않으면, 사회복지사를 가치있게 여기지 않을 것이다(Sheafor, Horejsi & Horejsi, 1997). 이처럼 온화함과 감정이입, 진실성은 진문적 관계를 형성할 수 있다.

3. 창의성

창의적 사고의 특징은 다양한 사실과 정보의 통합 그리고 색다른 아이디어의 형성이다. 판스, 놀러 그리고 비온디(Parnes, Noller, & Biondi, 1967 : 14)는 창의적 사고를 "사고, 사실, 아이디어 등이 새롭고, 상호관련 속에서 연합된 것으로 각 부분의 총합 이상을 의미하는 것"으로 설명했다. 창의성은 각 클라이언트의 상황이 독특하고 항상 변화하기 때문에 중요하다. 휴스와 핀커스(Heus, & Pincus, 1986 : 10)는 "창의적인 일반사회복지사가 전문사회복지사보다 사회복지가 처하는 도전들에 더 잘 직면한다"고 했다. 이는 과도한 분화는 시야를 좁게 하고 창의성을 상실하는 결과를 초래할 수 있다는 것을 의미한다.

상상력을 지닌 사회복지사는 다양한 접근방법을 확인하고 문제를 해결할 수 있다. 예를 들면, 기관이사회가 지체장애인의 공공시설에 대한 접근성을 향상시키려고 할 때, 상상력이 부족한 사회복지사는 단지 주차관리사무소에서 '장애인 전용주차' 공간을 만들도록 한다. 반면에 상상력이 풍부한 사회복지사는 이사회가 그 문제를 해결할 여러 가지 방법들을 확인하도록 돕는다. 또한 이사회에게 증대되는 공공정보 프로그램의 가능성을 검토하거나, 대중교통수단 혹은 어떤 다른 많은 전략들을 확대하도록 격려할 수 있다.

사회복지사가 상상력을 발휘해야 할 또 다른 영역은 기관정책을 해석하고 수행하는 분야이다. 비록 사회복지사가 윤리적으로(혹은 법적으로) 기관정책을 무시하거나 전환할 수 없지만, 독특한 클라이언트의 욕구를 충족시키기 위해 정책을 적응시키거나 변형시킬 방법을 찾아야 한다. '지침서'의 문헌적 해석에 의해 제한을 받는 사회복지사는 다양한 클라이언트를 위한 체계를 만들 수 없을 뿐만 아니라 그들의 고통과 욕구에 효과적으로 대응할 수 없다.

융통성도 창의성의 차원이다. 누군가의 변화를 돕기 위해서는 그 상황을 이해하는 능력이 필요하고, 계획을 세우고 결정을 내리기 전에 지속적으로 수정, 적용하는 것이 필요하다. 예를 들면, 위탁보호서비스를 제공하는 사회복지사는 친부모, 위탁부모, 아동, 법원, 기관, 심지어 지역사회주민의 다양한 관점을 이해할 수 있는 융통성이 있어야 한다.

그리고 사회복지실천에서 사회복지사는 클라이언트와 관계를 맺는 방법에 융통성을 가질 필요가 있다. 어떤 경우는 지지적이어야 하며, 또 어떤 때는 강경한 어조로 말하거나 지시적이 되어야 할 때가 있으며, 정당한 법적 혹은 전문적 권위를 행사해야 하는 경우가 있다. 효과적인 사회복지사는 한 가지 접근에서 다른 접근으로 이동할 수 있으며 적절한 시기에 그 이동을 결정할 수 있어야 한다.

창의적인 사회복지사는 **인내심**이 있어야 한다. 인내심은 어려움과 좌절에도 불구하고, 지속적으로 행동을 취하는 능력을 말한다. 맥뮬란(McMullan, 1976)은 융통성 있는 인내심이란 신조어를 만들고, 문제해결과정에서 융통성과 인내심이 모두 필요함을 강조하였다. 이처럼 창의성에는 융통성과 인내심을 기초로 하고 있다.

4. 희망과 에너지

사회복지사는 클라이언트에게 변화를 위한 활동에 동기와 의지를 가질 수 있도록 하기 위해서 클라이언트와 상호협력으로 문제상황이 개선될 수 있다는 희망을 전달할 수 있는 의사소통능력이 있어야 한다. 클라이언트의 동기를 증진시키는 데 결정적으로 중요한 요소는 사회복지사의 희망과 에너지이다.

클라이언트는 때때로 전문적 서비스에 대해 회의적인 태도를 보이거나 절망감을 가지고 있다. 심각하고 처리하기 힘든 많은 상황에서 비롯되는 실망감 때문에 사회복지사 역시 상처를 입을 수 있다. 그러나 사회복지사의 희망은 공동선을 위해 다른 사람과 협조적으로 활동하는 의지에 대한 확고한 믿음과 신념을 말하며, 사회복지사의 원조노력이 다른 활동과 차별성을 가지게 한다.

에너지는 어떤 것이 진행되도록 하고, 결과를 얻고 그리고 실수와 실패로부터 회복할 수 있는 능력이다. 변화과정에 있어서 클라이언트의 주저함을 없애기 위해 사회복지사의 에너지가 필요하다. 그러나 사회복지사는 에너지를 전달하기 위해 응원단장의 자세를 취할 필요도 없고, 낙관주의와 같은 잘못된 분위기를 조성해서도 안 된다. 즉, 사회복지사가 변화과정을 위해 자신의 시간을 투입하고 노력하는 의지를 보여주는 것만으로도 때때로 클라이언트로 하여금 변화과정활동을 격려할 수 있다(Sheafor, Horejsi & Horejsi, 1997).

5. 판 단

때때로 클라이언트 상황의 독특성으로 인해 사회복지사는 판단을 하기가 어려울 수 있다. 클라이언트 상황을 사정하고, 해결책을 제시하고, 원조과정을 계획하고, 변화활동을 수행하며, 서비스를 종료할 때를 결정하는 것을 포함해서 사회복지사는 판단을 내리기가 어렵다. 사회복지사가 클라이언트를 원조하는 것에는 클라이언트에게 필요한 서비스가 사회복지사의 능력을 벗어나는지에 대한 판단을 내리는 것도 포함된다. 이처럼 사회복지사의 판단은 날카로운 사고력에 달려있다.

우리는 나이가 많은 사람들이 보다 건설적인 판단을 내린다고 가정하지만 반드시 그런 것만은 아니다. 삶의 경험은 통찰력을 얻을 수 있는 기회를 풍부하게 제공할 수 있지만, 모든 사람들이 자신의 삶을 통해 현명한 판단력을 배우는 것은 아니다.

이와 유사하게 사회복지사는 다년간의 휴먼서비스 제공경험을 통해 실천에서 현명한 결정을 내리는 능력을 검증하고 정교화할 기회를 갖는다. 그러나 사회복지사는 단지 반복적인 경험을 통해서만 통찰력을 얻는 것이 아니다. 사회복지사는 실천을 통해 지혜를 얻고 성숙하기 위해서 분석적이고, 반성적이어야 하며, 성공뿐만 아니라 실패를 통한 학습에도 개방적이어야 한다 (Sheafor, Horejsi & Horejsi, 1997).

6. 개인적 가치

모든 다른 사람처럼 사회복지사들도 개인적인 가치를 갖고 있다. 가치는 어떻게 되어야 하고 무엇이 옳고 가치 있는 것인지에 관한 신념이다. 그러나 어떤 상황에 관한 견해차이가 있을 때 딜레마가 발생한다. '올바른' 결과나 가장 적합한 행동에 대한 사회복지사의 견해는 클라이언트의 견해와 다를 수 있고, 양자의 견해는 사회복지사를 고용한 기관의 견해와 재정을 지원하는 사람들과 다를 수 있다. 예를 들면, 아동을 양육해야 하는 편모에게 직업을 갖도록 하는 것이 옳은가? 부랑인을 그들의 의지와는 상관없이 강제적으로 보호소에 수용하는 것이 옳은가? 누가 옳은가? 누구의 가치를 따르는가? 등이다.

한 개인의 가치와 양심이 다른 모든 사람이 따라야 할 절대적인 지침이 될 수는 없다. 즉, 사회복지사나 기관이 바람직하거나 올바르다고 보는 것을 클라이언트로 하여금 따르도록 하는 것이 적절한가?라는 것이다. 논리상의 대답은 '아니요'이지만, 때때로 많은 클라이언트들이 기관이나 사회복지사의 기대대로 따라야 한다는 압력을 느끼고 있다. 실천에 있어서 지켜할 지침으로 사회복지사는 클라이언트 자기결정권 편에서 그들의 개인적 신념과 가치를 지지해야 한다.

그러나 사회적으로 무책임하고, 자기파괴적이고, 다른 사람에게 해를 끼치는 클라이언트의 행동이나 결정에 관해서 사회복지사가 항상 중립적 태도를 견지해야 한다는 것은 아니다. 만일 사회복지사가 클라이언트의 관심사와 관련된 도덕적·윤리적인 이슈를 논의하는 것을 회피한다면 클라이언트에게는 거의 도움이 되지 않을 것이다. 법, 도덕 그리고 시민이 지켜야 할 규칙은 반드시 다루어야 할 문제이다. 이러한 것들은 우리 사회구조와 지역사회생활의 중요한 부분으로서 클라이언트의 사회적 기능수행의 중요한 측면일 수 있다. 그러나 이러한 이슈들이 논의될 때, 클라이언트에 관해 비심판적이고 존중하는 방식으로 수행되어야 한다.

사회복지사가 비심판적 태도를 개발하기 위해서는 다른 사람의 신념체계에 대해 알고 있어야 한다. 가치갈등이 발생할 때, 사회복지사는 그 상황과 이유에 관해 클라이언트의 생각을 고려하는 것이 중요하다. 그리고 사고를 명료화하는 데 도움이 되는 대안을 찾기 위해 가족·친구 그리고 동료와 함께 가치와 다양한 도덕적 딜레마를 논의하는 것은 매우 유용하다(Sheafor, Horejsi & Horejsi, 1997).

전문적 사회복지를 특징짓는 가치들은 무엇인가? NASW의 공공사회정책서 Public Social Policy Statement(NASW, 1994), NASW 윤리강령(NASW, 1993) 그리고 CSWE의 교과정책서 『Curriculum Policy Statement』(CSWE, 1992)에서 확인했다. 여기서 다루는 핵심적 가치들은 다음과 같다.

1) 기본적 권리에 대한 존중

모든 인간은 생활에서 목표를 달성하고, 문제를 예방하거나 경감시키며, 인간으로서 완전한 잠재력을 실현시키는 데 도움이 될 자원과 서비스에 관해 동등한 접근성을 가져야 한다.

2) 사회적 책임감

가족, 교육, 정보 그리고 사회복지와 같은 사회적 제도는 인간의 욕구에 관해 인간적이고 반응적이어야 한다.

3) 개인적 자유에 관한 헌신성

사람들 사이에는 상당한 편차가 있다는 것을 인식하고, 사회는 그 성원들에게 사회적 통제를 최소화해야 한다.

4) 자기결정에 대한 지지

사람들은 자기 자신이 선택을 할 권리를 가져야 하며, 자신의 삶을 선택할 자유를 갖지 못한 사람들은 가능한 언제든지 선택을 할 수 있도록 능력을 고취시켜야 한다.

7. 전문가적 스타일

자기 자신을 아는 것은 사회복지사가 사회복지실천을 수행하는데 있어서 매우 중요하다. 지속적인 자신에 대한 성찰은 사회복지사가 자기 스타일을 검토하는 데 도움이 된다. 그러나 자기 자신을 아는 것은 결코 쉽지는 않다. 사회복지사가 정기적으로 다른 사람들이 자신의 스타일을 어떻게 인식하는지 점검하는 것이 때때로 도움이 된다. 클라이언트, 가족, 친구, 동료 그리고 슈퍼바이저의 단서는 이런 사정을 하는 데 도움이 된다.

사회복지사 자신은 변화의 수단이 되기 때문에 각 사회복지사는 독특한 실천 스타일을 갖는다. 시이포린(Siporin, 1993 : 257)은 "사회복지사의 개성, 장인정신, 지식과 기술 적용에서의 예술성은 전문가 그리고 개인적 스타일을 통해 정교화된다"고 하였다. 개인적인 스타일은 사회복지사가 클라이언트와 관계를 맺는 방법, 즉 그들의 에너지, 창의성, 지혜 그리고 판단뿐만 아니라 특정한 사회적 이슈에 대한 그들의 열정과 헌신성에서 표현된다. 게다가 그들의 독특성은 의복, 헤어스타일, 자세, 언어 그리고 그들이 누구이고 자신과 타인에 관해 어떤 생각을 하고 있는지에 대한 메시지를 전달하는 여러 가지 다른 선택과 행동을 통해 표현된다.

개인의 전문가 스타일은 상황, 서비스를 제공하는 클라이언트 그리고 기관에 적합해야 한다. 예를 들면, 정장차림을 한 사회복지사는 길거리의 사람들과 신뢰관계를 형성하는 데는 어려움이 있지만 부랑인을 위해 필요한 서비스를 만들기 위해 시의회를 설득하는 데는 매우 효과적이기도 하다. 이와 유사하게 사회복지사는 아동 및 가족과 활동할 때는 캐주얼차림을 할 수도 있지만, 그들의 권익을 위해 법정에 설 때는 정장을 해야 한다.

사실상 전문직은 각 전문가의 다양한 스타일에 의해 풍부해진다. 그러나 사회복지사의 실천스타일은 자신의 개성이 전문직, 기관 그리고 클라이언트의 기대와 균형을 이룰 필요가 있다. 즉, 사회복지사는 스스로 나는 클라이언트에게 서비스를 제공하고 기관의 기대를 충족시키기 위해서 나의 개성과 개인적 선호도를 어느 정도로 타협하려고 하는가? 와 같은 질문을 해야 한다 (Sheafor, Horejsi & Horejsi, 1997).

이와 같은 질문들을 통해서 사회복지사의 전문가적 스타일은 보다 성숙해질 것이다.

chapter 04

사회복지실천의 발달과정

chapter 04

사회복지실천의 발달과정

제1절 사회복지실천의 시작

1. 자선조직협회

사회복지실천은 18세기 영국의 산업혁명으로 인한 산업화와 도시화에 따른 도시빈민들의 출현과 그들의 욕구에 대응하기 위해, 사회복지기관이 출현됨에 따라 시작되었다고 할 수 있다. 이 시기에는 성직자와 종교집단에 의해 서비스가 제공되었으며, 서비스 대상은 도시빈민들이었다. 이처럼 18세기의 사회복지서비스는 성직자와 부유한 사회지도층들의 자선활동이었으며, 전문적인 원조방법과 관련된 훈련이나 교육은 전무하였다. 이들에 의해 제공된 서비스는 음식과 은신처 등 기본적인 욕구에 초점을 두었다. 이 시기에는 도시빈민들의 빈곤의 초점을 개인적 원인으로 보고 이들을 교화하기 위해 종교적인 훈계를 실시하였다.

이러한 도시빈민을 돕기 위해 영국에서 1800년대 후반에 민간구제기관이 설립되었지만, 이러한 기관에는 프로그램 조정가가 없어 서비스 중복이 가장 큰 문제점으로 대두되었다. 따라서 이러한 문제점을 해결하기 위해 1869년 자선조직협회(the Charity Organization Society : COS)가 출범하게 되었는데, 자선조직협회는 민간자선단체들에 의해 무차별적으로 이루어지는 자선을 조직화하는데 목적을 두었다. 영국의 자선조직협회 활동은 대다수의 미국도시들에게 관심의 대상이 되었다(Cohen, 1558). 미국의 COS는 1877년 Buffalo, New York state에서 시작하여 많은 도시에 빠르게 전파되어졌다. 자선조직협회는 민간기관들과 함께 개인과 가족에게 직접적인 서비스를 제공하며, 도시의 긴급한 사회문제를 해결하기 위한 계획과 조정활동을 하였다(전재일 외, 2009).

자선조직협회의 활동은 자원봉사자들에 의해 이루어졌는데, 주로 중산층의 부인들로 구성된 우애방문원(friendly visitor)이 도시빈민들의 가정을 직접 방문하여 빈민들이 빈곤에서 벗어나도록 하는 데 초점을 두고 이루어졌다. 이들의 활동은 구빈법에 기초하였기 때문에 '가치있는 빈민'과 '가치없는 빈민'으로 구분하여 원조를 제공하였으며 기독교적 도덕성을 강조하였다. 초기의 우애방문원들은 빈곤의 원인을 개인적인 관점으로 접근하였으며 사회적인 관점은 경시하였다. 이들 우애방문원의 가정방문, 면담, 기록, 사례연구활동은 개별사회사업의 근간이 되었다.

2. 인보관 운동

COS운동 시기에 인보관(settlement houses)이 설립되었다. 1884년 런던에서 설립된 Toynbee Hall은 최초의 인보관으로 설립자인 바네트 목사는 기독교 사회주의 영향을 받아 사회계층 간의 격차를 줄이고, 인간의 가치를 회복하고자 하였다. 초기 인보관에서 활동가들은 중산층 이상으로 우애방문원과 달리 빈곤의 현실을 체험하기 위해 빈민들과 함께 살았다. 그들은 빈곤한 사람들의 환경을 개선하고, 그들이 자신들의 삶을 개선할 수 있도록 하는 데 주안점을 두고 가르쳤다. 영국의 인보관 운동은 캠브리지 및 옥스퍼드 대학의 교수와 학생들이 참여하여 지역사회문제를 직접 확인하면서 활동을 전개하였다(함세남 외, 2001). 인보관 운동은 '환경개선'을 강조하는 동시에 성공적인 삶을 위해 빈민들에게 절제, 절약, 직업에 대한 가치를 지속적으로 가르쳤다. 이외에 인보관 운동은 지역주민들이 지역사회행동을 통해 지역문제를 다루는 방법과 정부의 정책형성에 영향을 미칠 수 있는 방법으로 지역사회조직의 필요성을 강조하였다. 19세기 말 인보관은 도시빈민가에 약 30여 개가 세워졌으며, 1911년에는 46개에 이르렀다. 인보관 운동은 젊은 인본주의자들에게 빈곤과의 접촉의 중요성을 일깨워 주었으며 개인주의 사상의 오류를 폭로하였다(박병현, 2005). Toynbee Hall은 인보관 운동의 발전에 지대한 영향을 끼쳤는데, 미국에서는 1885년 아담스(Jane Addams)가 토인비 홀을 모델로 시카고에 Hull House를 설립하였고, 그 후 미국의 큰 도시들에 인보관이 생겨났다. 초기 인보관에서 활동했던 사람들은 주로 중류 또는 상류 계층으로 그들은 빈민들의 생활환경을 개선하기 위해 직업을 알선해 주고, 글을 가르쳤고, 공중위생에 대한 교육과 주민들의 의식개선을 위한 각종 사회교육을 실시하였다. 인보관의 활동은 빈민 개개인에게 초점을 맞춘 것이라기보다 빈곤계층집단의 생활환경개선에 관심을 두었다. 이 과정에 도입된 방법이 집단사회사업(social group work)이다(김혜영 외, 2010). 또한 인보관 운동은 지역사회 내에서 주민들과 함께 거주하면서 그들과 하나되어 사회문제의 개혁을 추진하였다. 즉, 인보관은 Residence(거주), Research(연구조사), Reform(개혁)을 강조하였다. 이처럼 인보관 운동은 사회행동 그리고 지역사회조식 등 사회복지실천의 발달에 많은 영향을 끼쳤다.

제2절 전문직으로서 사회복지실천

1. 개별사회사업

전문직으로서 사회복지실천의 출현은 19세기 말 빈민층을 원조하는 기관에서 종사하던 여러 종류의 실천가들(자원봉사자들도 포함)의 활동에서 출발하였다. 이러한 기관활동 중 가장 많은 영향을 미친 것은 자선조직협회(Charity Organization Societies)였다. 클라이언트에 대한 과학적인 자선이 강조됨에 따라 전문가에 대한 훈련의 필요성이 대두되었다. 1900년대 초에 접어들면서 COS의 워커들은 자원봉사자라기보다는 고용인의 성격을 띠게 되었고, 그들의 임무가 더욱 분명히 구체화됨으로써 케이스워커(Case worker)로서 알려지게 되었다. 이들이 사용하는 방법은 병원, 아동복지기관, 정신과 프로그램, 학교, 교정시설에서 일하는 사람들과 공유되었다(이윤로, 2006).

자원봉사형태의 사회복지실천 활동들이 점차 전문성을 띠게 되었고, 1897년 Mary Richmond는 전문직으로서 사회복지실천 활동의 필요성을 주장하면서 사회복지사 양성을 위한 학교를 세워야 한다는 의견을 제시하였다. 그녀는 『Social Diagnosis』(1917) 그리고 『What is Social Casework』(1922)를 출판하였는데, 이 책들은 수년 동안 사회사업실천의 주된 교재가 되어왔다.

Richmond의 『사회진단(Social Diagnosis)』은 사회복지실천에 필요한 이론과 방법들을 체계화한 것으로서, 사회복지사가 서비스대상자들에게 개입하는 방법론적인 측면들을 소개하고 있다. 특히 자료수집, 진단, 치료계획 등과 관련한 실천과정에 대한 내용들은 현재까지 사용되고 있으며, 개별사회사업에 대한 지식의 틀을 형성한 공헌을 하였다(전재일 외, 2009).

1930년대는 진단주의 학파와 기능주의 학파로 명명된 사회복지 학파가 형성되었다. Freud의 정신분석이론에 영향을 받은 진단주의는 사회복지사와 클라이언트 간의 치료적 관계를 중요시하였다. 이 시기에 Otto Rank의 의지심리학에 기반을 두고 있는 기능주의는 진단주의의 정신분석이론에 대한 비판을 제기하면서 등장했다. 또한 1930년대 초에 개별사회사업(Social casework)과 구별하기 위한 목적으로 집단사회사업(social group work)이라는 용어가 사용되기 시작하였으며, 이 시기에 지역사회조직사업(community organization)이 제3의 방법으로 수용되었다.

1950년에는 진단주의학파와 기능주의학파의 접근을 혼합한 문제해결과정이라는 새로운 접근방법이 등장하게 되었으며, 진단주의와 기능주의를 통합하려는 노력들이 다양하게 이루어졌다. 1960년대를 지나면서 사회복지실천은 다양한 접근방법과 모델, 이론, 기법, 기술들이 등장하게 되었다.

정신분석학에 영향을 받은 진단주의 학파는 1920년대와 30년대 사회경제적 상황, 성격이론, 사회화이론 등의 성장에 영향을 받으며 Hamilton, Reynold, Hollis 등에 의해 심리사회적 접근으로 발전하게 되었다.

또한 기능주의 학파는 인간을 보는 관점을 기계적·결정론적인 관점에서 바라보는 Freud의 인간관에 이의를 제기하면서 인간을 보다 창의적·의지적인 존재로 보아야 한다는 Otto Rank의 의지심리학의 등장과 Taft, Robinson 등에 의해 기능주의적 접근방법으로 발전하게 되었다. 한편 기능주의적 접근은 '인간은 그의 잠재력을 최대한으로 실현함으로써 자기자신을 성취할 수 있는 가능성을 지니고 있다'는 실존주의 사상의 영향을 받았다.

1930년대 펜실베니아 사회사업대학원에서 시작된 기능주의 학파는 클라이언트의 현재의 문제에 초점을 맞추었고, 클라이언트의 기능적 또는 일상적 생활욕구에 기반을 둔 시간제한적이고 과제중심적인 개입으로 특징지어진다. 강조점은 돕는 과정, 특히 클라이언트와 워커의 관계형성과 시간의 역동적 활용, 기관의 기능이 강조되었다. 이 학파는 목적성취를 향해 행동할 수 있는 클라이언트의 능력을 인정했다. 이 학파에서 훈련받은 사회사업가들은 지역사회자원에 대한 접근을 촉진시켰다.

사회사업에 정신분석이론을 결합시켜 사회사업실천에 대한 폭넓은 개념적 기초를 발전시킨 중요한 인물로 Gorden Hamilton이 있다. 그녀는 1940년에 『Theory and Practice of Social Casework』을 출판하였다. 이 책은 수년간 사회복지학의 기본 교재로 사용되었다. 진단학파의 중요한 이론가인 Hamilton은 개인과 환경을 연결시키려고 노력하였고 그녀의 심리사회적 진단은 '환경속의 개인(the person-in-situation)'이라는 개념의 발전을 가져오게 하였다. 진단학파는 현재 '심리사회적 접근방식(psychosocial approach)'으로 불리는데, Florence Hollis(1964)가 이론의 발전에 많은 공헌을 했다.

1950년대에 이르러 사회과학자들이 정신건강서비스에 많은 관심을 갖게 되면서 사회복지실천에 영향을 주었다. 대표적인 예로 Helen Perlman은 1957년 문제해결과정(problem-solving process)이라는 새로운 이론을 내놓고 진단학파와 기능학파의 접근을 혼합하였다. Perlman은 문제는 병리적인 것이 아니라 삶의 일부로 보았다. 클라이언트의 어려움은 구체적 상황과 관련해서 정상적 문제해결능력의 붕괴로부터 발생한다고 간주하였고 동기, 능력, 기회의 조화가 이루어지지 못해 발생한다고 보았다.

개별사회사업은 1960년대에 들어서면서 많은 공격을 받기 시작하였는데, 그 이유는 심리적 접근 강조, 효과성 결여, 빈민과 억압된 계층의 욕구에 제대로 반응하지 못한다는 것이었다. 그러한 이유로 1960년대와 70년대를 걸쳐 과학적 지지를 얻는 접근법, 즉 행동수정 같은 접근법이 도입되었다. 또한 환경에 대한 많은 관심을 보이면서 체계개념이 도입되었는데, 이처럼 인간문제는 사회적 조건으로부터 나온다는 점이 강조되었고, 사회계획과 사회변화에 대한 관심이 사회사업전문직 내에서 강조되었다.

1960년대부터 70년대에 개발된 또 다른 접근방식으로는 위기개입(crisis intervention), 과제중심 접근방법(task-centered approach), 행동수정기법을 응용한 사회행동적 사회사업(social-behavioral social work)을 들 수 있다. 이외에도 교류분석, 현실치료, 실존주의, 인본주의 모델 등을 들 수 있다(Dinitto & McNeece, 1997; Garvin & Tropman, 1992).

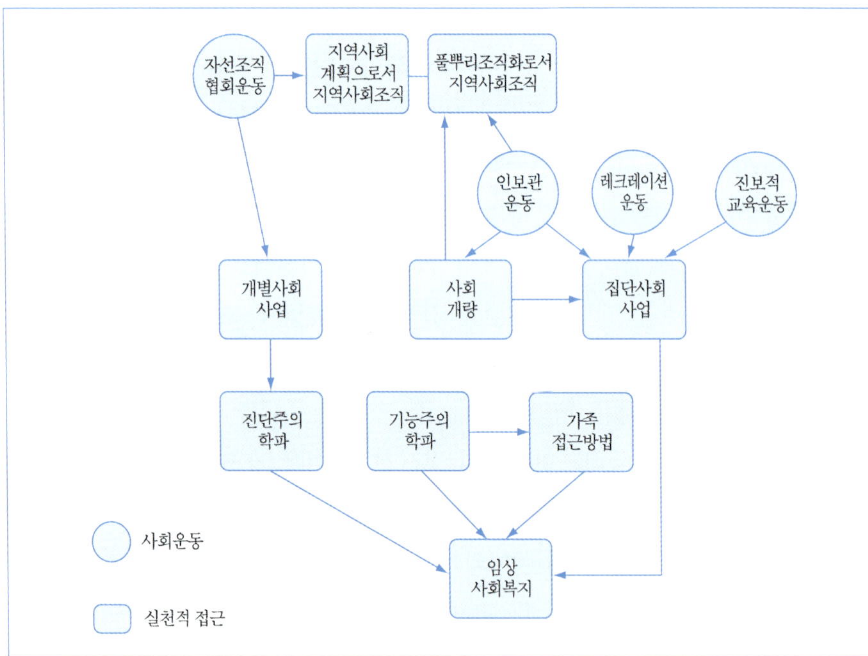

[그림 4-1] 1960년대 이전의 사회복지실천의 전개

출처 : Rosenblatt, & Waldgogel, ed.(1983). Handbook of Clinical Social Work, p.27.

개별사회사업에 영향을 준 사회운동이나 접근방법 및 이론들이 주요 접근방법들에 어떻게 영향을 주었는지를 살펴보면 **|그림 4-2|**와 같다.

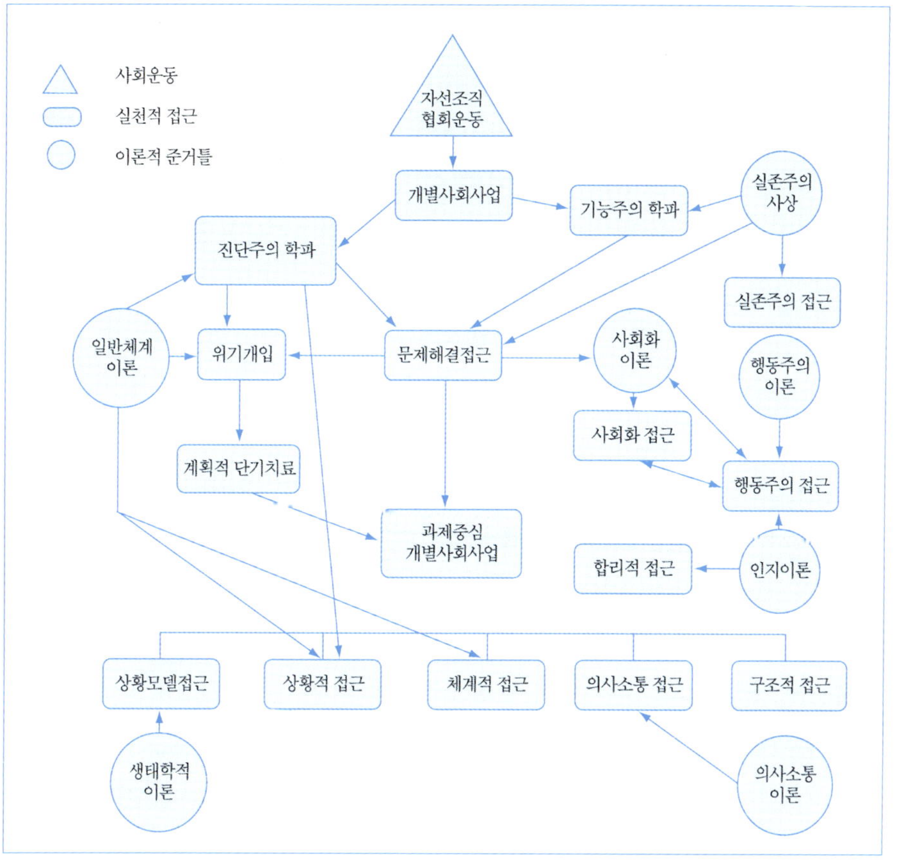

|그림 4-2| 개별사회사업에 영향을 준 접근방법(1980)

출처 : Rosenblatt, & Waldgogel, ed.(1983). Handbook of Clinical Social Work, p.28.

2. 집단사회사업

집단사회사업은 초기에는 YMCA와 YWCA에서 집단 프로그램 및 활동에서 찾아볼 수 있다. 런던의 Toynbee Hall, Jane Addams의 Hull House와 같은 인보관에서는 집단 프로그램을 통해 소외계층을 원조했다. 인보관에서는 클라이언트(Client)가 집단경험을 통해 자신이 처한 환경을 극복하도록 도움을 제공했다. 20세기 초에는 보이스카웃, 걸스카웃, 4H Clubs 등의 집단지도가 등장하였다. 이러한 활동과 함께 인보관에서는 주로 사회화, 기술훈련, 교육, 레크리에이션을 위해 집단이 활용되었다.

집단지도훈련을 체계적으로 제공한 대학은 Western Reserve University의 School of Applied Social Sciences이다(1920년대). 이 과정은 Grace Coyle 박사에 의해 이루어졌다. 1930년대 초에 케이스워크(social casework)와 구별하기 위한 목적으로 'social group work'라는 용어가 사용되었으며, 1935년에 National Conference on Social Work에 집단지도분과가 설립되었고, 1946년에 American Association of Group Workers에 의해 집단지도실천에 대한 공식적 정책이 채택되었다.

이후 집단사회사업의 이론이 지속적으로 발전하면서 1950년대에는 집단사회사업이 사회사업 전 분야에서 실천되었으며, 이후 1960년대까지 다양한 모델이 개발되었는데 사회적 목표모델, 치료모델, 성장 및 지지모델이 대표적이다. 현재 집단사회사업실천가들은 「Social Work with Groups」라는 학술지나 Association for the Advancement of Social Work with Groups를 통해 집단사회사업의 지식과 기술을 발전시키고 있다(Dinitto & McNeece, 1997; Garvin & Tropman, 1992).

이처럼 집단사회사업은 인보관 운동, 사회계량운동, 레크레이션 운동, 진보적 교육운동에 영향을 받으면서 발달하여오다가 임상 사회복지실천장면에서 집단치료 또는 집단상담이라는 독특한 사회복지실천방법으로 자리매김을 하였다.

집단수준실천의 기원은 인보관 운동, 레크리에이션 운동 그리고 Dewey의 진보적 교육운동에 두고 있다. 인보관 운동은 사회정의와 개량에 관심을 기울여 후에 지역사회조직의 모체가 되었지만 집단사회사업에서도 사회개량에 대한 개념을 유산으로 물려주었다.

또한 각종 프로그램과 활동에 대한 기술적 개입기법들은 레크리에이션 운동으로부터 영향을 받았으며, 진보적 교육운동으로부터 사회적 기술의 학습에 있어서 소집단의 유용성에 대한 확신을 얻었다(Germain, 1979 : 25-26).

집단사회사업의 발달은 개별사회사업과는 다소 다른 역사적 배경을 가지고 있지만, 점차 시대가 지나가면서 개별사회사업에서 활용되고 있는 제반 이론이나 접근법들의 영향으로 매우 유사한 과정을 거치면서 개발되고 있다.

특히 집단사회사업은 출현배경은 지역주민들이 가지고 있는 문제해결에 목표를 둔 것이 아니라 사회적 목표달성을 위한 하나의 수단으로서 여겨졌으나, 1950년대 Konopka(1949), Frank(1925), Coyle(1952), Corsini(1957) 등에 의하여 개인에 대한 새로운 치료방법의 형태로써 개발되었다. 즉, 상호작용적 접근방법과 치료적 접근방법이 출현하게 되었다.

재활적, 예방적, 조직적 접근이라고 일컫는 치료적 접근방법은 개별사회사업에서 활용되고 있던 진단주의 학파와 심리사회적 접근방법들의 주요 개념이나 실천기법들을 원용하고 있었으며, 정신의료사회사업 장면에서 적용되기 시작하였고(Redl & Wineman, 1958), Vinter(1959)와 그의 동료들에 의해 사회복지장면에서 활성화되었다.

또한 사회적 목표모형과 실존주의 사상에 영향을 받은 상호작용적 접근은 1960년대 Schwartz(1971)에 의해 개발된 것으로서 개인과 사회, 집단과 기관 등 사람과 사회제도 사이의 상호적 욕구에 기초를 두고 있다. 따라서 기관의 기능과 관련된 집단활동, 과제중심의 집단활동을 강조하고 있으며, 실존주의적이며, 인본주의적인 특징을 가지고 있다. 상호작용적 접근은 발달적 접근에 영향을 끼쳤으며, 1960년대 후반에 발달적 접근은 상호적 접근과 사회적 목표접근 그리고 실존주의 사상에 직접적인 영향을 받아 형성되었다(Tropp, 1971). 발달적 접근은 인생에서 나타나는 자기실현에 기초를 둔 자연적인 과업들과 자연적 변화에 초점을 두고 있다. 한편 심리사회적 개념을 중심으로 형성된 심리사회적 접근은 체계이론과 행동주의 이론에 의해 더욱 발달되었으며 위기개입적 집단접근에 영향을 끼쳤다.

3. 지역사회조직

지역사회조직은 자선조직협회운동과 인보관 운동에 영향을 받으면서 초창기에는 사회계획중심의 방법과 지역주민들의 조직적 참여를 중시하는 사회행동중심의 방법으로 시작되었다.

1962년 대학원에서 지역사회조직사업이 하나의 영역으로 사회복지교육위원회의 인정을 받은 후 1960년대 시민운동 동안에 이 과목은 매우 인기가 높았다. 그러나 1970년대에 들어오면서 지역사회조직사업의 인기가 줄어들어 많은 대학에서 거시적 실천이라는 영역으로 지역사회조직사업을 사회복지행정과 묶는 경향을 보였다(조휘일 · 이윤로, 1999 : 59).

지역사회수준에 개입하여 지역사회의 주민에게 필요한 서비스를 제공하고 지역사회의 조건을 개선하고자 하는 지역사회조직사업은 그 시대의 사회문제에 대한 반응으로서 생성되어 발전하여 왔다.

이처럼 지역사회조직사업은 그 기원을 자선조직협회(Charity Organization Society)에 두고 있으며, 인보관 운동(settlement house movement)에도 그 기원을 두고 있다. COS운동이 서비스 전달의 과오를 없애고 효율적 측면을 강조한 반면, 인보관 운동은 변화를 성취하고 환경적 원인으로부터 나오는 문제를 제거하기 위한 입법화 운동을 벌이는 사회행동(social action)에 초점을 두었다.

제1차 세계대전이 시작될 즈음에는 지역사회조직사업이란 용어가 일반화되었다. 지역사회기관들이 군인들과 그 가족들의 욕구를 충족하기 위한 서비스를 계획하였고 지역사회자원의 효율적 활용을 계획하였다. 제2차 세계대전이 시작되기 바로 전에 National Conference of Social Work에서는 지역사회조직사업이 사회사업실천의 한 방법으로 보고되었다(이윤로, 2006).

4. 통합적 방법론 출현

1970년대에 들어오면서 사회체계이론이 사회복지의 지식에 급속도로 많이 활용되었고 사회복지실천방법(개별, 집단, 지역사회조직)의 공통요소를 찾으려는 노력이 활발히 전개되어 통합적 방법론(integrated method)이 소개되었다. 그리고 사회복지실천방법을 개인, 집단, 지역사회 등 대상중심으로 개념화해서 사회복지실천장면에 별개로 적용한다는 것이 문제해결에 한계가 있다는 견해가 대두되기 시작하였다.

즉, 대상중심의 실천현장에서 사회복지사가 수행하는 어떤 공통적인 역할과 요소가 있다는 점에 착안하여 사회복지 통합적 방법(integrated method)이 출현하게 되었다. 1960년대에 그런 공통적인 요소를 찾으려는 노력을 시도하고 있을 때, 문제해결(problem solving)은 개별사회사업, 집단사회사업, 지역사회조직사업에서 공통적으로 발견되는 개념 중의 하나였고, 통합적이고 일반적인 실천이론을 개발하는 데 중요한 개념이 되었다. 사회복지의 통합적 방법의 기반은 생태학적 견해(ecological view)를 포함하고 있는 체계이론에 기초를 두고 있다. 대표적인 학자로는 Pincus와 Minahan(저서 : 『Social Work Practice』), Compton과 Galaway(저서 : 『Social Work Process』)를 들 수 있다(전재일 외, 2010).

5. 사례관리

사례관리(Case management)는 1970년 초에 출현하여 1980년대 이후 많은 관심을 받은 실천방법으로 전통적인 사회복지실천방법들을 통합하고 체계이론을 기반으로 하여 문제해결을 위한 단일개념을 제공하여(장인협, 1995), 사회복지실천에 크게 영향을 미쳤다(Austin, 1987). 사례관리는 때로 보호관리(care management), 사례조정(case coordination), 자원조정(resource coordination)이라 불린다. 사례관리는 보건 및 사회서비스 분야의 다양하고 복잡한 문제에 대한 해답으로 폭넓게 받아들여지고 있다. 보건 및 사회서비스를 제공하는데 있어서의 일반적인 문제는 질적인 서비스 확보, 접근성 확보, 비용절감으로 나누어 볼 수 있다. 사례관리는 이러한 문제를 해결하기 위해 제안되었다. 사회사업을 재창조(reinventing social work)한다고 명명될 정도로 사회사업실천에 막대한 영향을 미친 것이 사실이다(Austin, 1987). 사례관리가 전통적인 개별사회사업과는 특징적으로 다른 점은 지역사회의 조직이나 기관 등의 체계에 개입하는 것이다. 따라서 전통적인 훈련을 받은 케이스워커들은 사무실에서 벗어나 클라이언트의 환경에 개입하는 도전적인 과제에 직면해야 한다. 사례관리자로서 사회사업가는 케이스워크, 집단지도, 가족치료, 지역사회조직을 통합하여 활용한다. 또한 사례관리는 심리치료에 깊이 관여하지 않는다. 실제적인 생활문제나 지역사회에서의 생존에 관련한 문제를 잘 다루도록 도와준다. 즉, 치료보다는 보호에 초점이 있고, 주로 만성적이고 복잡한 문제를 가진 클라이언트에게 장기적인 서비스를 제공한다는 점도 차이점이라고 할 수 있다(Dinitto & McNeece, 1997; Garvin & Tropman, 1992).

제3절 한국의 사회복지실천 역사

우리나라도 고대부터 상부상조의 정신과 다양한 국가정책으로 사회복지제도가 존재해왔다. 그러나 현대적 의미의 사회복지실천은 외국 선교사들에 의해 시작되었다고 볼 수 있다. 1921년 감리교 선교사들에 의해 설립된 태화기독교사회관은 한국에서 설립된 최초의 복지관으로 지역사회환경을 개선하는 활동을 전개하였다.

개별사회사업이 우리나라에 도입된 시점은 1950년 6·25전쟁 직후에 많은 외국 민간원조단체가 들어온 것을 시작으로 볼 수 있다. 이들 외원단체는 연합회(KAVA : Korea Association of Voluntary Agencies)를 결성하고 있는데 1960년대에는 그 회원단체가 무려 130여 개 단체에 이르렀으나 전쟁 후 철수계획에 따라 점차 줄었다. 그중 가장 대표적인 단체는 세계기독교봉사회(Christian World Service)로 이 봉사회는 가정복지부라는 부서를 통해 사회사업의 프로그램을 전개하였다. 이 단체에는 Mrs. Elizabeth Hayes라는 개별사회사업을 전공한 슈퍼바이저가 프로그램을 지도했을 뿐만 아니라 요청이 있으면 타 기관이나 단체에도 출장하여 지도하였다.

또 다른 단체는 메노나이트 중앙재단 한국지부(MCC : Mennonite Central Committee, Korea Relief Unit)로 이 단체는 현재 철수되고 없지만 한국 최초로 1962년에 가정아동복지사업부(FCC : Family Child Assistance Program)를 창설하여 전문적인 프로그램을 전개하였으며 사회사업 전공의 Andrew Leatherman이 프로그램 수퍼바이저로서 활동하였다. 메노나이트 중앙재단 한국지부의 후신은 현재 대구가정복지회이다. 그리고 캐나다 유니테리안 봉사회(USC : Uniterian Service Committee of Canada)에서도 그 시도를 엿볼 수 있다. 이외에도 직접, 간접으로 개별사회사업 발전에 이바지한 외국인 공로자는 보건사회부 사회복지자문관 Dr. Charles G. Chakerian, Miss Ronee Gerard, 기독교양자회(CAPOK)의 슈퍼바이저이던 Elvinah Spoelstra, 한노병원에서 활약한 Diakon Gotfred Rekkebo 등을 들 수 있다. 그리고 당시 외원단체에 종사하는 사회복지사들은 거의 개별사회복지사로 통용되기도 하였다(전재일 · 김상규, 1987).

그러나 우리나라 사회사업 발전에서의 외국 민간원조단체들과의 관계성을 살펴보면 대부분 그들의 본래 목적은 물론 전문적 사회사업에 있기보다는 종교적인 선교활동에 있었고, 따라서 전문적 교육이나 훈련을 받지 못한 비전문가들이 많아 프로그램에 사회사업방법적 접근은 이루어지지 못했다. 더구나 1960년대 후반부터는 많은 외원단체가 점차로 철수하게 되면서 사회사업의 발전이 될 수 없는 현실이었다. 한편 1970년대에 이르러 우리나라 현실에 맞는 사회사업의 토착화에 대한 관심이 고조되었으나, 인력의 수요, 공급에서 전문성이 부족하여 사회사업의 발전에 저해요인이 되었다. 그리고 전문기관의 미성숙, 즉 사회사업의 발전과 절대적인 관계가 있는 사회복지서비스의 전달체계, 특히 상담기관이 충분하지 못할 뿐만 아니라 현존하는 기관도 전문적 사회사업을 실천하기에는 여러 가지 여건이 성숙되지 못하고 있는 실정이었다(전재일 · 김상규, 1987).

그러나 1980년대에 들어와서 경제적, 사회적, 정책적 변화로 사회사업의 발전을 위한 기본적 여건은 개선되었고 사회복지관, 의료기관, 사회복지시설의 확충이 이루어졌으며, 정부행정기관에서도 1987년부터 사회복지전담공무원으로 사회복지사 자격증 소지자를 공무원으로 채용하면서 공공영역에서 사회복지전문직의 사회복지실천 활동이 이루어졌다.

한편, 민간영역에서는 1997년 정신보건법 시행으로 정신보건영역에서 일하는 정신보건사회복지사가 전문직으로 활동하게 되었고, 학교사회사업 시범사업이 1997년 시작되어 학교영역에서 사회복지사들의 활동이 시작되었다. 이후 2003년 사회복지사 1급 자격 국가고시제 시행, 사회복지현장실습의 내실화 등으로 사회복지실천가들의 전문화를 위한 노력들은 계속되고 있다.

이처럼 한국의 사회복지실천은 길지 않는 역사 속에서 계속 변화·발전하고 있는 상황이며, 세계화의 흐름 속에서 다양한 실천현장이 발생되고 있고 그 현장을 개입할 수 있는 유능한 사회복지사의 배출과 사회복지실천 기술의 발전이 요구된다 하겠다.

chapter | 05

사회복지실천의 기본 관점

chapter

05 사회복지실천의 기본 관점

1. 실천의 초점 : 환경 속의 인간

사회복지실천의 목적은 개인과 환경 간의 상호작용의 증진을 통해서 사회구성원 모두의 삶의 질을 향상시키는 것이다. 이러한 목적달성을 위한 노력이 사회복지실천인데, 그렇다면 이 실천의 초점은 개인에게 맞추어져야 할 것인가? 아니면 환경에 맞추어져야 할 것인가? 실천의 초점을 개인에게 맞춘다는 것은 개인·환경 간 상호작용증진의 책임을 개인, 환경 모두에게 두는 것을 의미한다. 즉, 인간이 경험하는 각종 사회복지적 문제의 원인을 개인 또는 환경 중 어느 한쪽의 결함으로 보기보다는 개인적 요소와 환경적 요소가 서로 어우러져서 나타난 결과로 본다는 것이다. 따라서 이 관점에 입각하여 사회복지실천을 행하는 사회복지사들은 개인, 가족 또는 집단체계의 사회적 기능을 향상시키기 위해서 이들 체계들이 그들 주변의 다른 사람들 그리고 그들의 생활에 영향을 미치는 사회체계들과 어떻게 상호작용하는가를 주시하면서 활동한다. 즉, 문제의 원인을 사정하고 문제해결을 시도하려 할 때 문제해결방안을 개인의 변화에서만 찾을 것이 아니라 그 개인의 문제 또는 역기능에 영향을 미치는 주변 사회환경의 변화 또는 개선에서도 찾아야 한다는 것이다. 또한 개인의 일반적 기능수행이 비교적 원만하고 개인 주변 사회환경 또한 비교적 건전하지만 개인과 환경 사이의 거래 또는 상호작용이 원만치 못함으로써 문제가 파생될 수도 있다는 점을 고려하여야 한다.

이러한 관점은 사회복지실천방법의 초기 모델이라 할 수 있는 리치몬드(1917)의 『사회진단(Social Diagnosis)』 속에 이미 함축되어 있던 개념으로서 1950년대 이후부터 사회복지실천의 기본 개념틀로 확실히 자리잡기 시작하였고(Compton &

Gallaway, 1999), 그 후 많은 사회복지실천 이론가들에 의해서 반복적으로 강조되어왔다. 고든(Gordon, 1969)은 일찍이 환경 내에 존재하는 것, 즉 환경이 제공하고 있는 자원과 개인이 갖고 있는 욕구나 성장 잠재력과의 조합을 이루어내는 것이 사회복지사 활동의 초점이라고 하였다.

바트렛(Bartlett, 1970)은 모든 사회복지실천의 공통기반은 개인과 환경(persons/environment)에 대한 이중초점이라고 하여 사회복지사는 개인이 갖고 있는 대처능력과 그 개인에 대해 환경이 요구하는 것 사이의 균형을 이루어주기 위해 노력해야 한다고 하였다. 저메인과 지터맨(Germain & Gitterman, 1980)도 그들의 저서, 『사회복지실천 생활모델(Life model of social work practice)』에서 개인에 대한 치료와 사회개혁이라는 두 가지 측면에 동시에 개입하는 사회복지실천의 전통들을 통합하는 실천을 주장하였다. 이들은 개인과 개인에게 영향을 주는 사회·물리적 환경 간의 역기능적 교환을 개념화하려고 노력하였으며, 사회복지사는 개인과 환경 사이의 역기능적 교환에 개입해야 한다고 강조하였다. 즉, 사회복지사들은 어떤 때는 개인, 어떤 때는 환경, 어떤 때는 개인과 환경 간의 상호작용 양상을 변화시키기 위한 전략을 구사하지만, 이 모든 전략들은 결국, 개인과 환경의 상호작용의 성격을 변화시키기 위한 것이다.

전미사회복지사협회(National Association of Social Workers, 1981)의 실천헌장에서는 "사회복지실천의 목적은 모든 사람들의 삶의 질을 향상시키기 위해 개인과 사회 사이의 상호 유익한 상호작용을 증진시키거나 복구시키는 것이다(The purpose of social work is to promote or restore a mutually beneficial interaction between individuals and society in order to improve the quality of life for everyone)"라고 밝히고 있다. 그리고 이러한 목적을 달성하기 위해 사회복지사는 여러 사람과 함께 다음의 세 가지 유형의 활동을 한다고 하였다. 첫째, 개인과 개인 주변환경의 타인 사이의 상호작용을 촉진한다. 둘째, 개인이 자신의 능력을 확대시키고 자신의 문제해결 및 대처능력들을 향상시킬 수 있도록 도움을 제공한다. 셋째, 사회 및 환경과 관련된 정책에 영향을 준다.

지금까지 소개된 개념을 정리 통합하여 【그림 5-1】에 제시하였다(엄명용 외, 2008).

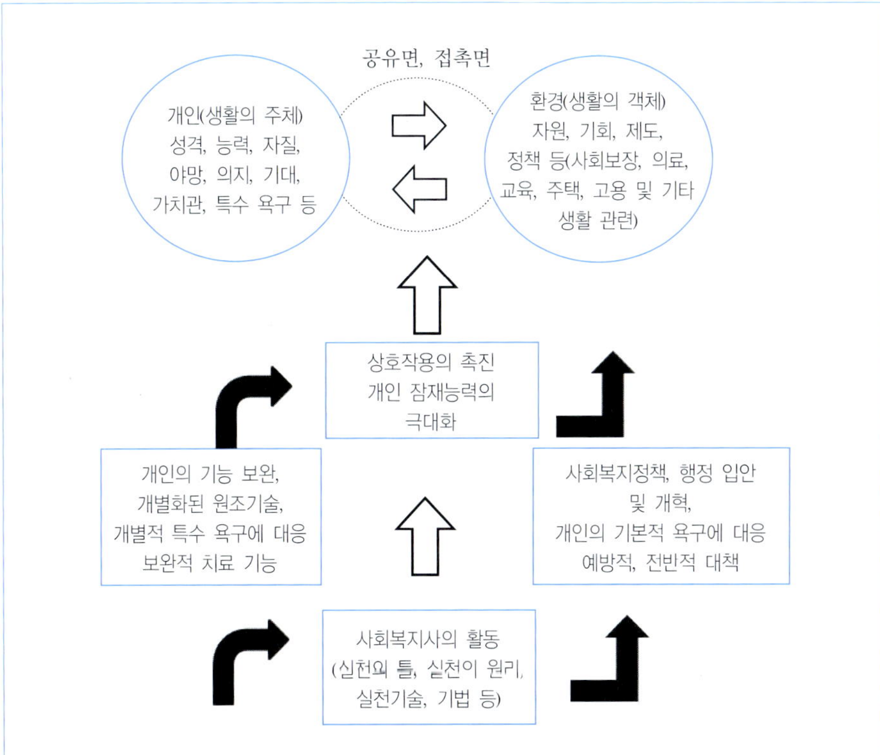

| 그림 5-1 | 개인-환경 상호작용에 대한 사회복지사의 개입활동

개인을 둘러싼 사회환경은 각 개인이 살아가는 데 필요한 여러 가지의 자원과 기회들로 구성되어 있다. 이 환경은 각 사람에게 주어진 삶의 객체이자 대상이라고 볼 수 있다. 자신이 태어난 가족의 특성, 주요 생활이 이루어지고 있는 지역사회, 전반적 사회의 문화적 특성, 사회의 실질적 운영규칙, 각종 자원 및 기회배분의 사회적 공정성, 최저생계의 보장을 위한 기본적 생계 지원 제도의 유무, 최소한의 인간다운 생활을 영위하는 데 필요한 교육, 의료, 주택, 고용 정책들의 유무 및 그 성격과 수준 등이 사회환경의 특성을 구성한다. 이러한 여건들이 개인에게 우호적으로 형성되어 있는 사회는 각 개인들의 기본적 욕구충족을 위해 활동하는 사회라 볼 수 있다. 즉, 개인의 기본적 욕구에 적절하게 대응하는 사회라 하겠다.

각기 다른 특성을 가진 개인과 사회환경은 상호작용을 통해 각자의 기능을 수행해가는데, 개인과 사회환경 간의 상호작용영역을 개인·환경의 공유면, 접촉면 또는 교류면이라고 할 수 있다. 이 교류의 공간에서 개인욕구와 사회욕구 사이의 조합(match)이 이루어진다(Gordon, 1969). 사회복지사의 활동은 개인과 사회환경의 공유면에서 일어나는 욕구들 사이의 조합이 원만히 이루어질 수 있도록 돕는 데 그 초점이 맞추어져야 한다. 이러한 활동은 한편으로는 개인의 성격, 역기능, 능력 및 기술 부족 등에 대한 치료를 위주로 개입하는 개인변화 촉매인의 역할이 될 수도 있고, 다른 한편으로는 사회의 자원과 기회가 공정하게 배분되도록 힘쓰며 개인의 기본적 욕구충족을 위한 각종 사회복지정책 및 행정의 변화 및 개혁을 시도하는 사회변화 촉매인의 역할이 될 수도 있다. 사회복지사는 이러한 양 측면에서의 촉매작용을 원활히 하기 위해서 사회복지실천의 틀과 실천의 원리들을 이해해야 하며 구체적인 실천활동을 위한 실천기술 및 기법들을 학습하고, 훈련해야 한다.

콤프톤과 갤러웨이(Compton & Gallaway, 1989)는 사회복지실천의 발달과정에서 나타난 논쟁, 즉 사회복지실천은 개인의 변화(치료)를 위해 노력하는가, 아니면 사회를 변화(개혁)시키기 위해서 주로 노력하는가에 대해 살펴본 바 있다. 전통적으로 변화 매개인(change agent)으로 활동해온 사회복지사들의 실천관련 연구결과를 1970년대부터 살펴볼 때, 대부분의 사회복지사들은 개인의 변화를 위한 임상적 실천과 사회개혁을 위한 실천 모두를 통합한 실천을 해왔다는 것이 이들의 결론이다.

2. 실천의 주요 관점

앞서 사회복지실천의 주요 관점은 사회복지사가 인간행동과 사회환경 그리고 이 양자 간의 상호작용 양상을 관찰할 때 사용하는 관념적 안목이라고 정의되었다. 실천관점은 사회복지사의 교육배경에 따라 약간씩 다를 수 있지만, 사회복지실천과 여타의 실천을 구별짓는, 사회복지사들이 공유하고 있는 독특한 실천관점이 있다. 지금까지 강조해온 환경 속의 인간관점이 바로 그것이다. 이러한 실천관점 형성 및 발전에 가장 큰 영향을 준 것이 바로 체계이론과 생태학적 관점 및 생태체계적 관점이며, 강점관점으로 클라이언트의 변화를 이끌어가고 있다고 할 수 있다.

1) 체계이론의 기본 개념

일반체계이론은 모든 유기적 조직체는 체계, 즉 상부체계와 하부체계로 구성되어 있다는 것을 제안하는 생물학적 이론이다. 일반체계이론이 제시하는 개념적 틀에 의하면 개인과 사회의 문제는 원인-결과의 관계로 해석되기보다는 상호연결된 전체로 파악된다. 즉, 개인과 환경은 어느 한쪽이 다른 한쪽에 일방적인 영향을 끼치는 것이 아니라 양자가 모두 원인인 동시에 결과인 상호적 원인관계(reciprocal relationships)로 형성된 전체로 파악된다. 이러한 체계적 관점은 사회복지실천의 목적과 잘 부합된다고 할 수 있는데, 문제의 파악 및 개입의 초점을 개인 또는 환경의 어느 한 곳에 두기보다는 상호작용하며 영향을 주고받는 전체에 두기 때문이다. 그러므로 체계이론은 환경 속의 인간을 이해하는데 있어 체계가 성장과 변화를 거쳐 안정성을 유지해가는 방법을 설명하는 이론이며, 다양한 체계들 간의 상호작용을 강조하는 개념이다. 예를 들어, 인간이라는 체계는 사회의 일부분이고 순환체계와 세포로 구성되어 있다고 본다. 주요 개념은 다음과 같다.

(1) 체계의 구조적 특성

체계(system)란 물질적 또는 정신적 에너지가 교환되는 경계를 가지고 있는 실재이다. 상호의존적이며 상호영향을 주고받는 부분들로 구성되어 있는 전체, 부분들 간의 관계를 맺는 일련의 단위이다. 즉, 상호관계를 맺고 있는 구성단위들의 집합체이지만 구성단위들의 단순집합이 아니라 구성단위 간의 상호작용 또는 관계양상을 포함하는 하나의 전체 또는 단위를 의미한다. 이런 맥락에서 체계의 속성은, "전체는 각 부분들의 합보다 크다(The whole is more than the sum of its parts)"로 간략히 정의된다. 따라서 체계를 구성하고 있는 부분들 간의 상호작용의 독특성이 체계의 특성을 만들어낼 수 있다.

체계는 개방체계와 폐쇄체계를 구분하는데, 이는 그 체계를 둘러싸고 있는 경계의 속성이다. 경계는 선택된 구성요소를 둘러싸고 있는 관념적 동그라미 선이다. 이 동그라미 선을 기준으로 에너지나 정보의 교류의 양에 차이가 발생한다. 즉, 동그라미 선 내부와 외부 사이의 에너지 또는 정보교류의 양은 동그라미 선 내부 구성요소들끼리의 교류 양에 비해 적다. 가족과 관련된 경계들의 예로, 대가족, 핵가족, 부부, 부모, 형제-자매 등을 나누는 관념적 경계들을 들 수 있다. 학교체계에서의 경계들의 예로서는 학급, 교수요원, 행정요원 등을 구분하는, 보이지는 않으나 우리들의 관념 속에 존재하는 경계들을 들 수 있다. 경계는 명확성(clarity), 투과성(permeability), 유연성(flexibility) 등의 속성을 가지고 있다.

개방체계는 에너지가 경계를 넘나들면서 상호교환되는 체계이며, 어느 정도 투과성이 높은 경계를 갖고 있는 체계다. 이러한 체계는 외부로부터 성장 및 발달에 필요한 정보나 에너지를 자유롭게 받아들임으로써 체계 자체의 기능을 유지·발전시킬 수 있다. 개방체계 내부에서는 구성요소들 간의 질서가 증가하며, 구성요소 나름대로의 다양성이 증가하여 각각 살아 움직이며 발달하게 하는 힘이 작용하고 있는 상태를 부적 엔트로피(negative entropy) 또는 네겐트로피(negentropy) 상태라고 한다. 어떤 체계가 성장·발전하기 위해서는 외부자의 잠재적 능력이 최대한 발휘될 수 있다. 체계의 조직과 질서를 유지시키는 힘, 조직으로부터의 정보나 에너지가 원활히 투입될 수 있을 만큼 체계의 경계가 적절히 개방되어 있어야 한다. 따라서 성장이 왕성한 체계는 비교적 명확하면서도 반투과적(semipermeable)인 경계를 갖고 있으면서 동시에 그러한 경계를 유연성 있게 유지하기 위한 장치들을 갖고 있다(Compton & Gallaway, 1999).

폐쇄체계는 경계를 넘나들면서 에너지의 상호교환이 일어나지 않는 닫힌 체계이며, 다른 체계와 상호교류가 없는 체계다. 정보나 에너지의 투입(input) 또는 산출(output)이 거의 없다. 폐쇄체계를 구성하고 있는 부분들은 시간이 지나감에 따라 구성원들 사이의 구별이 없어지게 되며 점차 동일성을 띠게 된다. 따라서 체계 내의 조직구성 및 그 기능이 쇠퇴하게 된다. 이러한 상태를 엔트로피(entropy) 상태라 하는데 이러한 상태가 지속되면 조직은 결국 소멸된다. 어떤 체계가 엔트로피 상태를 피하기 위해서는 외부로부터 자원, 정보 또는 에너지를 유입해야 한다. 폐쇄체계의 가장 단순한 예가 갇힌 공간 내에 위치한 촛불의 경우다. 외부로부터 더 이상의 산소공급이 이루어지지 않으므로 촛불은 곧 꺼지게 된다. 외부와의 접촉이 단절된 가족의 경우도 폐쇄체계에 해당된다.

엔트로피(entropy)	네겐트로피(negentropy)
엔트로피는 체계가 쇠약해지는 경향성을 나타내는데, 이는 에너지를 되는 대로 분배해서 에너지의 이용 가능성이 적어지게 되고 따라서 그 체계는 더욱 무질서해져서 조직된 작업을 할 수 있는 능력이 줄어든다. 폐쇄체계에서 일어나는 현상이다.	네겐트로피는 체계 외부로부터 에너지를 가져옴으로써 이용 불가능한 에너지가 감소되는 것을 말한다. 체계가 열려있을 때 체계는 자기가 쓰는 에너지보다 많은 에너지를 유입할 수 있다. 그런 후 체계는 정교하게 세분화되면서 성장하고 발달하는 방향으로 진행하는 과정이다. 개방체계에서 일어나는 현상이다.

(2) 체계의 진화적 특성

변화와 안정 안에서 체계는 목적지향적인 활동을 한다. 살아있는 체계, 즉 인간으로 구성된 체계는 끊임없는 변화와 움직임 과정에 있다. 순간적인 관찰에 의하면 체계가 정지해 있는 듯 보이지만 이것은 안정상태라 볼 수 있다. 투입요소를 받아들이고 사용함으로써 자신의 안녕을 유지하는 방식으로 체계는 멈추어 있지 않고 꾸준히 움직인다. 에너지를 주고받으면서 일정한 질서와 안정성을 유지하면서 목표를 향해 꾸준히 적응해나간다.

질서와 구조가 안정되어 있는 상태에서 체계는 내부적으로 끊임없이 변화하고 움직여가는데 이러한 상태를 역동적 평형상태(dynamic equilibrium)라고 부른다. 체계의 구조를 변화시키지 않은 채 환경과의 상호작용 속에서 체계의 균형을 회복하려는 내부성향이라는 점에서 이것은 체계의 항상성이라 할 수 있다. 즉, 투입을 받고 전환하고 결과를 배출하면서 변화함에도 불구하고 자신의 기본적 성격을 유지하려는 능력이다. 체계는 자신에게 주어진 외부자극이 있으면 이에 대해 반응함으로써 균형을 유지하려는 경향을 갖고 있다. 위의 안정상태는 체계가 자신의 안녕을 위해 전향적으로 균형을 유지하는 것이라면 항상성은 닫힌 체계에서 흔히 볼 수 있는 외부자극에 대한 반응으로서 고정된 상태를 유지하려는 역동적 과정이라고 볼 수 있다.

체계의 활동에 일관성이 없거나, 비교적 반복적인 기능패턴이 없을 경우, 체계 내의 활동이 무질서해지며, 따라서 체계의 목적달성을 위한 노력도 비효과적이 될 것이다. 안정상태가 무너진 상황을 무질서상황 또는 위기상황이라 하며 이것은 갑작스런 외부의 자극이나, 내부 구성원의 체계 내 질서에 대한 반발 등으로부터 초래될 수 있다. 이러한 위기상황에서 체계는 체계가 갖고 있는 질서와 활동구조의 틀에 대한 재설정을 요구받게 되며, 이러한 과정을 통해 새로운 질서와 활동구조가 성공적으로 마련되면 체계는 새로이 설정된 목적을 향해 성장·발달하게 된다. 그렇지 못할 경우, 무질서 상황이나 부적응 상황이 지속되면서 심각한 문제를 표출시키게 된다. 환경과의 상호작용 과정에서 새로운 에너지를 받아들여 체계의 내부구조를 성공적으로 변경시켜가면서 종래와는 다른 차원에서 얻어지는 체계의 균형상태를 체계의 안정상태(steady)라 한다. 체계의 내·외부의 위기상황에 적절히 대처하면서 체계가 안정상태를 유지하게 될 때 체계는 성장·발달하게 되는 것이다.

(3) 체계의 행동적 특성

체계가 작용하는 방식과 어떻게 그것이 변화되는지에 관한 투입, 전환, 산출, 피드백(환류)은 일련의 과정이라 할 수 있다.

투입은 외부로부터 어떤 체계 내로 들어가는 에너지나 정보 등을 의미한다. 생물학적, 심리사회적 생존과 성장은 투입과정을 통해서 보장받는다.

전환은 투입물을 처리하여 체계의 기능 유지에 필요한 형태로 전환하는 작용을 의미한다. 투입체계는 체계내부로 입수되고 나면 영향을 받고 변형되며 규제받고 체계의 기능수행을 위해 활용되는데, 이렇게 투입체계가 활용되는 단계를 전환이라고 한다.

산출은 전환을 통해 나타난 결과물이 체계 밖으로 나타난 것을 의미하며, 이 같은 반응은 환경에 직접적인 영향을 미치게 된다. 한 예로서 어떤 체계가 단절이나 갈등관계에 있던 다른 체계와 순기능적인 상호작용을 통해 문제를 해결하게 되는 현상이다. 즉, 투입, 전환, 산출, 피드백이 상호 관련된 활동을 하는 것이다.

피드백(환류)이란 어떤 체계가 그 스스로 갖고 있는 목적을 향해 제대로 나가도록 하는 과정에 필요한 것이다. 피드백은 일련의 정보투입이 일어나는 의사소통장치로서 체계는 피드백을 통해 새로운 행위를 산출하거나 기존의 행위를 수정하는 자기조절적 행위(self-adjusting behaviors)를 통해서 자신의 목적을 달성하게 된다. 피드백은 긍정적 및 부정적 피드백으로 구성된다. 긍정적 피드백은 체계가 목적에 따라 바르게 행동하고 있으며 같은 행동이 좀 더 요청되는 것을 의미한다. 부정적 피드백은 체계가 목적달성을 어렵게 하는 정도를 전달하며 체계행동의 수정을 가져오게 된다.

(4) Pincus와 Minahan의 체계이론의 응용

핀커스와 미나한(Pincus & Minahan, 1973)은 사회복지사가 실천현장에서 함께 활동하게 되는 이러한 복잡하고 다양한 체계들을 네 종류의 체계로 분류하여 제시하였다. 변화매개체계, 클라이언트체계, 표적체계, 행동체계 등이 이에 해당된다.

① 변화매개체계

사회복지사는 클라이언트의 문제상황에 변화를 가져오기 위해 그 문제와 관련된 여러 가지 체계를 확인해내고, 그 체계들과 함께 노력하기 위한 계획을 수립하며, 그 계획을 실천에 옮기기 위해 노력하는 변화매개인이다. 사회복지사가 속해있는 사회복지관, 상담실, 쉼터, 치료기관 등은 변화매개체계가 된다. 변화매개체계는 기관 나름대로 갖고 있는 활동영역, 활동의 방침, 활동권위의 확보 및 제공, 각종 자원의 제공 및 연결 등을 통해 실질적인 사회복지사의 활동방향을 결정하게 된다.

② 클라이언트체계

사회복지사에게 도움을 청하거나 어떤 문제해결을 위해 사회복지사와 공동의 노력을 기울이겠다는 묵시적 계약상태에 있는 사람(체계)들이 클라이언트 체계가 된다. 앞서 언급한 비행 청소년의 경우, 그들 스스로 사회복지사에게 도움을 요청하는 일은 매우 드문 일이다. 학교 선생님이 학교사회사업가(변화매개체계)에게 도움을 요청하고 학생의 비행문제해결을 위해 학교사회사업가와 함께 노력하고자 하는 묵시적 동의를 했을 경우, 학교 선생님이 클라이언트 체계가 된다. 부모가 비행청소년 문제를 갖고 상담을 요청해왔을 경우도 부모가 클라이언트 체계가 된다. 하지만 나중에 비행청소년이 변화를 보이면서 사회복지사에게 자신의 문제해결을 위해 청소년이 직접 도움을 요청하기 시작했을 경우 청소년 자신도 클라이언트 체계가 되는 것이다. 클라이언트 체계가 누구인지 분명하지 않은 경우도 있을 수 있다. 추운 겨울에 난방 보일러를 켜지 않은 채 겨울을 나려고 하는 열악한 주거상황에 처한 노인을 보호하기 위해, 정기적으로 그 노인을 방문하여 노인에게 밑반찬을 제공하거나 난방 서비스를 제공하는 사회복지관의 사회복지사 또는 가정 도우미 활동의 경우 클라이언트 체계는 막연한 국가나 사회가 될 수 있다. 특히 노인이 도움을 직접 요청하지 않았을 경우에는 더욱 그렇다.

③ 표적체계

변화매개체계가 그 활동목적을 달성하기 위해 변화시킬 대상이 표적체계이다. 클라이언트 체계가 변화의 대상인 경우는 이 체계가 곧 표적체계가 된다. 하지만 환경 속의 인간에 초점을 두는 사회복지실천에 있어서 많은 경우 변화매개체계인 사회복지사들은 클라이언트의 문제해결을 위해 클라이언트 주변의 다른 체계를 변화시키려는 노력을 하게 된다. 이 경우 주변의 다른 체계들이 표적체계가 된다. 법원의 강제명령에 의해 본인의 의사와 관계없이 행동치료를 받기 위해 사회복지사를 찾아온 비행청소년이 있다고 할 때 법원이 클라이언트 체계가 되고 비행청소년은 표적체계가 된다.

④ 행동체계

사회복지사의 활동목적을 달성하기 위해 공동으로 노력하는 모든 체계들이 행동체계에 해당된다. 위에서 예로든 청소년 비행문제를 해결하기 위해 사회복지사인 변화매개체계는 가족체계, 학교체계, 동료체계, 지역의 상인으로 구성된 지역사회체계, 청소년단체체계 등과 상호작용하면서 공동 노력을 펼칠 수 있다.

〈표 5-1〉 Pincus와 Minahan의 4체계

체 계	대 상	비 고
변화매개체계	사회복지사와 이들이 소속되어 일하는 조직이나 기관	때때로 목표체계가 되기도 한다.
클라이언트 체계	도움을 원하면서 변화매개체계와 협력하는 개인, 집단, 가족, 지역사회	실제적 클라이언트와 잠재적 클라이언트로 구분된다.
표적체계	변화매개체계가 목적을 성취하기 위해 변화시키고자 하는 대상, 즉 개인이나 집단, 조직	때때로 클라이언트와 목표체계가 같을 수도 있고 다를 수도 있다.
행동체계	변화매개체계가 목적을 위해 공동으로 노력하는 모든 체계, 즉 가족, 친척, 이웃, 집단, 조직	클라이언트, 목표체계, 행동체계가 서로 같을 수도 있고 다를 수도 있다.

콤프톤과 갤러웨이(Compton & Gallaway, 1999)는 여기에 2체계(전문가체계, 응답-의뢰체계)를 추가하였다. 이러한 체계들은 항상 명확히 구분될 수 있는 것들이 아니고 각 체계들이 사회복지사 체계와 만나게 되는 목적 그리고 만남을 통해 맺게 되는 관계양상에 따라 변할 수 있는 것이다.

⑤ 전문가체계

한국사회복지사협회와 같이 사회복지사들로 구성되어 있어 사회복지사의 전문성을 강화하고 사회 내에서 사회복지사의 위상을 높이기 위해 노력하는 체계, 한국사회복지교육협의회와 같이 사회복지전문인을 길러내는 단체들의 연합으로 구성된 협의체계, 한국사회복지협회와 같이 일선 사회복지기관들의 연합으로 구성된 체계 등이 전문가체계에 해당된다. 즉, 전문가단체, 전문가를 육성하는 교육체계 등이 포함된다.

⑥ 의뢰 – 응답체계

의뢰-응답체계는 잠재적 클라이언트를 사회복지사의 관심영역으로 끌어들이기 위해 행동하는 체계이다. 사회복지사 또는 변화매개체계와의 접촉 초기에는 클라이언트 체계로 고려될 수 있지만 본질적으로는 클라이언트체계가 아니다. 예를 들어, 서비스를 요청한 사람이 의뢰체계, 강제로 온 사람을 응답자라 볼 수 있다.

(5) 체계이론의 의의

체계이론은 사회복지실천에 매우 큰 영향을 주었다. 그 영향들을 살펴보면 다음과 같다(엄명용 외, 2008).

첫째, 사회복지실천의 개념적 틀을 제공하였다. 인간문제와 사회현상을 분석하고 개입함에 있어 '원인-결과'의 시각을 갖고 두 변수를 짝짓는 실천의 틀로부터 상황 속의 인간관점에서 모든 주변변수들이 상호 관련된 전체라는 시각을 갖춘 실천틀로 전환되는 바탕을 제공하였다.

둘째, 인간의 생활체계에서 발생하는 문제들을 파악함에 있어, 개인, 그 환경, 개인과 환경의 상호작용, 개인이 그 상호작용양상에 부여하는 의미 등을 종합적으로 고려함으로써 하나의 문제가 발생하기까지에는 복합적인 요소들이 관여하며 하나의 원인요소가 작용하여 파생시키는 효과도 항상 일정한 것이 아니라 다양하다는 관점을 제공하였다. 이것은 하나의 생활체계를 구성하는 개인, 개인의 사회적 환경, 물리적 환경 등은 각각 개별적으로 존재하는 것이 아니라 상호작용하여 운명을 같이하는 하나의 전체라는 전체적 시각에 대한 관점으로 발전하였다.

셋째, 사고의 틀이 개별적인 것에서 상호작용하는 전체로 확대됨에 따라 사회복지실천이 개인의 특성에 관한 관심에서 관련요소들 간의 상호 관련성에 대한 관심으로 그 초점이 이동하는 데 기여하였다. 사실 이것은 정식으로 체계이론 관련개념 또는 용어들을 공부하지 않은 일반성인이 사태를 파악할 때 직관적으로 동원하는 사고의 틀이라고 볼 수 있다.

넷째, 문제현상에 대한 사정 및 개입에 있어 체계 내의 한 요소의 변화가 체계를 구성하고 있는 다른 요소 및 체계 전체에 영향을 미친다는 사실을 분명히 하였다. 이것을 흔히 파문효과(ripple effect)라 한다. 이것은 체계 내의 한 요소를 변화시킬 수 있는 방법은 여러 가지가 있을 수 있다는 동등종결개념과 연결된다.

다섯째, 체계이론은 하나의 분석틀을 제공할 뿐 문제상황을 변화시키기 위해 사회복지사가 구체적으로 어떤 행동, 어떤 처방을 해야 할지를 알려주지는 않는다. 이러한 구체성에 대한 정보는 체계론적 관점을 바탕으로 발달시킨 실천이론들에서 찾아야 할 것이다.

여섯째, 체계이론은 사회복지사가 소속되어 있는 기관, 사회복지사, 클라이언트, 사회복지사의 활동목적 달성을 위해 사회복지사가 접촉해야 할 주변체계들을 동일한 상호교류의 장에 놓고 고찰할 수 있는 시각을 제시하였다. 이로써 사회복지사는 문제상황과 분리되어 있다가 어떤 시점에서 문제상황에 개입하여 일방적인 처방 및 치료를 행하는 우월적 존재가 아니라 문제상황과 동일한 활동의 장에서 문제상황에 영향을 주기도 하고, 문제상황으로부터 영향을 받기도 하면서 변화매개체계로서 활동하는 존재라는 시각을 제시하였다.

2) 생태학적 관점의 기본 개념

생태학적 관점은 인간이 접하는 환경에 관심을 두었는데, 인간과 환경은 서로 분리되어 있는 것이 아니라 지속적인 상호교류 안에서 존재하는 하나의 체계이다. 생태학적 관점은 환경 속의 인간이라는 사회복지실천의 기본 관점을 반영하고 있으며, 단순히 인과관계를 규명하는 것이 아니라 인간과 환경 간의 복잡한 상호작용을 설명하는 데 초점을 둔다. 체계이론이 포괄적인 시각을 갖는 반면 생태적 관점은 개인과 가족체계를 더 강조한 경향이 있다.

(1) 주요 개념

① 적응

적응이란 주변환경의 조건에 맞추어 조절하는 능력으로의 변화를 의미한다. 생태체계적 관점에서 말하는 적응이란 "개인 대 환경의 적절한 결합(person : environment fit)"을 의미한다(Germain & Gitterman, 1995 : 817). 이 '적합성(fit)'이라고 하는 것은 개인 또는 집단의 욕구, 권리, 목적, 능력 등과 개인이나 집단이 처한 문화, 역사적 맥락 속에 존재하는 물리적·사회적 환경의 성질 및 그 운영상황 사이의 맞물림 상태, 즉 개인적 욕구와 사회적 요구 사이의 조화와 균형 정도를 의미한다. 따라서 개인이나 환경에게 있어 그 적합도는 매우 낮을 수도 있고 높을 수도 있는 것이다. 양자 사이의 적합도가 비교적 양호할 경우 그것을 "적응이 잘 된 상태(adaptedness)"라고 한다(Dubos, 1978). 상호적합이 잘 이루어진 상태에서는 인간과 환경이 상호긍정적인 영향을 주고받으면서 상호적응적 기능이 향상되는 반면, 적응이 잘 되지 않은 상태에서는 개인건강의 파괴와 사회적 기능의 위축 등으로 인해 개인의 성장과 발전이 지체되며 개인과 상호작용하는 환경도 그에 따라서 손상을 입게 된다. 적응과정은 인간이 인간과 그들 환경 간의 적합도를 유지하거나 향상시키기 위해 지속적으로 동원하는 변화지향적인 인지, 감각, 지각, 행동적인 노력의 과정을 의미한다. 적응은 환경을 변화시키기 위한 노력, 개인 자신을 변화시키기 위한 노력, 환경과 개인 모두를 변화시키기 위한 노력, 이러한 노력들의 결과로 발생한 변화에 적응하기 위한 노력들 모두를 포함한다.

② 사회환경

사회환경은 인간을 둘러싼 조건, 상황, 대인적 상호작용 등을 포함하며, 개인은 생존과 성장을 위해 환경과 효과적으로 상호작용해야 한다. 사회환경은 사회나 문화에서 형성하는 물리적 환경(주택의 형태, 직업의 종류, 법이나 사회규범 등)과 가족, 친구, 직장, 집단, 정부 등과 같이 개인이 접촉하는 체계 및 보건, 주택, 복지, 교육제도 등의 사회제도들을 포함한다.

③ 상호작용

상호작용은 인간이 환경 속의 다른 사람들과 의사소통하고 관계 맺는 것을 말한다. 상호작용은 무엇인가를 전달하고 교환하는 것이기 때문에 역동적이며, 긍정적이거나 부정적일 수 있다. 긍정적인 상호작용은 예를 들어 내가 매우 사랑하는 사람도 나를 사랑한다는 사실을 아는 경우, 혹은 일을 열심히 끝마치고 급여를 받는 것도 긍정적인 상호작용인 것이다. 부정적인 상호작용은 예를 들어 20년간 일하던 직장에서 해고당하는 것, 키우던 개가 밤새 짖어 이웃이 경찰에 신고한 것 등이다.

④ 에너지

인간과 환경 사이에 적극적으로 개입하는 자연발생적 힘으로 투입이나 산출의 형태를 띤다.

⑤ 대처

적응의 한 형태로 문제를 극복하기 위해 노력하는 것을 의미한다. 적응이 긍정적 또는 부정적인 새로운 조건에 모두 반영하는 것이라면 대처는 부정적인 경험을 다루는 방법이다. 예를 들어, 사람은 갑작스런 부모의 사고나 죽음, 가장의 실직, 지역주민을 위협하는 폭력배 등에 대처해야 한다.

3) 생태체계적 관점의 기본 개념

생태체계적 관점은 생태학의 개념과 일반체계이론을 기반으로 하여 인간과 환경 간의 상호작용하는 방법이나 내용에 초점을 둔다. 생태체계적 관점은 일반체계이론의 주요 개념들을 그대로 수용하고 있지만 일반체계이론보다는 구체적이고, 인간적이고, 실천적인 차원을 더하여 사회복지실천을 위한 이론적 틀로서 보다 유용성을 갖는다(도광조, 2008).

생태체계적 관점의 특성
* 상황 속에서 인간의 다양한 변화 가능성을 제시
* 클라이언트체계의 강점을 강조
* 현재 행동을 "상황 속의 개인"의 편안한 적합성으로 설명
* 역기능을 상황 속에서 적응적이거나 합리적인 것으로 개념화
* 개인, 사회집단 및 사회적 · 물리적 환경 안에서 변화를 위한 여러 가지 대안을 탐색한다.

(1) 환경의 수준

인간은 그들이 처한 환경과 상호작용하는 과정에서 여러 가지 수준의 체계들과 동시에 교류한다는 점에 주목해야 한다. 예를 들면, 일반적으로 빈곤 지역 청소년들이 빈곤하지 않는 지역의 청소년들에 비해 비행에 빠질 확률이 높다고 보고되고 있는데, 빈곤지역에 있다 하더라도 가족기능이 원활히 유지되고 있는 가정에서 성장하고 있는 청소년의 경우는 그렇지 않은 가정에서 성장한 청소년에 비해 비행에 빠지는 경우가 매우 적은 것으로 나타나고 있다. 이것은 빈곤지역체계 특성의 영향이 직접 개인 청소년에게 미치는 것이 아니라 가족이라는 중간체계를 경유하면서 매개 또는 조정됨을 나타낸다. 개인은 생태체계 내에서 많은 미시체계, 중간체계, 거시체계들과 상호작용하며 생활한다.

콤프톤과 갤러웨이(Compton & Gallaway, 1999)는 상이한 수준의 환경을 네 개의 환경, 즉 개인이 처한 개별상황, 미시수준(micro level) 환경, 중간수준(mezzo level) 환경, 거시수준(macro level) 환경 등으로 나누었다. 각 수준에 속한 체계는 그 수준보다 큰 수준체계 내에 놓여있어 각 수준체계가 어떻게 기능하느냐는 대개 높은 수준체계와의 상호작용양상에 좌우된다(Bronfenbrenner, 1979).

미시수준 환경은 개인을 의미하며, 가족과 같은 직접적인 환경 내에서의 활동, 역할 그리고 대인관계 유형 등이다. 미시수준의 환경은 성장하면서 변화한다. 예를 들어, 어릴 때 가족이 가장 중요하지만, 청소년기에는 또래집단이 더 큰 영향을 미칠 수 있다. 전체의 물리적 · 사회적 환경 중에서 개인이 일상생활 속에서 직접 접촉하고 상호 교류할 수 있는 부분이다. 가족, 학교, 직장, 여가생활 등을 통해 개인이 직접 경험하는 일상적 세계가 이 수준의 환경에 포함된다. 대개 미시수준 환경은 개인별로 독특성을 지닌다. 즉, 다른 누구도 동일한 환경을 경험하지 않는다는 것이다. 이러한 미시수준 환경은 인간의 행동 및 정서발달과 성장에 매우 중요한 영향을 미친다.

중간수준 환경은 전체 환경 중에서 미시수준 환경에 직·간접으로 영향을 주어 미시수준 환경의 성격과 기능을 결정하는 환경이며, 개인은 친밀한 사람(중간수준의 환경)과 상호작용하면서 연결되어 있다. 개인이 일상적으로 경험하는 생활에 영향을 주는 학교, 직장, 교회 등의 일반적 환경 특성, 여가체계의 일반적 특성, 개인이 이용할 수 있는 지역사회 자원체계들의 성격 등이 여기에 해당된다. 일상생활의 필요에 의해 접하게 되는 각종 집단들도 여기에 포함된다. 개인이 새로운 환경으로 이동할 때마다 중간수준의 환경은 새롭게 형성되거나 확대된다.

거시수준 환경에서 개인은 거시수준의 환경의 영향을 지속적으로 받는데, 예를 들면 아동의 경우, 부모의 직장, 교육청, 지역사회 등이 이에 해당된다. 거시수준의 환경은 사회구성원 모두에게 공통적으로 해당되는 환경을 의미하며, 넓은 사회의 물리적, 사회적, 문화적, 경제적, 정치적 구조 등이 여기에 해당된다. 뿐만 아니라, 사회 전반의 기술수준, 사회구성원이 사용하는 언어, 주택수준, 법률의 성격, 관습의 내용, 사회의 내면에 흐르는 규칙 등도 여기에 포함된다.

(2) 생태체계 관점의 유용성

생태체계 관점은 사회복지실천에 있어서 일반적으로 적용될 수 있는 관점을 제공해 주고, 문제현상을 사정하고 평가하기 위한 이론적 준거틀을 제공해 준다. 또한 문제에 대한 총체적인 이해를 가능하게 해주며 문제사정 시 문제와 관련된 거의 모든 체계들과 접촉하여 정보를 얻어서 깊이있는 사정과 평가를 가능하게 한다. 또한 개인-환경 간의 적합성, 개인과 환경 간의 상호교류, 이러한 교류에 영향을 미치는 힘에 대한 포괄적인 실천지식을 제공해 주고 있다. 따라서 사회복지사가 클라이언트체계의 자원을 발견하며, 클라이언트체계의 역량을 강화하는 개념적 도구로서 활용될 수 있다.

생태체계 관점을 반영하여 사회복지실천에서 유용하게 사용될 수 있는 도구가 생태도(eco-map)(Hartman, 1978)이다. 이것은 동일한 삶의 공간 내에 존재하는 상호 관련되어 있는 체계들을 찾아내어 그 체계들끼리 영향을 주고받는 양상들을 그림으로 묘사하는 실천도구이다. 이 지도 속에서는 개인 또는 가족체계와 주변 관련체계들 사이에 발생하는 자원과 에너지의 유입 및 유출상황, 갈등상황, 관계상황 등이 기록된다. ❙그림 5-2❙는 하나의 생태체계 내에 함께 존재하며 상호작용하는 개인과 주변환경체계의 관계를 간략하게 보여주는 생태도이다(엄명용 외, 2008).

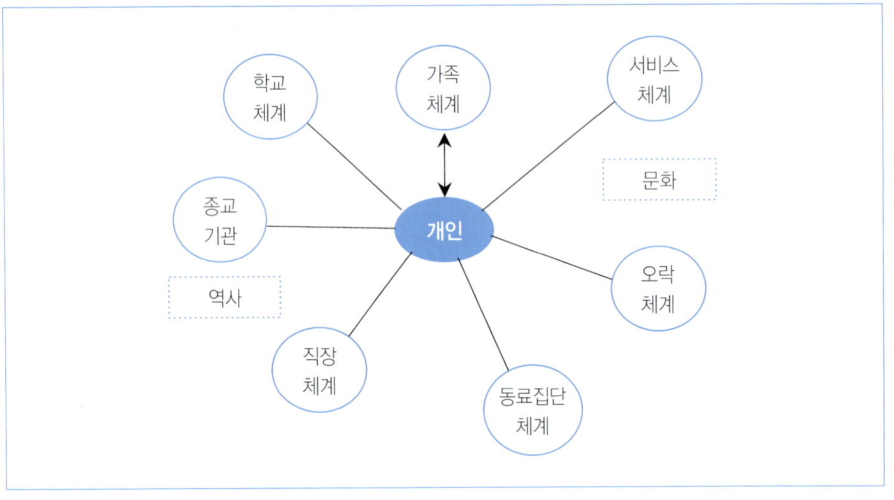

❙그림 5-2❙ **생태도**

❙그림 5-2❙의 생태도에서 생태체계 내의 모든 구성체계는 동일한 역사적·문화적 배경 가운데 존재한다. 그러한 역사적·문화적 배경 속에 개인을 중심으로 개인생활에 영향을 미치는 각종 체계들이 그려지게 된다. 대개 가족 상황은 중앙에 원으로 표시되는데 그 안에 가족구성원들을 그려넣게 된다. 개인에게 가장 큰 영향을 미치는 가족을 필두로 하여 개인 또는 가족 주변에는 각종 크기의 원들이 그려지게 되고 가족구성원 개개인 또는 가족 전체와 이들 가족 주변의 원들과의 상호작용양상이 각종 부호를 이용하여 그려진다. 생태체계 내의 구성체계들인 가족 주변의 작은 원에는 학교, 비행친구

들, 사회복지시설, 학교, 여가시설, 종교기관, 부모의 직장 등으로 표기될 수 있다.

상호작용하는 요소들 사이의 관계양상이 선으로 연결된다. 이 선들은 체계들 사이의 연결 여부와 연결의 성격을 동시에 나타낸다. 대개 직선 또는 굵은 실선으로 연결되어 있는 경우 체계들 사이의 관계가 중요하고, 강하며 긍정적임을 나타낸다. 점선으로 연결되어 있는 경우는 관계가 미미하고 약함을 나타낸다. 실선 위에 톱니 모양의 선을 추가하거나 실선 위에 작은 사선들을 평행으로 그려넣은 것은 충돌관계 또는 긴장이 많은 관계를 나타낸다. 각 선을 따라서 에너지나 정보의 이동방향을 화살표로 그려넣을 수 있다. 이러한 과정을 거쳐 완성된 생태도를 살펴보면서 사회복지사는 개인 또는 개인이 속한 가족과 주변환경 체계들 간의 상호작용, 상호 의존성, 적응성, 개인 대 환경 간의 적합도를 높이기 위해 변화되어야 할 체계 및 변화의 방향 등에 대해서 검토해 볼 수 있다.

생태체계적 관점은 일반체계이론이 체계 간의 상호 연관성과 교류작용을 매우 중요시하면서도 사회복지실천의 장이 되는 체계 간의 공유영역에 대해 충분한 설명이 없는데 비해, 체계 간의 공유영역에 대해 적응과 상호교류라는 개념으로 그 중요성을 강조하고 있다.

4) 강점관점

(1) 주요 개념

강점관점은 모든 인간은 성장하고 변화할 능력을 가지고 있고, 클라이언트는 문제를 가지고 있는 측면과 실제 해결을 할 수 있는 능력과 지식을 함께 갖고 있다는 점에서 출발한다.

강점관점은 사회복지실천의 원조과정에서 사람들의 문제와 병리보다는 그들의 자원, 강점 및 환경에 초점을 둔다. 강점관점은 사회복지사의 가치기반과 일치하며 클라이언트의 타고난 잠재력, 능력 그리고 강점을 인정한다(Cowger, 1992 : 139).

클라이언트의 강점을 지향하여 권한부여가 클라이언트의 능력을 향상시키는 실천과정을 수행하는데 본질적인 배경이 된다.

강점관점을 적용하는 것은 각 클라이언트의 다양한 자원을 강조하고 클라이언트의 강점을 활성화하여 사회복지사가 클라이언트 체계의 변화과정에 초점을 두도록 하는 것이다.

이러한 관점은 생활주기에 따른 실천과정(사정, 개입과 평가)에 유용하고 사람들의 능력, 가치, 열망, 수행능력과 자원을 강조한다.

모든 사람은 자연적인 힘을 지니고 있으므로, 사회복지사가 클라이언트의 이러한 잠재력을 지지하는 것은 그들의 긍정적인 성장을 강화할 수 있다(Weick, 1992).

강점관점에서는 인간을 잠재력과 자기실현을 지향하는 존재로 보고 있다. 따라서 사회복지사는 인간의 잠재적 자원, 강점, 창조성 같은 복합적인 잠재력을 인정하는 기반을 형성하는 역할을 주로 하게 된다(Moley et al., 1995 : 11; Thrasher & Mowbray, 1995 : 99).

강점관점은 클라이언트의 문제에 대한 관심보다는 해결점을 발견하고 강점을 강화시키는데 초점을 두며, 클라이언트를 독특한 존재로서 그 다양성을 존중하여 클라이언트의 역량을 실현해나가도록 돕는 것이다.

(2) 강점관점의 특성

강점관점의 가장 중요한 특성은

- 모든 개인, 집단, 가족 그리고 지역사회는 강점들을 가지고 있다.
- 모든 환경은 자원으로 가득 차있다는 것을 기본전제로 하고 있다.

사회복지사는 문제를 해결하기 위하여 클라이언트의 강점과 능력을 확인하도록 도와주며, 클라이언트가 새로운 기술과 자원을 획득할 수 있게 강점과 능력을 활성화하도록 한다. 이를 통해 클라이언트 자신의 욕구를 적절하게 충족하도록 원조하는 역할을 해야 한다.

강점관점에서의 실천은 사회복지사의 전문적인 도움을 통해 클라이언트가 강점을 스스로 발견해내고 이러한 점들을 변화에 반영하는 과정이다.

사회복지사가 강점관점에서 실천은 세 가지 주요 특성 ① 문제에서 도전으로, ② 병리에서 강점으로, ③ 과거에 대한 몰두에서 미래로의 지향이 있다.

① 도전을 강조

문제에 초점을 둘 때 클라이언트에게 부끄러움, 비난 그리고 죄의식을 느끼게 한다. 그리고 문제를 과다하게 강조하는 사회복지사들은 클라이언트가 문제를 극복하는 데 있어 어려움을 증가시킬 수 있다. 도전을 강조하는 것은 사회복지 실천을 새롭게 수행하는(doing) 방향으로 이끄는 새로운 사고(thinking) 방법이다.

② 강점에 초점

의료모델은 현재의 문제를 "병리"로 보고, 사회복지 "전문가"에 의한 "진단"에 의해 적합한 "치료"의 과정을 수행하는 것이다. 의료모델은 실천을 위한 준거틀을 조직화하는 데 있어서는 유용할지라도, 환경적 상황 안에서 인간의 상호작용의 상호적인 속성을 인식하는 점에서는 부족하다.

의료모델은 병리적인 정형화(stereotype)로 잠재력에 대한 비전을 차단하고 있다. 따라서 사회복지사가 강점으로 실천의 방향을 바꿀 때, 그들은 병리에 대해 초점을 두는 많은 함정에서 빠져 나올 수 있다.

③ 미래지향적

의료모델에 기초한 중재 과정은 언제, 왜, 어떻게 클라이언트체계가 나쁘게 되었는지 발견하기 위해 과거를 조사한다. 강점 지향적인 사회복지사는 현재 클라이언트가 미래에 이용할 수 있는 자원을 발견하도록 현재를 탐색하는 것에 초점을 둔다.

무엇이었는가(what was)에서 무엇을 할 수 있고 무엇이 될 것인가(what can and will be)로의 변화는 사회복지실천의 전체적인 과정에 대한 새로운 방향을 제시한다(전재일 외, 2001).

chapter | 06

사회복지실천현장

chapter

06 사회복지실천현장

제1절 사회복지실천현장에 대한 이해

1. 사회복지실천현장의 이해

사회복지실천현장에 대한 이해는 사회복지사가 사회복지서비스를 원조과정에서 인테이크와 사정 및 원조계획을 수립하는데 있어서 필수적이라고 할 수 있다. 사회복지실천현장이란 사회복지사들이 사회복지서비스를 직접 또는 간접적으로 제공하는 분야나 장소를 말한다. 그러나 사회복지실천현장은 매우 다양하기 때문에 개념을 정의하기가 용이하지 않다. 일반적으로 사회복지실천현장은 사회복지실천이 행해지는 장과 문제 및 대상집단을 모두 포괄하는 개념으로 정의되고 있다. 이와 관련하여 바틀렛(Bartlett, 1970)은 실천현장의 기준을 정의하기가 어려운 이유 중의 하나는 사회복지가 수행하는 장과 프로그램 및 사회서비스가 본질적으로 변화되는 특성을 가지고 있기 때문이라고 하였다. 즉, 새로운 사회문제의 출현으로 인해 사회복지현장이 등장되기도 하고, 어떤 현장은 새로운 현장의 등장으로 인해 통합되어지기도 하며 사라지기도 하기 때문이다.

이와 같이 다양한 사회복지현장을 카머만(Kamerma, 1998)은 사회복지사가 실천하는 범주, 개입하는 문제, 지원하는 클라이언트집단을 기준으로 분류하면서 사회복지의 가치, 지식, 기술에는 모든 사회복지실천에 적용되는 공동된 핵심토대가 존재하지만, 사회복지사들이 활동하는 영역은 너무 방대하고 다양해서 사회복지사가 특정 영역에서의 실천에 적용해야 할 가치, 지식, 기술의 형태가 있음을 언급하였다. 카머만이 제시한 사회복지실천현장은 다음과 같다.

1) 사회복지사의 실천범주

공공 혹은 민간사회복지기관, 정부 또는 비정부기관, 군사기구와 같은 특수기관

2) 사회복지사가 개입하는 사회문제

아동・청소년・노인・배우자 학대, 물질남용, 노숙자, 만성정신질환, 빈곤문제 등

3) 사회복지사가 지원하는 클라이언트집단

아동, 청소년, 가족, 노인, 인종 및 민족, 난민 등 사회복지사가 실천하는 장에 대응하여 형성・발전된 실천범주, 사회복지사가 개입하는 사회문제, 사회복지사가 지원하는 클라이언트집단을 말한다.

그러나 일반적으로 사회복지실천현장은 좁은 의미와 넓은 의미로 구분할 수 있다. 좁은 의미의 사회복지실천현장은 사회복지서비스를 직접적으로 또는 간접적으로 제공하는 장(setting)이며, 사회복지실천이 이루어지는 '구체적인 장소' 혹은 사회복지서비스를 직접 또는 간접적으로 클라이언트에게 제공하는 사회복지기관을 뜻한다. 한편 넓은 의미의 사회복지실천현장은 사회복지실천이 이루어지는 '분야(field)' 혹은 서비스의 초점이 되는 '문제' 또는 '대상집단(client)' 등을 포함하는 개념이다. 즉, 넓은 의미의 사회복지실천현장은 물리적 공간이나 장소만을 뜻하는 것이 아니라 사회복지실천이 이루어지고 있는 실천분야를 말한다. 이처럼 실천분야를 기준으로 분류하는 경우 대상별, 영역별, 장소별(setting) 등으로 구분한다. 아동, 청소년, 노인, 여성, 장애인 등으로 분류하는 것은 대상별 분류, 의료, 보건 등으로 분류하는 것은 영역별 분류, 병원, 학교 등으로 분류하는 것은 장소별(setting) 분류의 예이다.

2. 사회복지실천현장에 관한 이해의 중요성

사회복지실천현장에서는 사회복지실천의 주체들이 서로 작용하는 가운데 사회복지실천이 펼쳐진다. 사회복지실천현장은 사회복지사가 클라이언트의 문제해결을 위해 돕는 활동이 일어나고 있는 곳이다. 사회복지실천현장에 관한 이해는 사회복지사의 가장 기본적인 과업으로서 사회복지실천을 효과적으로 수행하기 위한 필수과정이라 할 수 있다. 사회복지사가 사회복지실천현장을 이해함으로써 도움을 받을 수 있는 것은 다음과 같다(채옥채, 2010).

1) 클라이언트에 관한 이해에 도움

사회복지실천현장은 매우 다양하기 때문에 이들 현장을 이용하는 클라이언트들의 유형별·개인별 특성은 서로 다르다. 사회복지사는 이렇게 서로 다른 특성을 지닌 클라이언트들에게 합당한 서비스를 제공하기 위해 먼저 클라이언트에 관한 정확한 이해가 필요한데, 이 이해는 사회복지실천현장의 이해를 통해 가능하다. 왜냐하면 클라이언트들의 유형별 특성은 역시 자신들이 처한 환경으로부터 영향을 크게 받기 때문이다.

2) 개입계획에 도움

사회복지사는 클라이언트들에게 도움을 주기 위해 개입해야 하고 이 개입을 성공적으로 진행하기 위해서는 개입계획을 철저히 세워야 한다. 이 계획을 위해 현장을 이해하는 것은 마치 건축설계사가 건물을 설계하기 전에 먼저 건물이 들어설 터를 살펴보는 것과 같다. 이 계획은 사회복지실천현장과 관련하고 있는 정보를 토대로 체계적으로 짜여야 한다. 개입을 위한 프로그램의 실천은 전적으로 현장의 환경적 요인으로부터 영향을 받기 때문이다. 예컨대 이용기관을 찾는 어르신들을 위한 프로그램을 계획한다고 할 때 먼저 사회복지사는 프로그램이 진행될 시설의 규모, 기구, 교통 따위와 같은 현장에 관한 상세한 정보를 파악하고 있어야 한다. 이런 노력을 통해 '이론과 실제가 다르지 않고 같다'는 진리를 펼쳐나갈 수 있다.

3) 현장 간 교류와 연계에 도움

사회복지사가 사회복지실천현장을 두루 알고 있으면 다른 관련현장과 교류하는 데 크게 도움이 된다. 특히 사회복지실천현장 간 연계 프로그램을 강조하는 상황에서 사회복지사가 현장을 폭넓게 이해하고 있다면 자신의 활동범위를 확대할 수 있는 장점을 지닌 것이다. 사회복지실천 관련현장으로는 사회복지 관련기관, 사회복지 관련부처 산하의 기관을 꼽을 수 있고, 종교단체와 종교기관도 반드시 포함해야 한다.

4) 삶의 현장으로서 교훈

대체로 사회복지실천현장은 삶의 장으로서 매우 열악한 곳이다. 그래서 이들 현장은 이를 접하는 사람들에게 항상 교훈적이다. 천지를 창조한 신이 공평하다는 것을 알게 하는 이치이다. 이런 교훈의 현장에서 일하는 사회복지사는 현장이 주는 의미를 순수하게 받아들이고 이를 생활의 교훈으로 삼을 수 있는 기회를 갖는다. 그러므로 사회복지사가 종종 어려운 환경에 처해있는 클라이언트들과 함께하는 것은 일이라기보다는 참다운 인간의 길을 위한 수행으로 받아들일 수도 있다. 이 같은 사실은 보호관찰당국이 사회봉사명령대상자를 공공기관에서보다 사회복지기관에서 집행하는 것이 효과가 더 높다(신완섭, 2003)는 연구결과를 통해 확인할 수 있다.

제2절 사회복지실천현장의 분류 및 유형

1. 사회복지실천현장의 분류

사회복지실천현장의 분류는 기능과 목적, 설립주체와 재원조달, 서비스제공방식, 주거서비스 여부, 이윤추구 여부, 서비스 영역으로 구분할 수 있다. 첫째, 기관의 기능 혹은 목적에 따른 분류는 1차 현장, 2차 현장으로 구분할 수 있는데, 일반적으로 기관의 주된 기능과 목적과 기능이 사회복지서비스를 제공하는 것인지를 기준으로 구분하는 것을 말한다. 이때 1차 현장은 지역사회 종합복지관 및 노인복지관 등을 말하며, 2차 현장은 학교나 병원 등 기관의 일차적 기능은 따로 있고 필요에 의해 사회복지서비스를 제공하는 현장을 말한다. 둘째, 설립주체와 재원조달 기준에 따른 분류는 공공기관과 민간으로 분류할 수 있는데, 정부지원에 의해 운영되는 기관을 공공기관, 기부금이나 후원금, 재단전입금, 기타 서비스 이용료 등을 주요 재원으로 하는 기관을 민간기관이라고 분류한다. 그러나 오늘날 대부분의 사회복지기관이 정부지원금으로 운영되고 있기 때문에 완전한 민간기관을 찾아보기가 어렵다. 셋째, 서비스 제공방식으로 구분할 때 간접서비스 또는 직접서비스 기관으로 구분할 수 있다. 사회복지서비스 전달체계를 효율적으로 운영하기 위해 행정업무를 주로 수행하고 기관 간 연계 및 협의 업무를 담당하는 행정기관(보건복지부 등)과 클라이언트에게 직접서비스를 제공하는 것을 목적으로 하는 서비스 기관으로 분류할 수 있다. 넷째, 주거서비스 제공 여부 기준으로 분류할 때 생활시설, 이용시설로 분류할 수 있다. 생활시설은 주거서비스를 포함한 사회복지서비스를 제공하는 기관을 말한다. 이용시설은 자신의 집에서 거주하는 클라이언트를 대상으로 사회복지서비스를 제공하는 기관을 말하며, 주거서비스는 제공하지 않는다. 이외에도 영리추구 여부에 따라 영리기관, 비영리기관으로 구분할 수 있다.

〈표 6-1〉 사회복지실천현장의 분류

분류기준	기능 / 목적	설립주체 / 재원조달	서비스 제공방식	주거서비스	이윤추구
유 형	• 1차현장 • 2차현장	• 공공기관 • 민간기관	• 서비스기관 • 행정기관	• 생활시설 • 이용시설	• 영리기관 • 비영리기관

2. 사회복지실천현장의 유형

사회복지영역이 점차 확대되면서 사회복지사가 활동하는 분야나 기관의 성격이 매우 다양해지고 있고, 이에 걸맞게 사회복지사의 역할에 대한 사회적 인식도 점차 변화되고 있다. 대부분의 사회복지사가 전문직으로 인정되는 현장에서 일하고 있지만 모든 사회복지사가 그렇다고는 할 수 없다. 아직도 일부 실천현장에서는 전문성을 인정받지 못하고 있다.

우리나라는 사회복지사업법 제2조에서 국민기초생활보장법을 포함한 14개 개별법에 의한 보호·선도 또는 복지에 관한 사업과 사회복지상담·부랑인보호·직업보도·무료숙박·지역사회복지·의료복지·재가복지·사회복지관 운영·정신질환자 및 나완치자 사회복귀에 관한 사업을 '사회복지사업'이라고 정의하고 있으며, 또한 사회복지사업을 행할 목적으로 설치된 시설을 '사회복지시설'이라 하고, 국민기초생활보장법에 의한 시설을 '보장시설'이라고 정의하고 있다.

여기에서 국민기초생활보장법의 보장기관 등을 제외한 대부분의 보장시설이 사회복지법인 또는 비영리법인에게 위탁·운영되고 있다. 이러한 현실적인 상황을 고려해서 실천현장은 공공사회복지영역의 보장기관, 민간사회복지영역의 사회복지실천현장 및 관련 사회복지실천현장으로 구분할 수 있다.

1) 공공사회복지영역의 보장기관

① 사회복지사업법 및 국민기초생활보장법에 의해 시·도, 시·군·구, 읍·면·동 또는 복지사무전담기구에서 수급권자·수급자 등에 대한 조사와 수급자 결정 및 급여의 실시 등 국민기초생활보장법에 의한 보장업

무 및 사회복지사업에 관한 업무를 수행하고 있다.

② 사회복지실천은 아동복지법, 노인복지법, 장애인복지법, 한부모가족지원법, 영유아보육법, 성매매방지 및 피해자보호 등에 관한 법률 등 각 개별법에 의한 사회복지서비스를 필요로 하는 사람 및 보장시설을 대상으로 조사, 상담, 정보제공, 의뢰, 시설관리·지원 등의 업무를 수행한다.

2) 민간사회복지영역의 사회복지실천현장

(1) 생활시설

생활시설은 아동·노인·장애인·한부모가정·부랑인 등에게 의식주 등 제반 사회복지서비스를 24시간 제공하는 실천현장을 말한다.

① **아동양육시설** : 보호를 필요로 하는 아동을 입소시켜 보호, 양육하는 것을 목적으로 하는 시설

② **아동보호치료시설** : 불량행위를 하거나 불량행위를 할 우려가 있는 아동으로서 보호자가 없거나, 친권자나 후견인이 입소를 신청한 아동. 가정법원, 지방법원 소년부지원에서 보호위탁된 아동을 입소시켜 그들을 선도하여 건전한 사회인으로 육성하는 것을 목적으로 하는 시설

③ **아동직업보도시설** : 아동복지시설에 입소되어 있는 만 15세 이상의 아동과 생활이 어려운 가정의 아동에 대하여 자활에 필요한 지식과 기능을 습득시키는 것을 목적으로 하는 시설

④ **노인주거복지시설** : 양로시설, 실비양로시설, 유료노인양로시설에 노인을 입소시켜 주거편의·생활지도·상담·안전관리 등 일상생활에 필요한 서비스 제공을 목적으로 하는 시설

⑤ **노인의료복지시설** : 노인요양시설, 노인요양공동생활가정, 노인전문병원에 노인 또는 치매·중풍 등 노인성 질환으로 심신에 상당한 장애가 있어 도움을 필요로 하는 노인을 입소시켜 급식·요양 기타 일상생활에 필요한 편의를 제공함을 목적으로 하는 시설

⑥ **장애인생활시설** : 장애인이 필요한 기간 동안 생활하면서 재활에 필요한 상담·치료·훈련 등의 서비스를 받아 사회복귀를 준비하거나 장애로 인하여 장기간 요양하는 시설이며, 구체적으로 장애유형별 생활시설, 중증장애인요양시설, 장애영유아생활시설이 포함된다.

⑦ **모부자보호시설** : 생활이 어려운 모자가정을 일시 또는 일정 기간 수용하여 생계를 보호하고 퇴소 후에 자립기반을 조성하도록 지원하는 것을 목적으로 하는 시설

⑧ **모부자자립시설** : 자립이 어려운 모자가정에 대하여 일정 기간 주택편의만을 제공함을 목적으로 하는 시설

⑨ **선도보호시설** : 소년부판사가 윤락행위를 한 20세 미만의 자에게 내린 보호처분에 의하여 위탁된 자를 대상으로 선도보호를 행하는 시설과 여성복지상담원의 상담에 의한 선도보호조치에 의하여 입소한 자를 대상으로 선도보호를 행하는 시설

⑩ **정신요양시설** : 정신의료기관에서 의뢰된 정신질환자와 만성정신질환자를 입소시켜 요양과 사회복귀촉진을 위한 훈련을 행하는 시설

⑪ **부랑인복지시설** : 부랑인의 보호 및 재활을 목적으로 설치된 사회복지시설

(2) 이용시설

이용시설은 재가 또는 생활시설 생활인 또는 지역주민들을 통원하게 하여 사회복지서비스를 제공하는 실천장면으로 설치목적에 따라 다음과 같은 사회복지시설들이 있다.

① **아동·모자가정·여성복지·가정폭력·성폭력피해상담소** : 아동과 그 가족의 문제, 모자가정, 여성, 가정폭력 및 성폭력 피해 등에 관한 상담, 치료, 예방 및 연구 등을 목적으로 하는 시설

② **아동전용시설** : 어린이공원, 어린이놀이터, 아동회관, 체육, 연극, 영화, 과학실험전시시설, 아동휴게숙박시설, 야영장 등, 아동에게 건전한 놀이·오락 기타 각종 편의를 제공하여 심신의 건강유지와 복지증진에 필요한 서비스를 제공하는 것을 목적으로 하는 시설

③ 아동복지관 : 지역사회아동의 건전육성을 위하여 심신의 건강유지와 복지증진에 필요한 서비스를 제공하는 것을 목적으로 하는 시설

④ 아동보호전문기관 : 학대아동의 발견, 보호, 치료에 대한 신속한 처리 및 아동학대예방을 전담하는 시설

⑤ 노인여가복지시설 : 노인복지회관, 경로당, 노인교실, 노인휴양소, 노인전문병원에서 무료 또는 저렴한 요금으로 노인에 대하여 각종 상담에 응하고, 건강의 증진·교양·오락·사회활동·자원봉사 등의 노인복지 증진에 필요한 편의를 제공함을 목적으로 하는 시설

⑥ 여성복지관 : 지역여성의 능력개발 기회제공과 기술·기능교육으로 경제적 자립기반을 조성하고, 여성의 사회참여 기회를 확대하여 지역여성의 복지증진과 건전 가정육성, 지역사회복지를 위한 편의를 종합적으로 제공하는 것을 목적으로 하는 시설

⑦ 보육시설 : 국·공립보육시설, 민간보육시설, 직장보육시설 및 가정보육시설에서 보호자가 근로 또는 질병 등의 사정으로 영유아를 보육하는 시설

⑧ 장애인복지관 : 장애인에 대한 각종 상담 및 사회심리재활시설·교육·직업·의료재활 등 장애인의 지역사회생활에 필요한 종합적인 재활서비스를 제공하고 장애에 대한 사회적 인식개선사업을 수행하는 시설

⑨ 정신의료기관 : 의료법에 의한 정신병원·정신과의원 및 병원급 이상의 의료기관에 설치된 정신과 및 보건소에서 정신질환의 예방, 정신질환자의 발견, 상담·진료 및 사회복귀훈련 등 지역사회정신보건사업의 수행을 위한 시설

⑩ 입양기관 : 보호자가 없거나 보호자로부터 이탈된 아동, 또는 보호자가 아동을 학대하는 경우 등 그 보호자가 아동을 양육하기에 부적당하거나 양육할 능력이 없는 경우의 아동에게 건전하게 양육될 수 있는 다른 가정을 제공하기 위하여 필요한 조치와 지원을 하기 위해 설치된 시설

⑪ 사회복지관 : 지역사회 내에서 일정한 시설과 전문인력을 갖추고 지역사회의 인적·물적 자원을 동원하여 지역사회 문제를 해결하고 주민의 복

지욕구를 충족시키기 위한 종합적인 사회복지사업을 수행하는 사회복지시설

⑫ **보호관찰소** : 보호관찰, 사회봉사·수강명령, 갱생보호 및 범죄예방활동 등에 관한 사무를 관장하기 위하여 법무부장관 소속하에 두며, 보호관찰사로서의 업무를 수행한다.

⑬ **건강가정지원센터** : 건강가정기본법에 따라 가족정책의 전달체계로서 정부의 가족정책 추진 방향에 부응하여 건강가정사업을 실시하는 기관이다. 가정문제 예방, 상담 및 치료, 건강가정 유지를 위한 프로그램개발 등을 제공한다.

(3) 중간시설

중간시설은 생활시설·병원·교도소에서 가정이나 사회로 복귀하기까지 이용하는 중간의 시설 또는 의료·재활과 복지가 통합된 시설로 설치목적에 따라 다음과 같은 사회복지시설들이 있다.

① **일시보호시설** : 보호를 필요로 하는 아동·가정폭력·성폭력 피해자를 일시보호, 신체적·정신적 안정회복과 가정·사회복귀 원조 등을 위해 설치된 시설

② **자립지원시설** : 아동복지시설에서 퇴소한 자에게 취업준비기간 또는 취업 후 일정 기간 보호함으로써 자립을 지원하는 것을 목적으로 하는 시설

③ **아동단기보호시설** : 일반가정에 아동을 보호하기 곤란한 일시적 사정이 있는 경우, 아동을 단기간 보호하며, 가정복지에 필요한 지원조치를 하는 것을 목적으로 하는 시설

④ **재가노인복지시설** : 재가노인복지센터, 주간보호시설 및 단기보호시설에서 신체적·정신적 장애로 일상생활을 영위하기 곤란한 노인이 있는 가정에 요양보호사를 파견하거나, 부득이한 사유로 가족의 보호를 받을 수 없는 심신이 허약한 노인과 장애노인을 낮 동안 또는 단기간 시설에 입소시켜 필요한 보호 및 각종 편의를 제공하여 노인 및 노인가정의 복지증진을 도모하기 위한 시설

⑤ **장애인재활시설** : 장애인에게 전문적인 상담・치료・훈련 등을 제공하거나 여가 및 사회참여 활동 등에 필요한 편의를 제공하기 위한 것으로 장애인의료재활시설, 장애인주간보호시설, 장애인단기보호시설, 장애인 공동생활가정 등과 직업재활을 위한 장애인작업활동시설, 장애인보호작업시설, 장애인근로작업시설, 장애인직업훈련시설 및 장애인 생산품판매시설이 이에 포함된다

⑥ **미혼모시설** : 미혼여성이 임신을 하였거나 출산을 하였을 경우 안전하게 분만하게 하고 심신의 건강을 회복할 때까지 일정 기간 보호함을 목적으로 하는 시설

⑦ **자립자활시설** : 윤락행위 등 방지법에 의한 요보호자 또는 선도보호시설에서 퇴소한 자 중 사회적응이 곤란하거나 거주할 곳이 없는 자로서 본인이 희망하는 경우 6개월의 범위 내에서 숙식・직업알선 등을 제공하여 사회적응을 용이하게 하는 시설

⑧ **정신장애인 사회복귀시설** : 정신장애인을 정신의료기관에 입원시키거나 정신요양시설에 입소시키지 아니하고 사회복귀촉진을 위한 훈련을 행하는 시설이며, 생활훈련, 작업훈련시설 등이 이에 포함된다.

(4) 지원시설

지원시설은 생활시설, 이용시설 또는 중간시설 본래의 설립목적을 보다 원활하게 수행하도록 지원하는 사회복지기관・법인, 중간단체 및 직능단체로 다음과 같은 사회복지시설들이 있다.

① **지역자활센터** : 국민기초생활보장법에 의해 수급권자 및 이와 생활수준이 유사한 자를 대상으로 자활의욕 고취를 위한 교육, 자활을 위한 정보제공・상담・직업교육 및 취업알선, 생업자금의 융자알선, 자영창업 지원 및 기술・경영지도, 자활공동체의 설립・운영지원 및 기타 자활을 위한 각종 사업을 전개하기 위한 목적으로 하는 시설

② 장애인지역사회재활시설 중에서 수화통역센터, 점자도서관, 점서 및 녹음서 출판시설 등

③ **사회복지공동모금회** : 사회복지공동모금사업, 공동모금재원의 배분, 공동모금재원의 운용 및 관리, 조사・연구・홍보 및 교육훈련, 지회 운영, 국제교류 및 협력증진사업, 다른 기부금품 모집자와의 협력사업 등을 목적으로 설치된 시설

④ **사회복지협의회** : 사회복지에 관한 조사・연구 및 정책건의, 사회복지에 관한 교육훈련, 사회복지에 관한 자료수집 및 간행물 발간, 사회복지에 관한 계몽 및 홍보, 자원봉사활동의 진흥, 사회복지사업에 종사하는 자의 교육훈련과 복지증진, 사회복지에 관한 학술도입과 국제 사회복지단체와의 교류 등의 사업을 수행하는 시설

⑤ **직능단체** : 자활후견기관협회 등의 각 시설협회, 사회복지사협회, 장애인재활협회 등

3) 관련 사회복지실천현장

청소년기본법에 의한 청소년수련시설, 청소년상담원, 자원봉사센터 등의 관련기관, 고령자고용촉진법에 의한 고령자인재은행, 장애인고용촉진 및 직업재활법에 의한 한국장애인고용촉진공단, 산업재해보상보험법에 의한 근로복지공단 등이 있다.

제3절 사회복지사의 역할과 실천현장의 과제

1. 사회복지실천현장과 사회복지사

사회복지실천장면은 공공사회복지, 민간사회복지 그리고 관련현장의 영역으로 구분된다. 민간사회복지부문의 영역은 생활시설, 이용자시설, 중간시설, 지원시설로 구분되며, 이는 다시 대상과 기능별로 여러 실천현장으로 구체화된다.

사회복지사는 생활시설에서 상담원, 생활지도원, 직업훈련교사, 사회복지사, 정신보건사회복지사, 보육교사 등의 역할을 중심으로 사회복지시설의 설치목적에 따라 업무를 수행한다.

사회복지사는 사회복지실천수준에 따라 개인수준에서 클라이언트를 돕는 개별사회사업가, 집단수준에서 집단을 이용하여 개인을 돕는 집단사회사업가, 가족수준에서 일하는 가족치료사, 지역사회 수준에서 일하는 지역사회조직가로 불려진다.

사회복지실천의 현장에 따라 학교에서 학생들의 문제를 다루는 학교사회복지사, 병원 또는 의료기관에서 환자들을 위해 일하는 의료사회복지사와 특히 정신질환자의 사회복귀를 위하여 일하는 정신보건사회복지사, 비행청소년들을 위해 일하는 교정사회복지사, 군조직에서 군인들의 부적응적·신경증적 증상을 다루는 군사회복지사 등으로 불리워지고 있다.

그리고 공공사회복지부문의 영역은 국민기초생활보장을 위해 일하는 사회복지전담공무원, 아동복지에 관한 사항을 상담·지도하는 아동복지지도원, 노인의 복지를 담당하는 노인복지상담원, 장애인의 복지증진을 위한 상담 및 지원업무를 담당하는 장애인복지상담원, 요보호여성의 상담을 통해 선도하는 여성복지상담원 등이 있다. 그러나 이러한 다양한 명칭으로 사용되는 사회복지영역에서 실천하는 전문가들은 사회복지사로 통칭된다.

사회복지실천가인 사회복지사는 다양한 수준에 있는 체계들과 함께 다양한 활동을 한다. 이를테면 사회복지사는 직접적으로 개인 및 가족에 개입하여 교육과 상담을 하고, 필요한 지역사회의 자원(미시적 수준에서의 역할과 관련된 활동들)을 연결한다. 또한 사회복지사는 사회복지서비스 전달에 관한 이슈를 제기하기 위하여 다른 전문가와 함께 중간수준의 중재를 하거나, 거시적 수준에서 포괄적인 지역사회교육을 기획, 개발하는 등의 역할을 하게 된다(Payne, 1991).

1) 기능에 따른 사회복지사의 역할

사회복지사가 담당하는 기능, 즉 수행하는 일과 기능에 따라서 직접서비스 제공자의 역할, 체계와 연결하기, 체계유지 및 강화하기, 연구 및 조사하기, 체계개발하기 등의 기능으로 분류할 수 있다(Lister, 1987). 그 내용을 구체적으로 살펴보면 다음과 같다.

첫째, 직접서비스 제공자의 역할로는 상담자, 정보제공자, 교육자의 역할이다. 둘째, 체계와 연결하기의 역할로는 중개자(클라이언트를 자원이나 서비스에 연결), 사례관리자(클라이언트를 다른 체계에 의뢰할 때 클라이언트의 욕구사정, 서비스 전달 조정, 서비스 제공), 중재자, 클라이언트 옹호자(클라이언트를 대신하여 자원과 서비스 획득, 대변자의 역할수행)의 역할이다. 셋째, 체계유지 및 강화하기의 역할로는 조직분석자, 촉진자, 팀성원, 자문가의 역할을 수행하는 것을 말한다. 넷째, 연구자 및 조사자의 역할, 다섯째, 프로그램개발자, 기획가, 정책과 절차개발자의 역할을 수행하는 체계개발하기의 역할이다.

2) 개입수준에 따른 사회복지사의 역할

마일리(Miley)는 미시차원, 중간차원, 거시차원, 전문가 집단차원의 개입수준에 따른 사회복지사의 역할로 분류하였다. 첫째, 미시차원 : 조력자, 중개자, 옹호자, 교사이다. 이 차원에서는 개별 클라이언트 차원에서 문제해결과정에 참여하여 클라이언트가 문제해결능력을 기르고 서비스나 자원을 확보할 수 있도록 돕는 역할을 한다. 둘째, 중간차원 : 이 차원에서는 촉진자, 중재자이다. 훈련가 기관 내부 상호작용이나 기관 사이의 연결망, 조직차원에서 전문성을 개발하기 위해 교육을 담당한다. 셋째, 거시차원 : 계획가, 행동가, 현장개입가이다. 이 차원에서는 지역사회문제를 해결하고 사회불평등을 줄여나가기 위한 정책수립과 프로그램 개발, 사회변화를 위한 연대활동, 홍보, 교육활동 등을 한다. 넷째, 전문가집단 차원 : 동료, 촉매자, 연구자/학자이다. 이 차원에서는 이론적, 실천적으로 전문직을 발전시키고 서비스를 개선하기 위해 활동한다.

3) 사회복지실천현장별 전문인력

우리나라 사회복지현장에서 다양한 실천현장별 전문인력이 활동하고 있다. 일반적으로 실천현장에서 전문인력으로 간주하는 영역을 대표적으로 소개하면 다음과 같다.

(1) 사회복지전담공무원

1987년부터 채용, 공공부조업무(국민기초), 아동복지법에 따른 아동업무, 노인복지법에 따른 노인업무, 장애인복지법에 따른 장애인복지업무, 한부모가족지원법에 따른 한부모가족복지업무 등을 담당하고 있다.

(2) 정신보건사회복지사

1997년 '정신보건법'에 따라 정신장애인에 대한 접근이 기존의 장기입원중심에서 지역사회중심의 조기발견, 치료, 재활로 정책방향이 전환되면서 정신보건사업으로 전환. 정신보건법 제7조에 의한 정신보건전문요원(정신보건임상심리사, 정신보건간호사, 정신보건사회복지사)제도 도입, 보건소에 정신보건전문요원을 둘 수 있도록 하였다.

(3) 의료사회복지사

의료법 시행에 따라 사회복지사의 법적 근거가 병원의 사회복지사 사회사업료이다. 주된 활동은 환자와 관련한 임상업무와 지역사회와 연계하는 활동이다.

2. 실천현장의 과제

1) 개발해야 할 사회복지실천현장

오늘날의 사회복지실천장면의 범위 및 대상은 광범위하고 다양하고 계속적으로 확장되고 있는 상태이다. 예를 들면, 다문화, 군사회복지 등이다. 또한 사회복지를 주요한 전문직으로 활동하는 실천장면뿐만 아니라 부가적으로 역할을 수행하는 실천장면도 포함되어야 할 것이다.

사회복지실천 대상은 인간의 문제가 사회적인 요구로 제기되어짐에 따라 제도화되거나 새로운 사회복지실천장면으로 개발된다고 할 수 있기 때문에, 사회복지사가 앞으로 관심을 두고 개발해야 할 장면은 보호관찰 및 갱생보호사업을 위한 교정사회복지, 산업체종사자를 위한 산업사회복지, 학교사회복지, 군사회복지, 경찰사회복지 등이라고 할 수 있다.

이러한 새로운 사회복지실천장면에서 사회복지사는 전문화된 기능을 수행함과 아울러 집합적인 욕구를 염두에 둔 활동이 요구된다. 더욱이 개인과 가족에게 보다 나은 서비스를 제공하기 위해 사회복지정책과 사회복지운동을 위한 광범위한 문제에 이르기까지 사회복지실천을 확대하여 개인을 사회적으로 통합하여야 한다(Romanyshyn, 1971 : 55~56).

2) 사회복지기관의 기능과 역할변화

(1) 사회복지기관의 기능과 역할변화

사회복지사는 각각의 사회복지실천기관에서 고유업무를 보다 충실하게 수행하기 위해서는 생활시설, 여가시설, 중간시설, 지원시설 및 개발시설에서의 기능과 역할을 수행해야 한다.

사회복지실천기관은 ① 이용자중심에서의 종합적인 지역복지실현, ② 풍요로운 생활창조를 위한 여가생활지원, ③ 재가·주간·단기보호를 위한 중간시설 기능 강화, ④ 이차적 지원기관으로서의 역할 확립, ⑤ 직원과 조직 및 이용자 개발을 통한 전문적·생산적 복지지향을 목표로 운영되어야 한다(조운희, 2000b : 54-55)는 점이 중요하다.

사회복지시설이 이러한 운영목표에 의한 기능과 역할을 수행해야 하는 이유는 최근 생활시설과 이용시설의 구분 없이 복합적으로 운영되고 있을 뿐만 아니라 철저한 이용자의 욕구에 기초한 사회복지실천기관의 운영은 향후 나아가야 할 방향이기 때문이다.

최근의 사회복지서비스는 이용자(소비자) 중심의 욕구에 기초한 사회복지서비스가 요구되고 있다. 따라서 사회복지기관의 기능은 서비스 질관리 기능이 보다 강화되어야 한다.

(2) 사회복지사의 역할 변화

사회복지사는 아동복지지도원, 노인복지상담원, 모자복지상담원, 장애인복지상담원, 보육지도원, 보호관찰사, 민간기관에서는 상담원, 생활지도원, 직업훈련교사, 보호관찰사, 정신보건사회복지사, 의료사회복지사, 보육교사 등의 활동을 하고 있다.

이들의 활동은 사회복지행정에서부터 상담, 사례관리 및 프로그램개발, 자원개발, 교육 및 훈련, 슈퍼바이저, 취업알선 등 다양한 역할을 수행하고 있다.

해외사업, 다문화사업, 북한관련사업 등 사회복지현장의 변화에 따라 사회복지사의 역할은 변화될 수밖에 없다. 사회복지현장의 개발과 발전을 이끌어낼 인적자원으로서의 이들의 역할에 대한 기대는 점점더 높아지고 있다.

(3) 서비스 질 관리와 책임성 확보

사회복지조직이 내·외적인 정보를 활용해서 변화하는 환경에 적응하지 못하거나 이를 극복하지 못하는 사회복지시설은 비효과적일 수도 있고 생존에 위협을 받게 된다(Boehm, 1996 : 61).

최근 시장경제를 지향하는 사회복지실천현장의 변화에 따라, 마케팅 접근방법, 전략적인 계획 및 종합적인 서비스 질 관리를 강화해야 한다. 오늘날 사회복지기관 및 사회복지사는, 다양성, 시장성 확보가 기관의 생존을 위해 필수적으로 요구되는 현실이다. 그러나 사회복지의 본질적인 기반인 인간성, 책임성을 기반으로 하는 서비스 제공이 이루어져야 할 것이다. 그리고 기관 내적 측면에서 전략적인 기획 강화, 하드웨어 정비, 탄력적인 조직화, 직원개발, 관리자의 지도·감독 기능강화, 미학적 요소를 포함한 시설관리, 지역 특성을 반영한 서비스/ 프로그램 개발운영, 사회복지의 마케팅 전략 모색, 사례관리 강화, 프로그램 평가능력 배양 등이 요구된다고 하겠다.

이를 위해서 사회복지기관 및 사회복지사는 자기개발과 사례·프로그램·운영평가 결과에 의한 환류체제를 바탕으로 전략적인 계획을 펼쳐나가야 하며, 이를 실제적으로 적용할 수 있는 실천력 또한 갖추어야 할 것이다.

chapter 07

사회복지실천의 관계

chapter | 07

사회복지실천의 관계

1. 관계의 개념

사회복지실천에서의 관계는 사회복지사와 클라이언트 사이의 태도와 감정의 역동적인 상호작용이며, 관계는 클라이언트가 자신과 환경 사이에서 더 나은 조정을 할 수 있는 능력을 얻도록 도와주는 것이기 때문에 기본적으로 사회복지사와 클라이언트의 관계는 매우 중요하다. 이는 클라이언트와 사회복지사 간에 혹은 사회자원들과의 교류를 가능하게 하는 연결통로로써 클라이언트와 그를 둘러싸고 있는 환경과의 사이에서 보다 나은 적응을 가져오노록 개인의 능력과 지역사회자원을 적절히 동원하고 활용할 수 있도록 돕는 관계, 즉 원조관계를 의미한다(Biestek, 1957). 이 통로를 통해서 개인의 능력과 사회자원이 동원되고 또한 이를 통해서 면접, 조사, 사정 그리고 전문적인 개입 등이 교류되는 것이다. 이 밖에도 관계란 연결매체, 상호간의 과정, 상호간의 정서와 태도의 교환, 역동성, 상호작용 등의 개념을 포함한다. 따라서 사회복지실천에서의 관계는 사회복지사와 클라이언트 간의 태도와 감정의 역동적인 상호작용이며, 클라이언트로 하여금 환경과 보다 나은 적응을 이루게 하는 목적을 가지고 있다.

사회복지사와 클라이언트 간의 관계는 전문적 관계이며 일반적인 대인관계와는 다음과 같은 이유로 구별된다(Johnson, 1995, 이영분 외, 2001 재인용).

첫째, 전문적 관계는 서로 합의된 의식적인 목적이 있다. 클라이언트의 보다 나은 적응과 문제해결을 위한 원조목적이 그것이다.

둘째, 전문적 관계는 한정된 시간 내에서 이루어지는 관계이다. 목적이 달성되었거나 목적이 달성될 수 없다고 생각될 때에는 종결된다.

셋째, 전문적 관계는 클라이언트의 욕구중심적이다. 대인관계는 상호이익을 위해 인간관계가 이루어지지만 전문적 관계에서 사회복지사는 자신의 이익보다는 클라이언트의 이익을 위해 헌신한다.

넷째, 전문적 관계는 현재 진행 중인 사례에 객관성을 유지하고 자기 자신의 감정, 반응, 충동을 자각하고 책임진다는 의미에서 통제된 관계이다.

이처럼 사회복지실천의 관계는 일반적인 대인관계와는 구별되며, 클라이언트의 적응과 문제해결을 위한 목적에서 이루어지는 전문적인 관계이다. 이러한 목적을 원활하게 수행하기 위해서는 사회복지사와 클라이언트 간의 좋은 관계형성이 필수적이며 다음 사항에 유의해야 한다(이윤로, 2006).

첫째, 클라이언트에 대하여 긍정적이고 확신있는 태도를 유지한다.

둘째, 클라이언트가 자신의 관심사와 가능성을 분명히 이야기하도록 적극적인 경청을 한다.

셋째, 클라이언트에게 친숙한 환경(예를 들면, 가정, 공원, 커피숍 등)에서 미팅을 갖는다.

넷째, 클라이언트의 행동이나 대인관계활동에 대해 솔직하게 이야기한다.

다섯째, 비심판적 태도를 유지한다.

여섯째, 클라이언트를 돕겠다는 의지를 표현한다.

일곱째, 클라이언트가 희망하는 목표에 따라 행동계획을 수행한다.

2. 사회복지실천 관계의 원리

비에스텍(Biestek, 1957)은 사회복지실천에서 사회복지사와 클라이언트의 관계의 중요성을 강조하고 원조관계의 기본 원리를 다음과 같이 제시하였다.

1) 개별화의 원리

사회복지실천에 있어서 개별화의 원리는 인간 누구나 개별적인 특징을 가지고 있는 독특한 개인으로 취급되어져야 할 인간의 권리에 기초를 두고 있다. 개별화(Individualization)는 개인의 권리이며 욕구이다. 모든 인간(person), 즉 각각의 사람들은 각자 타고난 유전적인 요소, 개인적인 환경, 개인의 내면적인 특성과 지적인 능력, 개인의 의지적인 활동 등에 의해서 개별화되는 것이며, 사람들은 각기 다른 생활의 경험과 다른 내·외적인 동기를 가지고 있다. 클라이언트 각 개인의 감정과 기억은 개별적인 방식으로 각자의 사고, 감정, 행동에 영향을 주는 것이다. 각자의 성격은 다른 모든 개인의 성격과는 다른 방식으로 그 자체의 힘을 통합하고 방향을 지향할 수 있는 것이다. 또한 개별화 원리의 철저한 적용은 사회복지사가 주의깊게 탐색하고, 확인하고, 결과에 대해 환류하고, 예외적인 사실에 민감하고 신중하게 그리고 개별적으로 대처할 때 가능한 것이다.

사회복지실천에서 클라이언트의 개별성을 존중하는 것은 클라이언트와 사회복지사 간에 긍정적인 관계를 수립하고 유지하는 데 도움이 되고, 클라이언트의 개별성을 존중하는 태도와 행동은 클라이언트의 자존심을 지원하고 강화시킨다. 사회복지사가 클라이언트를 대하는데 있어 클라이언트를 하나의 보편적인 인간존재로서가 아니라 자신의 개인적인 독특한 차이점을 지니고 있는 인간으로 보는 것이다(Biestek, 1957). 사회복지실천에서 클라이언트에게 보편적인 개입방법을 적용하는 경우가 종종 있으나, 이는 잘못된 것이다. 각 클라이언트에 대한 조사, 사정, 개입이 이루어질 때, 클라이언트 개개인의 문제가 개별적으로 사정되고, 개입목표와 개입전략도 역시 개별적으로 결정되어야 할 것이다. 또한 개입전략에 기초한 개입은 개인을 중심으로 특수한 상황을 둘러싸고 있는 특수한 환경에 기초하여 이루어져야 할 것이다.

클라이언트를 개별화하기 위해 필요한 개별화의 수단을 활용한다. 개별화의 수단은 다음과 같이 제시될 수 있다.

① 클라이언트에 대한 세심한 배려를 들 수 있다. 세심한 배려란 사회복지사가 클라이언트에게 개별적으로 집중적인 서비스를 제공할 수 있는 기회를 제공하는 수단으로 중요하다. 예를 들면, 면접시간을 정하는데 있어서 클라이언트의 상황에 맞춰 적절한 시간에 약속하는 것, 면접장소를 정하는 일에 있어서 사적인 보호(privacy)가 가능하도록 배려하는 일

등이 클라이언트가 개별적으로 존중되고 있으며 자신의 비밀이 보장되고 있다고 하는 느낌을 주기 위한 수단으로써 중요하다.

② 면접장소의 내밀성이다. 면접장소는 클라이언트에게 비밀이 보장되고 있다는 느낌을 주어야 하며, 사회복지사가 클라이언트에게 관심을 집중하고 클라이언트를 위한 기회를 제공하는 수단으로써 중요하다. 그러므로 면접장소는 클라이언트에게 안정감과 신뢰를 줄 수 있는 분위기로 만들어야 한다.

③ 클라이언트와 면접시간을 정할 때 약속을 지키는 것이다. 이때, 면접시간은 오직 클라이언트를 위해서만 있다는 것을 암시해 주고, 그가 한 개인으로 존중받고 있다는 것, 때로 약속시간을 지키는 일에 문제가 발생하게 되는 경우, 취해야 할 조치 그리고 클라이언트에게 사무적인 수속절차와 실천의 진행과정을 설명해 주는 것이 한 개인으로서의 클라이언트에 대한 사회복지사의 관심을 강조하는 데 도움이 된다.

④ 면접을 위한 사전준비도 개별화의 수단이다. 클라이언트를 개별화하기 위해 중요시해야 할 준비사항 가운데 하나는 클라이언트의 사례기록을 재검토하는 일이다. 개별 클라이언트에 대한 세심한 기록검토를 통해 클라이언트를 새롭게 접할 수 있고 다음 면접에 대한 특정한 목적을 설정할 수 있다. 이러한 사전준비는 사회복지사가 클라이언트에게 보다 효과적으로 관심을 집중시킬 수 있게 한다.

• 개별화를 위한 사회복지사의 역할(김만두, 1992)

첫째, 사회복지사는 인간에 대한 편견이나 선입관으로부터 자유로워야 한다. 편견이나 선입관이란 고정관념 등에 영향을 받아 클라이언트를 정확하게 판단하지 못함을 뜻한다. 때때로 사회복지사는 제한된 정보를 기초로 하여 한 클라이언트를 특정 집단에 귀속시키고, 일반적으로 그 집단구성원들에게 속한 태도, 감정, 행동을 클라이언트의 것으로 생각해버리는 경우가 있다. 이러한 방식으로 클라이언트를 대할 때, 사회복지사는 클라이언트를 있는 그대로 이해하고 개별성을 인정하고 받아들이기보다는 정형화된 시각으로 보게 된다. 정형화는 사회복지사로 하여금 클라이언트의 고유성과 개별성을 간과하게 만들어 획일적인 접근을 하게 할 위험이 높다.

또한 사회복지사는 클라이언트와의 관계에 중대한 영향을 미칠지도 모르는 사회복지사 자신이 가지고 있던 태도를 투입하는 경우가 있는데, 사회복지사의 경험에 의한 판단은 클라이언트의 상황과 문제에 대해 중대한 오해를 가져올 수 있다. 예를 들면, 사회복지사가 알코올중독자나 동성애자들의 비도덕적, 비윤리적 사례를 경험함으로 인해 모든 알코올중독자나 동성애자에게도 같은 시각으로 대하는 경우가 있다. 이때 클라이언트에 대한 개별적인 접근이 제대로 이루어지기가 어렵게 된다.

둘째, 인간행동과 발달에 관한 전문지식이 필요하다. 이는 사회복지사가 클라이언트에 관한 중요한 사실을 파악하고 정확한 실태를 발견하여 개별화를 가능하게 할 수 있도록 안내역할을 수행하게 되는 것이다. 인간행동에 대한 지식은 내재 개인을 이해하고 원조하기 위한 분석틀(framework)을 마련하는 데 필요한 것이다. 예를 들면, 클라이언트가 아동인 경우, 아동을 이해하기 위해서는 아동발달과 심리에 관한 지식이 필요하고, 노인의 경우에는 노년기의 심리적 특성과 신체적 질환 등에 관한 지식이 요구된다. 이밖에도 사회복지사가 클라이언트를 개별화하기 위해서는 의학, 심리학, 정신의학, 사회학 그리고 철학 등과 같은 과학적인 지식과 통찰에 의해서 보완되고 활용되어져야 한다. 따라서 사회복지사는 인간과 행동에 관한 전문지식과 경험을 많이 습득하고 활용할 수 있어야 한다.

셋째, 클라이언트는 자신의 개인적인 특성과 욕구 혹은 문제에 관해 많은 이야기를 할 필요가 있고, 사회복지사는 경청할 필요가 있다. 클라이언트는 자기방식대로 자기자신의 감정을 이야기하며, 자기자신에 관해 표현하고자 원하는 모든 것을 무엇이든지 표현할 수는 없다. 그러나 사회복지사가 클라이언트와의 대화 중 열심히 경청하고 진지하게 관찰하여 클라이언트를 진정으로 이해하려고 할 때, 클라이언트의 개별화가 용이해진다.

넷째, 사회복지사는 클라이언트의 보조에 맞는 활동능력이 요구된다. 이는 개별화 전략을 수행하기 위한 기초가 되며, 사회복지실천의 개입에서 조사,

사정 및 개입과정에 클라이언트가 충분히 참여할 수 있도록 돕기 위함이다.

다섯째, 사회복지사는 클라이언트의 감정에 대해 민감하게 반응하여야 한다. 클라이언트의 감정은 그의 가장 개별적인 특성과 문제로서 각기 다른 개인의 마음 속에서 자신의 감정을 표출한다. 따라서 개별화는 이와 같은 감정에 대한 민감성(sensitivity)과 반응(response)을 필요로 한다. 사회복지사는 클라이언트의 감정과 경험 속으로 기꺼이 들어가려는 의지, 클라이언트의 문제와 그의 경험에 대한 클라이언트의 견해를 진심으로 경청하려는 의지를 갖지 않으면 안 된다.

여섯째, 사회복지사는 클라이언트가 속한 환경을 포함한 클라이언트의 전체상황을 이해하고 관여할 수 있어야 한다. 사회복지실천과정에서 클라이언트의 개별화에 치중하다 보면, 클라이언트가 속해있는 환경과 같은 전체적인 관점을 소홀히 하는 경우가 있다. 예를 들면, 사회복지실천에 있어 클라이언트의 감정적인 욕구를 충족시키기를 열망하면서도, 클라이언트의 신체적 욕구를 이해하지 못하는 경우가 있다. 때때로 클라이언트의 무의식적 동기를 이해하려 하면서 클라이언트의 의식적인 욕망을 소홀히 다루는 경우가 있다. 따라서 클라이언트의 진정한 개별화는 클라이언트의 사회적, 신체적, 지적인 요소들을 이해함은 물론, 이들 요소들 간의 상호작용의 영향력과 파급성 그리고 미래에 전개되어질 일들을 조망하는 것까지도 포함시켜야 한다.

2) 의도적인 감정표현의 원리

의도적인 감정표현(purposeful expression of feelings)의 원리는 클라이언트가 자신의 감정을 자유롭게 표현하도록 하는 것, 특히 자신이 비판받게 될지도 모르는 부정적 감정들을 자유롭게 표현하게 하는 것이다. 사회복지사는 클라이언트가 자신의 감정을 표현하는 일을 막거나, 비난하지 말고, 자유롭게 감정을 표현할 수 있도록 돕는 것이 사회복지실천서비스의 한 부분임을 인식해야 한다. 뿐만 아니라 클라이언트가 자유롭게 감정을 표현하는 것이 치료목적으로 유용한 경우에는 사회복지사는 클라이언트의 그와 같은 감정을 오히려 적극적으로 자극하고, 촉진시켜 자유로운 감정표현을 극대화시키고 사회복지사는 클라이언트가 표현한 많은 것을 적극적으로 경청하여야 한다(Biesteck, 1973).

사회복지실천에 있어서 자유로운 감정표현의 목적은 클라이언트가 스트레스나 긴장으로부터 해방되고, 자신의 문제를 보다 명확하게 보다 객관적으로 인식할 수 있도록 원조하기 위함이다. 이때, 감정의 표현은 그동안 표현할 수 없었던 감정을 분출시키는 것이 아니고 감정을 표현함으로써 클라이언트로 하여금 긍정적이고 건설적인 행동을 자유롭게 할 수 있게 하는 순기능이 있다.

사회복지실천에 있어서 클라이언트에 관한 보다 확실한 조사와 사정 그리고 구체적인 개입활동을 위해서 클라이언트의 문제와 클라이언트의 인간 자체를 더욱 정확하게 이해할 수 있어야 한다. 클라이언트의 자유로운 감정표현을 통하여 클라이언트가 진술한 문제가 클라이언트에게 무엇을 의미하고 있으며, 어떻게 문제를 보고 있는지, 클라이언트가 문제에 대해서 어느 정도 집착하고 있는지 등을 파악할 수 있다. 이밖에도 클라이언트의 자유로운 감정표현은 클라이언트의 약점(weakness)에 대한 이해뿐만 아니라 장점(strength)까지도 파악하여 적절한 평가를 내리는 것에 도움이 된다.

사회복지사가 클라이언트의 감정을 경청하는 일은 클라이언트에 대한 심리적 지원의 한 형태이다. 사회복지사가 클라이언트의 이야기를 주의깊게 경청함으로써 클라이언트는 사회복지사가 자신의 문제를 함께 분담하고 있음을 느끼고 자신의 고민과 무거운 짐을 사회복지사의 지원을 받아 함께 풀어나가기 때문에 심리적으로 안정감을 회복할 수 있게 된다. 경우에 따라서는 클라이언트의 부정적인 감정이 진정한 문제가 될 수도 있다. 따라서 감정의 표현은 자신의 감정을 밖으로 개방함으로써 클라이언트와 사회복지사 간의 관계를 심화시킬 수 있는 동시에 문제해결을 가능하게 할 수 있는 유익한 사회복지실천 관계의 요소이다.

한편 의도적 감정표현이 제한될 경우가 있는데, 클라이언트의 감정표현 제한의 경우는 다음과 같다.

첫째, 기관 안에서 처리될 수 없는 감정
둘째, 클라이언트가 표현할 준비가 되어 있지 않은 감정
셋째, 사회복지사에게 책임을 전가하는 감정표현
넷째, 사회복지사의 관심을 끌거나 수용을 시험하는 감정표현

- 의도적 감정표현을 위한 사회복지사의 역할

첫째, 클라이언트가 자신의 감정을 자유롭게 표현할 수 있도록 안정된 환경을 조성하는 일이다. 사회복지사는 클라이언트가 자유롭게 감정을 표현할 수 있도록 격려하며, 클라이언트가 사용한 용어나 짧은 문구를 되풀이하는 것도 하나의 방법이다. 때론, 클라이언트가 제공한 사실이나 정보에 관해 언급하기보다는 감정적 흐름을 이해하고 전체적인 감정을 파악하여야 한다. 그리고 사회복지사는 모든 사람은 자기에게 중요한 사람 혹은 사물에 대하여 갈등적인 감정을 가질 수 있다는 사실과 사회복지실천의 관계 내에서는 이러한 감정을 표현해도 좋다는 것을 직접적으로 클라이언트에게 알려주어야 한다. 사회복지사는 클라이언트의 감정의 흐름과 생각의 움직이는 속도보다 더욱 민감하게 인식할 수 있어야 한다. 즉, 클라이언트가 자신의 감정을 표현하는데 있어, 속도가 너무 빠르거나 혹은 너무 느리거나 지연되어서는 안 되며, 클라이언트 개개인의 속도에 맞추어서 진행하여야 한다.

둘째, 클라이언트가 자유롭게 감정을 표현할 수 있도록 허용적인 태도와 편안한 분위기를 마련해 주어야 한다. 이때 사회복지사는 클라이언트가 편안한 분위기 속에서 자신의 생각과 의견을 자기 방식대로 이야기할 수 있도록 하는 것이다. 사회복지사는 클라이언트의 감정을 중요하게 생각하여 클라이언트에게 비현실적인 보장을 하거나 클라이언트가 표현한 내용에 대해 너무 성급한 해석 혹은 너무 많은 해석을 함으로써 클라이언트의 감정이 혼란스러워지는 것을 피해야 한다. 또한 사회복지사가 클라이언트의 부정적인 생각과 감정들에 대해 비난하지 않는다는 것을 클라이언트가 느낄 수 있도록 하여야 한다. 클라이언트의 감정을 자유롭게 표현하기 위한 바람직한 분위기는 사회복지사만의 노력으로 조성될 수 없다. 클라이언트로부터의 적절한 반응과 참

여가 이루어질 때 비로소 자유로운 감정을 표현할 수 있는 분위기가 조성되고 더욱 발전될 수 있다.

셋째, 자유로운 감정표현을 위해서는 다음과 같은 감정표현의 방법과 수단의 적절한 활용이 필요하다.

① 클라이언트의 감정과 행동의 차이점을 인식할 수 있어야 한다. 감정과 행동을 구별해야 하는 중요한 이유는 자신의 감정을 표현하는 가운데, 감정을 바르게 이해하고 인정하며 표현하면, 야기될 지도 모르는 상황으로부터 해방될 수 있기 때문이다. 예를 들면, 친구에게 "너무 화가 나서 너에게 폭행을 가할 수 있었는데"하고 말한다면 왜 그렇게 분노를 느꼈는지, 그 이유를 정확히 알아낼 수 있게 된다. 따라서 화나게 만들었던 분노의 원인파악과 함께 문제를 해결할 수 있게 될 것이다. 반면에 아무 문제도 없다는 듯이 꾸민다면 화를 풀어줄 수 있는 방법을 찾지 못하게 되고 결국엔 타인들과의 인간관계에도 문제를 야기하게 되는 것이다.

② 사회복지실천에 있어서도 클라이언트와 사회복지사 간의 관계를 증진시키기 위해 감정을 표현하기에 가장 좋은 시간과 장소를 선택할 수 있도록 한다. 예를 들면, 클라이언트가 흥분된 경우, 흥분상태가 진정되기를 기다린 후 감정표현 시기를 선택하는 것이 바람직하다. 또한 사회복지사 입장에서는 클라이언트가 감정표현을 할 때 상대방을 받아들일 자세를 보이는 것이 바람직하다. 이와 같이 클라이언트의 감정을 표현하는 시기와 방법을 적절히 할 때 클라이언트의 기본 욕구인 자유로운 감정표현의 욕구는 더욱 실효를 거두게 될 것이며, 사회복지사와 클라이언트 간의 관계는 더욱 발전적으로 전개될 것이다.

넷째, 자유로운 감정표현을 위하여 클라이언트에게 정서적 지지(emotional support)를 제공하여야 한다. 특히 사회복지실천의 초기단계에 사회복지사로부터의 정서적 지지는 클라이언트가 가지고 있는 불안이나 의심을 제거하는 효과가 있다. 이러한 정서적 지지를 통해 저항을 감소시킬 수 있으며, 클라이언트와 사회복지사 사이를 편안하게 만들 수 있는 장점이 있다.

다섯째, 클라이언트의 감정의 환기를 위한 노력이 필요하다. 사회복지사는 클라이언트가 감정을 환기(ventilation)시킬 수 있도록 도움을 주는 사람으로서 클라이언트의 감정상태를 파악할 필요가 있다. 환기란 감정을 발산하고 분출시켜버리는 것이 아니다. 클라이언트는 환기를 통하여 자신의 생활경험 속에 포함된 모든 감정과 생각들을 표현할 필요가 있다. 특히 분노와 적의 같은 감정은 다른 사람들에게 표현하기 어렵지만 환기를 통해서는 가능하다. 더욱 중요한 것은 일단 표현된 감정들은 클라이언트를 사정하고 문제를 확인하는 데 있어 중요한 정보로 활용된다. 만약 클라이언트가 자신의 경험에 대해 모든 것을 개방적으로 나타내지 않는다면 클라이언트가 건설적인 방향으로 변화될 수 있기를 기대하기는 어려울 것이다.

3) 통제된 정서관여의 원리

사회복지실천 관계에서 통제된 정서적 관여(controlled emotional involvement)란 사회복지사가 클라이언트의 감정에 민감성과 이해로서 적절하게 반응하는 것이다. 사회복지실천에 있어서 사회복지사와 클라이언트 간의 의사교류는 대체로 면접을 통해 이루어지고 있는데, 면접을 통한 의사교류란, 클라이언트의 문제, 사회복지기관의 기능, 특정한 면접에서의 클라이언트 욕구와 감정, 면접 속에서 일어나는 클라이언트의 기분전환 그리고 조사, 사정, 개입의 연속적인 과정에서의 사회복지사와 클라이언트 간에 이루어지는 의사교환이다.

언어적 의사교환은 감정적인 것과 관념적인 것 그리고 사상이나 사실들로 구성되어 있다. 사회복지사는 의사교환을 통해 클라이언트의 감정과 사상, 사실들에 대해 상세히 파악할 수 있어야 하고, 사상과 감정의 양쪽 수준에서 의사교환을 할 수 있는 기술이 필요하다. 의사교환의 내용이 실제적인 사실과 관계되는 경우에는 사회복지사는 사회복지기관의 정책, 서비스 이용 및 수속절차 등에 대해서 상세하게 알고 있어야 하며, 특히 지역사회의 이용가능한 자원이 어떻게 분포되어 있는지 그리고 활용방안은 무엇인지 등에 관해 잘 알고 있어야만이 효과적인 원조를 할 수 있다. 의사교환 내용의 일부분 혹은 대부분이 감정인 경우에는 사회복지사는 클라이언트의 감정에 적절하게 반응하는 기술이 필요하다.

- **통제된 정서적 관여를 위한 사회복지사의 역할**(김만두, 1992)

첫째, 민감성(sensitivity)이다. 민감성이란 인간의 존엄성에 기초하고 있는 것으로서, 사회복지사의 민감성은 클라이언트의 감정을 잘 관찰하는 것과 경청하는 것에 초점을 두고 있다. 클라이언트가 자신의 감정을 정확한 언어로 표현하지 않는다 할지라도 언어적인 방법 이외의 방식인 눈에 보이는 혹은 귀에 들리는 방식으로 표현한다. 예를 들면, 표현의 강도, 주저함, 음성의 억양 그리고 얼굴표정이나 자세, 복장, 손놀림과 같은 전체적인 거동 등을 주시하여야 한다. 이와 같이 민감성을 한 마디로 개념정의 내릴 수는 없으나 사회복지실천에서의 사회복지사의 민감성이란 클라이언트가 무엇을 생각하고 무엇을 행하고자 하는지에 대해 감각적으로 파악하고 이에 적절히 대처하는 것을 뜻한다.

둘째, 반응(response)이다. 반응이란 클라이언트에 대한 민감성이나 이해만으로는 충분하지 못한 것을 채워주는 역할을 한다. 사회복지사의 반응은 사회복지실천 관계에 있어서 가장 중요한 심리적 요소이지만 반드시 언어로 표시될 필요는 없다. 본질적으로 반응은 사회복지사의 지식체계와 실천목적에 의해서 나타나게 되는 태도이다. 내면적인 반응은 사회복지사가 의도적으로 클라이언트의 감정과 동일화하는 것으로서 사회복지사가 클라이언트의 감정을 분담하는 것, 즉 감정이입적 이해를 의미하는 것이다.

셋째, 감정이입적 이해(empathetic understanding)이다. 감정이입적 이해란 전문적인 원조자로서의 사회복지사는 감정의 의미를 클라이언트와 클라이언트의 문제와 관련시켜 감정의 의미를 이해해야 할 것이다. 면접과정을 통하여 클라이언트에 대한 이해의 폭과 깊이는 넓어지고 성장하게 되는 것이다. 사회복지사는 일시적으로는 부분적 이해로 만족할 수 있을 것이지만 보다 충분한 이해를 얻기 위해서는 계속적으로 노력해야 할 것이다. 특히 감정이입적 이해와 관련해서 사회복지사는 클라이언트와의 의사소통을 할 때 사회복지사는 그 순간 표면적 내용에 반응할 뿐만 아니라 잠재적 내용에도 반응을 나타낼 수 있어야 한다. 사회복지사는 클라이언트가 경험한 내용들의 성격을 파악하며, 클라이언트의 경험이 클라이언트 자신에게 어떠한 영향을 미치고 있는지의 의미를 민감하고 정확하게 이해하고, 그의 세계를 클라이언트의 입장에서 감정이입적으로 이해하여야 한다.

4) 수용의 원리

수용은 인간의 존엄성과 가치 그리고 인간에 대한 사랑에서 비롯된 것으로서, 사회복지실천에서의 수용적 태도는 정중함(courtesy), 인내심(patience), 경청하려는 의지를 통해서 이루어진다. 수용은 클라이언트가 불평을 하고 부당한 요청을 하는 등, 자기 자신을 어떠한 모양으로 표현하든 그것을 비판하지 않는 것이다. 사회복지실천에 있어서 수용적인 태도는 클라이언트와 사회복지사 간에 긍정적인 관계를 수립하고 유지하는 데 도움이 된다. 사회복지사는 자신의 가치관이나 규범과 상관없이 클라이언트의 행동에 대하여 존중과 관심을 가짐으로써 수용을 표현할 수 있다.

수용이란 여러 약점을 가진 개인을 존재하는 그대로 편견 없이 받아들이는 것을 뜻하나, 사회복지사가 클라이언트의 견해, 가치관, 현실인식 등에 대해 동의하거나 인정한다는 의미가 아니다. 수용은 클라이언트의 언어로 클라이언트의 사고체계로 클라이언트의 말과 행동을 해석하는 것을 의미한다. 뿐만 아니라 수용이란 클라이언트가 면접자에게 불쾌할지라도, 또한 호감을 주지 못한다 할지라도, 혹은 공격적인 행동, 적대적인 행동, 의존적인 행동 등 어떠한 행동을 취한다 할지라도, 자신의 행위나 생각들을 감추고 솔직하게 이야기하지 않는다 할지라도 그 사람을 존재하는 그대로 받아들이는 것이다.

사회복지사가 현존하는 그대로의 클라이언트를 이해함으로써 클라이언트의 문제해결에 도움이 되고, 결국 개입을 담당하는 사회복지사에게도 긍정적으로 영향을 미치는 것이다. 사회복지사가 클라이언트를 수용함으로써 클라이언트는 현재 존재하는 그대로 자기 자신을 표현하고 안정감을 느낄 수 있게 된다. 이처럼 수용의 목적은 클라이언트로 하여금 자기 자신의 문제를 더욱 현실적인 방법으로 대처해갈 수 있도록 돕고 바람직하지 못한 방어로부터 자신을 자유롭게 하도록 원조하는 것에 있다.

• 수용을 위한 사회복지사의 역할

첫째, 클라이언트를 수용하기 위해 사회복지사가 갖추어야 할 기본적인 태도는 클라이언트에 대한 완전한 이해다. 클라이언트에 대한 완전한 이해란 존재하는 그대로 받아들이는 것을 의미하고 클라이언트를 수용하기 위해서는 클라이언트의 잠재적인 힘과 새로운 성장의 가능성을 신뢰하는 것에서부터 출발하여 클라이언트 존재 전부를 수용해야 한다.

둘째, 수용을 위해서, 사회복지사는 클라이언트와 가치관 차이를 극복해야 한다. 클라이언트를 수용하는 일에 사회복지사의 가치관이 작용해서는 안 된다. 클라이언트의 현재 존재상태 그대로의 모습을 수용하는 것이란 클라이언트에게 아무런 변화도 기대하지 않는다고 하는 것이 아니라, 오히려 실제로 존재하는 그대로의 일의 목적에 따른 개입과 잠재력을 수용하는 것과 마찬가지로 그들의 약점을 어떻게 받아들이는가에 달려있음을 의미한다.

셋째, 수용(acceptance)하는 것과 동의(agreement)하는 것의 차이를 인식하고 있어야 한다. 무조건적인 수용과 무차별적인 동의는 사회복지실천 관계에 있어서의 진정한 수용을 의미하지 않는다. 수용은 자신이 타인과 다를 수 있다는 권리를 허용한다. 일반적인 사회규범이나 가치관으로부터 어느 정도 벗어난 클라이언트의 행동을 수용하고 지지하는 것은 클라이언트로 하여금 사회복지사의 진실성이나 능력을 의심하게 할 수도 있다. 이는 클라이언트에게 문제가 되고 있는 행동을 용서하고 허용하여 줌으로써 도움이 되기보다는 오히려 부작용을 낳을 수도 있다. 따라서 인간과 그의 사고, 그의 감정을 수용하는 것과 클라이언트의 사회적 문제를 발생, 유지하도록 하는 행동에 반응하는 것 사이에는 명확한 구별이 있어야 한다.

넷째, 수용과 비심판적인 태도는 기본적으로 같은 태도이지만 각기 다른 특징을 나타낸다. Perlman(1979)은 수용이라는 용어가 의미하는 태도는 '무비판', '비검열'로 표현하는 것이 바람직하다고 제안하였다. 사회복지사는 클라이언트와 함께 이루고자 하는 어떤 변화에 대해 평가와 판단을 하도록 되어 있기 때문에 사회복지사는 클라이언트의 생각이나 행동에 대해 '비심판적'일 수 없다. 그러나 그러한 클라이언트와 함께 변화를 이루기 위해서 클라이언트의 생각과 행동에 대한 평가는 이루어져야 하며, 이때의 '심판'은 '비난'이 섞이지 않은 것이어야 한다.

- 수용의 장애요인

① 사회복지사가 인간의 행동과 성장·발달에 관한 지식이 충분하지 못한 경우 클라이언트를 바르게 수용하기 어렵다. 예를 들면, 사회복지사 자신이 스트레스 상태 속에 있는 인간의 행동패턴, 사회·경제적 문제에 대해 나타나는 공통적인 정서적 반응이나 일반적인 방어기제 등과 관련된 심리학적, 정신의학적 지식을 충분히 인식하지 못할 때 클라이언트를 제대로 수용할 수 없다.

② 사회복지사의 가치관이 개입되어 클라이언트를 수용할 수 없는 경우이다. 예를 들면, 사회복지사는 클라이언트의 상황 속에 있는 부정적이고 바람직하지 못한 여러 가지 조건들이 사회복지사의 개인적인 가치관과 일치할 경우 어느 정도 이해하고 수용할 수 있다. 그러나 만일 사회복지사가 자신의 가치관에 비추어 허락되지 않은 상황이나 문제로 인해 갈등이나 억압을 느끼고 있을 때, 혹은 클라이언트가 자신과 같은 문제에 직면해 있을 때 클라이언트를 바르게 수용하는 일이 곤란하게 된다.

③ 사회복지사가 자신에 대한 인식을 정확하게 할 수 있는 능력이 결여된 경우, 클라이언트를 수용할 수 없다. 사회복지사의 자아인식은 자기자신을 개인적인 반응과 독특한 특징을 가진 개인으로 조명하는 데 도움이 된다. 수용의 여러 가지 요소 가운데 가장 큰 장애물은 사회복지사의 자아인식의 결여에서 비롯된 것으로서, 사회복지사가 관련된 현실을 인식하고 존재하는 그대로의 클라이언트를 수용하는 데 심각한 장애가 되고 있다.

④ 사회복지사의 편견이나 선입관은 클라이언트를 수용하는 데 크게 걸림돌이 된다. 따라서 사회복지사는 클라이언트와 사회복지사 간의 신념, 문화, 가치관, 경제적 지위 등의 차이로 발생되는 편견과 선입관의 경향을 의도적으로 자각하고, 이러한 편견과 선입관으로부터 탈피하여 자유로워지려는 노력을 해야 한다.

⑤ 사회복지사가 클라이언트에게 말로 하는 재보증(reassurance)은 클라이언트가 처해진 현실을 충분히 견디어낼 수 있는 힘이 없다고 판단될 때, 그 현실과의 대결을 일시적으로 연기할 수 있도록 돕는 심리적인 지원의 한 형태다. 그러나 구체적인 대안마련과 같은 후속적인 조치가 없이 말로만 하는 재보증은 사회복지사 편에서 클라이언트의 현실에 대처함을 거부하는 것과 마찬가지가 되는 것이기 때문에 반드시 피해야 할 것이다.

⑥ 수용할 수 있는 일과 수용할 수 없는 일의 구분이 모호할 때 클라이언트에 대해 바른 수용이 어렵다. 사회복지사는 인간행동에 있어서 윤리적으로나 도덕적으로 정의로운 일, 부정한 일에 대한 신념을 포함하는 자신만의 가치철학을 가지고 있다. 이러한 가치철학은 사회적으로 바람직한 일과 바람직하지 못한 일, 수용할 수 있는 일과 수용할 수 없는 일에 대한 견해를 만들어가는 기준이 된다. 수용의 기준이란, 윤리적인 규범, 법과 제도, 인간생활을 영위해나가는데 있어서 그 품위와 존엄성을 발전시켜가는 사회적·경제적 기준과 관련되어 있다. 따라서 사회복지사가 클라이언트의 모든 것을 동의하고 인정해야 한다고 생각하는 것은 어리석은 일이다. 그럼에도 불구하고, 사회복지사는 클라이언트 원조과정에서 클라이언트의 모든 것을 수용하지 않으면 안 된다. 다시 말해, 사회복지사는 현재의 클라이언트의 상황이 동의할 수 없는 상황이라 할지라도 수용하지 않으면 안 되는 것이다. 따라서 사회복지사는 클라이언트의 생각이나 행동 등에 대하여 수용하여야 할 것과 시인하여야 할 것과의 차이를 분명히 하여야 한다.

⑦ 사회복지실천의 관계의 원칙에 따르면, 클라이언트가 어떠한 현실적인 문제에 처해있더라도 사회복지사는 인간에 대한 존엄성과 가치를 존중

해야 하며, 클라이언트를 수용하는 문제에 있어서도 다른 원칙이 적용될 수는 없다. 그럼에도 불구하고, 사회복지실천과정에서 클라이언트는 반복적으로 약점과 실패감, 무능과 열등감을 보이는 경우가 있다. 특히 비윤리적이고 비도덕적인 문제인 경우에는 사회복지사가 클라이언트를 더 이상 존경할 수 없게 되고 클라이언트를 수용하는 것은 불가능하게 된다.

5) 비심판적 태도의 원리

사회복지실천에 있어서의 비심판적 태도(non-judgemental attitude)란 클라이언트를 돕는 과정에서, 클라이언트의 문제를 일으킨 원인이 클라이언트의 퍼스낼리티와 같은 개인 내적인 요소에 의한 것이든 클라이언트의 외부환경에 의한 것이든 그 문제의 책임이 클라이언트에게 있다는 것을 언어 혹은 비언어적인 것으로 표현하지 않는다는 것을 의미한다. 오히려 사회복지사의 클라이언트에 대한 비심판적 태도는 클라이언트의 의견과 태도를 경청하고, 클라이언트의 약점이나 실패의 원인을 파악함으로써 클라이언트를 좀 더 정확히 이해하고 필요한 원조를 제공하는 데 도움을 주기 위한 것이다.

• 비심판적 태도와 관련한 사회복지사의 역할

첫째, 사회복지사의 클라이언트에 대한 비심판적 태도가 클라이언트에게 전달되어야 한다. 사회복지사는 클라이언트로 하여금 사회복지사가 클라이언트의 잘못을 비판하지 않을 것이며, 심판하지도 않을 것에 대한 태도가 전달되고 느껴질 수 있도록 해야 한다. 또한 사회복지사는 클라이언트로 하여금 클라이언트의 감정에 민감하게 대처하고 있음을 느낄 수 있도록 해야 한다. 특히 면접 초기부터 비심판적 태도가 요구되는데, 클라이언트가 사회복지사의 비판하지 않는 태도를 느낄 수 있도록, 즉 이전에 클라이언트를 별로 존중해 주지 않았던 사람들과의 관계와는 다른 것을 느낄 수 있도록 해야 한다.

둘째, 클라이언트의 행위와 진술에 대해 편견과 선입관을 가지고 너무 빠른 결론을 내리거나, 다른 사람과 비교하거나, 일정한 유형으로 분류하려는 것 등은 비심판적 태도를 전달하는 데 장애가 된다.

6) 클라이언트의 자기결정의 원리

인간은 누구나 자기가 결정(self-determination)하고자 하는 욕구가 있고, 동시에 누구나 자기결정능력을 가지고 있다. 사회복지실천 전 과정에 걸쳐 클라이언트 개인의 권리와 욕구를 실현하기 위한 클라이언트의 자기결정의 원리는 클라이언트가 모든 의사결정과정에 참여하여 스스로 선택하고 결정하는 자유를 누리는 것을 뜻한다. 클라이언트의 자기결정의 원리란 사회복지실천과정에 있어서 클라이언트가 자신의 선택과 결정을 할 자유에 대한 권리와 욕구를 실제로 인정하는 것을 의미한다.

사회복지사는 클라이언트로 하여금 클라이언트 자신의 퍼스낼리티(personality)의 개발 그리고 이용가능한 지역사회자원을 발견하고 활용할 수 있도록 원조함으로써 클라이언트의 권리를 존중하고 클라이언트의 욕구를 인정하고 그 잠재적인 힘을 자극하고 실천할 수 있도록 원조해야 한다. 그럼에도 불구하고 클라이언트의 자기결정권은 클라이언트의 지적 능력이나 수용능력이 긍정적이며 바람직한 결정을 할 수 있는지에 따라서 자기결정의 원칙이 제한을 받을 수 있고, 사회제도나 법률, 윤리적인 규범 그리고 사회복지기관의 기능 등에 의해서도 제한을 받게 된다(McDermott, 1975).

- 클라이언트의 자기결정을 위한 사회복지사의 역할

첫째, 사회복지사는 클라이언트로 하여금 자신의 문제와 욕구를 전체적인 관점에서 관찰하고 이해할 수 있도록 돕는다.

둘째, 사회복지사는 클라이언트가 지역사회 내 인적 자원을 포함한 활용가능한 자원들이 존재하고 있음을 알려주는 역할을 한다. 만일 이용가능한 여러 자원들 가운데에서 어느 한 가지를 선택해야 할 경우, 사회복지사는 각기 다른 선택가능한 대안들의 특성과 중요성, 대안들 각각의 장점과 단점 등에 대한 정보를 구체적이고 상세하게 제안하여 주는 것이 필요하다.

셋째, 클라이언트 자신의 잠재적인 자원을 적극적으로 개발하고 활용할 수 있도록 자극을 주는 것이다. 클라이언트가 성장할 수 있고 자신의 문제를 해결할 수 있는 관계의 환경을 만들어내는 것이다.

넷째, 사회복지사는 클라이언트가 사회복지실천 전 과정에 적극적으로 참여할 수 있도록 돕고, 더불어 경청하고 수용적인 태도로 클라이언트가 자기 자신이나 자신의 문제에 대해서 보다 깊이 이해할 수 있도록 원조하여야 한다.

• 클라이언트 자기결정을 위해 사회복지사가 피해야 할 사항

첫째, 사회복지사가 결정하고, 그 결정한 내용을 클라이언트가 그대로 따르도록 유도하는 일을 피해야 한다. 다시 말해, 사회복지실천과정에서 사회복지사가 모든 결정을 주도적으로 수행하고 클라이언트에게는 단지 종속적인 역할을 수행토록 하는 것은 절대 피해야 할 사항이다.

둘째, 사회복지사 중심의 서비스 계획을 수립하고 지원내용과 방법 등을 결정하는 일은 반드시 피해야 한다. 사회복지사가 클라이언트의 모든 것에 관여하고 해결하려는 태도는 바람직하지 않다. 사회복지사가 전체적인 책임을 지려고 하는 것은 사회복지사가 모든 것을 알고, 모든 것을 진단하고, 사정하고, 모든 것에 개입하여 모든 문제를 해결할 수 있다는 생각에서 비롯된 것으로서 대단히 위험한 발상이다.

셋째, 사회복지실천과정에서 사회복지사의 판단에 따라서 행동의 양식을 선택하거나 결정하도록 직접적으로나 간접적으로 조정하는 일은 피해야 한다.

넷째, 통제(control)와 같은 방법으로 클라이언트를 설득하는 일 또한 피해야 한다. 클라이언트를 통제하고 설득하는 일은 클라이언트가 자신의 선택과 결정의 자유를 악화시키기 때문에 사회복지사가 미리 결정을 하고 클라이언트에게 참여를 권유하는 것 그리고 협력하도록 하는 일 등 종속적인 역할을 유도하는 일은 피해야 한다.

7) 비밀보장의 원리

비밀보장(confidentiality)이란 사회복지사는 전문적 관계로 이루어진 사회복지실천과정에서 알게 된 클라이언트에 관한 정보를 전문적 치료목적 외에 타인에게 공개해서는 안 된다는 원칙에 바탕을 두고 있다. 비밀보장은 클라이언트의 기본적 권리에 기초를 두고 있으며, 클라이언트의 비밀을 보장하는 일은 사회복지사의 윤리적인 의무이고, 성공적인 사회복지실천 관계 유지를 위해 반드시 필요한 책임이다. 사회복지실천과정에서 알게 되는 클라이언트의 비밀이 엄청나고 대단히 비밀스러운 내용들이 아니다. 일반적으로 흔히 있을 수 있는 작은 생활사건들이 대부분이다. 그럼에도 불구하고 클라이언트와 관련된 작은 생활사건 하나도 사회복지실천의 관계에서는 소중히 다루어야 할 비밀정보들이다.

• 비밀정보의 종류

비밀정보에는 자연적인 비밀, 약속에 의한 비밀 그리고 신뢰에 의한 비밀이 있다.

첫째, 자연적인 비밀이다. 만일 비밀이 타인에게 알려지면 클라이언트의 명예와 신용을 손상시키거나 상처를 주거나 혹은 클라이언트가 부당하게 슬픔을 당하게 되는 것을 말한다. 자연적인 비밀은 친척이나 친구, 낯선 사람 때론 전문적인 사람으로부터 알게 되는 경우가 많다. 때때로 이러한 비밀이 전문적인 관계를 떠나 비공식적인 방법으로 사회복지사에게 알려지게 되는 경우도 많다. 예를 들면, 클라이언트의 전과사실, 알코올중독, 이혼, 입양, 동성애자, 후천성면역결핍증(AIDS) 감염 등에 관한 사실은 클라이언트의 진술 외에도 의사진단이나 다른 문서를 통해서 알 수 있는 정보들이다. 사회복지사는 물론 사회복지실천과 관련된 사람들 모두 클라이언트에 관한 정보에 대해서 비밀보장을 유지하도록 힘써야 한다.

둘째, 약속에 의한 비밀이다. 비밀정보를 안 후 그 비밀은 다른 사람에게 알려지지 않을 것을 확인하고 약속을 하는 일종의 계약이다. 약속에 의한 비밀의 내용은 자연적으로 알려지게 된 정보들인 경우도 있고, 혹은 다른 사람에게 알리고 싶지 않은 클라이언트의 개인생활에 관한 정보들을 포함한다. 예를 들면, 알코올중독 치료 중인 클라이언트의 경우, 그 사실이 자신의 직장에 알려질 때 직장 내에서 불이익을 감수해야 할지도 모른다. 이러한 경우에는 사회복지사와 클라이언트 간에는 이 비밀이 절대로 직장에 알려지지 않도록 할 것에 대해 약속을 통해 다짐하게 된다.

셋째, 신뢰에 기초한 비밀이다. 그 비밀이 다른 사람에게 절대로 알려지지 않을 것임을 사전에 언어적 혹은 비언어적인 의사교환을 통해 클라이언트에게 전달하고 이해하도록 함으로써 전적으로 비밀보장에 대해 신뢰하게 되는 것이다. 신뢰에 기초한 비밀은 비밀을 들은 사람이 비밀을 지키도록 클라이언트와 사회복지사 간에 맺은 계약적 합의에 의한 것 이상의 비밀보장의 의무와 책임을 동반하는 것을 의미한다. 예를 들면, 도둑질과 같은 범법사실, 부정적인 방법으로 병역을 기피한 경우, 마약중독 경험, 외도한 사실 등 클라이언트의 비밀이 타인에게 알려지는 경우, 클라이언트의 도덕성에 치명적인 피해를 입힐 수 있는 경우, 이런 비밀을 지키는 것은 사회복지사와 클라이언트 간에 신뢰에 의해 이루어진다.

사회복지실천과정에서 클라이언트는 자신이 원하는 도움이나 원조의 필요성 때문에 자신의 사적인 정보까지도 사회복지사에게 털어놓게 되는데, 대부분의 클라이언트는 자신의 정보가 자신의 담당 사회복지사 이외에 다른 사람들에게까지 알려질 것이라 생각하지 않을 것이며, 클라이언트는 자신이 사회복지사로부터 받는 도움과 자신의 비밀이 교환되는 것을 원치 않을 것이다. 이와 같은 이유로 인하여 사회복지실천에서는 적어도 개별 클라이언트의 정보는 비밀로서 보장될 것이라는 약속이 반드시 지켜져야 한다.

chapter | 08

사회복지실천 대상

chapter I

08 사회복지실천 대상

사회복지실천의 객체, 즉 대상(client)은 흔히 개인, 가족, 집단 그리고 지역사회로 언급되어지는데 이들은 사회복지사의 원조활동의 초점이 된다(Johnson, Yanca, 2001 : 119). 물론 이러한 구분은 다소 부적절한 경우도 있다. 사회복지사가 상황을 사정하고 계획을 수립할 때 변화를 위한 초점은 도움을 청한 개인이나 체계에 있을 뿐만 아니라, 개인이나 가족의 욕구충족을 가로막고 있는 체계, 즉 집단이나 위원회, 제도, 기관 등에도 있을 수 있기 때문이다. 그러므로 사회복지사는 변화의 초점이 될 수 있는 모든 체계에 대한 이해가 필요하다. 사회복지실천 대상은 다음과 같이 구분할 수 있다(전재일 외, 2010).

제1절 개인대상

1. 모든 개인

개별사회사업에 관한 정의에서 그 대상을 어떠한 제한이나 조건을 달지 않은 "개인"으로 하는 경우가 있다. 이것은 개인에 대한 어떠한 구별과 제한도 인정치 않음을 의미하고 있으며, "개인"은 그 어떤 방법에 따라 개별사회사업가의 도움을 구하고 있는 사람이다. 개별사회사업은 욕구, 자각 그리고 도움에 관한 묵시적인 요청이 있기까지는 시작된 것이 아니다. 예를 들면, 입양관련 사업에 있어서 사회 또는 국가가 양친을 대신하는 입장에서 아동이 스스로 부탁할 수 없는 도움을 요청하는 경우도 해당된다. 개인이 그 어떤 방법에 따라 도움을 요청한다는 개념은 "클라이언트"라는 용어로 표현되고 있다(Bowers, 1949 : 8).

2. 특수한 개인

개인수준 사회복지실천의 대상을 "특수한 개인"으로 보는 입장을 취하는 경우가 있다. 이는 실천의 대상이 어떤 특수한 개인임을 의미하고 있다. 즉, 장애인, 부적응적인 사람, 어려움 중에 있는 자, 자기보존에 실패한 자 등 사회적으로 건강치 못한 상태에 있는 자들로 볼 수 있다. 이들은 "무엇인가 실패한 사람"으로서 클라이언트로 표현되지만, "사회적 부적응자"와 같은 표현은 개별사회사업 개념에서 거의 사라지게 되었고, 또 클라이언트에 대해 낙오자라는 낙인을 가지지도 않는다.

3. 개인의 사회관계

개인은 사회환경과 분리될 수가 없다. 개인은 그 사회관계 안에서 생각할 수도 있고 또 사회관계와 분리시켜 생각할 수도 있다. 따라서 개인수준의 실천대상은 개인의 어떤 특정 부분이나 어떤 특별한 측면이 아니고 개인의 개성도 아닌 개인 그 자체인 것이다. 개인은 누구나 클라이언트가 될 수 있는 잠재성을 가지고 있어 어느 때에 사회복지의 대상이 될지 모른다. 클라이언트가 되는 것은 개인이 사회복지의 목적과 기술에 관련되는 과정에 의뢰하여 수용하는 것으로 결정된다. 따라서 사회복지실천 대상으로서의 개인이란 전체로서의 개인, 그의 생활상황 안에서의 개인, 그가 직면하는 환경 내의 모든 요소에 관련되는 개인인 것이다(Bowers, 1949 : 10).

이처럼 클라이언트체계로서 개인은 현실 속에 존재하고 있는 그대로의 개인이어야 한다. 개인의 어떤 한 측면으로서가 아니라 하나의 총체적 인간으로서 개인이라는 것이다. 즉, 개인수준의 사회복지실천은 사회적으로 적응하지 못하는 개인이나 무력한 개인만을 의미하는 것이 아니라 어떠한 사람이든 그 사람의 자연적 · 사회적 · 문화적 환경의 전부 또는 그 일부에 대한 부적응이 개별사회사업을 통해 보다 만족할 만한 상태로 해결될 수 있으면 다룰 수 있다는 것이다.

즉, 클라이언트는 사회복지사의 도움을 스스로 요청하거나 사회복지사가 소속되어 있는 기관으로부터 도움을 받는 사람이라고 볼 수 있다. 그러나 비자발적인 클라이언트인 경우, 원조관계에 클라이언트를 참여시키고, 클라이언트로 하여금 원조가 제공되는 이유를 이해하도록 하는 것이 사회복지사의 역할 중의 하나이다. 또한 원조과정에 클라이언트가 적극적으로 참여하고, 그의 능력에 맞게 의사결정과정에 참여케 하는 것도 중요하다. 즉, 클라이언트는 욕구(need)와 강점(strength)을 함께 가진 사람이다.

제2절 가족대상

가족은 개인의 기능에 가장 많은 영향을 미칠 수 있는 중요한 체계이다. 클라이언트 체계로서 가족을 다루는 것은 현대사회에서 가족의 안녕이 가족 스스로의 노력으로 유지되기가 어려워졌기 때문이다. 또한 가족이 개인에게 영향을 미치는 중요한 외부환경으로서뿐만 아니라 그 자체로서 사회문제가 되기도 하기 때문이다. 한편 가족은 그러한 문제해결의 힘과 능력을 가지고 있는 사회체계이기도 하다. 가족은 전통적인 양부모를 비롯하여 동성애자에 의한 가족, 한부모가족, 입양가족, 독신가족 등 다양한 형태의 가족을 포함하는 보다 포괄적인 개념으로 정의된다.

1. 가족의 특성

가족은 전통적으로 '혈연, 입양 혹은 혼인을 기반으로 하는' 일차집단(Barker, 1987 : 53)으로 정의되는데, 이것은 매우 좁은 의미에서의 정의이다. 세계적인 인구변화와 가족형태의 다양성이 확대됨에 따라 가족 및 가족정책(Family Policy Statement; NASW, 1982)에 대한 미국사회복지사협회(NASW)의 보다 포괄적인 정의가 더 적절하다고 할 수 있다.

NASW의 정의는 한부모가정, 확대가족, 혈연·입양·결혼 등으로 제한되지 않는 '친족'의 개념, 동성애부부 그리고 그들의 아이들을 포함하는 등의 다양한 가족형태를 인정하고 있다.

가족은 다른 사회집단의 인간관계와 비교할 때 다음과 같은 특성을 가지고 있다(송성자, 1987 : 14-15).

① 가족은 자연발생적인 혈연관계를 중심으로 하는 소집단으로서 가족구성원들의 선택이나 이탈이 자유롭지 못하다.
② 가족구성원들은 성별, 연령 등에 따라 각자의 지위와 위치가 배정되고 그것에 따라 역할이 배분된다.
③ 가족구성원간에는 분업관계, 권리 및 의무관계 그리고 일상생활에 수반되는 행동유형이 있다.
④ 가족관계는 가족구성원 간의 인간관계로서, 부모와 미혼자녀로 구성된 핵가족의 경우에도 부부, 부모 – 자녀, 모자, 부녀, 형제 – 자매 등의 많은 가족관계가 있다. 이것은 가족구성원 간에 정서적, 심리적으로 복잡하게 얽혀있는 밀접한 관계를 의미한다. 그리고 가족은 상호간에 밀접한 관계에 있으므로 가족구성원 한 사람의 행동이나 생각의 변화는 다른 가족구성원과 가족 전체에 영향을 준다.
⑤ 공동운명체적 가족집단은 소속감과 결속감이 어느 다른 사회집단보다 강하고, 가족구성원들은 경제적, 심리적, 정서적으로 상호 의존적이므로 상호간에 행동을 구속하고 규제하기도 한다.
⑥ 가족들은 각각 사회적, 문화적, 시간적, 지역적, 경제적 조건에 따라 관계가 다르며, 가족관계는 각 가족의 성장과 발전단계에 따라 변화한다.
⑦ 가족관계는 어떤 다른 인간관계보다도 일찍 시작되고 오랫동안 지속되지만 지나치게 밀접하고, 요구적이며, 보상적일 수 있으므로 가족관계에

문제들이 많이 발생할 수 있다.

이처럼 가족은 그 기능과 관계의 특수성으로 인하여 다른 소집단과는 다른 특징을 가지고 있기 때문에 가족실천은 개별과 집단실천과 구별되는 독특성을 가지고 있다.

2. 가족문제

사회복지사들은 다양한 가족구조와 역동성 그리고 이슈들을 이해해야 할 것이다. 이와 같이 사회복지사는 여러 가지 구조 안에서 작용할 수 있는 광범위한 역동성을 이해하는 것이 중요하다.

가족과의 실천의 문제영역은 부부문제, 즉 부모-자녀관계의 문제 그리고 불편한 하위체계 영역 · 부모의 과보호 · 서투른 갈등해결 기술과 같은 가족기능상의 문제와 정신신체적인 문제 등이다. 즉, 자녀의 친구 선택, 음주와 미약 사용, 집안 일, 귀가시간, 의사소통문제, 성적 가치와 행동, 학습습관과 학점 이수, 이성교제 등의 문제를 포함한다(Shulman, 1992 : 209).

사회복지사들은 자녀의 학대와 유기, 사회적 고립, 위기, 가출, 빈곤문제, 위탁 등의 문제에도 깊이 관여한다. 그리고 사회복지사들은 보건, 아동복지, 노인학, 학교, 재활, 고용 등을 포함한 넓고 다양한 환경에서 가족을 대상으로 하고 있다. 이들은 주로 정신건강, 의료와 교육 현장에서 가족과의 실천을 많이 하고 있다(Regier Goldberg & Taube, 1978). 이러한 일차적 보호장면은 접근성이 높고 예방적 차원에서 여러 가지 이점이 있다. 그러나 여기서 활동하는 사회복지사들이 대체로 개인을 대상으로 업무를 수행하기 때문에 가족차원의 실천에 대해 충분한 관심을 가지지 못한다(Doherry & Burge, 1987).

한부모가족과 혼합가족의 가족문제를 살펴보면 다음과 같다.

1) 한부모가족

전통적인 가족형태(양부모, 어머니가 전적으로 자녀를 보호하기 위하여 집에 남아있는 경우)는 차츰 줄어가고 있다(Strand, 1995).

가족에서 가족구성원들 간의 효과적인 의사소통과 만족할 만한 아동관리와 같은 이슈는 매우 중요하다. 이러한 두 가지 측면이 한부모가족을 위해 강조되어야 할 것이다. 첫째, 한부모는 스스로 부모의 모든 책임을 맡아야 하는데 대해 보다 많은 압박감을 가지고 있다. 두 번째 측면은 한부모가족이 대체로 다른 가족형태에 비해 훨씬 더 빈곤하다는 점이다. 어떤 수준에서는 가족들이 필요로 하는 자원과 연결하는 것이 아주 중요하다. 또 다른 수준에서는 아동과 그들의 가족을 위한 변호가 자주 요청되기도 한다. 또한 특별한 관심을 가지게 하는 한부모집단은 십대 한부모들이다. 십대 한부모의 출현율은 과거의 십대여성들의 출산에 비해 증가하고 있다(Lott, 1994). 십대부모의 증가는 청소년들 간의 증가된 성행위, 피임을 하지 않거나 피임에 실패한 것을 포함하는 여러 가지 요인들에 기인한다(Weatherley & Cartoof, 1988 : 39).

2) 재혼과 혼합가족

혼합가족(stepfamily)은 가족원들이 두 번 이상 결혼하면서 합쳐지는 혈연집단이다(Barker, 1995 : 365). 혼합가족들은 본래의 핵가족과는 달리 보다 많은 문제를 경험하게 된다(Visher and Visher, 1988). 재혼한 배우자는 새로운 배우자나 이전에 결혼한 남편의 자녀들을 보살펴야 할 것인가?

가족체계의 새로운 부분들이 함께 혼합되었을 때 힘과 권위가 얼마나 재확립되고 변화되는가? 많은 문제들이 혼합가족에서 새롭게 나타난다. 혼합가족의 자녀들은 계부모가 친부모와 같은 부모의 권위를 가지는 것에 어떻게 생각하는지? 새로운 배우자가 친부모가 따로 있는 자녀들과 어떻게 사이좋게 살아갈 것인가? 계부모는 이전 가족체계의 상호작용패턴에 완전히 굳어져 있는 모든 것에 적응하는 것이 얼마나 어려울 것인가? 혼합가족자녀들은 새로운 부모의 규율에 어떻게 적응해야 할 것인가?

혼합가족을 위한 기본적인 노력은 새로운 가족을 하나의 가족단위로 보는 것이 중요하다(Visher and Visher, 1988 : 224). 사회복지사가 혼합가족들에게 서비스를 제공할 때 관심을 기울여야 할 특성을 설명하면 다음 7가지로 정리할 수 있다(전재일 외, 2010).

① "변화"와 "상실"이다. 혼합가족의 성원들은 매우 큰 변화에 직면하게 된다. 거주장소가 변화될 수도 있고 학교가 바뀔 수도 있다. 가족의 일상생활이 달라져야 할지도 모른다. 자녀들은 새로운 혼합가족과 형제들과 결합하기 위해 침실의 위치를 바꾸어야 할지도 모른다. 혼합가족원들은 기본적인 생활상황에서의 주요 변화에서 일상생활 습관의 조그마한 변화까지 매우 많은 조정을 해야 한다. 이외에도 혼합가족은 상실을 괴로워하고(Goldenberg & Goldenberg, 1998), 또한 헤어진 부모와 정기적으로 만나지 못하기도 한다. 어쩌면 그 자녀들은 어느 한편의 조부모와 영영 만나지 못할 수도 있나. 사회복지사가 이러한 혼합가족들이 직면하고 있는 상실 등의 많은 변화에 관심을 기울이는 것이 중요하다.

② "비현실적인 신념체계"이다. 예를 들면, 의붓형제들은 서로 정서적으로 가까워져야 하고, 즉시 사이좋게 지내야 하는 인스턴트 가족처럼 지내야만 한다는 생각은 비현실적이다. 관계는 시간이 지남에 따라 발전하고, 긍정적인 감정은 시간이 흐름에 따라 자연스럽게 생기는 것이다. 사회복지사는 가족들이 상호작용을 위해 아주 현실적인 기대를 하도록 도와줄 필요가 있다.

③ "내부사람 대 외부사람"의 문제이다. 외부사람은 자신의 자녀는 데리고 오지 않고 부모가 되는 사람 그리고 자신의 자녀를 데리고 새로운 배우자의 집에 이사를 하는 경우이다. 사회복지사는 외부사람의 역할을 하게 되는 가족구성원을 주시할 필요가 있다. 어쩔 수 없이 자신의 집이라고 생각해야 하는 외부사람과 같은 감정을 가질 때 문제가 발생될 수 있다. 사회복지사는 모든 가족구성원들이 모두 내부사람으로서 "집으로" 느낄 수 있도록 가족을 도와줄 필요가 있다.

④ "힘"이다. 힘은 정의하기 어려울 정도로 복합적인 것으로 혼합가족 내에서 누군가를 통제하거나 영향을 줄 수 있는 사람을 의미한다. 혼합가족에서는 가족구성원이 스스로 힘이 없다고 느낄 때 문제가 발생한다. 이러한 힘의 순위로는 친부와 함께 살고 있는 자녀들, 자녀들과 살고 있지 않는 친부모, 자녀들과 살고 있는 의붓부모, 자녀들과 살고 있지 않는 의붓부모 순이다. 사회복지사는 이러한 힘은 혼합가족의 성원들이 서로를 존중하는가와 관련이 있음을 인지하게 함으로써 가족을 도울 수 있다.

⑤ "충성갈등"이다. 자녀들은 이혼한 양쪽 부모들이 서로 끌어당긴다고 생각할 수 있다. 부모는 새로운 배우자에 대한 충성과 이전 결혼에서 가진 자녀들에 대한 충성 사이에서 갈등할지도 모른다. 혼합가족의 새로 혼합된 사람들과의 보다 복잡한 구조 때문에 혼합가족의 충성갈등은 보편적인 현상이다. 이러한 이슈들에 부딪치게 되는 사회복지사는 사랑이란 제한된 양이 아니라 얼마든지 줄 수 있는 것임을 가족이 이해하도록 도울 필요가 있다. 사회복지사의 과업은 가족구성원들이 사랑과 호의를 이전보다 효과적으로 나타낼 수 있도록 돕는 것이다.

⑥ "경계문제"이다(Goldenberg & Goldenberg, 1998). 적절한 경계는 어느 가족에서도 유지해야 할 중요한 것이다. 예를 들면, 배우자 체계는 고유하고 특수한 지위를 유지할 필요가 있다. 하지만 혼합가족에서의 배우자 체계의 경계는 복잡한 관계 때문에 모호해지거나 혼란해지기 쉽다.

⑦ 잠재적인 문제영역은 "서로 다른 생활주기"이다. 긴 세월을 함께 살아온 부부의 생활주기는 같은 공간에서 주요한 생활상의 사건들을 경험하는 과정을 통해 일치될 수 있다. 하지만 재혼을 했을 때는 다른 변수들이 작용할 수 있다. 배우자 간의 연령 차이가 있을 수도 있고, 한쪽 자녀들은 미취학아동이고 다른 쪽의 자녀들은 고등학생일 수 있으며, 한쪽은 자녀가 전혀 없을 수도 있다. 그리고 새로운 가족에서 자녀들을 가질 것인가?이다. 혼합가족에 대한 중재는 보편적인 문제 이외에 특수한 이슈들에 대해 관심을 기울일 필요가 있다.

이외에도 미혼모, 빈곤, 이혼, 다문화, 맞벌이 가족의 자녀양육문제, 노인부양문제 등 다양한 가족체계 내의 문제가 가족대상의 사회복지실천의 주된 문제로 다루어지고 있다.

제3절 집단대상

사회복지사는 집단실천의 범위를 이해하기 위하여 실천장면에 도입할 수 있다는 다양한 집단들을 폭넓게 잘 알아야 한다. 집단대상은 일반적으로 다음과 같이 구분된다(전재일 외, 2010).

1. 자연집단과 형성집단

자연집단(natural group)은 자연적으로 일어난 사건, 개인 간의 친분, 또는 성원들 서로가 지각한 욕구 등에 근거를 두고 자발적인 형태로 모인 집단이다. 자연집단에는 가족집단, 동료집단, 친목회, 폭력배 그리고 파벌이 포함된다.

형성집단(formed group)은 어떤 외부의 영향이나 중재에 의하여 함께 모인 집단이다. 형성집단은 보통 어떤 후원이나 입회가 없이는 존재하지 않으며 사실상 형성집단은 특별한 목적을 위하여 모인다. 형성집단의 예로는 치료집단, 학급집단, 위원회, 클럽, 팀 등이 있다.

형성집단과 자연집단 간에는 차이가 있다. 일반적으로 집단수준의 실천은 형성집단을 기반으로 하고 있지만, 자연집단에도 쉽게 적용할 수 있다.

때때로 가족대상으로 실천할 때 집단실천기술을 활용하고(Bell, 1975; 1981), 사회적으로 고립되어 있는 사람들을 위하여 사회관계망(social networks)을 확립하거나 증진하기 위하여 집단을 활용하는 데 관심이 증가되고 있다(Toseland, Decker, and Bliesner, 1979; Toseland, Sherman, and Bliven, 1981; Collins and Pancoast, 1970).

2. 치료집단과 과제집단

치료집단(treatment group)이란 대다수의 목적이 성원들의 사회·정서적 욕구를 충족시키는 목적으로 운영되는 집단을 의미한다. 치료집단을 형성하는 목적은 교육, 성장, 행동변화 혹은 사회치료에 대한 성원들의 요구를 충족시키는 것을 포함한다.

과제집단(task group)이란 그 중요한 목적이 집단구성원의 욕구를 위해 본질적으로 관련된 것도 아니며 직접적으로 연결된 것도 아닌 집단을 의미한다. 과제집단에서는 우선적인 목적이 집단구성원들의 적극적인 참여와 집단에 부여된 위임사항을 달성하는 것이다.

치료 혹은 과제 지향적인 것으로 집단을 분류하는 것은 두 가지 형태가 어떻게 다른가를 고려하여야 한다. 집단 내에 존재하는 결속력은 보통 그 집단이 모이게 되는 목적에 근거를 두고 있다. 치료집단의 성원은 그들의 욕구와 상황에 의하여 결속되어 있다. 과제집단은 어떤 과제를 수행하여, 생산적 결과를 가져오며, 위임사항을 수행하기 위해 함께 모여 일함으로써 성원들 사이에 결속력을 유발시킨다.

치료집단은 보통 준비기간, 성원의 관심을 모으는 기간 그리고 집단의 업무를 요약하는 기관과 같은 모임을 위해 절차를 가진다. 과제집단은 보통 안건을 가지고 시작하며, 치료집단보다 성원들이 집단의 과제를 토의하는 방법을 정하는 공식적 규칙을 더 활용한다.

치료집단과 과제집단은 비슷한 실천과정을 가질 수 있지만, 이들 두 집단 형태의 실제 구성은 다르다. 예를 들면, 치료집단은 구성원들이 공동관심, 문제, 또는 능력을 가질 수 있도록 구성된다. 과제집단은 집단이 그 자체의 업무를 수행하는 데 필요한 인적자원을 가진 집단을 마련하기 위해 구성된다.

치료집단과 과제집단의 목적을 살펴봄으로써 두 가지 유형의 집단에 관한 이해를 높일 수 있다.

1) 치료집단

치료집단의 네 가지 중요한 목적은 교육, 성장, 교정(치료), 사회화이며, 이외에 지지와 상호부조와 같은 다른 목적들이 포함될 수 있다. 이러한 목적들은 모든 치료집단의 유형에 기본적인 것이므로 유형별 목적으로 명시하지 않았다.

① 교육집단

교육집단(educational group)은 성원들이 자신과 그들의 사회에 관하여 학습하도록 돕는 것을 중요한 목적으로 하는 집단이다. 교육집단은 치료기관, 학교, 요양원, 교정기관 그리고 병원을 포함하는 아주 다양한 장면에서 이용된다. 교육집단의 예를 들면 다음과 같다.

- 가족복지기관이 후원하는 예비부모집단
- 아동복지기관이 후원하는 미래의 양부모집단
- 청소년단체가 후원하는 청소년 집단지도자 훈련집단
- 자원봉사자 교육집단

② 성장집단

성장지향적 집단은 폭넓게 다양한 장면에서 볼 수 있다. 집단지도의 성장집단에서는 자신과 타인에 대한 성원들의 사고, 감정, 행동을 인식하고, 확대하고, 변화시키려는 성원들을 위한 기회를 제공한다. 즉, 집단은 가능한 한 충분히 성원들의 능력을 계발하는 수단으로 이용된다. 성장집단(growth group)은 사회·정서적 문제를 교정하기보다는 사회·정서적 건강을 증진시키는 데 초점을 두고 있다. 성장집단의 예를 보면 다음과 같다.

- 결혼한 부부를 위한 참만남집단
- 청소년을 위한 가치관 명료화집단
- 퇴직 후 활동을 위한 퇴직자집단

일반적으로 성장집단은, 특히 다른 사람들과의 개선된 관계를 통하여 보람 있는 삶을 살려는 인간의 잠재력과 자기계발을 강조한다.

③ 치료(교정)집단

치료(교정)집단(remedial group)은 가장 많이 인용되는 집단유형이다. 교정집단은 성원들의 행동을 변화시키고, 그들의 개인적 문제를 해결하거나 개선하고, 혹은 그들 자신을 재활하도록 성원들을 돕는다.

또한 교정집단은 집단구성원이 개인적 목표를 달성하도록 돕기 위해 조사, 사정 그리고 치료 및 종결 과정을 거치게 되며 그 예는 다음과 같다.

- 정신건강센터의 환자들을 위한 심리치료집단
- 소년지도 프로그램상의 초범집단
- 병원에서 운영되는 약물중독자 집단

④ 사회화 집단

사회화 집단(socialization group)은 성원들이 사회적 기술과 사회적으로 수용된 형태의 행동을 효과적으로 수행할 수 있도록 학습하는 데 도움을 준다. 사회화 집단은 성원들이 개인목표를 성취하는 데 도움을 주는 게임과 역할놀이 등과 같은 프로그램 활동을 자주 이용한다(Whittaker, 1974; Middleman, 1968). 성원들의 개인목표와 집단목표는 흔히 집단토의보다는 프로그램 활동을 통해서 달성하게 된다. 이와 같이 사회화 집단의 특성은 성원들이 프로그램 활동에 참여함으로써 대인관계기술을 개선시키는 "행동을 통한 학습"에 있다. 사회화 집단의 예를 들면 다음과 같다.

- 정신장애인들을 위한 사회기술집단
- 재가치료센터에서 아동들을 위한 소집단

집단은 활동, 참여 그리고 관여를 위한 매체이며 성원들은 이러한 활동을 통하여 서로 결속하게 된다. 사회화 집단의 구성은 특별한 프로그램 활동이 제공하는 성원들의 유사한 관심과 욕구나 공동경험에 근거를 둘 수 있다.

2) 과제집단

과제집단(task group)은 대부분의 기관과 단체에서 흔히 볼 수 있다. 과제집단은 조직의 문제에 대한 해결책을 찾는 데 이용되고, 새로운 아이디어를 찾고, 상이한 문제에 관하여 공통된 합의를 하는 데 이용된다. 과제집단은 ① 단체의 욕구를 위해 봉사하는 것. ② 클라이언트의 욕구를 위해 봉사하는 것의 두 가지 중요한 목적이 있다. 주된 목적이 단체의 욕구를 위해 봉사하는 과제집단은 ① 위원회, ② 행정집단, ③ 대표자협의회를 포함한다. 주된 목적이 클라이언트의 욕구를 위해 봉사하는 과제집단은 ① 팀, ② 치료협의회, ③ 사회행동집단을 포함한다. 치료집단의 유형과 마찬가지로 흔히 실제의 상황에서 상이한 형태의 과제집단들 간에 중복이 있다.

① 위원회

과제집단의 가장 보편적인 형태는 위원회(committee)이다. 어떤 위원회와의 접촉 없이 기관이나 단체와 친밀한 관계를 가지는 것은 거의 불가능하다. 위원회는 단체의 욕구를 충족시키는 데 가장 자주 이용되지만, 폭넓고 다양한 과제를 성취하기 위해 건의를 한다.

위원회는 임명이나 선출의 과정을 통해서 함께 모인 사람들의 집단이다. 그들의 과제는 “책임을 달성하는 것”(Pincus and Minahan, 1973 : 61)으로 그 책임은 기관의 행정규정이나 단체의 규정과 같은 높은 권위의 근거에서 위원회 성원에게 위임되는 것이다. 위원회는 잠정적으로 만들어질 수 있거나(임시위원회) 단체조직의 보다 영구적인 부분(상설위원회)일 수도 있다. 위원회의 예로는 다음과 같다.

- 기관의 인사정책의 변화를 건의하는 임무를 맡은 직원들의 집단
- 십대 미혼모에 대한 서비스 개선을 위한 사회복지사들의 집단
- 종업원 복지 프로그램을 건의하기 위하여 모인 직원들의 집단

② 행정집단

행정집단(administative group)은 조직의 목표를 수행하도록 기관을 돕는다. 조직의 정책과 절차는 보통 행정집단에 의해 수립되는 경우가 많다. 행정집단은 또한 조직 내에서 공식적인 의사소통이 가능하도록 한다. 행정집단의 예는 다음과 같다.

- 민간사회복지기관에서 모이는 이사회
- 자금조달을 토론하기 위한 기관 대표자들과 전국단체협의회 대표자들과의 모임
- 지방사회복지국의 책임자들의 모임

③ 대표자협의회

대표자협의회(delegate group)는 기관을 대변할 수 있는 대표에 의해 후원기관의 이익을 대변하고 기관 간의 의사소통과 협력방안을 모색하는 집단형태이다. 대표자협의회는 흔히 특수한 과제성취를 위해 구성될 수도 있으며, 비공식적인 소모임형태로 구성되기도 한다. 이들은 중대한 사회적 이슈나 사회문제를 연구하고, 집합적 사회행동에 참여나 관리의 목적을 위해 구성된다. 대표자협의회의 예로는 다음과 같다.

- 기관 간의 의사소통을 개선하기 위하여 매월 모이는 수많은 기관 대표자들
- 조직의 예산을 승인하기 위해 모이는 대표자들의 모임
- 가족폭력을 조사하기 위하여 지방의 각 구역에서 임명된 성원들로 구성된 모임
- 어떤 구역의 가족서비스기관 대표자들의 연례집회

④ 팀

팀(team)은 "각자 특별한 지식과 기술을 가지고 독특한 목적을 위하여 전문적 의견을 서로 나누기 위하여 모인 다수의 직원들"의 집단을 의미한다. 팀 성원은 특별한 클라이언트 집단을 위하여 그들의 노력과 업무를 협력하며 업

무조정과 의사소통을 위하여 빈번하게 모임을 갖는다.

- 병원에서 환자의 치료계획을 세우는 여러 분야의 전문가 집단
- 가정 호스피스(home-based hospice care)를 전달하는 전문가 집단
- 전국규모의 복지조사를 하기 위하여 공동 연구하는 다수의 연구자들

⑤ 치료협의회

특별한 클라이언트 혹은 클라이언트 체계에 대해 논의할 목적으로 모이는 사람들의 집단인 치료협의회(treatment conference)이다. 이 집단에서 클라이언트의 상황을 고려하여 가장 효과적인 치료방법을 도출해내며 클라이언트가 추구할 행동계획을 결정하는 것이다. 치료협의회의 예로는 다음과 같다.

- 정신병원 입원환자를 분리·수용하기 위한 계획을 위하여 모이는 관계 전문가들의 집단
- 아동의 치료계획을 결정하기 위해 모이는 부모, 사회복지사, 간호사, 정신과의사들의 집단
- 교정시설에서 수용자 석방을 심의하기 위해 모이는 전문가 집단
- 우울증 환자들을 위한 치료방식을 논의하기 위해 모이는 지역사회정신건강 전문가 집단

⑥ 사회행동집단

사회행동집단(social action group)은 성원들이 살고 있는 사회적 또는 물리적 환경의 어떤 면을 변화시키기 위하여 모이는 과제집단 형태이다. 이 집단의 목적은 사회행동집단 성원의 욕구와 관련이 있기는 하지만 집단 외부의 사람에게도 이익이 되는 "공동선"(common good)을 추구하게 된다. 다음과 같은 예가 사회행동집단에 포함된다.

- 사회복지서비스를 위한 재원을 확보하고 증대시키기 위하여 로비활동을 하는 사회복지사들의 모임
- 주거공간에 운동장을 마련하기 위하여 지지를 구하는 주민집단

제4절 지역사회대상

사회복지사는 지역사회 차원의 개입을 통해 개인과 사회의 안녕을 증진시키는 일에 꾸준한 관심을 기울여왔다. 지역사회수준의 실천에서, 지역사회란 실천이 이루어지는 장면이고 개입의 표적이며 변화가 초래되는 매체이거나 수단이기도 하다. 지역사회는 사회복지사의 관심과 행동이 개입하게 되는 단위이다. 가족이나 집단수준에서의 실천과 마찬가지로 지역사회수준의 실천은 직접적인 개입을 통하여 수행한다.

이러한 관점은 크게 두 가지 종류의 지식을 요구하게 되는데, 첫째 지역사회가 어떻게 구성되어 있고 지역사회가 제공하는 기능에는 어떤 것이 있는지에 관한 지식이며, 둘째 지역사회 수준에서는 사정과 개입을 위한 전략적 지식은 어떤 것이 있는지에 관한 지식이 요구된다(이팔환 외, p. 265).

Fellin(1987)에 의하면, 지역사회는 다음과 같은 세 가지 차원의 한 가지 이상을 가진 사회단위이다.

(1) 생계유지의 욕구를 충족시키는 기능적 영역의 단위
(2) 모범적인 상호작용의 단위
(3) 집합적 동일시의 상징적 단위

지역사회란 사람들이 단순히 일정한 지역에서 함께 거주하는 이상으로 상호관계를 맺고 서로의 생활과 행동에 영향을 미치고 있다. 최일섭・류진석(1996 : 4-9)은 주요 학자들의 지역사회에 대한 정의를 세 가지 범주로 나누어 설명하고 있다.

① 지리적 의미의 지역사회

지역사회라는 용어는 한 지역을 구성하는 사람들과 조직들의 지리적 분포라는 견지에서 고려될 수 있는 사회와 사회집단에 적용된다. 모든 지역사회는 사회이지만, 모든 사회가 지역사회는 아니다.

② 사회적으로 동질성을 띤 지역으로서의 지역사회

지역사회 주민들 간의 합의성, 일체감, 공동생활양식, 공통적인 관심과 가치, 그리고 공동노력이 강조되는 개념이다. 즉, 지역사회라고 하는 것은 다른 지역과 구별될 수 있는 사회적 특성을 지닌 독립적인 지역이라고 보는 것이다.

③ 지리적 및 사회적 동질성을 강조하는 자연지역으로서의 지역사회

지역성과 상호작용성을 동시에 강조하는 개념으로서, 지역사회에 대한 사회학의 개념이라고 할 수 있다. 즉, 지역사회란 동일한 사회제도와 인접해 있고 쉽게 접촉할 수 있는 지역 내에서(지역성) 공동 관심사 혹은 상호복지를 위한 요소(심리적 요소, 상호작용성)들을 역동적으로 연결시켜 주는 것이다.

사회체계로서 지역사회는 본질적으로 여러 체계의 구성원들을 위해 주요한 기능을 수행하는 상호 관련된 체계들의 체계이다. 지역사회는 지역의 적절성을 가지는 중요한 사회적 기능을 수행하는 체계들과 사회단위들의 결합이라고 볼 수 있다(Hardcastle, Wenocour, Power, 1997 : 103).

Warren(1987)은 지역사회의 중요한 기능을 아래의 다섯 가지로 설명하고 있다.

① 생산・분배・소비의 기능

② 사회화의 기능

③ 사회통제의 기능

④ 사회참여의 기능

⑤ 상호지지의 기능

이러한 기능들은 공식적인 조직들에 의해서 수행되어야만 하는 것이 아니며, 비공식적인 협회들과 집단들에 의해서도 수행될 수 있다. 또한 동일한 사회단위가 한 가지 이상의 기능을 수행할 수 있다. 지역사회복지는 개인, 가정, 집단 등의 낮은 수준의 사회체계의 복지와 대립적인 위치에 있는 것이 아니고, 사회복지라는 연속선상의 다른 극에 위치하여 상호보완적인 관계를 유지한다고 말할 수 있을 것이다.

지역사회를 하나의 클라이언트 체계로 볼 때, 이러한 지역사회의 문제를 해결하기 위해 활동하는 기관이나 단체들은 사회복지관, 재가복지봉사센터, 사회복지협의회, 사회복지 공동모금회, 지역사회운동 등으로 나타낼 수 있다(전재일 외, 2010).

chapter | 09

사회복지실천 접근방법

chapter |

09 사회복지실천 접근방법

제1절 개인수준의 실천

1. 개별사회사업의 정의

개인수준에서의 실천은 전통적으로 "개별사회사업(casework)"으로 잘 알려져 발달하여왔다. 개별사회사업은 개인의 환경조건이나 인간관계 속에서 개인이 갖는 문제, 혹은 상황을 사회복지사(social worker)와 클라이언트의 1대 1의 관계로 전개되는 실천과정을 의미한다. 개별사회사업은 "사회환경과의 조정을 필요로 하는 클라이언트의 문제를 사회적인 측면에서 다루고, 이것을 각 클라이언트의 조건이나 사정에 따라 개별적으로 다루어 그 적응에 도움을 주는 일련의 과정"이라고 할 수 있다.

한편 개별사회사업의 개념은 대상을 어떤 관점에서 접근하는가에 따라, 또 관점과 관계되는 이론에 따라, 강조점을 어디에 두느냐에 따라 큰 차이가 있기 때문에 일정불변의 것이 아니라는 점에 주목해야 한다. 대표적 학자들의 정의를 살펴보면 다음과 같다(전재일 외, 2010).

1) Richmond의 정의

Richmond(1922)의 개별사회사업 정의는 다음과 같다. "개별사회사업이란 개별적·의식적으로 개인과 그의 사회환경 간의 조정을 통하여 그 사람의 성격을 발달시키는 과정이다." 이 정의는 개별사회사업의 기본 방향을 제시함과 동시에 오늘의 개별사회사업의 윤곽과 원칙을 제시한 것으로 개별사회사업

발전의 방향을 제시한 가장 대표적인 고전적 정의의 하나이다.

이 정의를 통하여 개별사회사업의 기본적 조건으로서 다음의 네 가지 요소를 찾아볼 수 있다.

첫째, 개인과 그가 속한 사회환경 간의 조정이라는 점이다.

둘째, 개별적으로 행해지는 조정이라는 점이다.

셋째, 개별사회사업과정은 결과를 전망하여 행해지는 의식적 조정이라는 점이다.

넷째, 개별사회사업의 궁극적 목표는 성격(personality)의 발달이라는 점이다.

2) Bowers의 정의

Bowers(1949)는 1915년부터 47년 사이에 제시되었던 여러 학자들의 주요 정의들을 분석하여 다음과 같이 정의하였다.

"개별사회사업이란 클라이언트와 그가 속한 환경의 전체 또는 일부분에서 보다 나은 적응을 해나가도록 개인이 가진 능력과 지역사회의 자원을 적절히 동원하기 위하여 인간관계학의 지식과 대인관계의 기술을 활용하는 예술이다."

이 정의에는 다음과 같은 네 가지 요소를 찾아볼 수 있다.

첫째, 개별사회사업의 궁극적인 목표는 "클라이언트와 그의 환경과의 조정을 도모함에 있다"라고 하여 전통적인 관점을 취하고 있다.

둘째, 개별사회사업은 클라이언트의 능력(내적 자원)과 지역사회의 자원을 활용하여 클라이언트의 적응을 돕는다.

셋째, 개별사회사업에서는 사회복지사와 클라이언트 사이에 성립하는 신뢰관계를 의식적으로 활용하는 것을 들고 있다.

넷째, 사회복지사와 클라이언트의 관계는 의도적으로 확립하여 활용할 수 있으며 여기에는 인간관계에 관한 과학적 지식과 훈련에 의해 터득한 기술이 필요하다는 것으로 셋째의 내용이 잘 반영되고 있다.

이 정의는 개인과 사회환경의 조정이라는 전통적 개념에다 심리학적·정신의학적 변화에 따른 지식이나 원리를 첨가하고 있다.

3) Perlman의 정의

Perlman(1957)은 진단주의 학파의 입장을 취하면서도 기능주의 학파의 견해를 받아들여 기관의 기능이나 역할개념을 구사하여(스스로 절충파라 함) 새로운 개별사회사업이론을 전개하였는데 "개별사회사업이란 개인이 사회인으로서의 기능을 수행함에 수반되는 여러 가지 문제를 보다 효과적으로 해결하기 위해 복지기관(human welfare agency)에서 활용하는 과정"으로 정의하고 있다.

Perlman은 개별사회사업은 치료과정이 아니고 문제해결과정(기관의 기능에 따른 워커와 클라이언트의 역할관계를 통해 전개되는)이라는 입장을 취하고 있다.

이 정의는 개별사회사업을 개별사회사업기관의 기능과 관련지우고 있고 또 클라이언트를 사회적으로 기능할 수 있는 존재로서 주체적 인간으로 취급한 것이 매우 특징적인 점이다.

이상의 정의를 정리하면 개별사회사업은 다음과 같은 일반적 특징을 가진다고 볼 수 있다.

① 개별사회사업의 대상은 문제를 가진 개인이다.
② 개별사회사업의 주체자는 문제에 대한 과학적 지식과 전문적 기술을 가진 전문가이다.
③ 그 방법은 대상에 따라 달라지는 개별적(case by case)인 것이다.
④ 개별사회사업은 성격의 성장, 발달과 환경에의 적응을 다루는 의식적인 노력이다.
⑤ 개별사회사업은 사회복지사와 클라이언트 간의 인간관계를 중요시하는 협동적인 활동이다.
⑥ 개별사회사업은 과정(process)이며 예술이다.
⑦ 예방보다는 치료적 입장에서 문제해결 및 재조정을 중요시한다.
⑧ 개인과 그의 사회환경과의 상호작용을 중요시하는 개인의 내면강화와 환경조정을 한다.
⑨ 클라이언트의 주체성을 인정한 측면적 도움이다.
⑩ 기관의 기능을 중시한다.

2. 개별사회사업의 구성

개별사회사업의 구성요소를 통해서 그 개념을 명백히 하려고 시도한 대표적인 학자는 Perlman이다. 그녀는 개별사회사업 실제의 내용과 특성을 명확히 하기 위해 "개별사회사업은 문제(Problem)를 가진 사람(People)이 일정 장소(place)에 오는데, 이곳에서는 전문적 대리인이 주어진 과정(process)을 통해 그를 돕는다(Perlman, 1957)"라고 하면서 기본적 구성요소로서 4P(Person, Problem, Place, Process)를 들어 개별사회사업을 고찰하는 단서를 제시하였다.

1) 사 람

여기서의 사람(person)은 일상생활의 사회적 측면이나 정서적 측면에 있어서 도움을 요하는 개인을 가리키며, 이 같은 사람을 개별사회사업에 있어서는 클라이언트라 부른다. "클라이언트"라는 말은 앞서 언급한 바와 같이 오랜 역사와 여러 가지 뜻을 가진 말이나, 개별사회사업에서 전문용어로 사용되기에 이른 것은 Richmond의 제창에 유래한다. 클라이언트라는 말은 물론 어떤 도움을 필요로 하는 사람이기는 하나, 보다 정확하게는 개별사회사업관계가 형성되어 어떤 도움의 단계에 들어간 대상이다. 이러한 사람은 도움을 신청한 신청자(applicant)이다. 그러나 도움을 받기 위해 찾아오는 사람을 포함하여 클라이언트라고 하는 것이 일반적이다. 인간은 누구나 현재로서는 도움을 필요로 하지 않지만 어느 때 다른 사람의 도움을 필요로 하게 될는지는 모른다. 이러한 면에서 모든 사람은 클라이언트가 된다. 이것은 현재 도움을 필요로 하고 있거나, 도움을 받고 있는 사람, 즉 실제적 클라이언트(actual client)와 현재는 별 문제가 없어 도움이 필요 없거나 문제가 있어도 여러 가지 이유에서 도움을 요청하지 않는 사람, 즉 잠재적 클라이언트(potential client)로 구별된다(Pincus & Minahan, 1973).

2) 문 제

개별사회사업의 대상인 클라이언트의 문제(problem)는 Richmond에 의하면 "사회환경과의 사이에 있어서 조정을 필요로 하는 적응이상의 상태"이다.

그리고 Hamilton에 따르면, 문제란 그 개인의 바람직한 생활에 지장을 주거나 방해가 되는 충족되지 못한 욕구불만(경제적 · 의료적 · 오락적인)이나 또는 그 개인이 사회적 역할을 수행함에 있어서 비효율적이거나 방해가 되는 긴장(심리적 · 사회적 · 신체적인) 같은 것들이다.

이러한 문제를 가진 개인은 그의 환경조건을 조정하거나 이와 병행하여 여러 가지 심리적 지지를 해줌으로써 적응을 도모할 수 있다.

3) 장 소

장소(place)란 문제를 가진 개인이 도움을 받으러 찾아오는 곳으로 사회복지기관을 의미한다. 사회복지기관의 목적은 원만한 개인생활 혹은 가정생활을 방해하는 특수한 사회적 결함을 가진 개인, 개인 대 개인, 개인 대 집단, 개인 대 사회환경 간의 관계의 불균형에서 비롯된 문제를 가진 개인을 돕는 것이다. 기관은 물질적 원조, 환경의 조정, 상담 및 심리적 도움 등을 주는 사회복지의 기능을 수행하는 것이다. 기관에 배치된 사회복지사는 클라이언트에게 기관의 기능을 현실적으로 가장 효과있게 활용하도록 도와주는 기관의 대표자이다.

4) 과 정

과정(process)이란 사회복지사와 클라이언트 간에 전문직업적 대인관계를 매개로 하여 도와주는 문제해결의 과정이다. 이 과정에서의 대인관계는 개인과 개인 간의 단순한 선심을 근거로 하여 결합된 것이 아니라 문제해결에 유익하도록 전문적으로 확립된 관계이며, 사회복지사의 지식과 기술에 의해 의식적으로 조작되어지는 대인관계인 것이다.

인간의 생활상의 문제들 중에는 그 문제가 저절로 해결되는 것도 있고 또 이와는 달리 어떤 해결노력을 매개로 하여 해결되어지는 것도 있다. 사회복지사가 만나는 개인은 자신이 문제를 해결할 능력을 상실했거나 또는 자신의 힘으로는 그 문제를 도저히 감당할 수 없는 사람들이다.

제2절 가족수준의 실천

1950년대에 여러 분야의 전문가들은 가족을 전체로서 다루어 준다면 많은 유용성이 있다는 사실을 발견하기 시작했다. 이 새로운 접근법에 공헌한 학자들로 John Bell, Nathan Ackermam, Theodore Lidz, Murray Bowen, Carl Whitaker, Gergory Bateson, Jay Haley, John Weakland, Don Jackson, Virginia Satir가 있다. 이들 대부분은 정신과의사였으나, Virginia Satir, Jynn Hoffman, Harry Aponte, Insoo Berg는 사회사업교육을 받은 가족치료사들이다(이윤로, 2006).

가족수준실천은 사회복지실천이 개인에게 초점을 두었던 1920년대까지는 거의 인식되지 않았으나 1940년대 기능주의 학파에서 그 중요성이 강조되기 시작하면서 1950년대 진단주의 학파의 학자들 사이에서 관심이 증가되기 시작하였다.

1960년대에 들어오면서 가족치료는 자아심리학의 적응개념, 위기이론과 생애발달과업, 체계이론, 의사소통이론 등에 영향을 받아 더욱 새로운 접근방법들이 형성되기 시작하였다(Scherz, 1967; 1970).

가족관계의 문제해결을 돕는 가족치료는 부부 사이의 갈등과 문제를 다루는 부부상담이 그 시초라고 볼 수 있다(Gurman & Kniskern, 1981 : 5).

1. 가족체계의 주요 개념과 특징

가족체계의 주요 개념은 가족항상성, 가족규칙, 가족경계선, 순환적 인과성, 가족하위체계, 환류경계개방체계와 폐쇄체계 등이 있는데 주된 내용은 다음과 같다(권육상·이태희, 2003; 정문자 외, 2007; 이영실 외, 2010; Pavlino and McCrady, 1978; Shazer, 1985; Berge, 1994).

1) 가족체계의 주요 개념

(1) 가족항상성

가족항상성은 체계로서의 가족이 구조와 기능에 있어서 균형을 유지하려는 속성으로 역동적 균형상태를 유지하기 위한 체계의 경향성을 말한다. 가족항상성은 위기이론과 관련이 있는데, 가족은 위기상황 이후에 정상적 기능수행으로 되돌아가려는 경향이 있다. 시회복지사는 상호작용패턴을 재조직하고 이러한 패턴을 조절하는 새로운 규칙을 만들어냄으로써 새로운 균형 상태를 유지하게 한다. 즉, 모든 가족구성원은 칭찬하거나 야단치는 것과 같이 상대방의 행동을 강화하는 피드백(feedback)을 통하여 가족의 균형을 유지하는 경향이 있다.

(2) 가족규칙

모든 가족은 일상생활을 영위해나가기 위하여 가정 안에서 힘을 어떻게 나누며 누가 어떤 일을 할 것인지의 규칙을 갖게 되며 가족구성원은 그것에 따라 행동한다. 가족 내에는 암묵적 규칙이 존재하며, 가족구성원은 규칙의 지배를 받는다. 또한 가족구성원의 반복되는 상호작용을 통해 규칙은 조직화되어 은연중에 불문율이 만들어진다. 그러므로 이러한 규칙을 알게 되면, 가족이 어떻게 서로 간의 관계를 규정짓고 있는지를 알게 된다. 따라서 가족치료에서는 가족의 성장과 성숙을 방해하는 가족의 역기능적 규칙을 찾아내어 이를 수정함으로써 가족구성원의 자유로운 성장을 도울 수 있다.

(3) 가족경계선

가족의 하위체계 간에 허용할 수 있는 접촉의 양과 종류는 경계로 구분된다. 경계는 가족과 하위체계의 독립과 자율성을 보호한다. 상호경계는 경직된 경계에서부터 산만한 경계까지 다양하다. 하위체계 간의 상호역동은 이 경계선이 명확한지(명확한 경계선), 밀착되어 있는지(밀착된 경계선), 분리되어 있는지(경직된 경계선)에 따라서 다르다.

(4) 순환적 인과성

가족 내에서 일어나는 문제는 원인과 결과가 순환적 관계를 형성하고 있다. 그러하기에 바람직하지 못한 가족의 연쇄고리라고 판단되는 악순환의 연쇄고리를 끊어 건강한 연쇄고리를 새롭게 만들어 주어야 한다. 가족 내 한 구성원의 변화는 다른 구성원을 반응하게 하는 자극이 되고 이 자극은 다른 가족에게 영향을 끼쳐 전체에 영향을 준다. 이 영향은 처음 변화를 유발한 구성원에게 다시 순환적으로 영향을 미친다.

(5) 가족하위체계

전통적으로 가족하위체계는 성, 세대, 일반적 관심(지적 능력, 사회적 능력, 책임) 등에 따라서 형성되고 구분된다. 가족 내의 대표적 하위체계는 부부, 부모-자녀, 형제-자매 하위체계를 들 수 있다. 부부 하위체계는 두 사람의 결혼과 더불어 형성된다. 부부 하위체계가 건강하게 기능하기 위해서 부부는 각자 원가족의 영향에서 어느 정도 독립적이고 적절히 분화되어야 한다. 부모-자녀 하위체계의 주요 기능은 자녀양육, 지도, 통제와 연관된다. 자녀는 부모의 부부관계에 개입되거나 부부 간의 갈등 때문에 걱정할 필요없이 부모의 자녀로서 독립적으로 기능하고 존재할 수 있다. 형제-자매 하위체계에서는 상호관계를 통하여 서로 지지하고, 분화하고, 희생자가 되기도 하는 과정을 통해 많은 것을 배운다. 협동, 협상, 강제, 반대, 친구 만드는 방법, 자신을 보호하는 방법 등을 배우며, 형제-자매 하위체계를 통해서 대등하지 않은 세력과의 관계에 적응하는 방법을 배우기도 한다.

(6) 환류

환류(feedback)는 정보의 투입에 대한 반응으로 행동하며 연속적인 행동을 수정하도록 그 행동의 결과를 새로운 정보로 포함시키는 것을 뜻한다. 체계는 목표와 관련된 환류를 외부환경으로부터 받아들이기 때문에 목적지향적이 된다. 부정적 환류는 체계가 목표를 성취하기 어려운 방식으로 행동하고 있다는 정보를 주어 목표와 조화를 이루도록 행동을 수정하게 하며, 긍정적인 환류는 지금의 적절한 행동을 더욱 요청한다는 의미를 전달한다. 체계는 환류로서 목표를 달성하기 위한 노력을 보다 더 효과적으로 조정할 수 있다.

(7) 경계

경계(boundary)란 체계를 외부환경으로부터 구분하는 일종의 테두리를 의미한다. 사회체계의 경계는 눈으로 보거나 만질 수 없고, 단지 그 체계를 구성하는 사람들이 서로에 대해 혹은 외부사람들에 대해 행동하는 방식에서 드러난다. 즉, 사회체계의 경계는 사회적 구조, 물리적 구조가 아니므로 경계를 유지하는 행동을 통해서만 드러난다. 사회체계의 경계는 두 가지 주요 기능을 가진다. 첫째는 그 체계의 정체성을 규정해 주며, 둘째는 주위환경과의 내적·외적 교환을 통제하는 한편, 부분적인 침투가 가능하며, 에너지와 정보의 전달이 가능하다. 그리고 경계는 체계를 외부환경으로부터 구분하는 일종의 테두리로서, 체계의 정체성을 규정해 주고, 주위환경과의 내적·외적 교환을 통제하는 기능을 한다.

(8) 개방체계와 폐쇄체계

체계는 일정 기간 동안 어느 정도의 안전성을 가지고 인과적인 관계 속에 직접 혹은 간접적으로 관련되어 있는 구성요소들의 복합체인데, 외부세계와의 관계를 기준으로 개방체계(open system)와 폐쇄체계(closed system)로 나눌 수 있다. 개방체계는 어느 정도 투과성이 높은 경계를 갖고 있는 체계이다. 개방체계는 성장과 발전에 필요한 정보나 에너지를 외부에서 자유롭게 받아들인다.

체계이론에서는 체계를 개방적인 것으로 본다. 체계의 계속성과 변화의 본질적인 요인이 환경과의 상호교환 속에 관여함을 의미한다. 개방체계는 환경으로부터 투입을 받아들이며 산출을 생산하여 환경으로 보낸다. 폐쇄체계는 다른 체계와 상호작용하지 않는다. 환경의 다른 에너지에 접근이 불가능하여 자체의 에너지만을 써야 하므로 번창할 수 없다. 폐쇄체계는 기간이 지남에 따라 에너지의 유입이 없어지면서 체계들의 분화가 적어지고 조직과 기능이 상실되거나 해체되는 경향이 있다. 이를 엔트로피(entropy)라고 한다.

2) 가족체계의 특징

가족을 하나의 체계로 보는 관점은 가족구성원 간의 상호작용뿐 아니라 가족과 주변환경과의 상호작용까지 모두 관찰하고 개입할 수 있다는 점에서 매우 유용하다. 가족은 가족구성원 개개인으로 구성된 전체이며, 지역사회를 구성하고 이에 적응하는 부분으로서의 체계이다. 즉, 가족은 사회체계의 한 유형이다. 가족구성원은 상호 의존하는 관계 특성이 있다. 체계 내 부분 간의 상호작용과 교류에 영향을 미치는 요소에는 대상과 속성, 관계, 환경이 있다. 대상은 가족구성원을 의미하며, 속성은 가족구성원의 자질이나 성격 특성, 그리고 가족이 지향하는 목표나 긴장을 의미한다. 관계는 가족체계 내 부분 간의 관계를 의미하며, 환경은 체계의 구성요소인 동시에 더 큰 사회체계로서 가족에 긍정적 혹은 부정적 영향을 미치는 이웃과 지역사회, 국가, 그리고 좀 더 광범위한 사회경제적·생태학적 체계를 포괄한다. 이러한 요소가 상호 호혜적 관계를 형성하는 정도에 따라 체계는 개방적이 되기도 하고 폐쇄적이 되기도 한다.

개방체계는 체계 내 여러 요소와 환경 간의 상호작용이 원활하게 이루어지고 이를 통해 변화를 지향하는 경우를 의미하며, 폐쇄체계는 상호작용이 잘 이루어지지 않아 에너지의 혼란상태를 이르는 것을 의미한다. 가족이 가족구성원 간의 상호 교류와 의사소통이 원만하고 상호 영향을 주고받는 개방체계일 경우에는 가족구성원의 성장을 가져다 주고 가족응집력을 높인다. 한 사람의 행동이 다른 가족에게 영향을 미치며 이는 반복적 상호작용 행동으로 유형화된다. 체계로서 통합성을 유지하는 한편 경계를 형성하여 외부체계와 구분되기도 한다. 가족의 상위체계는 지역사회, 확대가족이 있고, 하위체계는 부부 하위체계, 부모-자녀 하위체계, 형제-자매 하위체계 등이 있으며, 이 모든 체계들은 상호작용하면서 에너지를 교환한다(이영실 외, 2010; Pavlino & McCrady, 1978).

2. 가족체계에 대한 개입

지금까지 가족대상실천에서 유용하게 활용될 수 있는 다양한 가족치료모델들이 국내에 소개되어왔다.

Bowen의 세대 간 가족치료, Minuchin의 구조적 가족치료, Satir의 경험적 가족치료, 해결중심 단기가족치료 모델 등은 가족 및 가족의 증상에 대한 특징과 신념에 따라 독특한 기법을 활용하여 클라이언트 가족의 문제해결과 변화를 돕는다. 다음은 사회복지실천에서의 가족치료 특징과 주요 개념에 대한 내용들이다(이영실 외, 2010, 전재일 외, 2010; Satir, 1967; Minuchin, 1974; Bowen, 1975; Madanes & Haley, 1977).

1) Bowen의 다세대 가족치료

Bowen의 가족치료는 여러 가족치료접근 중에서 인간의 행동과 인간문제에 대해 가장 포괄적인 관점을 가지고 있다. 이 모델은 정신분석에서 출발하여 가족생활로 구체화되었으며, 하나의 독립된 가족치료모델로 발전하였다(Nichols & Schwartz, 1995). 그리고 이 모델의 주요한 전제로 개인이 성숙하고 건강한 성격으로 분화하기 위해서는 먼저 개인의 가족에 대한 미해결된 정서적 애착이 긍정적으로 해결되어야 한다는 것이다.

이 모델의 이론적 기반은 정신역동적인 접근법과 체계적 관점을 연결시킨 것으로 볼 수 있다. 치료의 초점은 개인이나 부부단위이지만 주로 다세대의 가족체계에 두고 있다.

Bowen 이론에서 가족내 문제의 핵심은 가족구성원의 불안과 정서적 융합에 있다고 한다. 그러므로 치료목표는 가족구성원의 불안을 감소시키고 자아분화 수준을 높이는 것이다. 가족체계가 변화하려면 폐쇄된 가족유대를 개방하고 삼각관계에서 벗어나야 한다. 이로써 개인의 자율성과 성장을 위한 조건이 만들어진다. 치료 시 증상들은 그다지 강조되지 않으며, 문제는 사람이 아니라 체계 안에 원래부터 있는 것으로 추정된다. 개인의 변화는 다른 사람과의 관계성 변화를 통하여 이루어진다고 본다.

Bowen의 다세대 가족치료모델은 체계역동 방향으로 증상을 이해하고 클라이언트로 하여금 자기발전을 향해 평생 노력하도록 격려하며, 실제로 가족과 접촉을 하면서 그들의 사고기능을 변화시켜 줌으로써 그들의 자아분화를 높이는 데 목적이 있다(전재일 외, 2010).

(1) 주요 개념

Bowen의 세대 간 가족치료의 주요 개념은 자아기분화, 삼각관계, 핵가족의 정서적 체계, 가족투사과정, 정서적 단절, 다세대전수과정, 형제순위 등이다(Bowen, 1975).

① 자기분화

자기분화(differentiation of self)는 정신 내적 측면과 외부관계적 측면을 모두 포함하는 개념으로, 자기분화란 한가족의 정서적 혼란으로부터 자신이 자유로워지는 과정을 말한다.

Bowen은 자기분화수준이 가장 낮은 상태를 0으로, 가장 높은 상태를 100으로 구분하여 그 수준을 평가하였다. 그리고 정서적·지적 기능을 0~25, 25~50, 50~75, 75~100의 범위로 구분하여 그 수준을 평가하였다.

② 삼각관계

Bowen은 삼각관계(triangulation)를 가장 불안정한 관계체계로 보았는데, 삼각관계는 불안이나 긴장, 스트레스를 일시적으로 감소시킬 수는 있으나 가족의 정서체계를 더욱 혼란스럽게 만들어 증상을 악화시킨다고 주장하였는데, 대부분의 가족문제는 삼각관계적 성격을 띠고 있다. 두 사람 사이에서 스트레스나 긴장관계가 발생했을 때 제3자를 두 사람의 상호작용체계로 끌어들여 긴장의 수준을 완화하려는 것으로, 가족의 분화수준이 낮을수록 삼각관계를 형성하려고 하는 것이다. 삼각관계에서 불안이 감소하게 되면 두 사람은 다시 친밀해지고, 제3자는 다소 불편함을 느끼는 방관자가 된다. 일반적으로 가족의 융합 정도가 높을수록, 즉 가족구성원의 분화의 정도가 낮을수록 삼각관계를 만들려는 노력은 더욱 강렬하다. 반면 가족구성원의 분화수준이 높을수록 삼각관계를 만들지 않고도 긴장을 다루고 불안을 관리할 수 있다.

③ 핵가족 정서과정

핵가족의 정서적 체계(nuclear family emotional system)의 개념은 단일세대가족 내의 정서적 기능의 형태를 설명한 것으로, 아버지, 어머니, 자녀 사이의 가장 기본적인 정서적 기능의 형태는 과거세대의 반복되는 것이며, 다음세대에서도 반복될 것이다. 여러 세대를 거치는 동안에 가족 내에서 전달되는 지식들은 과거와 같은 과정을 통하여 다음세대에 전달될 것이고, 제한 속에서 다음세대에 관하여 타당성 있고 정확한 예측을 할 수 있다. 다시 말하면, 해소되지 못한 불안들이 개인에게서 가족에게로 투사되는 것으로, 가족이 분화되지 않으면 부모와의 정서적 단절이 생기고 부모와 정서적 단절이 있는 사람이 결혼하면 다시 가족끼리 정서적 융합(부부 간의 갈등, 부부 간의 정서적 거리감, 자녀에게 문제투사 등)하게 된다는 것이다.

④ 가족투사과정

가족투사과정(family projection process)의 개념은 미분화된 아버지-어머니-자녀의 삼각관계에서 한 자녀 이상에게서 증상이 나타나는 것을 설명한 것이다. 가족투사과정에서 주요한 대상은 자녀를 낳고 주로 양육하는 어머니이다. 정서적 투사과정은 자녀에게 주요한 정서적 손상을 가져오며, 그것은 어떠한 결함이나 만성적 질병 혹은 무능성을 유발한다.

가족의 투사과정은 부부갈등, 한 배우자의 질병, 자녀에게 자폐증이나 심한 장애가 증상으로 나타나기도 한다. 이것은 미분화로 인해 증상이 나타나는 것으로서, 이때 자녀와의 미분화로 인해 자녀는 증상이 나타나고 부부는 표면적으로 건강해 보일 수 있다. 자녀에 대한 미분화 과정에서 처음에는 한 자녀에게 초점을 두지만 한 자녀에게 너무 정서적으로 몰두해 있을 때 그것을 줄이기 위하여 다른 방어기제(부부갈등이나 한 배우자의 질병 등)를 선택하게 된다. 이때 가족은 무질서와 혼란에 빠지게 된다.

⑤ 다세대 전수과정

다세대 전수과정(multiple transmission process)의 개념은 자녀들의 자기분화가 현재 속해 있는 세대에서만 형성되는 것이 아니고, 과거의 여러 세대를 거치는 동안에 전래되어 온가족 투사과정에서 형성되는 것을 설명하는 것이다. 핵가족에서 가족투사대상은 한 자녀이다. 정서적으로 부모의 분화수준과 관련된 자녀는 부모의 분화수준과 같거나 낮을 수 있다. 그리고 자기분화 정도가 높은 자녀는 부모보다 높은 수준의 분화를 가지게 된다.

⑥ 형제 – 자매 위치(출생순위)

Bowen은 형제－자매 위치(sibling position, 출생순위)와 형제들 간의 경쟁은 삼각관계에 초점을 맞추어 제시하였으며, 동일한 사건에 대해서 형제들마다 경험하는 것이 다르기 때문에 가족구성원의 특징적인 성격은 출생순위에 의해 결정된다고 한다. Bowen은 출생순위 또는 형제－자매 위치가 가족의 정서체계 안에서 특정한 역할과 기능을 한다고 보고, 배우자의 상호작용 역시 그들의 원가족에서의 형제－자매 위치와 관련이 있다고 보았고 가족의 투사과정이나 자기분화의 개념에 응용한 것이다.

⑦ 정서적 단절

정서적 단절은 세대 간의 불안을 처리하는 방법으로써 해결되지 못한 정서적 애착으로부터 도피하는 것을 의미한다. 사람들이 그들의 부모와의 관계에서 과거에 해결하지 못한 정서적 애착을 처리하는 과정을 다루는 것이다. Bowen은 분화과정, 정서적 단절을 부모로부터 격리, 위축, 멀리 달아나는 것, 부정, 혹은 거부하는 것으로 정의하였다. 해결하지 못한 정서적 애착은 부모와 함께 사는 동안에 부모를 거부하는 자신을 격리시키며 부모로부터 멀리 떠나거나 함께 살면서 정서적으로 고립되는 것으로 나타난다.

정서적 단절은 서로 정서적 의존성과 불안이 높은 가족에서 빈번하게 발생한다. 잘 만나지 않던 가족이 추석이나 설과 같은 명절에 만났을 때 가족 간의 다툼으로 인한 사건이 많은 것도 분화수준이 낮은 가족들이 한 자리에 모임으로써 불안수준이 급격하게 높아지기 때문이다. 그리고 정서적 단절 역시 세대 간 전수 가능성이 있다. 정서적 단절을 피할 수 있는 방법은 원가족과 접촉하고 분화를 촉진함으로써 원가족과의 미해결된 애착을 해소하는 것이다.

(2) 대표적 기법

가계도, 삼각관계로부터의 분화, 가족조각, 관계경험, 코칭, 자기입장 취하기, 자신의 이야기 들려주기 등이 있다.

2) Minuchin의 구조적 가족치료

1970년대 Minuchin에 의하면, 개발된 구조적 가족치료는 가장 영향력있는 가족치료모델 중의 하나이다. 이 모델에서는 가족을 하나의 기본적인 구조로 보고, 가족 안에서 일어나는 복잡한 상호작용들은 때때로 예측할 수 없는 방향으로 문제를 야기한다고 본다. 또한 가족 내에는 가족구성원의 상호작용패턴과 지속적이고, 반복적인 가족행동의 패턴이 있으며, 세대관심 등으로 구분되는 다양한 하위체계가 있다(Nichols & Schwartz, 1995). 따라서 구조적 가족치료는 가족구조(family structure)의 중요성을 강조하고 있고, 하위체계 간의 명확한 경계를 확립하는 활동에 주로 관여하고 있다.

구조적 가족치료의 특징은 치료목적을 구조적 변화에 두는 것이며, 사회복지사는 가족이 재구조화해가는 과정에 적극적 자세로 개입한다. 구조적 가족치료는 기능적이고 역기능적인 가족구조를 가족체계, 위계질서, 규칙, 역할, 협상과 조정으로 명확하게 규정함으로써 가족구조의 맥락 안에서 변화를 시도하려는 접근방법이다.

(1) 주요 개념

① 경계

경계는 다른 사람들과 접촉하는 수준을 규제하는 눈에 보이지 않는 장벽으로 개인, 하위체계, 전체가족은 대인관계상의 경계에 의해 구분된다. 경계는 위계와 거리를 조정하면서 가족, 개인, 하위체계의 자율성을 보호한다. 따라서 경계는 가족의 상호작용과정에 구성원의 누군가가 어떠한 방법으로 참가할 수 있는가에 대한 규약이라고 볼 수 있다.

경계는 체계 간의 차이를 보호하는 기능을 말하는데, 가족의 기능이 원활히 수행되려면 체계 간의 경계가 명확해야 하며 가족 내 경계의 명확성은 가족의 기능을 평가하는 척도가 된다. 경계는 가족의 상호작용과정에 있어서 구성원 중 누가 어떻게 참가해야 하는지를 규정하는 규칙이다. 대개 경계선은 명확한 경계, 혼동된(밀착된) 경계, 경직된 경계 등 3종류로 분류한다.

② 하위체계

Minuchin은 하위체계 주변의 경계를 명백히 하는 것은 새로운 체계를 만드는 것보다 더 중요하다고 하였으며, 또한 그는 가족구조 내에서 부모적인 자녀의 불분명한 경계선, 역할, 기대, 세력, 권위로 인하여 발생하는 가족구조상의 문제에 특별한 관심을 두고 연구하면서 치료기술을 발전시켰다. 가족체계는 각각 하위체계가 있으며 다른 체계와는 구별되는 기능을 하는데, 하위체계에는 부부 하위체계, 부모-자녀 하위체계, 형제 하위체계 등이 있다.

③ 제휴

제휴(alignment)란 안정된 결탁(stable coalition), 삼각관계(triangulation), 우회적 결탁(detouring coalition)을 말하며, 이는 다른 사람이 활동하는데 있어 체계의 한 가족구성원이 합류되거나 대항하는 것을 의미한다. 다시 말하면, 2명의 가족구성원 혹은 하위체계들이 협력적으로 상호작용하는 것이다. 긍정적 제휴는 가족 혹은 개인의 복지에 기여하지만 부정적 제휴는 경직되고 배타적인 성격을 지니며 가족의 문제를 야기한다(Pavlino and McCrady, 1978). 다시 말하면, 제휴는 가족체계의 한 개인이 다른 구성원의 활동에 협력하거나 반대하거나 하는 관계를 가지는 것으로, 제휴의 유형으로는 연합과 동맹이 있는데 연합은 두 사람이 제3자에게 대항하기 위해 제휴하는 것이다. 동맹은 제3자와는 다른 공동의 목적을 위해 두 사람이 제휴하는 것으로 반드시 제3자와 적대적 관계에 있지는 않다.

④ 세력

세력은 가족 개개인이 상호작용을 통해 다른 사람에게 미치는 영향을 의미하는 것으로, 절대적인 권한을 의미하는 것은 아니다. 그리고 제휴는 가족구성원들이 적극적, 수동적으로 조화를 이루는 방법에 의해 만들어진다.

세력(power)과 관련된 기본적이고 구조적인 문제는 체계 내에 기능적인 세력의 부족과 연관이 있다. 세력과 관련된 구조적 문제는 첫째, 체계 내에서 기능적인 세력의 부족인데 세력행사능력이 부족하거나 가족구성원이 세력행사를 허용하지 않는 세력이 없는 것을 의미하며, 둘째, 발전할 수 있는 잠재능력을 억제하는 것으로 연령에 부적절한 방법으로 행동하도록 강요하는 것을 의미한다(Minuchin, 1974).

⑤ 가족구조

가족구성원들이 다른 구성원과 관계하는 방법을 조직하는 기능적 차원으로, 가족구조를 사정하는 질문으로는 가족구성원들은 언제, 어떻게, 누구와 상호작용을 하는가, 가족구성원 간 상호작용유형은 어떻게 유지되는가 등이 있다.

가족구성원들이 상호작용하는 조직화된 패턴인 가족구조는 결정론적인 개념이긴 하나, 그것이 행동을 규정하거나 합법화하지 않는다. 가족구조는 일반구속(universal constraints)과 특이구속(idiosyncratic constraints)이 있는데 전자는 모든 가족의 부모와 자녀들은 서로 다른 양의 권위를 가지고 일련의 계층적 구조를 가진다. 후자는 가족구성원들이 서로 다른 상호 보완적인 기능을 가진다. 만일 한쪽의 부모가 책임감이 강하고 유능하면 다른 한쪽은 그렇지 못한 경우가 많다. 이때에 유능한 사람이 아프다거나 어떤 면이 부족하면 다른 한쪽이 그것을 떠맡게 된다(Pavlino & McCrady, 1978).

⑥ 가족적응

Minuchin은 가족체계 내에서 다음과 같은 네 개의 차원에서 긴장이 발생된다고 보았다. 첫째, 한 가족구성원이 가족 외부의 세력과 접촉할 때이며, 둘째, 가족 전체가 가족 외부의 세력과 접촉할 때이며, 셋째, 가족의 발달단계상의 과도기일 때이며, 넷째, 한 가족구성원이 갖고 있는 특정한 문제일 때 긴장이 야기될 수 있다고 보았다(Minuchin, 1974).

(2) 대표적 기법

시연, 경계선 만들기, 긴장고조, 과제부여, 증상활용, 균형 깨뜨리기 등이 있다.

3) Satir의 의사소통 가족치료

Satir가 개발한 의사소통 가족치료모델은 개인이 그들 자신의 내적 경험을 개방하여 가족과 자유롭게 상호작용할 때에 개인뿐만 아니라 가족이 함께 기능하고 성장한다고 보고 있다. 이 모델의 이론적 배경은 행동이론보다 현상학적 이론에 더 많은 영향을 받았으며 자아심리학, 자기개념, 자기존중의 개념과 Jackson과 Haley의 기본 개념을 기초로, 실제 가족치료에 있어 가치와 철학을 중요시하였다(Walsh, 1982).

의사소통 가족치료모델의 목표는 개인의 자아성취와 가족강화이다. 이를 위해서 가족구성원들이 정서적으로 건강해지는 방법은 인간에게 내재되어 있는 자아성취에 대한 잠재력을 경험하는 것이라고 한다.

따라서 가족구성원들은 첫째, 그들 자신과 타인에 대해 보고, 듣고, 느끼고, 생각하는 것에 대해 다른 사람 앞에서 적절하고 정직하게 말할 수 있어야 한다. 둘째, 각 개인은 그 자신의 독창성을 가지고 있기 때문에 힘의 측면에서보다 탐구와 교섭의 측면에서 의사결정이 이루어져야 한다. 셋째, 성장을 위해 서로의 차이점을 개방적으로 인식해야 한다(송정아 · 최규련, 1998).

Satir(1967)의 의사소통 가족치료는 전통적 의료모델이 아니고 성장모델(growth model)이다. 이 모델에서 병리는 성장을 위해 잠재력을 발휘하지 못하는 능력부족과 관련하여 본다(Satir & Baldwin, 1983).

가족치료의 개입목표는 가족과 개인의 상호작용이나 경험 등을 변화시킴으로써 성장할 수 있는 경험을 하게 하는 것으로, 가족사회복지사는 개입과정 내 가족구성원의 자기존중을 사정하고 재구성하는 노력을 한다. 즉, 정서가 메말라 있고 회피와 자기방어적인 역기능적 가족을 가족구성원이 서로의 성장을 돕는 건강하고 정상적인 가족으로 변화시키는 것이다. 또한 가족이 자신들이 사용하는 역기능적 의사소통 유형을 인식하도록 하여, 자신과 상대방의 자기존중을 향상시키면서 감정이나 생각을 1차적 의사소통유형에 의하여 전달할 수 있도록 돕는다.

(1) 주요 개념

① 자기존중

자기존중(self-esteem)은 Satir 이론의 핵심적인 개념이다. 사람은 자기존중의 감정없이 성숙할 수 없다. 가족체계 내의 의사소통은 가족체계 내에서 개인들의 자기존중 형성에 영향을 미친다. Satir는 자기존중 개념이 인간의 기본욕구이고, 성(sex)은 기본 욕구가 아니라는 것을 발견하였다. Satir는 성적욕구는 계속적으로 종속적인 것이어서 자기존중 감정이 높은 사람은 남성이나 여성으로서의 정체감이 있고 성숙하며 창의력이 있다.

Satir의 성장모델은 개인의 낮은 자기존중을 회복시켜 자신의 가치를 인정하고, 보유하고 있는 장점과 자원을 발견하고 활용하도록 함으로써 문제 상황에 잘 대처할 수 있게 한다. Satir는 자기존중에 대한 개념을 자기, 타인 그리고 상황의 세 요소로 설명하고 있다.

② 의사소통

Satir는 사람들이 긴장할 때 보여주는 의사소통 및 대처유형을 관찰한 결과, 긴장을 처리하는 방식에 공통점이 있음을 발견하였다. 자아존중감이 낮으며,

불균형적인 상태에 있을 때 주로 이러한 방식이 나타났는데, Satir는 이들 유형을 네 가지로 나누었다. 이러한 네 가지 유형은 역기능적 의사소통 유형(비난형, 회유형, 초이성형, 산만형)이며 주로 자아존중에 문제가 있음을 의미한다. 그리고 모든 의사소통 기술과 유형은 어려서부터 부모와 가족들의 훈련과정을 통하여 학습된 것으로서 새로운 학습과 필요에 따라 변화할 수 있다는 것을 전제로 하였다. Satir의 의사소통유형, 즉 기능적 의사소통과 역기능적 의사소통유형을 정리하면 다음과 같다(Satir, 1975; Bosch, 1977; 이영실 외, 2010, 전재일 외, 2010).

㉠ **회유형** : 회유형(placate type)의 의사소통은 다른 사람과 상호작용하는 상황은 존중하지만 자기 자신의 가치나 진정한 감정은 무시한다. 다른 사람들의 모든 요구를 거의 수용하고 들어주면서 그들 자신을 부인하며 자신은 별로 중요하지 않다는 메시지를 다른 사람에게 준다.

㉡ **비난형** : 비난형(blame type) 의사소통은 회유형과 정반대로 다른 사람들을 무시하고 비난하며 오로지 자기 자신과 상황에만 가치를 둔다. 자기 자신은 힘이 있고 강한 사람으로 인식되기를 원하는 반면, 그들의 감정은 경직되어 있고 융통성이 없으며, 독선적이고 명령적이다.

㉢ **초이성형** : 초이성형(super-reasonable type) 의사소통은 비인간적인 객관성과 논리성의 소유자이며 자신과 다른 사람을 과소평가하고 상황만을 중요시 여긴다. 그들은 자신과 다른 사람의 감정을 거부하며 어떤 감정도 내보이지 않고 매우 정확하고 이성적이며 냉정하고 차분하며 침착하다. 그리고 객관적이고 합리적인 의사소통패턴을 선택한다.

㉣ **산만형** : 산만형(irrelevant type)은 초이성형의 정반대 유형으로 토론하고 있는 주제로부터 다른 사람들의 관심을 분산시키려고 끊임없이 움직인다. 그들은 생각이나 주제를 자주 바꾸고 어떤 특정한 주제에 주의집중을 못한다.

㉤ **일치형** : 일치형(congruent type)의 사람들은 자신과 타인, 상황 모두를 존중하며 신뢰한다. 개인의 특성을 존중하고 자신의 내적·외적 자

원들을 사용하며 대화가 개방적이다. 자신과 타인을 사랑하며 변화에 대하여 융통성이 있고 상황을 아는 위치에서 반응하기를 원한다. 일치된 말과 일치된 정서를 사용하며 일반적으로 현재의 메시지를 일관성 있게, 정확하게 전해준다.

특히 이 모델에서는 치료자가 가족 간의 의사소통을 새롭게 창조하도록 도우며, 가족구성원들이 그동안 경험한 것을 변화하고 변형시킬 수 있도록 돕는다. 이 모델에서는 어떤 사건이나 문제의 내용보다는 과정 그리고 경험 자체보다는 경험의 영향을 다루고 있다(송성자, 1991). 그리고 모든 의사소통은 학습되어지는 것이기 때문에 의사소통유형은 변화될 수 있다(Satir, 1972)고 믿는다. 그러므로 치료자는 가족구성원의 부정적인 의사소통을 변화시키기 위해서는 주로 가족들의 대화내용 저변에 있는 역동성과 잠재력을 끄집어내고, 적극적인 질문, 유머와 비유, 은유적 표현들을 사용하며, 치료자 자신이 개방적이고 직접적인 의사소통의 모델이 되어야 한다.

③ 가족규칙

Satir는 누가 무엇을 근거로 가족규칙(family rules)을 만들었으며, 그 규칙들이 어떠한 영향을 행사하며, 규칙을 어길 때 어떻게 반응하는가 등을 중요시하며 진단과 치료에 활용했다. 가족은 경제, 가사, 개인 욕구와 관련된 계획, 권리침해 등과 같은 집에서 함께 생활하는 데 필요한 규칙을 가지고 있지만, 대부분 처음부터 명확하게 만들어진 것이 아니라 반복적이고 상호작용적인 일상의 경험을 통하여 만들어져 어려움에 대처하거나 극복하는 행동유형의 일부분이 된다. 가족규칙은 명시적이거나 또는 암시적일 수 있지만 힘이 강하고 성장경험과 학습에 지대한 영향력을 미친다.

(2) 대표적 기법

가족조각, 재정의, 은유, 역할극, 유머, 접촉, 가족그림 등이 있다.

4) 해결중심 단기가족치료

해결중심치료 모델은 1970년대 초에 De Shazer와 Insoo Kim Berg와 동료들이 발전시킨 방법으로서 전략적 가족치료이론에 뿌리를 두고 있으며(Eron & Lund, 1996), Erikson의 가치, 철학, 기술, 전략(Quick, 1996; Eron & Lund, 1996), Gregory Bateson의 이론적인 개념의 영향을 강하게 받았다. 이 모델은 미국 Palo Alto에 있는 정신연구소(Mental Research Institute : MRI)에서 시작한 단기치료 접근법을 모태로 하고 있고, 문제보다는 해결을 중시하는 입장이다. 해결지향적 질문을 통해 클라이언트와 함께 긍정적 목표를 세우고 목표성취를 위해 협력적으로 작업한다.

이 치료모델은 인간의 강점과 무한한 잠재력에 초점을 두고 자신에 대한 예언을 실현하도록 돕고, 일반적으로 치료횟수를 15회 이내로 제한하며, 치료 간격은 1주에서 6주의 간격을 둔다. 그리고 작은 문제의 해결에 대한 변화와 성공적인 경험을 하기 시작하면 점차로 보다 큰 문제 해결책을 더 쉽고 빠르게 발견할 수 있다는 가정에 기초해서, 작은 변화가 시작되면 사람들은 낙관적이고 문제해결에 대해 자신감을 느끼며, 이러한 변화는 가족원 간에 역동적으로 나타난다(Berg & Miller, 1992).

변화에 관한 이런 과정과 철학을 기초로 이 치료모델은 낙관적 현실을 창조하고, 작은 변화에서 시작해서 큰 변화를 가져오도록 하는 여러 질문기법과 과제를 주는 패턴들을 개발하였다. 이 모델은 문제의 원인을 가족이나 개인 내부에서 찾기보다는 자신의 삶을 개선하도록 그 사람의 능력을 강화시키는 데 중점을 둔다.

해결중심치료는 다른 치료모델과 달리 치료기간이 짧으면서도 치료자들이 일련의 질문기법과 과제부여기법들을 활용하여 클라이언트를 강화하는 데 효과가 크고, 전체가족이 참여하지 않아도 적용할 수 있는 장점이 있다(전재일 외, 2010).

해결중심 단기가족치료는 클라이언트가 자신의 문제에 관하여 가장 많이 알고, 해결방안을 찾을 수 있는 능력이 있다고 보기 때문에 해결방안 모색에서 클라이언트의 자율적 협력을 중요시한다(Shazer, 1985; Berge, 1994). 클라이언트가 갖고 있는 자원을 최대한 활용하며 문제의 원인을 파악하기보다는 문제를 해결할 수 있는 현재나 미래 상황에 초점을 두며, 클라이언트가 언어를 사용하여 자신의 현실을 구성한다는 가정을 갖고 있다. 또한 치료자는 직접적으로 지시하고 가르치기보다는 가족 그 스스로 문제해결의 방안을 찾아내고 사용할 수 있도록 원조한다.

(1) 주요 개념

① 탈이론적, 비규범적, 클라이언트의 견해 중시

이 개념은 인간행동에 대한 가설적 이론에 틀에 맞추어 클라이언트를 사정하고 평가하지 않는다. 클라이언트가 호소하는 모든 불평과 해결책을 수용하고, 독특성을 최대로 존중하여 개별화된 해결책에 도움이 되는 모든 방법과 기술을 절충적으로 사용하려고 노력한다. 따라서 클라이언트의 견해는 액면그대로 수용되어 진정한 클라이언트 중심의 치료접근이 가능하다.

② 간략화

해결중심 단기가족치료는 치료목적을 달성하기 위해 치료방법의 경제성을 추구한다. 경제성은 복잡한 것에서 단순한 것으로 접근하는 것이 아니고, 단순한 것에서부터 복잡한 것으로 치료함으로써 성취한다. 복잡한 것은 필요한 때에만 다룬다. 작은 변화는 큰 변화를 이끈다. 치료목표는 클라이언트가 달성할 수 있는 작은 것으로 세우는 것이 중요하다. 치료는 파급효과를 가져오며 작은 변화가 큰 변화를 이끈다고 믿기 때문에 치료개입은 가장 단순한 것에서부터 시작한다.

③ 변화의 불가피성

해결중심 가족치료에서는 이러한 예외적인 상황을 탐색하고 문제상황과의 차이점을 발견함으로써 문제가 발생하지 않는 상황을 증가시키는 것이다. 따라서 사회복지사의 역할은 긍정적인 변화가 일어나도록 돕고 이를 해결책의 구축으로 이어지게 하는 것이다.

④ 현재와 미래지향성

해결중심 단기치료에서는 과거에 관하여 깊이 연구하지 않으며, 현재와 미래에 적응하는 것을 돕는 데 관심을 둔다. 즉, 클라이언트를 과거와 문제로부터 멀리하고, 미래에 해결방안을 구축하는 데 관심을 집중하도록 한다. 그러므로 치료면담과정은 클라이언트로 하여금 과거와 문제로부터 멀어지게 하고 미래와 해결책을 구축하는 데 집중하도록 한다.

(2) 대표적 기법

면담 전 변화에 관한 질문들, 예외질문, 기적질문, 척도질문, 대처(극복)질문 등이 있다.

5) 전략적 가족치료

전략적 치료는 원래 Haley(1973)가 Milton Erickson의 관점과 개입방법을 "전략적 치료(strategic therapy)"라고 명명한 데서 비롯되며, Erickson의 전략적 접근을 사용하여 제시된 문제를 해결하는 특성을 갖는 치료모델을 통칭하는 말이다. 정신 연구소(Mental Research Institute : MRI)에서는 문제를 가진 사람을 체계와의 연쇄과정에 고착되어 있다고 보기 때문에 개인의 성격이나 정신 내적 측면을 중요시하지 않으며, 가족의 상호작용체계 진단에 초점을 둔다(Bodin, 1981). 즉, 가족의 문제나 증상의 원인을 "잘못된 문제해결책(bad attempted solution)"에서 찾는다.

전략적 치료자들은 클라이언트 통찰을 통한 성찰이나 이해의 변화보다는 행동의 변화를 일으키는 데 관심이 더 많다. 즉, 문제행동을 변화시키는 해결방법을 기술하는 데 초점을 맞추고 있다. 전략적 가족치료에서는 문제해결에 초점을 두어 개별 가족구성원들의 정신 내적 과정에 대해 거의 고려하지 않는다. 전략적 가족치료자는 특정의 문제를 해결하기 위한 다양한 전략을 사용하며, 이론보다는 치료기법에 대해 주로 기술한다. 전략적 접근의 특성은 문제해결을 위한 새로운 전략을 고안하는 것이며, 다른 이론보다 상당히 단순하고 실용적이다(Madanes & Haley, 1977).

전략적 치료는 문제에 대한 통찰력을 얻는데 소요되는 시간을 줄여 치료기간을 단축함으로써 단기치료의 틀을 마련하였다. 그리고 치료자들은 치료결과에 책임을 지고, 클라이언트의 통찰이나 이해보다는 가족원 서로가 관계를 맺는 방식을 변화시키기 위하여 고안된 지시기법을 선호한다. 대부분의 전략적 가족치료는 주 1회 간격으로 총 10~15회의 치료를 실시한다. 그러나 목표달성 방법, 변화의 지속 정도, 치료자의 책임 등에 대해서는 각 접근마다 다른 입장이다.

(1) 주요 개념

① 관계규정

관계규정(defining a relationship)은 가족구성원들이 일치하지 않는 메시지로 의사소통을 하게 되면 위계질서의 혼란을 가져오게 되고, 관계의 문제를 겪게 된다. 헤일리는 관계를 대칭적 관계, 보완적 관계, 초보완적 관계로 규정하고 있다. 대칭적 관계는 권력과 지위가 거의 비슷한 두 사람이 상대방을 비판하고 충고하는 등의 행동을 교환하는 관계를 말하고, 보완적 관계는 한 사람이 우월한 지위에서 충고하며 지시하는 반면, 다른 사람은 종속적 지위에서 상대방의 요구와 지시를 수용하고 순종하는 관계를 말한다. 초보완적 관계는 권력이나 지위가 낮은 사람이 실질적인 통제권을 갖고 있는 관계로, 지위가 낮은 사람이 지배적인 위치에 있는 사람을 통제함으로써 관계규정에서 오히려 주도권을 잡고 있는 경우를 말한다.

② 관계조정

관계조정(control in relationship)을 위한 권력다툼은 관계를 규정하려는 시도나 전략을 통제하기 위한 싸움이다. Haley는 관계의 성격을 규정하기 위한 과정인 권력다툼으로 인하여 증상이 야기되기는 하지만, 이러한 증상이 가족의 항상성을 유지하는 데 지대한 공헌을 한다고 보았다. 관계통제를 위한 권력다툼은 가족구성원 간의 관계에서만 일어나는 것은 아니며, 클라이언트와 사회복지사의 사이에서도 일어난다. 사회복지사는 클라이언트를 변화시키기 위해서 클라이언트와의 관계를 통제할 수 있어야 한다.

(2) 대표적 기법

지시기법, 역설적 개입(처방, 제지, 재정의, 가장기법), 시련기법 등이 있다.

제3절 집단수준의 실천

1. 집단의 개념

사람은 사회적 동물로 가족, 친구 등 다양한 유형의 집단과 상호작용하면서 살아간다. 일반적으로 집단이란 두 사람 이상의 사람들의 모임이라고 볼 수 있다. 집단은 적어도 집단 일부 구성원이 서로 타인의 존재를 알고 있으면서, 직접이든 간접이든 서로 영향을 미치고 상호작용하며 구성원이 동일한 집단의 범주에 소속된다고 인식하는 두 사람 이상의 집합체라고 할 수 있다(한덕웅, 2002).

또한 집단은 성원이 소속감을 가져야 하며 공동의 목적이나 관심사를 가져야 하며 집단성원끼리 정서적 결속과 함께 상호 의존적이며 상호작용이 이루어져야 한다. 또한 집단은 성원의 기능과 역할을 규제하는 규범을 가져야 한다. 집단은 다른 사회체계와 마찬가지로 구조를 가져야 하며 집단성원의 개별목표와 집단 공동의 목표성취를 위해 상호작용하는 성원을 지지하고 격려하는 힘을 가졌으며 이들의 성장과 발달을 촉진하는 환경이 된다(설진화, 2008).

따라서 집단은 2인 이상의 일정한 구성원을 갖고 있으며 구성원은 소속감과 공통의 목적이나 관심사를 가지고 구성원 간의 정서적 결속과 상호 의존적이며 상호작용이 이루어지고 집단의 규범을 갖고 있는 인간의 집합체라고 말할 수 있다.

2. 집단사회사업의 정의 및 가치

집단사회사업의 정의, 목적, 실천방법 및 기술에 대해 분명한 정의를 내리기는 어렵다(Alissi, 1980 : 5-35). Vinter, Rose, Sarri 등은 소집단에서 개인적 변화의 기술에 초점을 두어 사람들의 소집단을 지도하는 것이라고 보고, 어떤 학자들은 전문가가 클라이언트의 개인적 욕구를 충족하도록 돕고, 기관 혹은 단체가 그 자체의 목표를 달성하도록 돕는 전문가 치료집단 및 과제집단과의 실천을 의미하는 것으로 보기도 한다. 집단사회사업에 대한 다음의 정의는 초보 실천가가 집단사회사업의 범위를 이해할 수 있도록 정의하고 있다.

"집단사회사업은 사회·정서적 욕구를 충족시키고, 과제를 수행하는데 목적을 둔 인간의 소집단들과의 목표지향적 활동이다. 이러한 활동은 집단의 각 구성원과 서비스 전달체계 내에서 전체로서의 집단에 지향되어 있다."

이 정의는 계획적이고 질서정연한 전문가의 활동이 인간과의 전문적 실천의 맥락에서 수행되는 목표지향적 활동으로 집단사회사업을 설명하였다. 목표지향적 활동은 여러 가지 목적을 가진다. 예를 들면, 집단사회사업전문가들은 구성원을 재활시키고, 교육하고, 사회화와 성장을 돕는 것을 목적으로 할 수 있다. 전문가는 또한 구성원이 집단발전을 위한 책임감을 증가시킬 수 있도록 구성원의 지도력 개발을 도울 수 있다. 동시에 전문가는 집단이 사회적 환경을 변화시킬 수 있도록 해야 한다. Siporin, Pincus와 Minahan, Klein 등은 실천적 견해로서 상황 속의 인간을 강조하였다.

집단사회사업에 대한 대부분의 정의는 전문가가 어떤 집단에서 이중의 초점을 가져야 할 것을 강조한다. 즉, 각 성원과의 목표지향적 활동과 전체로서의 집단과의 목표지향적 활동이다. 중요한 클라이언트 체계로서 각 성원을 강조하는 학자들은 보통 전체로서의 집단을 중요하게 고려한다. 중요한 클라이언트 체계로서 집단에 초점을 두는 학자들은 흔히 각 성원의 욕구, 관심사 및 목표의 중요성을 강조한다. 각 성원과 전체로서의 집단은 모두 생활경험, 발달양상, 욕구, 목표, 그리고 각기 특징적인 행동양상을 가진다. 그러므로 전문가는 전체로서의 집단과 각 집단성원 모두에게 주의깊은 관심을 기울여야 한다(전재일 외, 2010).

모든 사회복지사들이 가지는 전문적 가치 이외에 집단사회사업의 중요한 가치에 대해 Konopka(1963)가 다음 다섯 가지를 인정해야 한다고 하였다.

① 집단 내에서 인종, 종교, 연령, 국적, 그리고 사회계층이 다른 사람들 간의 긍정적 관계와 참여
② 참여하는 민주주의 원리에 반영된 협동과 상호결정의 가치
③ 집단 내에서 개인 창의성의 중요성
④ 각 성원 혹은 전체로서의 집단에 관한 일에 관하여 사고와 감정을 표현하고, 집단의 결정과정에 관여할 권리를 가지는 것을 포함하여 참여할 자유의 중요성
⑤ 각 성원의 독특한 관심이 표현될 만큼 집단 내의 고도의 개별화의 가치

이러한 가치는 사회복지실천의 다른 면에서도 존재하지만 집단사회사업에서 가장 중요시되고 있다. 성원들은 실천적 상황에서 나오는 가치 이외에 그들 자신의 가치를 집단에 가지고 온다. 각 개인은 독특한 가치체계를 가지며, 모든 집단성원들에게 일반적이거나 공통적인 가치체계를 동일시하는 것은 불가능하다. 흔히 성원들은 그들 자신의 가치에 관하여 명확히 인식하지 못하거나 세심한 주의를 기울이지 않는다. 전문가의 과제의 일부는 성원들이 그들의 가치를 명확히 하도록 돕는 것이며, 그리고 각 성원들 간의 가치갈등과 전체로서의 집단 내부의 가치갈등을 확인하고 해결하는 것이다(전재일 외, 2010).

3. 집단사회사업의 목적

Klein(1972)은 집단사회사업의 일부분이고 그들의 대인관계에 있어서 그리고 그들의 환경과의 참만남에 있어서 개인을 돕는 사회복지사의 역사적 임무에 적합한 8가지의 특별한 목표를 제시하고 있다.

1) 재 활

재활(rehabilitation)의 과정은 사람이나 일이 이전의 능력 또는 수준으로 회복하는 것을 의미한다. 사람의 재활은 감정적 또는 정신적인 어려움이나 행동에 관한 것이라 할 수 있다. 그것은 또한 어떤 태도나 가치를 변화시키는 수단에 관한 것이라 할 수 있다.

2) 교육훈련

교육훈련(habilitation)과정은 치료(treatment)보다는 오히려 성장과 발달을 의미한다. 교육훈련이라는 용어는 어려움을 가진 어떤 개인들이 어렸을 때 행동하는 법을 배운 적이 결코 없었을지도 모른다는 사실을 제시한다. 그래서 그들은 '재활'이라는 용어가 의미하는 것으로 회복될 수는 없다.

3) 교 정

교정(correction)의 과정은 사회법(social law) 혹은 사회적 관습에 대해 어려움을 가지고 있는 사람들과 범법자나 폭력자를 돕는 것을 의미한다.

4) 사회화

사회화(socialization)의 과정은 사람들이 사회적으로 기대되어지는 것을 행하는 방법 그리고 다른 사람들과 같이 살아가는 방법을 배우도록 돕는 것을 의미한다. 관련된 용어인 재사회화는 개인은 퇴보하고 다시 훈련받을 필요가 있다는 사실을 암시한다.

5) 예 방

예방(prevention)의 과정은 어려움이 일어나기 전에 그 어려운 문제를 미리 처리하고 사람들이 필요로 하는 환경적 영양물을 제공하는 것을 의미한다. 집단의 예방적 목적은 집단성원이 개인적 혹은 사회적 기능에 있어서의 퇴보의 위험에 직면한 상황에서 명백하다.

6) 사회행동

사회행동(social action)을 격리하는 과정은 사람들이 대처하고 적응하는 것 이외에 그들의 환경을 변화시키는 것을 배우도록 돕는 것을 포함한다. 집단에서의 적극적인 관계를 통해, 개인은 이끌고, 따르고, 결정을 내리는 데 참여하고, 그들 자신에 대해 책임을 지고 더 큰 지역사회에 대해 책임을 지는 것을 배운다.

7) 문제해결하기

문제해결(problem solving)의 과정은 사람들이 과업을 달성하고, 결정하고, 사회문제를 해결하도록 집단을 이용하는 데 도움을 주는 것을 의미한다.

8) 사회적 가치

사회적 가치(social value)의 발달을 조장하는 과정은 개인이 생활과 관련된 실천가능한 사회적 가치를 발달시키는 것을 돕는 것과 관계가 있다. 집단은 동시에 이들 목적 모두 혹은 이들 중의 어느 하나를 위해 이용되어질 수 있다. 집단을 위한 치료자의 목표는 그 성원의 특별한 욕구가 변할 때 바뀔 수 있다.

4. 집단수준의 개입

사회복지실천에서의 집단개입의 역사는 1844년 George Williams가 런던 YMCA (Young Men's Chistian Association)에서 다양한 레크리에이션과 사회화 집단을 활용하여 젊은이에게 기독교 정신을 심어주고자 한 데서 그 기원을 찾을 수 있다. 이러한 YMCA와 YWCA 등의 집단활동은 산업화, 도시화가 이루어지면서 점차 도시빈민지역의 젊은이를 중심으로 사회환경을 조직하고 개선하고자 하는 목적을 가지게 되었다. 또한 초기 집단개입실천의 장으로 인보관(settlement house)을 들 수 있는데, 여기서는 집단의 힘을 활용하여 도시빈민과 이민 온 사람들을 교육, 계몽하고 이웃으로 만들어 종교적·문화적 정체감을 가질 수 있도록 돕고 정서적 지지와 원조를 제공하였다(Zastrow, 1987 : 4).

이처럼 초기 집단개입은 지역사회조직의 개념과 연결되어 발전해오다가 1923년 집단사회사업(group work)이 웨스턴리지브(Western Reserve) 사회사업대학원의 교과목으로 채택되면서 하나의 사회복지방법론으로 자리잡게 된다. 1960년대 이후에는 사회변화뿐 아니라 개인의 치료와 변화를 목적으로 정신병동, 병원, 아동복지기관, 교도소, 학교 등에서 소집단활동이 활성화되면서 사회복지실천의 주요 개입방법으로 성장하게 되었다(정진영·황성철 외 역, 1998 : 52 ; 양옥경 외, 2005 : 230).

집단개입을 집단역동, 집단개입의 방법, 집단의 특성으로 나누어 살펴보면 다음과 같다(양옥경 외, 2005 : 231-245).

1) 집단역동

집단개입이 가능한 것은 바로 집단구성원의 상호작용을 통해 나오는 힘, 즉 집단의 역동 때문이다. 역동은 전체적 집단과 개별적 집단구성원에게 강한 영향력을 미쳐 집단의 치료적 효과를 가져오게 한다. 집단역동(group dynamic)은 상호작용을 통해 나오는 구성원의 힘의 합 이상이다. 즉, 개별 구성원으로는 생각하기 어려운 힘이 그들의 상호작용을 통해 나온다는 것이다.

(1) 의사소통과 상호작용

집단구성원은 언어적·비언어적 의사소통으로 집단 내의 상호작용을 하게 된다. 상호작용은 집단중심 또는 리더중심일 수 있다. 집단중심의 상호작용은 자유롭게 서로 의사소통하는 자유로운 상호작용을 한다는 점에서 집단과정을 촉진시킬 수 있다. 그러나 초점 없는 피상적 이야기는 오히려 목표달성을 어렵게 할 수 있다. 리더중심의 상호작용은 리더를 통해서 구성원들이 서로 의사소통하거나 리더가 한 사람과 이야기하는 것을 다른 사람들이 지켜보는 것인데, 이것은 구성원 간의 자유로운 상호작용을 방해한다는 점에서 바람직하지 못하다.

(2) 집단결속력

집단결속력(group cohesion)은 집단구성원들로 하여금 집단에 머물도록 하는데 영향을 미치는 요인들의 합 이상이다. 집단결속력은 집단에 대한 매력에서 나온다. 집단구성원이 집단을 통해 잃는 것보다 얻는 것이 많을 때 생긴다. 집단구성원이 결속력이 있으면 집단에 대한 소속감이 생기고 자신을 더 잘 표현하며 타인과의 관계를 활발하게 할 수 있어 집단을 통한 효과가 더 커질 수 있다. 집단의 결속력이 강할수록 구성원들이 서로에게 미치는 영향력 또한 커진다.

(3) 사회통제역학(social control dynamic)

집단이 질서를 유지하기 위해서 구성원들로 하여금 일정한 방식을 따르도록 하는데 이때 통제력을 사용하게 된다. 사회적 통제에는 규범과 역할, 지위가 있다. 규범은 집단 내에서 적절한 행동에 대한 구성원 간의 합의이며, 구체적 행위뿐 아니라 집단 내에서 허용가능한 전반적 행동패턴을 규정하는 것이다. 역할(role)은 집단 내에서 각 구성원이 수행하기를 기대하는 기능에 대한 합의로 여기에는 노동과 적절한 힘의 분배가 포함된다. 지위(status)는 집단 내의 다른 구성원들에 비해 상대적으로 평가되는 각 구성원의 위치이다.

(4) 집단문화

집단문화(group culture)는 집단구성원이 공통적으로 가지는 가치, 신념, 관습, 전통을 의미한다. 이러한 문화는 구성원들이 동질적일수록 빠르게 형성되고 이질적일수록 늦게 형성된다. 대부분의 집단구성원은 자신의 경험과 인종, 종교 등으로부터 고유한 문화를 집단으로 가져오지만 이러한 가치들은 의사소통과 상호작용하는 과정에서 서로 섞이게 되고 결국 새로운 일련의 집단문화를 형성하게 된다. 집단문화는 집단에 대한 매력과 집단 내의 지지적 분위기에 상당한 영향을 미치게 된다.

사회복지실천분야에서 집단개입의 효과를 가져올 수 있는 치료적 요소는 희망부여, 보편성, 정보공유, 사회적 지지, 가족집단으로의 재현, 사회와 기술의 개발, 카타르시스의 7가지로 볼 수 있다. Yalom(1975 : 3-18)은 집단정신치료의 치료요소(curative factor)로 이 7가지에 모방행동, 대인관계학습, 집단응집력, 실존적 요인을 추가하였다.

① **희망부여** : 집단치료는 클라이언트에게 그들이 변할 수 있다는 희망을 심어준다. 집단에서 구성원은 자신보다 더 심한 문제를 가진 사람이 회복되는 것을 보면서 혹은 자신과 유사한 문제를 가진 사람이 효과적으로 문제에 대처하는 것을 보면서 희망을 갖게 되기 때문에 커다란 치료적 가치를 갖는다.

② **보편성** : 대부분의 집단구성원은 자신의 문제가 독특하고 자신만이 이러한 괴로움을 겪고 있다는 생각에 더 절망하게 되는데, 집단에 들어와서 다른 사람들의 문제가 자신과 비슷하고 자신의 문제가 꽤 보편적으로 일어나고 있다는 사실을 발견하면서 위로를 얻게 된다.

③ **정보공유** : 집단리더와 구성원들로부터 받게 되는 충고, 제안, 대처방안, 직접적 안내 등을 통해 귀중한 정보를 얻게 된다. 이렇게 정보를 주고받는 과정은 자신의 문제에 대한 통찰을 돕고 해결능력을 향상시키는 효과를 가져오게 된다.

④ **사회적 지지**(이타심) : 집단구성원은 조언과 격려, 동정 등을 통해 서로를 돕는다. 집단구성원끼리 서로 도움을 주고받는 과정에서 도움을 주는 자는 자신이 누군가를 지지하고, 제안하고, 충고로써 도움을 줄 수 있다는 것에 스스로를 가치있는 존재라고 느끼게 된다. 그리고 도움을 받는 자는 자신이 혼자가 아니라는 것을 배우게 된다는 것이다.

⑤ **가족집단으로의 재현** : 집단은 여러 가지 측면에서 가족과 유사하여 각 구성원은 리더나 다른 구성원에게 가족과의 상호작용을 반복하게 된다. 리더는 부모의 역할을, 다른 구성원들은 형제의 역할을 반복해 보면서 새로운 가족이 되어 상호작용을 하는 가운데 클라이언트들이 원래 가족으로부터 받은 상처를 치료하는 데 도움이 된다.

⑥ **사회와 기술의 개발** : 집단구성원들로부터 받는 피드백을 통해 대인관계적 행동에 있어서 자신의 단점을 수정할 수 있다.

⑦ **카타르시스** : 집단 내의 보호적 분위기 속에서 구성원들은 자신의 행동에 장애를 초래했던 억눌러 있던 감정을 자유롭게 표현함으로써 카타르시스를 경험하게 된다.

⑧ **모방행동** : 집단의 리더와 구성원들은 새로운 행동을 배우는데 있어서 서로 유용한 모델이 될 수 있다.

⑨ **대인관계학습** : 집단과의 상호작용을 통해 클라이언트는 자신에 대한 통찰력을 얻고 자신이 갖고자 하는 관계형성에 대한 아이디어를 찾을 수 있을 뿐만 아니라 집단은 자신의 새로운 관계형성방식을 시험해 보는 장(field)이 될 수 있다.

⑩ **집단응집력** : 집단 내에서 발달하는 소속감이나 친밀감은 클라이언트에게 위로와 용기를 제공한다.

⑪ **실존적 요인** : 클라이언트들은 자신들의 경험을 공유함으로써 인생은 종종 공정치 못하다는 것과 비록 다른 사람들의 지지가 매우 도움이 된다고 하더라도 그들은 자기 스스로의 결정을 내려야 한다는 것을 배우게 된다.

5. 집단의 기능에 따른 모델

집단의 기능에 따른 모델은 사회목표모델, 치료목표모델, 상호작용모델 세 가지로 나누어진다(신성자, 2008; 사회복지교육연구센터 편저, 2010; 이영실 외, 2010).

1) 사회목표모델

사회목표모델(socialization group)은 집단사회사업의 초기 형태이며 이웃이나 지역사회 주민을 대상으로 한 개인의 성숙과 민주시민의 역량개발에 초점을 둔다. 사회복지사는 집단구성원에게 영향력을 미치는 사람으로서 바람직한 역할모델을 제시하며 민주적 집단과정을 중시한다. 집단구성원은 사회에 의미 있는 참여를 할 수 있는 능력을 가지고 있으며 집단은 효과적 사회변화를 만들어낼 수 있는 능력을 가지고 있다고 본다.

2) 치료목표모델

치료목표모델(remedial model)은 집단을 개인치료를 위한 수단으로 활용하고 개인의 사회적 기능수행에 문제가 있거나 발생할 가능성이 있는 개인에게 도움을 주는 치료에 강조점을 둔다. 사회복지실천과정을 역사적으로 살펴보면, 치료목표모델의 발전은 집단사회사업이 전문사회복지실천으로 통합할 수 있는 계기를 마련하였다. 이 모델에서 집단은 개인의 치료를 위한 수단임과 동시에 상황으로 개념화되고 있다. 사회복지사는 집단형성과 운영에 큰 힘과 영향력을 행사하며 전문적 변화매개인의 역할을 한다. 따라서 사회복지사는 지시적이고 계획적이고 목표지향적이다. 이 역할은 전문가와 집단구성원 간에 개별적으로 체결한 치료계약에 근거를 둔다. 사회복지사는 집단구성원 개인의 욕구와 집단의 욕구를 구체적 목표달성과 관련하여 사전에 파악하여 개입전략을 정하고 이에 따라 집단회기의 내용을 미리 구조화하여야 한다. 집단구성원의 구성은 집단목적에 따라 사회복지사에 의해 선택된다. 예를 들면, 우울증 치료를 위한 집단이 있으며 집단지도자에 의해 통제되고 폐쇄집단 형태로 운영된다.

〈표 9-1〉 집단사회사업모델

특 징	사회목표모델	치료목표모델	상호작용모델
주 과제	• 필요한 자원제공과 사회적 붕괴의 예방 • 비공식적 정치 및 사회행동	• 사회적 사고 및 위험으로부터의 회복과 재활 • 집단매개체를 통한 치료	• 앞의 두 모델의 조합 • 문제해결을 위한 상호원조체계의 개발
장기적 목적	보다 나은 민주사회 건설	개개인의 사회적응 향상	개인과 사회의 조화
구체적 목표	• 소속감의 증대, 민주적 참여에 대한 훈련 • 처음에는 전문가에 의해 집단목표가 결정되나 점차 그 책임은 집단에게 이양	• 집단 상호작용을 활용하여 역기능 행동을 하는 성원의 치료와 재활 • 세부적인 집단목표를 전문가가 사전에 결정	• 적정 수준의 적응과 사회화를 성취하기 위해 성원 간의 상호원조체계 형성, 대인관계 향상 • 집단목표의 결정을 전문가와 회원이 공유
초 점	각 개인의 성숙과 민주시민의 역량개발	개인적인 역기능 변화	성원 간의 자조, 상호 원조체계 개발
지도자 역할	행동과 영향력 끼치는 자의 역할 : 바람직한 역할모델 제시	전문적인 변화매개인의 역할	중재자의 역할
대 상	시민, 이웃, 지역주민	역기능 또는 문제의 해결을 위해 도움을 필요로 하는 자	공동관심사의 성취를 위해 협력하는 구성원
집단활동	토론, 참여, 합의, 집단과제의 개발 및 실행, 지역사회조직화, 성원의 사회행동기술 습득	성원의 행동변화를 일으키기 위해 구조화된 개입을 하거나 직접, 간접적 영향력을 발휘	관심사를 토론, 상호원조 형성, 상호 이익이 되는 결속된 사회체계의 형성
적 용	• 사회복지관 • 지역사회 환경지킴이 • 자발적 주민방범대 • 소비자보호활동 • 유해환경고발활동 • YMCA, YWCA • Boy Scout 등 • 회원이 있는 가정	• 임상서비스기관 • 알코올중독자 • 회복집단 • 정신치료집단	• 중재모델, 상호모델, 인본주의모델 등 집단목표에 따라 달라지고 다양한 용어로 발전함 • 가정폭력 피해자집단 • 에이즈 클라이언트 집단, 임상기관, 사회복지관, 집단목표에 따라 다양함
집단크기	3~25명 정도	7~10명 정도	상황에 따라 유동적
신입회원의 가입	개방적이며, 누구나 친구가 될 수 있다.	전문가의 통제	전문가와 회원의 동의에 의한 자유로운 가입
회합기간	지도력 유형에 따라 유동적	정기적이며, 시간사용계획을 사전 설정	유동적, 지도자와 성원의 합의
대표학자	Ryland, Wilson, Coyle, Klein	Vinter, Sarri, Glasser	Schwartz, Lewin, Tropp, Bion

3) 상호작용모델

Plulips(1975)의 저서에 부분적으로 영향을 받아 Schwartz(1961)와 Shulman(1992)이 전개한 상호작용모델(reciprocal model)은 사회체계이론과 사회분야이론에 그 기반을 두고 있다. 상호작용모델(reciprocal model)은 사회목표모델과 치료목표모델의 조합된 형태로 문제해결을 위한 상호 원조체계 개발에 초점을 둔다. 이 모델의 특징은 치료의 목적이나 사회변화의 목표를 사전에 설정하지 않고 상호작용체계를 구성하고 있는 구성원과 집단 내의 상호작용과정을 통해 결정한다는 것이다. 따라서 집단은 상호원조시스템으로 기능한다. 집단사회복지사는 이를 중개하는 매개자로서 역할을 담당한다. 보다 넓은 정의를 목표로 하며 방법론의 통합화를 추구한다. 또한 집단사회복지사는 구성원과 권력을 공유하고 집단에 대한 통제권을 공유한다.

6. 집단사회복지사의 기술

집단실천에서 사회복지사는 집단이 집단목표 성취를 향하여 움직이도록 영향을 주거나 집단을 지도한다. 집단실천을 하는 사회복지사에게 요구되는 전문기술로는 집단과정 촉진기술, 자료수집 및 평가기술, 행동기술이 있다(이영실 외, 2010; Rivas, 1995).

1) 집단과정 촉진기술

집단구성원 간의 이해를 돕고 원활한 의사소통을 향상시키는 기술이다. 집단구성원 끌어들이기, 집단구성원 참여를 촉진하기, 성원에게 주의집중하기, 자유롭게 표현하기, 집단의사소통의 초점화 유지하기, 집단과정 명료화하기, 내용 명료화하기 등이 있다.

2) 자료수집과 평가기술

집단구성원 간 의사소통유형에 어떻게 개입, 계획, 어떤 기술을 사용할지 결정하기 위한 효과적인 자료수집과 평가기술이다. 성원의 사고, 감정, 행동을 확인묘사, 질문, 탐색, 정보요약 세분화, 의사소통 통합, 자료 분석하기 등이 있다.

3) 행동기술

집단의 목적을 이루기 위한 원조기술이다. 지지하기, 재구조화 및 재정의, 집단구성원 간의 의사소통 연계, 지시하기, 조언, 교육하기, 모델링, 역할연습, 직면기술 등이 있다.

제4절 지역사회수준의 실천

1. 지역사회수준 실천의 의미

지역사회거주자로서 우리는 사회가 제공하는 기회를 얻게 되고 또한 지역사회는 우리들의 경제적 · 정치적 · 교육적 · 사회적 · 문화적 자원으로서 기여한다(Weick & Saleebey, 1995)는 지역사회를 수동적이기보다 능동적인 개념으로 정의하는데, 가족이 가족원들의 보호막으로서의 기능을 하는 대신 지역사회는 그 구성원을 지탱하고 보호하며, 활력을 주는 풍부한 자원이 된다고 보았다.

지역사회수준 실천의 주요 목적은 각 구성원들의 복지를 증진시키기 위한 가능한 최고의 환경을 제공하는 것이다. 지역사회수준 실천은 클라이언트가 그 변화 노력의 초점이 개인이나 가족, 혹은 치료집단보다 더 큰 지역사회 내에서의 사회복지활동을 묘사하는 용어이다.

지역사회수준 실천과 개인・가족・집단과의 사회복지실천 사이에는 유사점들이 있으며, 의사소통과 관계형성기술, 집단들과의 활동 시 필요한 기술, 문제해결의 기술은 서로 적용이 가능하다(Zastrow, 1992).

지역사회사업이란 지역사회의 문제를 해결하는데 있어 전문기술을 가지고 계획입안이나 운영관리의 기법을 함께 가지는 포괄적인 지역원조기술이다. 또한 지역사회사업은 지역사회의 환경개선도 측면적인 과제로서 파악하고 있기 때문에 그 전개에 있어서 주체는 민간의 조직이나 단체만으로 한정시키지 않으며, 행정기관 등의 공공기관과의 협동이나 연계가 중시되고 그리고 당사자를 포함한 주민참여의 촉진이 필수적인 요건이 되고 있다(硯川眞旬, 2000). 그러나 보다 효과적인 실천을 위해서는 사회복지사가 일반적인 지역사회와 조직에 대한 지식과 그가 활동하고 있는 특수한 지역사회와 조직에 대한 지식, 그리고 모금의 원천과 모금의 순환에 대한 지식이 필수적이다.

지역원조기술이란 지역사회의 다양한 복지에 관한 문제를 해결하는 원조기술을 말하며, 지역사회에서 발생하고 있는 다양한 복지욕구에 대해서 실태를 파악(지역진단)하고 계획을 세우고(지역계획), 원조활동을 행하는 것을 말한다(小田兼三, 1999).

2. 지역사회수준의 개입

지역사회수준에서의 개입방법은 사회적 지지체계의 개발, 서비스 조정절, 프로그램 개발, 클라이언트 집단을 위한 옹호활동 등으로 나눈 양옥경 등(2005 : 264-273)이 정리한 내용을 중심으로 살펴보면 다음과 같다.

1) 사회적 지지체계의 개발

Hepwroth와 Larsen(1986 : 548-552)은 사회적 지지체계를 개발하는 방법을 다음과 같이 소개했다.

(1) 자연적 지지체계의 활성화

자연적 지지체계의 활성화는 클라이언트의 자연적 지지체계를 의도적으로 개입하여 활성화하는 것이다. 즉, 사회복지사가 기존의 체계들이 클라이언트의 욕구에 맞게 적절히 기능하도록 돕는 것이다. 예를 들면, 사교육비에 대한 부담을 가지고 있는 학부모들을 돕기 위해 학부모 각자가 잘할 수 있는 과목을 한 과목씩 맡아서 그 지역아이들을 위해 가르칠 수 있도록 개입할 수 있다.

자연적 지지체계를 활성화하는 또 다른 방법은 지역사회에 있는 기존의 체계들을 사회복지서비스를 대체할 수 있도록 활용하는 것이다. 예를 들면, 사회적 서비스가 상대적으로 부족하거나 사회복지기관이 지리적으로 너무 멀리 떨어져 있는 지역에서는 지역사회에 있는 교회, 학원, 교사, 목사, 학교, 병원, 이발소, 미용실 등 기존체계의 인적·물적 자원을 사회복지서비스의 대안으로 활용할 수 있다. 즉, 저소득층 아동의 학습지도를 위해 방과후 학교 교실을 빌려 교회의 청년부 학생들이 학습지도를 할 수 있고, 저소득층 노인의 치아건강을 위해 교회건물을 빌려 한 달에 한 번씩 지역 내 치과의사가 무료진료를 할 수도 있다.

(2) 공식적 지지체계의 활용

공식적 지지체계의 활용은 클라이언트의 욕구에 환경이 반응할 수 있도록 기존의 다양한 사회복지기관 및 프로그램을 활용하는 것이다. 예를 들면, 지역 내 주민의 레크리에이션, 교육, 사교를 위해 YWCA, YMCA, 주민자치센터, 여성회관 등을 활용하거나 재난 시 음식과 의료서비스를 제공하기 위해 적십자사를 활용할 수 있다. 그 외 병원, 보건소, 요양시설, 상담센터 등을 활용할 수 있다.

(3) 자원봉사자의 활용

자원봉사자의 활용은 클라이언트의 욕구를 만족시키기 위해 사회복지사가 활용하는 지지체계의 한 형태이다. 자원봉사자란 자신의 친족이 아닌 사람들을 위하여 자발적으로 무보수로 서비스하는 사람으로서 비공식적으로 이웃을 돕는 것보다 어떤 공식조직을 통해서 서비스하는 사람이라고 정의할 수 있다(Darvil & Munday, 1984 : 3 ; 양옥경 외, 2005 : 226). 예를 들면, 독거노인을 위한 말벗서비스, 거동이 불편한 노인을 위한 밑반찬서비스, 장애인을 위한 교통편의 제공, 시설아동에게 정서적 지지서비스를 할 수 있다.

2) 서비스 조정

여러 가지 문제를 가진 클라이언트에게 복합적 서비스가 주어질 때 조정(coordination)이 필요하다. 마치 관현악단을 지휘하는 것처럼(Ballew & Mink, 1996 : 242) 공동의 목적을 달성하기 위해 흩어져 있는 서비스들이 적절한 시기에 적절한 방법으로 클라이언트를 도울 수 있도록 조정하는 것을 의미한다. Johnson은 조정의 형태를 다음과 같이 세 가지로 보았다(Johnson, 1989 : 355-356; 양옥경 외, 2005 : 267-268).

(1) 서비스 연결

복합서비스를 제공하는 기관의 여러 전문가들이 특정한 클라이언트에게 관심을 갖고 서로 연결하는 것이다. 예를 들면, 종합복지관에서 의료담당자, 재활 프로그램 담당자, 상담가 등이 서로 연결하여 서비스가 중복되지 않고 효과적으로 도울 수 있도록 연결하는 것이다.

(2) 의뢰

의뢰는 다른 기관이나 전문가에 대한 정보를 제공하고 서비스를 받을 수 있도록 연결해 주는 것이고, 조정은 그러한 의뢰를 넘어서 의뢰한 서비스가 제대로 전달되고 있는지 그리고 그 결과가 어떤지를 평가하는 것까지를 모두 포함한다. 의뢰체계를 통해서 서로 다른 기관의 전문가들과 연결되어 서비스를 제공하는 형태를 조정이라 한다.

(3) 사례관리

조정의 마지막 형태는 사례관리(case management)이다. 이것은 클라이언트의 문제와 욕구를 평가하여 필요로 하는 서비스를 찾고 그런 서비스를 연결해 주는 책임을 사회복지사가 맡는 것을 말한다.

3) 프로그램 개발

클라이언트의 욕구와 문제해결을 위한 서비스가 지역사회 내에 없을 때에는 프로그램 및 자원을 개발해야 한다. 프로그램을 개발하는 단계를 학생비행의 문제를 예로 들면 다음과 같다(이창호 · 최일섭, 1993 : 108-111).

(1) 문제확인

문제의 규모와 심각도를 조사한다. 즉, 학생비행의 문제가 규모와 내용 면에서 생각 이상으로 심각하며 그 인원이 상당수 그들을 돌보아 줄 학교 또는 사회적 메커니즘이 없기 때문이고, 특히 저소득층 청소년의 경우에는 경제적 문제 때문임을 파악하는 것이다.

(2) 욕구파악

부모, 교사 등 여러 관계집단을 대상으로 문제해결의 욕구를 파악한 결과 문제학생의 치료를 통한 재범률의 방지가 시급하고 이어 예방에 대한 욕구가 가장 많음을 파악한다.

(3) 목적 및 하위목적의 설정과 우선순위 결정

학생비행방지 프로그램의 목적을 그들의 사회적 재활, 또는 사회통합으로 하고 그 하위목적으로 문제학생의 치료, 우범학생의 예방, 저소득층 학생의 경제적 지원을 설정한 후 하위목적 간의 우선순위를 정한다.

(4) 성취목표의 구체화

각 하위목적달성을 위한 대안의 선택에 앞서 그 하위목적의 달성 여부를 측정할 수 있는 목표들을 구체화한다. 즉, 비행학생의 재범률 10% 감소, 우범단체 탈퇴율 20% 증가, 100명에게 학비지급 등을 목표로 정했다.

(5) 제공서비스

각 목표별로 이를 달성할 수 있는 여러 대안들을 가지고 비용효과분석을 시작한다. 각 서비스의 비용과 효과를 예측한다.

(6) 대안선택

각 대안별로 총비용(예산)을 계산하여 각 대안이 가져올 사회적 편익, 혹은 효과를 계산한 뒤 하위목적별로 비용효과분석, 비용편익분석을 실시, 최소의 비용으로 최대의 효과를 낼 수 있는 대안을 선택한다.

(7) 세부 프로그램 설계

각 선택된 대안들의 구체적 설계작업으로 예를 들어 학교사회복지사를 채용할 경우 채용시기, 배치, 그들의 전문역할, 지위, 조직을 정하고, 각 프로그램 역시 실시일정, 내용 등을 정한다.

(8) 예산

앞에 구성된 사업계획을 모두 취합하여 프로그램의 우선순위에 따라 예산이 배분된다.

(9) 집행

세부계획과 예산이 확보된 프로그램을 적당한 조직체계 속에서 일정 기간 집행한다.

(10) 평가

각 하위 프로그램들이 각각의 하위목적을 달성하였는지, 각각의 하위목적들이 모여 전체목적을 달성하였는지를 평가한다.

(11) 피드백

문제의 정의, 욕구, 목표선정, 대안선택 등의 전 과정에서 다시 피드백되어 사업의 확대, 조정을 결정한다.

4) 클라이언트집단을 위한 옹호활동

사회복지사는 부적절한 또는 불평등한 사회적·법률적·제도적 기능 및 사회복지기관의 기능으로 인해 욕구를 충족할 수 없는 클라이언트 개인이나 집단을 위해서 옹호(advocacy)활동을 하게 된다. 옹호는 개인에 대한 옹호와 집단에 대한 옹호가 있다. 개인에 대한 옹호는 특정 개인에게 서비스와 혜택이 제공되도록 노력하거나 클라이언트의 존엄성을 인정하도록 영향을 미치는 것이고, 집단옹호는 특정 불이익집단을 위해 제도적·법률적 체계를 변화시키도록 노력하는 것이다. 주로 옹호활동을 하게 되는 상황은 다음과 같다(Hepworth & Larsen, 1986 : 570 ; 양옥경 외, 2005 : 271-272).

- 사회복지기관이나 직원이 수급자격이 있는 클라이언트에게 서비스나 혜택을 제공하지 않을 때
- 비인간적 방법으로 서비스가 전달될 때
- 인종, 종교, 신념 때문에 클라이언트가 차별을 받을 때
- 서비스와 급여 사이의 틈(gap)으로 인한 어려움이 생기거나 역기능이 발생할 때
- 정부나 기관의 정책이 자원과 급여를 필요로 하는 사람들에게 부정적 영향을 미칠 때

- 클라이언트가 스스로에게 유리하도록 행동하지 못할 때
- 유용한 자원이 없어 많은 사람들의 공통된 욕구가 해결되지 못할 때
- 위기상황으로 인해 클라이언트가 서비스와 급여에 대한 절박한 욕구를 가지고 있을 때
- 클라이언트가 시민의 혹은 법적 권리를 거부당했을 때
- 조직의 절차와 시설이나 제도가 클라이언트에게 부정적 영향을 미칠 때

Johnson은 옹호를 하는 접근방식으로 정치적 과정에 영향력을 행사하는 것과 사회행동(social action)이 있다고 했다(Johnson, 1989 : 373). 정치적 과정에 영향력을 행사하는 것은 대부분의 공공정책이 입법행동의 결과로 나타나고, 입법행동은 정치영역에서 이루어지므로 정치과정에 영향력을 행사하여 정책결정과정이 클라이언트집단의 욕구에 적절히 반응하도록 노력하는 것이다. 사회행동은 기본적 제도변화를 위해 권력구조, 제도, 정치적 구조에 압력을 행사하는 것을 의미한다.

(1) 정치적 과정에 영향력 행사

최일섭과 류진석(1999 : 252-253)은 정치적 과정에서 영향력을 행사하기 위해서는 모든 정책형성단계에 압력을 가해야 한다고 하였다.

첫 번째 단계는 이슈를 논의의 대상으로 삼는 단계로 정치인에게 이슈에 대해 관심을 갖게 하고 이슈의 중요성을 깨닫도록 하는 단계이다.

두 번째 단계에는 문제에 대한 가능한 해결방안을 제시하는 것으로 어떤 문제가 법안으로 제출되기 전에 자신들의 견해를 정치인이나 정부의 관료들에게 알리는 것이다.

세 번째 단계는 법이나 규정이 통과되도록 압력을 넣는 단계로 전통적 로비활동을 하는 것이다. 의원들과 직접 접촉하거나, 편지를 쓴다든지 전화를 걸거나 위원회 등에서 증언을 한다든지 하여 왜 이 정책이 형성되어야 하는지를 알게 하는 등의 로비활동을 하는 것이다.

네 번째 단계는 법이나 규정을 실천하도록 영향력을 행사하는 단계로 어떤 법이 보다 강력하게 집행되도록 하거나 평등하게 집행되도록 한다든지, 또 실제로 집행될 수 있도록 압력을 행사하는 것이다.

(2) 사회행동

사회행동을 실행하는 효과적 전략을 최일섭과 류진석(1999 : 240-250)은 다음과 같이 보았다.

첫째, 대상집단을 이기기 위해 힘을 갖기 위한 전략이다. 이는 현재 일어나고 있는 사태에 관한 지식을 정부당국이나 정치인에게 제공하거나, 반대집단에 불편과 손해를 입힐 수 있는 힘이 있음을 과시하는 것이다. 상대방의 약점을 들추어내거나 집단행동에 많은 시간을 동원해서 힘을 과시하여 대상집단을 이기려고 할 수도 있다.

둘째, 사회행동 캠페인의 합법성을 확보하는 전략이다. 이는 자체의 조직원과 일반주민은 물론 때로는 상대조직에게 일반적으로 수용될 수 있는 전략을 선택하는 것이다. 그러나 어떠한 전략도 기존의 법질서를 해치는 것이 되어서는 안 된다.

셋째, 지역사회의 타 조직과 협력하는 전략이다. 어느 한 사회행동조직이 수적으로 힘을 얻기 위해서 다른 조직들과 협조, 연합, 동맹하는 것이다.

넷째, 협상전개의 전략이다. 협상을 성공적으로 이끌기 위해서는 갈등의 범위를 어느 정도로 할 것인지 사전에 충분히 협상에 대한 준비가 되어있어야 한다. 예를 들면, 보육정책에서 5세아 무상교육을 모든 아동을 대상으로 전국적으로 실시하는 것으로 요구할 것인지 아니면 국민기초생활수급권자들의 차상위계층까지만 요구할 것인지를 사전에 협상에 대한 준비가 되어있어야 한다는 것이다.

3. 지역사회수준 실천의 과정

지역사회복지는 개별사회사업이나 집단사회사업과 마찬가지로 ① 문제의 파악, ② 계획의 수립, ③ 계획의 실행, ④ 기록과 평가라는 과정으로 전개되고 조직화나 사회자원의 동원·개발의 방법을 활용하며, 각각의 과정에는 지침이 되는 중요한 사항이나 전문기법이 있다. 또한 주민의 생활문제가 지역사회의 환경이나 인간관계에 미치는 것을 고려한다면 문제해결을 위해서는 상황에 따라 세 가지의 사회복지 전문기술을 종합적으로 활용할 수 있을 것이다(전재일 외, 2010).

1) 문제의 파악

(1) 문제의 발견

지역사회사업의 전개에 있어서는 지역사회를 역사적·문화적·사회적으로 고유의 요소를 가진 존재로서 이해하고, 문제를 개별화하여 파악하는 일이 전제된다. 이를 위해서는 지역구조와 특성 – 인구동태, 자치회 등의 주민조직, 사회자원, 산업구조 – 외에 지역의 역사와 주민의식에 관한 기존 자료, 조사보고서 등을 수집하고 지역사회의 전체상을 명확하게 해야 한다.

다음은 주민의 욕구를 통해서 지역사회의 문제상황을 발견하는 단계가 된다. 역시 기존의 관계자료의 참조가 전제되지만 조사의 실시가 필요할 경우도 있다. 또한 대상이나 문제를 한정해서 지역답사를 한다든지, 주민간담회에 참가해서 욕구를 파악한 후에 이를 문제해결에의 동기부여에 연결시키는 것도 중요하다.

이 단계에서는 생활환경 등의 주민에게 공통적인 문제와 고령자나 장애인 등의 특정 대상자별 문제를 양면적으로 파악하는 일이 중요하다(硯川眞旬, 2000).

(2) 지역진단

문제가 발견되어지면 그 해결을 위해서 모든 조건을 검토하는 지역진단의 단계가 된다. 지역진단에서는 다음의 3가지가 중요한 사항이 된다.

① 주민의 문제의식 정도

② 문제의 발생원인

③ 욕구와 사회자원의 관계

①과 같이 문제에 대한 주민들의 관심이나 해결에의 요구도를 파악하는 것은 문제를 다루는 순서를 확정하는 판단자료가 되며, ②의 추구는 예방 및 해결책을 생각하는 요건이 되고, ③은 주민욕구에 대한 사회자원의 유무나 그 활용상황의 파악으로 문제해결의 전망을 생각하는 데 없어서는 안 될 작업이 된다. 이러한 지역진단을 통해 문제해결의 우선순위나 절차를 확정하고 다음의 '계획수립', '계획실시'의 과정과 연결해서 지역활동의 통합화를 도모할 수 있다. 이러한 진단을 원활하게 수행하기 위해서는 필요한 판단자료를 문제발견단계에서 예측해서 준비하는 일이 대단히 중요하다.

2) 계획수립

지역사회복지에 있어서 계획수립의 절차에는 대상자를 포함한 주민의 참가가 중시된다. 이 점에서 전문가인 지역사회복지사가 중심이 되어 행정계획을 만들어가야 한다.

(1) 사업계획, 조직계획, 재정계획 수립

지역사회복지실천에 있어서 계획은 사업계획, 조직계획, 재정계획 3가지로 수립된다. 사업계획은 문제해결의 우선순위를 확정한 후 달성할 목표를 설정하는 것이다. 구체적으로 단기 및 중장기적인 목표의 설정과 그 달성을 위한 시책, 사회자원의 동원 필요성 검토 등의 계획이 포함될 수 있다. 조직계획에서는 문제해결을 위한 조직 만들기를 생각한다. 조직계획은 지역의 지도층 등을 핵으로 조직화하고, 이 조직활동이 지역 전체로 확충해가는 과정을 목표로 하는 것이 일반적이다. 이러한 조직은 당사자의 참여가 원칙이며, 일반주민에 대해서도 항상 개방되어 있지 않으면 안 된다. 또한 조직 내 구성원 간의 평등성을 유지하기 위해서 담당마다 적임자가 배치될 수 있도록 민주적인 절차를 확립해 주는 일이 중요하다(硯川眞旬, 2000).

지역사회복지실천을 추진함에 있어서 재정은 대부분 자체적으로 재원을 확보하기 때문에, 재정계획은 공공기관의 예산보다도 유연한 성격을 갖고 있다. 재정계획은 공동모금 등의 기존의 민간재원 활용과 함께 자체적으로 재원을 확보하기 위해서 지역사회 바자회 등과 같은 주민참여를 촉진해가는 것이지만 적극적으로 자리를 잡아갈 수 있다. 한편 행정기관으로부터의 보조금을 받는 경우는 민간활동의 자주성이 손상 받지 않도록 주의해야 한다.

(2) 홍보활동의 전개

홍보활동은 계획수립에서 실시에 이르기까지 과정을 보조하는 것이다. 그 목적은 지역사회의 문제상황과 지역사회복지실천의 필요성을 많은 주민에게 알려서 정보의 공유화를 도모하고, 문제해결을 위한 참여에 동기부여를 촉진하는 일이다. 광고에는 컴퓨터 등의 다양한 정보매체의 이용이 예상되지만 일방적 형태인 매스컴에 의한 것만이 아니라 받아들이는 편의반응이 파악되고 커뮤니케이션을 도모할 수 있는 주민간담회나 연수회와 같은 참여방식에 의한 것도 중요하다.

3) 계획의 실행

계획실행의 과정에 있어서는 ① 주민의 복지에 대한 이해와 주체적인 활동을 촉진하는 '지역조직화', ② 사회자원의 개발 및 공사의 관계기관, 시설, 단체 등의 연락조정을 도모하는 '복지조직화'의 전개가 중시된다. 더욱이 주민 스스로의 노력이나 사회자원의 동원만으로는 문제해결 사태가 진전되지 않는 경우 사회행동을 도모하는 일도 있다. 그 하나의 예로 주민집회를 들 수 있다.

(1) 지역조직화

지역조직화란 주민이 주체적으로 문제해결을 도모할 수 있도록 지역사회에서 활동하는 측면원조의 과정이다. 이 과정에는 고령자나 장애인 및 그 가족 등의 대상자를 조직화하는 것이 제1의 포인트이다. 대상자의 조직화에 의해서 각각의 고립화를 방지하고, 서비스 공급체계에의 참여나 지역사회와의 새로운 연대를 구축하는 일이 가능하게 된다. 또한 지역사회에서의 활동을 위한 기반조직을 구성하는 일이 제2의 포인트가 된다. 그리고 지역조직화의 제3의 포인트는 대상자의 문제해결이나 욕구에 대응하는 볼런티어 활동의 촉진을 도모하는 것이다(硯川眞旬, 2000).

(2) 복지조직화

복지조직화는 우선 사회자원의 동원 및 개발이 제1의 포인트가 된다. 지역에 있어서 사회자원이란 시설, 서비스, 상담기능, 각종의 수당이나 융자제도 등의 제도적 자원, 또한 대상자조직이나 볼런티어 그룹 등의 지역조직자원이나 가족, 이웃관계 등의 비공식자원까지도 포함된다. 사회자원은 항상 개조, 재편, 결합, 개발이 검토되어지는 것도 있고, 그 정비가 불충분한 지역에 있어서는 주민과 행정이 협동해서 그 외 경제적 · 사회적 · 문화적 제 상태를 개선해가는 지역사회개발이나, 지역사회사업을 전개하는 기관, 단체가 사회자원의 개발에 관계하는 기관, 단체에 참여, 협력해가며 지역주민의 협력도 연결해가는 지역사회관계의 기법을 이용해서 활동을 행하는 것이다.

그리고 사회자원을 정확하고 효율적으로 활용해서 욕구를 충족해가기 위해서 관계기관, 단체 간의 연락조정을 도모하고 그 시스템을 구축하는 일이 제2의 포인트가 된다. 기관이나 조직의 통합화까지는 도달하지 못할지라도 연락조정은 새로운 원조기술로서 사례관리(case management)의 사고방식과 공통성을 가지고 지역의 협력체제의 확립을 목표로 해서 전개되고 있다.

(3) 주민집회

사회자원의 개발 등에서 주민 간의 이해대립이 클 경우 지역조직화도 복지조직화도 곤란한 상황이 되는 일이 있다. 그 대립에 의해서 불이익을 받을 특정의 주민을 방치해서는 안 되기 때문에 지역사회복지는 구체적인 과정을 통해 대립을 해소하는 접근을 행해야 한다.

주민집회는 이러한 방법의 하나로서 주민들 각자의 주체성과 자유의지를 존중하고, 각자의 욕구와 사고를 충분하게 반영한 자유로운 토의에 의해서 결론을 얻는 것을 목표로 한다. 그 실시에 있어서는 객관적으로 분석된 지역사회의 현상이나 문제에 관한 자료를 준비하고 주민이해의 충돌위험을 피하는 일이 중요하다. 또한 주체자 측이 일정의 결론을 유도하면서 토의를 관리하여 참여자의 의지결정을 방해하거나 특정 조직의 의지가 과도하게 반영될 수 있도록 하는 진행은 피해야 한다. 더욱이 주민집회를 거친 후 공적인 대책을 마련하여 의회 등에 압력행사 등을 하는 것도 실천의 한 방법이다.

4) 평 가

평가는 ① 목표달성도, ② 지역진단이나 계획실시의 타당성, ③ 이후의 과제 등이 중요한데 계획실시가 일정의 단계에 달했을 때뿐만 아니라, 계획의 책정단계에 있어서도 평가는 중시되며, 게다가 계획수정이나 재조정, 환류체계는 지역사회수준의 실천에서 뺄 수 없는 요소이다. 또한 평가 시에는 과제 및 과정 목표가 포함된다.

(1) 과제목표

과제목표(task goal)는 사회자원의 개발 · 정비 등의 구체적인 과제의 달성도이다. 재정효과의 정도, 또는 주민이 욕구를 어느 정도 충족하였는가를 양적 및 질적으로 평가하는 기준이다. 더욱이 어떤 기관 · 단체가 어느 정도 공헌했는가의 평가도 행해지는 것이다.

(2) 과정목표

과정목표(process goal)는 '계획수립'에서 '계획실시'까지의 과정에 있어서 주민의 주체형성의 정도, 관계한 기관·조직의 활동을 긍정적으로 평가하는 것이다. 구체적으로 열거하면, ① 활동에 대한 주민의 관심도나 참가도 및 연대감의 정도, ② 기관·조직 간의 연계나 협력체제의 수준, ③ 지역사회 문제해결능력 향상의 정도 등이 평가의 포인트가 된다.

과정목표에 있어서, 특히 주민의 권리의식이나 풀뿌리 민주주의의 정착이나 실행의 정도, 자치단체의 구조변혁이나 민주화의 정도를 관계목표(relationship goal)로써 별도의 평가지표를 사용하기도 한다.

이상과 같은 과정을 거쳐서 지역사회사업은 종결하게 된다.

이러한 지역사회사업은 주민의 주체성 존중과 문제의 개별화, 사회자원의 최대활용과 인간관계의 조직화를 특징으로 하고 있다(硯川眞旬, 2000).

지역사회복지사들이 연관되어 있는 거시적 노력의 종류에 따라 집단결정기술, 지역사회인식기술, 대중접근법, 모금기술, 그리고 로비정책 등의 기술들이 사용될 수 있다.

문제해결의 모델은 지역사회문제들을 알리는 데 사용될 수 있다.

거시적 접근법을 사용할 때는 지역사회의 가치 및 사회에서의 사회복지의 역할과 같은 가치의 문제들과 윤리적·문화적 민감성이 고려되어져야 한다. 거시적 실천의 모델들은 지역사회개발, 지역개발, 사회계획, 사회행동, 지역사회중개자활동 등을 포함한다(Zastrow, 1992).

제5절 사례관리

전통적인 사회복지실천방법들은 특별한 관계를 통해 클라이언트를 변화시키려는 데 초점을 두고 있어 한계가 있다. 사례관리는 이러한 한계점을 극복하고 체계적인 문제의 사정을 거쳐서 클라이언트의 복잡한 욕구를 해결하여 줄 수 있는 사회복지의 실천방법으로서 1970년대에 새로 등장하였다(전재일, 2010). 1980년대 초부터 사례관리(Case Management)는 정신건강, 발달장애, AIDS 환자를 위한 서비스 등의 대인서비스 분야에서 급부상하였다(Rose & Moore, 1995 : 335). 우리나라에서는 1990년대에 들어서면서 소개되었으며, 장기서비스가 필요한 노인복지와 장애인복지 분야에 강조되고 있다.

1. 사례관리의 정의

사례관리란 다양한 보호차원(level)들을 하나의 관리체계 속에서 이해하고, 지역사회 중심의 보호에서 긴급하거나 또는 만성적인 문제들을 가지고 있는 클라이언트를 보호하는 것으로서(Brody, 1987), 복합적인 욕구를 가진 클라이언트의 기능을 강화시켜 주고 그들의 복지를 위해 공식적·비공식적 지원과 활동의 관계망을 조직·조정·유지하는 것을 의미한다.

사례관리의 기본 개념은 클라이언트의 다양한 욕구에 맞는 적절한 서비스를 제공하고 이를 조장하여 줌으로써 지역사회 차원에서 독립적인 생활을 할 수 있도록 도와주는 데 있다.

사례관리의 정의는 서비스의 초점을 어디에 두느냐에 따라 달라지기 때문에 학자들마다 상이하다.

사례관리는 임상적 기술과 지역사회조직 기술을 요구한다(Moore, 1990). 이러한 사례관리기법은 클라이언트집단의 다양한 문제와 욕구를 해결해 주는 적절한 실천모형으로서 체계 내에서의 클라이언트에 대한 원조전략을 구체화하고 실현하는 과정이다. 사례관리의 정의는 치료적 중재로서의 사례관리로부터 지역사회 조정으로서 사례관리에 이르기까지 다양하다. 사례관리에 대한 가장 광범위한 정의는 미국사회사업백과사전(NASW, 1987)에서 정의한 것으로서 사례관리란 복잡한 여러 가지 문제와 장애를 가지고 있는 클라이언트가 적합한 형태로, 적절한 시기에, 그들이 필요로 하고 있는 모든 서비스를 받을 수 있도록 보장하는 것이며, 따라서 이것은 포괄적 서비스를 제공하기 위한 방법으로서 정의하고 있다.

이와 더불어 사례관리기법의 중심이론이라고 할 수 있는 여러 체계 간의 상호작용에 초점을 두고 있는 Johnson(1983) 등 많은 학자들은 복잡한 문제를 가지고 있는 클라이언트들에게 그들의 문제를 적절히 해결하여 줄 수 있는 원조체계와 연결시켜 지속적으로 효과적인 접촉을 유지할 수 있도록 도와주는 책임을 지는 것이라고 설명하고 있다.

이와 같이 사례관리는 복합적이고, 복수의 문제와 장애를 가지고 있는 클라이언트들이 모두 적시에 적절한 형태로 필요한 모든 서비스를 받는 것을 보장하는 서비스전달의 방법이라 할 수 있다.

Levine & Fleming(1982)은 사례관리기법을 체계차원과 클라이언트 차원으로 구분하여 언급하고 있다. 즉, 체계차원에서의 사례관리기법은 체계 내에서의 클라이언트에 대한 서비스를 조장하는 전략이고, 클라이언트 차원에서의 사례관리기법은 클라이언트에 대한 특정 서비스의 필요성과 그 필요한 서비스를 받게 하는 클라이언트 중심의 목적지향적인 과정이다. 한편 사례관리란 사례관리자와 클라이언트 사이의 관계에 기초한 대인관계과정으로서, 사례관리자는 클라이언트와의 상호관계에서 개발된 보호계획을 통하여 장기원조의 욕구와 지원망에 관한 것들의 기능적인 능력을 향상시키거나 극대화시키며, 연속적인 보호를 수반한 일련의 효과적인 서비스 전달을 촉진하고 보장한다. 또한 사례관리개입의 초점은 사회복지실천의 가치를 반영하며, 클라이언트의 능력과 환경 간의 조화를 증진하는 데 목적을 두고 있다. 이것은 기능의 손상 또는 질병을 동반한 문제를 개선하거나, 지원망을 수립하거나, 클라이언트 수준에서 서비스 조정을 행하거나, 체계수준에서 효과를 창출하는 것 등을 포함한다(Greene, 1992). 즉, 사례관리는 대인관계, 특히 사례관리자와 클라이언트의 관계에 기초한 클라이언트의 능력과 환경의 요구 사이에 대한 조화로운 관계를 구축하는 것이라고 볼 수 있다.

특히 사례관리는 탈시설화의 상황에서 복합적인 욕구를 지닌 장애인을 보호하기 위한 접근방법으로서, 그 기초 원리는 사례관리자가 복잡한 서비스전달체계에 클라이언트를 연결시키며, 클라이언트로 하여금 적시에 적절한 서비스를 제공받도록 보장할 책임을 지는 것(Johnson & Rubin, 1983)이며, 클라이언트가 지지적, 효과적, 효율적 및 비용효과적인 방식으로 필요한 서비스를 제공받을 수 있도록 보장하는 서비스망 내의 일련의 논리적인 단계 및 상호작용의 과정(Weil & Karls, 1985)으로서 서비스망 내에서의 클라이언트, 사례관리자, 자원제공자(전문가 포함) 사이의 상호작용을 강조하고 있다.

이상을 종합하면, 사례관리(case management)는 장기간 서비스를 제공받아야 하는 복합적인 문제를 가지고 있는 클라이언트에게 서비스를 제공하는 중재방법이라고 할 수 있다. 즉, 사례관리란 복잡하고 다양한 문제나 욕구를 가진 클라이언트가 개별적인 기관이나 전문가 등의 지역사회 내의 서비스 제공자들을 일일이 찾아다니지 아니하고, 사례관리자로부터 필요한 서비스를 보다 용이하고 효과적으로 받아들일 수 있도록 필요한 자원을 활용하여 클라이언트로 하여금 지역사회 내에서 독립적인 생활을 할 수 있게 도와주는 통합적인 서비스 전달방법이다.

2. 사례관리의 출현배경

사례관리의 출현배경은 사례관리란 학자에 따라, 기관의 특성에 따라, 서비스대상자에 따라 그 초점을 상이하게 두고 있다.

이는 사례관리가 기존의 사회복지방법에서 사용하던 클라이언트라는 용어를 대신해서 소비자라는 용어를 많이 사용하고 있는 데서도 알 수 있듯이 대상자중심의 서비스를 강조하고 있기 때문이다.

사례관리의 출현은 사회가 변화함에 따라 야기되는 다양한 욕구의 분출과 이에 따른 막대한 예산의 집행을 해결하기 위한 일련의 노력의 결과이다. 한편으로는 사례관리의 출현은 막대한 복지예산의 지출로 인해서 클라이언트가 점차 사회적인 천덕꾸러기로 인식되어지게 되어 클라이언트의 인권이 위기에 직면하게 된 것에 기인한다. 따라서 사회복지실천은 클라이언트의 권익을 경제적인 부담없이 제공하려는 각종 방안들을 모색하게 되었고, 그 일환으로 민간자원을 극대화할 수 있는 방안이 모색되었다. 민간자원의 극대화는 무질서한 서비스를 초래하였고, 서비스 계획의 무질서를 해결하기 위해서 체계적인 서비스 전달을 위한 관리기관의 필요성이 대두되었다. 그 결과 서비스체계 대리인이 출현하게 되었으며, 사례관리가 인권과 예산절감을 동시에 충족시킬 수 있게 됨에 따라 각광을 받게 되었다.

1) 서비스 조정기관의 필요성

사례관리의 출현배경은 1960년대 미국 사회복지 기본 정책의 공적인 자원이 서비스대상에 따라 분류되어 실시된 것과 관련이 있다. 그러나 이는 결과적으로 복잡하고 분절화된 서비스와 이중적이고 조정되지 않은 서비스를 실시하는 결과를 초래하였다. 따라서 이를 예방하기 위해서 서비스 대상층을 극히 좁게 책정하였고, 전문적인 서비스를 점차 강화해나갔다. 그러나 의도와는 달리 복잡한 문제나 욕구를 지닌 사람들은 적절한 서비스를 받을 수 없게 되었고, 따라서 서비스정책방향의 전면적인 수정이 불가피하게 되었다. 예를 들면, 장애인의 경우 현금지원서비스, 주택서비스, 의료서비스, 교육서비스는 각각 다른 전달체계를 통하여 제공받았기 때문이다.

따라서 1970년대 초 미국의 보건, 교육, 복지국은 주와 지방수준의 연방서비스 프로그램의 조정을 위한 다양한 "서비스통합 프로젝트"를 시도하였다. 이때 "체계 대행자(System Agents)"의 필요성이 인식되었고 이를 위해서 사회복지사들에게 사례관리라는 새로운 역할이 부여되게 되었다.

2) 지역사회중심의 사회복지서비스

1950년대 이후부터 지역사회중심의 사회복지서비스는 시설서비스보다 제한적이지 않으며 인간적이라는 견해가 주장되기 시작하였다. 한편으로는 사회복지에 대한 정부의 재정압박이 강하게 대두되기 시작했다. 이는 사회복지서비스에 있어서 탈시설화 운동을 강하게 불러일으켰으며, 이러한 사회적 추세를 바탕으로 1970년대까지 지역중심의 사회복지서비스와 시설중심의 서비스에 대한 비교평가가 여러 측면에서 연구되기 시작하였다. 이러한 연구 중에 주류를 차지하고 있었던 것은 서비스의 질적 측면과 경제적 측면에 대해서였다. 이러한 연구결과는 지역사회중심의 서비스가 서비스의 질적 측면과 경제적 측면에서 효과가 보다 높은 것으로 나타났다. 즉, 지역사회중심의 서비스는 심각하고 복합적인 욕구를 충족시키기에 어려움이 있는 클라이언트들에게 인간적인 서비스를 줄 수 있고 정부의 재정부담을 감소시켜 준다는 것이었다.

이러한 사회적 분위기에서 서비스의 방향성은 지역사회중심서비스로 변화되기 시작하였고 이를 효과적으로 전개하기 위해서 기존의 사회복지서비스 체계에 대한 수정이 불가피하게 되었다. 이러한 가운데서 이를 수행할 수 있는 방법으로서 사례관리가 출현하게 되었다.

3) 욕구의 다양화

시대가 변천됨에 따라 인간의 욕구와 사회의 인간에 대한 요구도 변화하였다. 기존의 사회복지서비스가 단순한 욕구를 가진 인간에 대한 문제해결에서부터 시작하였으며, 서비스를 받는 인간들에 대한 사회의 요구는 획일적인 것이었다. 따라서 산업화의 발전과 함께 형성되는 인간의 다양한 욕구를 충족시키고 사회가 요구하는 인간으로 변화시키기 위해서는 기존의 사회복지 방법으로서는 한계점에 이르게 되었다. 따라서 인간의 다양한 욕구를 충족시키고 사회가 요구하는 방향으로 클라이언트를 변화시키기 위해서는 새로운 사회복지방향이 요구되게 되었다. 이를 위해서 나타난 것이 사례관리라고 할 수 있다.

4) 사회복지실천방법의 점검

사회복지가 학문으로서, 사회의 문제에 대한 적극적인 해결자로서 위치를 확립하게 된 1920년 이후 끊임없이 방법론, 접근방법, 모델, 기법, 기술들이 개발되어져왔다. 그러나 개인의 복지를 달성하는 주요 방법론인 개별사회사업은 사회복지의 1차적 대상인 빈곤을 비롯한 소외계층에 대한 물질적이고 정신적인 서비스의 동시적 충족의 묵시적 원칙이 전문화의 속도와 함께, 소외계층에 대한 서비스가 아니라 모든 국민들에 대한 정신적인 서비스로 치중하고 발전하게 되었으며, 따라서 이원화현상이 급격하게 나타나게 되었다. 그 결과 본질적인 사회복지의 원칙이 퇴색하기 시작했다. 따라서 이를 해결하기 위한 수단으로서 복고성으로의 지향이 대두되기 시작하였으며, 그 결과 현대적 사회에 적합한 물질과 정신적 서비스를 동시에 충족시킬 수 있는 수단으로서 사례관리가 출현하게 되었다.

3. 사회복지사의 역할

사례관리는 1970년대 이후 미국 연방정부의 주도하에서 대단히 복잡하고, 분파적이며, 이중적(중복적)이고, 조정되지 않고 받아들일 수 없는 것으로서 여겨져왔던 지역사회중심의 정신건강과 노인복지서비스 분야에 많은 영향을 미쳤다. 그 결과 사회복지사는 '체계 대행자'로서 또는 '중개자'로서 사례관리자의 역할이 매우 강조되었다.

사례관리자는 전형적으로 클라이언트를 확인하고 관여시키며, 클라이언트의 욕구를 사정하고, 적절한 서비스를 찾아내어 서비스의 활용을 기획하며, 클라이언트와 자원을 연결하고, 목표달성이나 바람직한 결과를 위해 과정을 점검하고 평가하는 책임성을 지고 있어야 한다. 또한 사례관리자는 적당한 서비스를 시기에 맞게 적절하게 전달하는 것을 보장하도록 되어있다. 그러나 개별적인 사례관리자나 사례관리 프로그램이 클라이언트의 서비스 계획에서 확인된 결과를 성취하는 데 얼마나 효과적일 수 있는지는 불분명하다.

사례관리자가 갖는 또 다른 일반적인 역할인 대변은 클라이언트가 가장 필요로 하는 자원의 유용성과 활용하고자 하는 자원에 대한 접근, 그리고 클라이언트의 욕구가 충족되도록 보장하기 위하여 다른 기관과 대결하는 사례관리 프로그램의 실천의지에 따라 중요성이 달라진다.

이에 대해 Austin(1992)은 사례관리를 정의하면서, 사례관리자는 광범위한 자원에 관한 지식을 가지고 있어야 하고 많은 서비스제공자들과 잘 지내야 하며, 소비자들이 실제로 서비스를 잘 받도록 책임을 지며, 서비스가 소비자의 욕구를 충족시키고 있는가를 책임지고 사후지도하며, 그리고 다양한 서비스와 체계들로부터 최대한의 급부를 받도록 돕는 역할을 수행한다고 하였다.

사례관리자의 주요 업무는 클라이언트와 함께 필요한 도움의 유형을 찾아내고 효과적인 문제해결을 위한 장애요인을 규명하고 극복하도록 직접적인 서비스를 제공하고, 아울러 잠재적인 원조자들과 클라이언트를 연결하여 문제가 해결될 때까지 이러한 관계가 유지될 수 있도록 간접적인 서비스 중재를 하여야 할 것이다. 사례관리자가 이러한 업무를 수행하기 위해서는 여러 가지 역할들에 대한 기본적인 사실을 파악하고 있어야 할 것이다.

따라서 사례관리자는 가능한 표적집단을 확보해 두어야 하고 표적집단들에게 자신이 속한 기관이 제공할 수 있는 서비스를 제시하여야 한다. 사례관리자가 발견하는 클라이언트들은 대체로 정서적 지지, 의료부조 프로그램 등과 같이 일상생활에서 시급히 해결해야 할 문제들을 가지고 있다. 그러므로 사례관리자는 이들에게 심리사회적 의료적 문제를 효과적으로 해결하기 위하여 정확한 사정을 할 수 있는 지식과 기술을 가지고 있어야 한다(전재일 · 이준상, 1999).

한편 Roberts & DeGennaro(1987)에 의하면, 사례관리자의 주요 역할은 지속적인 서비스 제공과 더불어 기관과의 접촉에 대한 조정을 도와주고, 문제를 해결하기 위해서 연결자, 조정자, 협상자, 서비스 중재자로서의 역할이다.

또한 사례관리자의 역할을 사례관리자의 기능수준에 따라 설명하고 있는 O'Connor(1988)에 의하면, 전통적인 사회복지사의 역할은 권한부여자, 중개자, 대변자, 평가자, 동원자, 행동변화자로 이는 일반사회복지사의 역할과 같다고 하였다. 그리고 그는 지도자급에 있는 행정가 수준의 사례관리자의 역할은 프로그램관리자, 자원망개발자(연결자, 조정자)이며, 지도감독자로서의 사례관리자의 역할은 사례관리자, 교사, 대인관계 원조자로서의 역할, 자원봉사자나 보조자로서의 사례관리자의 역할은 행정가의 명령을 수행하는 직접서비스의 대행자로서의 역할이다.

이러한 역할을 종합적으로 살펴보면, 사례관리자는 조정자, 연결자, 대변자, 상담자, 이행자, 교육자, 안내 및 협조자, 진행자, 정보전문가, 점검자, 평가자 등의 역할을 수행해야 함을 강조하고 있음을 알 수 있다.

4. 사례관리과정

사례관리를 비롯한 사회복지실천방법들은 일련의 과정들을 가지고 있다. 대체로 기본적인 과정은 초기과정, 사정과정, 계획과정, 중재과정, 종결과정이라고 할 수 있다. 이러한 활동과정은 클라이언트와 첫 번째 만나는 순간에서부터 시작되고 동시적으로 일어나는 것이며, 계단과 같이 따로따로 순차적으로 진행되는 것이 아니다. 단지 초기과정에서는 계약이 사정이나 계획, 중재과정보다는 먼저 이루어질 것이고 중기에는 중재가 계약이나 사정, 계획보다는 많이 일어날 것이다.

이러한 실천과정은 프로그램에 따라 구체적인 기능을 이행하는 방법이 다를지라도 그리고 원조서비스를 조절하고 접근하는 것이 다를지라도 전문가의 핵심적 기술은 일치한다(Rothman, 1991).

사례관리과정에 대해 학자들의 견해를 살펴보면, Mink & Ballew는 계약, 사정, 계획, 자원사정, 조정, 해약 등 사례관리과정을 여섯 단계로 구분하면서 사정을 강조하고 있다. 이에 대해 Rothman은 기관에의 접근(사례발견, 의뢰), 인테이크(심리, 사회, 의료적 문제사정), 목표설정(장 · 단기), 계획수립(자원확인 목록작성), 연결, 점검, 재사정, 결과평가 8단계로 구분하면서 지역사회중심의 서비스제공에 대한 과정을 설명하고 있다.

Moxely는 클라이언트의 문제해결에 관계되는 사회적 지지체계의 기능, 즉 직접서비스의 기능과 간접서비스의 기능을 보다 명확히 제시하여 줄 수 있는 사례관리과정을 사정, 계획, 개입, 점검, 평가과정으로 구분하여 제시하고 있다.

이 책에서는 사례관리실천과정을 계약, 사정, 계획, 자원사정, 중재, 점검 및 평가를 중심으로 설명하고자 한다.

1) 계 약

계약은 효과적인 서비스를 위한 관계를 형성하는 과정이다. 이러한 관계는 도움을 제공할 사례관리자의 의지와 능력에 대한 클라이언트의 신뢰에 기초를 두고 있으며, 또한 클라이언트와 치료자의 기대에 대한 분명한 이해에 기초를 두고 있다.

계약과정의 주요 내용은 서비스의 적격성을 파악하고, 클라이언트와 사례관리자는 자신들의 역할을 소개하고 상호 기대를 명료화하며, 클라이언트의 문제에 관한 정보를 수집하고, 클라이언트가 가지고 있는 부정적인 감정을 완화시킬 수 있는 분위기를 조성하는 것이다.

2) 사 정

정확한 문제사정은 사회복지실천의 전반적인 목적을 성취하는데 매우 중요한 과정이다(Ballew & Mink, 1986).

사정은 클라이언트가 해결해야 할 문제와 클라이언트가 가지고 있는 문제를 해결하는데 필요한 자원, 클라이언트가 자원을 활용하는데 있어서 가지고 있는 장애요인을 파악하는 것이다. 이러한 문제나 자원들은 클라이언트가 스스로 파악할 수 있는 것도 있고 사례관리자가 관찰로부터 파악할 수 있는 것도 있다.

사정과정에서 사례관리자와 클라이언트는 문제가 무엇인지를 파악한 후에 문제영역에 대한 우선순위를 설정해야 하고 클라이언트가 자신이 가지고 있는 문제나 정서적인 측면들을 인식할 수 있도록 하여야 한다.

특히 사정과정에서 문제 및 자원의 파악은 사람과 환경 사이의 상호교류적인 측면에서 진행되어져야 하며, 상호간의 교류조건에 대한 정확한 사정이 함께 진행되어야 한다. 이를 기초로 자원활용계획에 대한 사정틀을 개발하고 자원활용계획을 수립하여야 한다.

3) 계 획

계획과정은 사례관리실천과정에서 중요한 축이라고 할 수 있다. 계획과정은 사정과 원조활동 사이의 중간과정으로서, 모든 사례관리의 활동들은 계획과정을 중심으로 진행되어진다. 계획은 사정기간 동안 수집된 정보를 클라이언트에게 도움이 될 수 있도록 변화시켜 주는 과정으로서 궁극적으로 클라이언트의 욕구와 환경적 요소 사이의 효율적인 관계를 수립하여 주는 일련의 행동지침을 의미한다(Ballew & Mink, 1986).

공식적이고 구조화된 계획은 네 가지 단계를 거쳐 진행되는 것으로서 첫 번째 단계는 목표설정의 단계로서 구체적이고 실제적으로 수립되어져야 한다. 두 번째 단계는 우선순위를 설정하고 우선순위에 따른 일련의 실천활동을 구체화하는 것으로서 클라이언트의 욕구 및 의견에 기초해야 한다. 세 번째 단계는 목표를 성취하기 위한 방법들을 선택하는 것으로서 클라이언트와 사례관리자가 변화를 가져오기 위해 취해지는 일련의 조치라고 할 수 있다. 네 번째 단계는 사례관리실천의 전반적인 기간 및 진행절차를 결정하는 것이다.

4) 자원사정

이 과정은 서비스계획이 완전히 이루어지는 시기로서 사례관리자는 장애요인을 극복하기 위하여 중재를 시작하고 활용가능한 자원을 연결하는 과정이다. 특히 사례관리에 있어서 자원의 사정은 세 가지 요인을 중심으로 접근하는 것이 효과적이다(Ballew & Mink, 1986). 즉, 외부적 · 선천적 · 내부적인 요인을 의미한다.

자원사정의 주요 내용은 원조자들과 새로운 관계를 형성시켜 주기 위한 제반활동과 클라이언트 가족과 사례관리자 사이의 관계를 향상시켜 주기 위한 제반활동, 그리고 환경적 요인과의 갈등에서 비롯되는 옹호나 박해, 위협과 같은 클라이언트의 행동에 대한 중재활동이 포함된다.

5) 중 재

사례관리에 있어서 중재는 수립한 계획에 따라 일련의 행동들을 실천하는 과정이라고 할 수 있다. 중재과정은 연결, 협상, 대변, 조정, 상담 등을 통하여 이루어진다.

연결은 클라이언트의 정보결핍이나 이치적인 자원의 결핍과 같은 낮은 수준에서의 장애요인을 극복하는 방법이다. 즉, 사례관리자는 클라이언트와 필요한 자원 사이의 중간자로서의 역할을 담당해야 하며, 목표는 클라이언트와 자원을 바람직하게 연결하는 것이다.

협상은 연결이 이루어진 후에 클라이언트와 자원의 요구가 일치하도록 하려는 일련의 활동과정이다. 즉, 협상이란 필요한 서비스와 제공가능한 서비스 사이의 적합성을 증진시키는 것으로서 이것은 충분한 신뢰를 바탕으로 이루어질 수 있다.

대변은 클라이언트의 욕구와 활용가능한 자원 사이에서 연결과 협상을 통하여 적합성을 찾을 수 없을 때 이루어지는 실천과정이다. 즉, 대변은 클라이언트에게 필요한 권리, 자원, 서비스 등을 보장하기 위하여 개인과 자원 사이를 중재하는 수단이다. 이것은 공공부조나 정부의 서비스에 대한 클라이언트의 권리와 같은 것으로서 클라이언트가 시민으로서 그들의 권리를 거부당할 때 이루어진다.

조정은 모든 서비스제공자들이 클라이언트에 대한 전반적인 계획을 수행해나가는데 있어서 책임져야 할 부분들을 결정해 주기 위한 것이다. 이것은 갈등을 야기하는 여러 가지 요구 및 서비스의 중복성을 해결해 주는 것으로서 클라이언트의 참여를 촉진하여 주고 원조제공자들의 활동을 촉진시켜 주는 것이다.

상담은 클라이언트의 정서적인 측면에 초점을 두는 것으로서 클라이언트의 생활력이나 현재의 정서상태를 평가하고 클라이언트에게 새로운 동기를 형성시켜 주어 의지를 강화해 주기 위한 실천과정이다.

6) 점검과 평가

점검은 사례관리가 서비스계획에 대한 이해 정도와 성취 정도를 파악하는 단계이다. 평가는 서비스전달이 클라이언트에게 얼마나 영향을 미쳤는지를 확인하는 것으로 클라이언트가 획득한 서비스 정도를 판단하는 과정이다.

사례관리자는 이러한 점검과 평가를 통해 서비스계획에 명시된 내용에 따라 서비스가 어떻게 전달되고 있는지, 얼마나 목표에 도달하였는지를 끊임없이 파악해야 한다. 사례관리에 있어서 점검과 평가는 서비스에 대한 책임성이 강화되고 있는 현실에서 매우 중요한 과정이다.

5. 사례관리와 전통적 사회복지접근방법의 차이점

사례관리는 일반적으로 두 가지 광범위한 기능을 가지고 있다. 하나는 지역사회에 있는 클라이언트에게 개별화된 상담과 치료를 제공하는 것이며, 다른 하나는 지역사회에 있는 기관과 비공식적 원조망의 지지를 확보하는 것이다.

사례관리는 기존의 개별사회사업과 지역사회조직을 동시에 적용하고 있다. 또한 사례관리는 지역사회자원에 대한 연결기능과 정보제공 및 의뢰의 기능, 그리고 서비스에 대한 평가기능이 강조되었다. 점검과 평가기능의 강조는 클라이언트에 대한 질적 서비스와 지역사회에 대한 서비스기관의 책임성을 동시에 충족시키려는 목적을 가지고 있다. 그리고 지역사회실천기술이 더욱 강화되었으며, 치료보다는 보호와 관리의 기능에 초점을 두고 있다.

사례관리자는 처음부터 끝까지 지역사회조직이나 시설, 행동집단들과 끊임없이 함께 활동할 것을 강조하고 있다. 이러한 기능을 중심으로 전개되는 사례관리와 기존의 전통적인 사회복지실천방법과의 차이점은 다음과 같다.

첫째, 대부분의 사례관리모델들은 전통적인 사회복지방법보다 더 사정의 기능을 강조하고 있다. 특히 사정은 기존의 방법들이 심리사회적인 것(개인이 환경에 적응할 수 있는 태도변화를 통한 지역사회자원의 활용에 관해서)이라면 사례관리 실천과정에서는 생심리사회적(biopsychosocial)인 것(개인의 현재 상황에 활용할 수 있는 체계개발)이다.

둘째, 사례관리는 서비스에 대한 점검과 평가의 기능을 매우 강조하고 있다. 이것은 서비스의 질을 한층 더 발전시킬 뿐만 아니라 전문가가 기관의 서비스에 대한 책임성을 강화하고 있다. 특히 사회복지행정이 사회복지실천방법론에서 보조적인 차원을 탈피하고 적극적으로 개입되고 있음을 알 수 있다.

셋째, 사례관리는 자원의 연결과 자원의 조정에 대한 기능이 강화되었다. 이것은 기존의 방법론이 "상황 속에 있는 개인"에 초점을 두고 일방적으로 전개된 것이라면, 사례관리는 개인의 축과 자원의 축을 분리되어 있는 것으로 파악하고, 양자를 결합시키는 쌍방의 측면을 강조하고 있다. 사실 이것은 개인에게 더욱더 효과적인 서비스 수단이며 클라이언트 중심의 지역사회자원의 활용, 즉 자원이 없으면 자원을 확보하는 데 모든 노력을 하여야 한다.

넷째, 기존의 사회복지실천방법들은 클라이언트의 특성에 관계없이 일정한 형식을 유지한 채 전개된 것이라면, 사례관리는 비정형성을 상당히 내포하고 있다. 그러므로 클라이언트의 특성에 상관없이 보편적으로 적용할 수 있다.

다섯째, 기존의 사회복지실천은 보편성을 띤 획일적인 서비스제공방식을 채택하고 있는데 비하여, 사례관리는 대상, 장면, 사례관리자의 능력, 환경 등에 따라 그 적용방법이 상당히 달라지는 다양한 특성을 가지고 있다(전재일 외, 2010).

chapter 10

사회복지실천 면접과 기록

chapter

10 사회복지실천 면접과 기록

제1절 면접의 목적 및 특성

사회복지실천과정에서 면접이라는 것은 사회복지사가 클라이언트와 함께 특정한 원조목적을 결정하고, 계약한 후 그 목적을 달성하기 위해 의사소통하는 모든 것을 말한다. 면접은 사회복지실천의 중요한 수단이며, 클라이언트와의 대화 그 이상의 것이며, 문제가 있는 클라이언트를 돕기 위해 사용되는 목표지향적인 활동이다. 사회복지실천에서 면접은 전문적 관계에 바탕을 두고 정보수집, 과업수행, 클라이언트의 문제나 욕구해결 등과 같은 목적을 수행하는 시간제한적 대화이다. 면접이란 면접에 참여하는 사람들이 서로 수용한 의도적인 목적을 가진 대화이며, 일반적으로 그 목적 클라이언트의 욕구를 충족시키며 문제를 해결하기 위해 정보를 수집하는 것이다(전남련 외, 2007).

요컨대 사회복지사들은 다른 어떤 활동보다 주요한 의사소통수단인 면접을 사용하여 사람들에게 도움을 주게 된다. 즉, 면접을 통하여 정보를 얻고 클라이언트의 문제가 무엇인지 파악하여 문제상황에 처한 사람과 그 상황을 이해하고 개입하여 원조를 제공하는 것이다. 그러므로 면접은 사회복지실천현장에서 직접적 실천의 가장 중요한 역할을 하게 되며 가장 많이 사용되는 기법으로 매우 중요한 기능을 하고 있다(한국전문대학사회복지교육협의회, 2005).

이와 같이 사회복지실천에서의 면접의 특성에 대해 콤튼과 갤러웨이(Compton & Galaway, 1994; 양옥경, 2001 재인용)는 다음과 같이 네 가지로 설명하고 있다.

첫째, 맥락이나 세팅을 가지고 있다. 즉, 클라이언트에게 서비스를 제공하는 특정한 기관이 있고 면접의 내용은 특정 상황에 한정되어 있어 관련되지 않은 요인들은 제거된다는 것이다.

둘째, 목적과 방향이 있다. 즉, 면접은 우연히 만나 정보를 교환하는 것이 아니라 구체적인 목표를 달성하기 위해 수행되는 과정이라는 것이다.

셋째, 계약에 의한다. 즉, 면접은 클라이언트와 사회복지사와 목적달성을 위한 일련의 과정을 상호 합의한 상태에서 진행함을 의미한다.

넷째, 면접에서는 관련자들 간의 특정한 역할관계가 규정된다. 즉, 면접인과 피면접인에게 각각 정해진 역할이 있고 그 역할에 따라 상호작용을 한다. 따라서 사회복지실천에서의 면접은 사회복지사와 클라이언트가 서비스를 제공하는 과정에서 특정 목적으로 가지고 계약에 의해 행하는 의사소통이라고 정의할 수 있다.

사회복지실천에서 면접의 종류는 사회력 조사와 같은 정보수집을 위한 면접, 사정평가를 위한 면접, 클라이언트의 변화를 돕기 위한 면접이나 환경변화를 목적으로 하는 개입단계의 면접 등 원조과정의 단계에 따라서 구분할 수 있다. 사회복지면접의 궁극적인 목적이 공유된다고 해도 단계별로 면접의 목적이 다를 수 있다. 초기단계에서는 신뢰관계를 형성하는 것이 중요한 목적이 될 것이다. 사정단계의 면접은 유용한 정보를 가능한 한 많이 얻는 것이 목적이 될 수 있다. 사정단계의 면접은 개입계획을 수립해야 하기 때문에 자료수집을 위한 면접보다 훨씬 더 목적지향적이 된다. 개입단계에서는 통찰, 행동수정, 인지적 왜곡의 변화 등 클라이언트 체계의 문제해결 혹은 변화에 목적에 있다. 사회복지사는 면접의 궁극적 목적을 바탕으로 세부적인 면접목표에 따라 단계적으로 면접을 진행하게 된다(김봉순 외, 2010).

제2절 사회복지면접의 종류

사회복지실천에서의 면접은 면접의 목적과 실천기능에 따라 다르기 때문에 면접의 유형 또한 다양할 수밖에 없다. 그러나 대부분의 사회복지면접은 클라이언트에 대한 정보획득, 클라이언트에 대한 평가와 조정, 클라이언트의 변화를 위한 치료적 면접 등이다. 재스트로우(Zastrow, 1995)는 사회복지면접의 종류를 정보수집면접, 사정면접, 치료를 위한 면접으로 구분하여 설명하고 있다. 면접의 종류는 다음과 같다(Zastrow, 1995).

1. 정보수집면접

클라이언트의 개인적·사회적 문제와 관련된 사회적 배경이나 개인의 성장·발달사에 관한 정보를 얻기 위한 면접이나. 이 면접의 목적은 클라이언트의 배경을 앎으로써 문제를 더 잘 이해하는 데 있다. 정보수집면접은 클라이언트의 유형, 문제영역, 기관의 성격에 따라 초점이 달라질 수 있다. 정보를 수집할 때 파악해야 할 항목을 보면 다음과 같다.

① 클라이언트에 대한 인구사회학적 요인으로서 나이, 성별, 학력, 결혼상태, 주소 등을 포함한 내용에 대한 정보를 수집하는 것이다.

② 클라이언트의 현재 문제에 대해 정보를 수집하는 것이다. 즉, 현재의 문제상황, 현재 문제와 관련된 과거력, 치료경험 및 형태, 치료기관 등과 같은 과거력이 포함된 것을 말한다.

③ 클라이언트에 대한 가족력으로서 원가족과의 관계, 부모-형제관계, 부부관계, 자녀관계 등에 관한 것을 정보수집하게 된다.

④ 클라이언트에 관한 개인력으로서 아동기 성장과정, 발달단계상의 문제, 학교생활, 교우관계, 직장생활, 결혼생활에 관한 것이다.

⑤ 클라이언트에 관한 사회적 · 직업적 기능에 관한 것으로서 클라이언트의 사회적 · 직업적 기능 정도를 파악하는 것이다.

요컨대 면접에서는 이전에 밝혀지지 않았던 새로운 정보를 얻게 되는 경우가 많다. 초기면접은 클라이언트에 대한 정보수집이 주요 목적이 되므로 가능한 많은 정보를 얻는 데 기여하게 된다. 그 이후의 면접에서는 어떤 목적을 성취하는 과정에서 자연히 얻어지게 된다.

2. 사정면접

사정을 위한 면접은 구체적인 서비스에 대한 의사결정을 하기 위한 것으로 앞의 정보수집을 위한 면접보다 목적지향적이다. 왜냐하면 사정면접은 구체적이고 서비스에 대한 의사결정을 하기 위한 것이기 때문이다. 사정(assessment)은 문제가 무엇인지, 어떤 원인 때문인지, 그 문제를 해결하거나 줄이기 위해 무엇이 변화되어야 하는지에 대해 답하는 사회복지실천과정의 핵심적 단계이다. 그러나 사회복지실천과정에서는 '무엇이 잘못되었는가'에만 초점을 두는 것이 아니라 클라이언트의 자원, 동기, 장점, 능력 등을 모두 보기 때문에 '진단'이라는 용어보다는 '사정'이라는 용어를 더 많이 사용하고 있다. 예를 들어 정신장애인의 경우, 사정면접을 통해 어떤 치료방법을 사용할 것인지를 결정하게 된다. 이러한 결정을 위해서는 장애가 어느 정도 심각한지, 정신장애의 유형과 진단은 무엇인지, 약물치료의 효과와 재활치료의 효과는 어느 정도로 예측되는지를 판단하고, 정신장애인과 가족, 그리고 지역사회의 기존의 자원과 능력 등을 평가하게 된다.

클라이언트의 현재 문제상황, 그 문제해결의 목표 그리고 목표달성을 위한 개입방법의 결정 등이 사정면접을 통해 이루어지게 된다.

3. 치료적 면접

치료를 위한 면접의 목적은 면접을 통해 클라이언트의 변화를 돕기 위한 것과 클라이언트의 더 나은 사회적응을 위해 환경을 변화시키기 위한 것이다. 클라이언트의 변화를 돕기 위한 치료면접은 주로 클라이언트의 자신감과 자기효율성 강화, 필요한 기술훈련, 문제해결능력 증가 등을 목적으로 한다. 환경변화를 목적으로 하는 면담은 클라이언트와 관련된 중요한 사람들과 이루어지기도 하고 클라이언트의 권리와 이익을 옹호, 대변하기 위해 사회복지기관, 지역사회, 관련공무원들과 이루어지기도 한다. 이러한 목적을 가진 면접은 사회적 상황을 변화시키려는 노력을 포함한다. 변화가 일어남에 따라 면접 그 자체는 치료도구가 되면, 피면접자는 감정, 태도, 행동상의 변화를 시도한다. 면접이 치료적 목적을 가질 수 있지만 변화를 추구하는 클라이언트가 면접에 나타나지 않을 수도 있다. 이러한 경우에는 클라이언트의 생활에 있어서 중요한 사람들과 면접을 할 수 있나. 이때 사회복지사는 클라이언트를 대신하여 중재나 대변자로 활동한다. 중재나 대변에 관여하는 사회복지사는 클라이언트를 대신해서 그들에게 영향을 미치려는 전략적 위치에 있는 중요한 사람들과 면접을 한다. 이 경우 면접의 목적은 클라이언트의 이익 면에서 사회환경 내의 힘의 균형을 변화시키는 것이다(전남련 외, 2007).

제3절 사회복지실천 면접기술

사회복지사는 개인의 경험만으로 클라이언트를 완전히 이해할 수 없다. 따라서 사회복지사는 클라이언트에 대해 인식하고 해석한 것에 근거해서 원조해야 한다. 그렇기 때문에 사회복지사는 항상 클라이언트의 설명을 들으려고 하는 자세를 유지해야 한다. 이것의 기본이 바로 면접기술 혹은 방법인 것이다(사회복지사 1급시험연구회, 2003). 사회복지면접의 기술은 다음과 같다(이상균 외, 2002; 임은희, 2004; 이준우 외, 2006; 전남련 외, 2007; 최혜경, 2009).

1. 면접 준비기술

Cournoyer(2000)는 사회복지사가 면담준비를 위해 활용할 수 있는 기술 여덟 가지를 제시하였다. 이를 구체적으로 살펴보면 다음과 같다.

1) 사전검토

사전검토(preparatory review)란 클라이언트의 이전 기록과 기관의 정보를 검토하고 클라이언트의 기본적 배경(예 교육 정도)을 검토하는 것이다. 하지만 이 단계에서 클라이언트에 대한 편견이나 선입견을 갖는 것에 대해서는 주의를 요한다.

2) 사전탐색

사전탐색(preparatory exploring)은 접수나 초기면담을 담당한 사람과 클라이언트의 의뢰자에게서 클라이언트 및 그의 상황에 대한 질문을 통해 정보를 수집하는 것이다. 종종 클라이언트가 같은 기관의 다른 사회복지사로부터 서비스를 제공받았다면 이전에 서비스를 제공했던 동료 사회복지사로부터 정보를 수집하는 것도 이에 해당한다.

3) 사전협의

사전협의(preparatory consulting)는 슈퍼바이저나 동료에게서 조언을 구하는 것을 의미한다. 예를 들어, 우울증을 보이는 여자 청소년을 면담할 예정인 사회복지사는 우울증상 및 잠재적인 자살 가능성을 파악하기 위한 질문목록을 슈퍼바이저, 동료와 협의해 볼 수 있다.

4) 사전정리

사전정리(preparatory arranging)란 첫 면담을 위한 체계적인 물리적 준비를 의미하는 것이다. 예를 들어, 약속시간을 확인하는 것, 면담실의 충분한 시간확보, 비밀보장이 될 수 있는 공간확보를 비롯하여 면담실의 사전예약, 가구배치 그리고 필요한 경우 교통편의 및 주차, 장애인을 위한 편의시설 등과 관련한 준비를 한다. 나아가 대기실에 최신 잡지 등과 같은 읽을거리와 음료수, 간단한 그림 등을 비치함으로써 방문하는 클라이언트로 하여금 안락감을 가질 수 있도록 하는 준비도 이에 해당한다. 그리고 아동의 발달연령과 사회문화적 배경에 맞는 장난감과 그림 등도 비치할 수 있다.

5) 사전공감

클라이언트가 초기면담에 오기 전이지만 클라이언트가 겪을 수 있는 느낌이나 현재의 문제 및 상황에 민감하게 반응할 수 있도록 사전공감(preparatory empathy)을 실천해 보는 것이다.

6) 사전 자기탐색

사전 자기탐색(preparatory self-exploration)은 자기인식 및 전문적인 자질향상과 매우 관련이 깊다. 이것은 자기분석의 한 형태로서, 타인과의 상호작용에서 어떻게 영향을 주고받는지를 파악하는 것이며 사회복지사가 자신의 개인력을 파악하고, 자신의 특징, 욕구, 편견, 정서적 약점, 행동양상 등을 이해하는 것이다.

7) 집중적 자기관리

이는 사회복지사의 개인사정이 전문가로서의 의무와 서비스 전달에 방해가 되지 않도록 하기 위한 것이다. 예를 들어, 집안문제로 업무에 집중하기 어려우며 클라이언트와의 면담에 있어서도 집안문제가 자꾸 떠오르면 사회복지사는 적절한 조치(예 클라이언트에게 양해를 구하고 면담을 취소하거나 재조정하는 것)를 취하여야 한다.

8) 사전계획 및 기록

사전계획 및 기록(preliminary plannig)은 사회복지사가 면담 전에 면담의 목적과 목표를 검토하고, 면담에서 논의할 주요 과제를 임시적으로 설정하는 것을 의미한다. 면담에는 면담의 목적에 따라 ① 정보수집을 위한 면담, ② 정보제공을 위한 면담, ③ 사정을 위한 면담, ④ 변화를 위한 면담이 있다. 그러나 모든 면담이 반드시 이러한 분류로 구분될 수 있는 것은 아니며 서로 중복되는 부분이 많다.

2. 면접 시작기술

1) 면접의 시작

면접의 시작단계는 접수, 치료관계의 착수, 면담시간의 진입 등으로 볼 수 있다.

이 단계에서 사회복지사는 ① 자기소개, ② 클라이언트에게 자신 및 동행인에 대한 소개 요청하기, ③ 첫 면접의 목적설명, ④ 클라이언트의 역할 설명하기, ⑤ 기관의 정책 및 윤리적 요건에 대해 설명하기, ⑥ 피드백 요청하기 등과 같은 과업을 수행하게 된다.

위의 내용을 구체적으로 살펴보면 다음과 같이 정리할 수 있다(전남련 외, 2007).

(1) 자기소개

사회복지사는 자신의 성명, 소속기관, 부서, 직위 등에 대해 간략하게 소개한다. 만약 클라이언트 가운데 사회복지사의 학력, 출신학교, 자격증 소지 여부, 경력 등에 대해 문의하여도 솔직하게 답하는 것이 일반적이다.

(2) 클라이언트에게 자신 및 동행인에 대한 소개 요청하기

동행인을 소개하는 경우에는 연장자(연령을 고려하여) 순으로 인사를 나누는 것이 상례이다. 경우에 따라서 클라이언트와 동행인을 어떻게 부르는 것이

좋을지 확인하는 것도 필요하다. 예를 들면, '제가 ○○어머니, ○○아버지라고 불러도 될까요?' 또는 '○○선생님이라고 불러도 되겠어요?' 등과 같은 확인이 필요하다. 또한 사회복지사보다 나이가 적은 클라이언트를 만나게 되면 일반적으로 낮춤말을 많이 쓰지만 교육적인 측면에서 존댓말을 쓸 필요가 있다.

(3) 첫 면접의 목적설명

면접의 목적설명은 직접적이고 분명하면서도 부드럽게 한다. 어려운 전문용어를 사용하는 것은 가급적 피하고 클라이언트가 쉽게 이해할 수 있는 말로 설명한다.

(4) 클라이언트 역할 설명하기

사회복지사가 면접의 목적을 설명하고 면접의 진행사항 등을 설명하고 난 다음 클라이언트의 역할에 대해 다음과 같이 설명할 수 있다. 즉, ① 면접시간은 꼭 지킬 것, ② 면접약속시간을 취소할 경우에는 반드시 24시간 이내에 통보해 줄 것, ③ 서로 계약한 상담료를 납부해 줄 것, ④ 클라이언트의 상황변화를 사회복지사에게 알려줄 것, ⑤ 만약 사회복지사가 클라이언트에게 과제를 내줄 경우에는 성실히 수행해 줄 것 등을 요청할 수 있다.

(5) 기관의 정책 및 윤리적 요건에 대해 설명하기

사회복지사는 기관의 정책 및 윤리적 요소를 설명할 의무가 있다. 예를 들면, "저희 기관은 서울시에서 위탁을 받아 운영하고 있습니다. 저희 복지관은 ○○가 필요로 하는 상담서비스를 제공해 주는 기관입니다" 등과 같이 간략하게 설명할 수 있다.

(6) 피드백 요청하기

기관의 정책에 대해 설명을 하고 난 다음 기관의 서비스 수혜자격과 요건, 수혜기간, 절차, 후속조치 등에 대해 클라이언트가 이해할 수 있도록 설명한 다음 이를 잘 이해했는지 피드백을 받아야 한다.

2) 면접 시 상호작용 방법

(1) 악수하기

악수하기는 서비스 이용자와의 관계에서, 개인의 선호도와 문화적 영향에 따라 다르고, 더욱 복잡하기도 하다. 예를 들면, 악수를 청하는 것은 남성보다 여성이 적은 편이고, 아동은 장난삼아 그렇게 하는 경우를 제외하고는 악수를 하려고 손을 내밀지 않는 편이다. 일반적으로 남성은 이러한 형태의 신체적 접촉을 더 쉽게 하는 경향이 있지만, 남성들 중에도 계층과 연령에 따라 매우 다르다. 사회복지사가 악수를 할지 안 할지는 자신의 직관에 의해 결정해야 한다. 왜냐하면 사회복지사는 클라이언트의 상황을 잘 알지 못할 때에도 클라이언트를 사정하기 때문이다. 악수를 하는 과정에서 상대방의 손의 촉감을 파악할 수 있다. 클라이언트가 사무직 근로자인지 아니면 노동자인지, 사회복지사와 만남을 기쁘게 여기는지, 아니면 마지못해서 오게 된 것인지 느낌을 파악할 수 있다. 그러므로 악수는 누구도 위압하여 강제로 악수를 하지 않아야 한다. 또한 악수는 사람들과 신체적으로 접촉할 기회를 가지고 좋은 인상을 주기 때문에 유익하다. 그리고 악수는 '안녕', '잘 지내세요', '오랜만이네요', '잘 가세요' 등의 몇 마디 따뜻한 말과 함께 할 필요가 있다.

(2) 신체적 접촉

신체적 접촉은 비언어적 의사소통 가운데 강력한 영향력을 보일 수 있다. 신체적 접촉이 긍정적으로 활용되었을 때 사회복지사는 클라이언트에게 지지를 보여줄 수 있지만, 그렇지 못한 경우 전문적 관계에 치명적인 손상을 가져올 수 있다. 특히 클라이언트가 아동학대 혹은 성희롱과 같은 경험이 있다면 신체적 접촉은 더욱 주의를 요하는 의사소통의 방법이다. 면담과정에서 클라이언트와 신체적 접촉을 할 경우가 종종 발생한다. 예를 들어, 면담과정에서 클라이언트가 흐느껴 우는 경우가 있다. 일상적으로 이러한 클라이언트를 볼 때 위로의 말을 건네거나 어떠한 행동을 취하지 않으면 어색하고 비인간적이면서 냉정하다고 느끼게 된다. 이런 경우 휴지를 건넨다든지, 어깨를 가볍게 두드려 준다든지, 손을 잡아주는 경우가 있다. 그러나 사회복지사가 편안하게 해준다고 하는 일련의 행동이 클라이언트에게 반드시 똑같은 의미로 전달되는 것은 아니다. 예를 들어, 신체적 학대나 성학대를 경험한 클라이언트는 신체적 접촉, 특히 간단한 포옹과 같은 행동에 매우 불편해 하거나 과거의 피학대 경험을 되살리는 계기가 될 수도 있다. 그리고 우는 클라이언트의 손을 잡아주는 행동은 클라이언트의 울음을 그치게 만들어 결국은 감정을 표현할 수 있는 기회를 막을 수도 있다. 그러므로 사회복지사는 자신에 대한 인식과 함께 전문가로서의 반응과 인간으로서의 개인적 반응을 구분할 수 있어야 한다. 이를 위해 사회복지사는 클라이언트가 표현하는 감정을 충분히 '공감'하되 적절하면서도 클라이언트가 편안함을 느낄 수 있는 방법으로 반응을 해주어야 할 것이다. 또한 클라이언트가 보이는 감정을 충분히 표현할 수 있도록 격려해 줄 필요가 있다. 부드럽고 다정한 목소리로 위로를 제공해 주는 것은 따뜻한 담요로 감싸주는 것과 같은 느낌을 갖게 할 수 있다.

3) 비공식적인 대화의 시작

클라이언트를 따뜻하게 맞이하는 방법 가운데 하나는 날씨 혹은 기관에 찾아오는 과정에서의 어려움, 예를 들면 교통문제들과 같은 주제를 택하여 비공식적인 대화로써 시작하는 것이다. 이러한 비공식적인 대화를 얼마나 오랜 시간 동안 할 것인가는 사회복지사의 직관력에 달려 있다. 지나치게 짧게 하는 것은 금방 넘어가는 느낌을, 지나치게 길게 하는 것은 불필요한 대화에 시간을 낭비하는 것과 같은 느낌을 갖게 한다. 비공식적인 대화를 무시할 수 없는 이유는 사회복지사가 어떤 방식으로 면담을 이끌 것인지에 대한 인상을 심어줄 수 있기 때문이다. 사회복지사 입장에서의 비공식적 대화는 클라이언트에게 어려운 문제나 도움요청과 같은 주제를 말할 수 있는 기회를 제공하게 된다. 또한 어떤 클라이언트는 첫인상에서 받은 느낌을 중요시할 뿐 아니라 처음 몇 분간의 상호작용으로 인해 사회복지사에 대한 인상을 형성하게 된다. 서비스 이용자는 처음 기관으로 걸어들어올 때의 경험과 사회복지사의 대우에 따라 자신이 환영받고 존중받는다고 느낄 수 있다.

3. 사회복지실천면접 기술 및 방법

1) 관찰기술

관찰은 클라이언트가 이야기하고 행동하는 모든 것에 주의를 기울여 클라이언트와 그의 문제를 이해하는 데 필요한 정보를 얻는 것이다. 그러나 관찰은 한계가 있으므로 사회복지사가 알고자 하는 것을 선택하여 관찰하는 의도적이고 계획적인 활동이라고 할 수 있다(Loewenberg, 1977; 임은희, 2004 재인용).

관찰은 클라이언트가 상담실 문을 열고 들어오면서부터 시작된다고 할 수 있다. 즉, 초기면접 이전에 대기실에서의 클라이언트 모습은 그가 일상생활에서 자기 자신을 어떻게 통제했는가를 알 수 있는 정보를 주는 것이다. 낯선 대기실에서 앞으로 일어날 일에 대한 초조함, 불안, 두려움 그리고 비자발적 클라이언트의 경우 분노, 원망 등의 비언어적 행동들이 나타날 것이다. 어떤 사람은 계속 왔다갔다하고, 또 다른 사람은 대기실 벽에 걸려있는 사회복지사의 자격증이나 기타 안내물들을 유심히 살피기도 할 것이다. 또 어떤 사람은 대기실의 잡지들을 짜증스럽게 넘기면서 시계를 볼 수도 있다. 대기실에서의 이러한 태도는 클라이언트의 개입에 대한 태도와 평소 불안함과 두려움을 어떻게 다루어왔는지를 알 수 있게 한다(전남련 외, 2007).

면접에 있어서 클라이언트가 이야기하는 것은 물론이고 클라이언트가 말하지 않는 것과 의미있는 침묵 등도 똑같이 주의를 기울여야 한다.

면담 중에는 역시 클라이언트의 언어적 표현뿐 아니라 비언어적 표현에도 민감해야 한다. 여기에는 표정, 손놀림, 눈맞춤, 얼굴붉힘 등이 포함된다. 이러한 비언어적 표현이 언어적 표현과 일치하는가 하는 것은 클라이언트의 감정과 표현의 차이를 밝히는 데 매우 중요하다.

또한 신체적인 긴장, 얼굴붉힘, 흥분, 낙담 및 클라이언트가 이야기할 때의 태도나 모습에도 주의를 기울여야 한다. 언어적 표현과 비언어적 표현이 일치하는가 등도 포함된다.

비언어적 표현 중에 사회복지사가 가장 다루기 힘든 것이 침묵이다. 침묵은 언제, 어떤 대화 도중 발생했는가를 파악하여야 한다. 대부분 이야기할 주제가 클라이언트에게 위협적이거나 말하기 어려운 것일 때 침묵이 나타난다. 또한 개인에 대한 관찰이 항상 정확하다고 볼 수 없다. 예를 들어, 어떤 사람에게는 상냥하고 애교스럽게 보이는 것이 다른 사람에게는 적개심으로 인식될 수도 있다.

사회복지사는 관찰대상을 자신의 흥미, 편견, 태도 및 훈련 등에 따라 선택하고 개인적인 해석을 첨가하기도 한다. 따라서 사회복지사는 자신의 관찰이 정확하다고 생각해서는 안 되며 또한 쉽게 속단하여서도 안 된다. 그러므로 관찰을 통해 얻은 정보가 다른 정보와 일치되는지를 판단하며 사용해야 한다.

사회복지사는 클라이언트의 비언어적 몸짓으로부터 민감하게 주제에 대한 신호를 알아낼 수 있으므로 사회복지사는 다음의 사항을 관찰해야 한다(전남련 외, 2007).

(1) 신체언어(body language)

클라이언트가 앉아있는 모습, 얼굴표현(얼굴이 붉어지거나 초조해 한다), 목소리의 색조의 변화, 손가락으로 탁자를 치는 행동 등이 무엇을 전달하는가?

(2) 처음 꺼내는 말과 종결하는 말의 내용

이 내용은 클라이언트가 자신의 자아나 환경에 대해 어떤 태도를 갖고 있는지 암시를 준다.

(3) 화제의 이동

대화 도중 어떤 주제가 나올 때 화제를 바꾸는 경우는 특별한 주제가 고통스럽거나 토론하기 싫다는 것을 의미하기 때문에 그 이유를 나중에라도 알아낼 필요가 있다.

(4) 반복적인 주제의 제시

클라이언트가 계속해서 한 주제를 제시하는 경우에는 클라이언트에게 매우 중요한 문제이거나 클라이언트가 도움을 받기 원하는 문제이다.

(5) 불일치

클라이언트의 진술 간에 차이가 나는 것은 면접내용이 클라이언트 자신에게 매우 위협적인 것이거나 공개하고 싶지 않다는 것을 시사한다.

2) 경청기술

면접의 가장 기본적이면서 가장 중요한 기술로서 경청이란 단순히 듣는 것이 아니라 마음으로, 가슴으로 전달하는 말 안에 포함하고 있는 상대방의 생각과 감정을 이해하기 위한 적극적 청취를 말한다. 상대방에게 관심을 집중하고 그가 전달하려고 하는 것에 주의를 기울여 상대의 어려움에 공감하고 필요한 반응을 하면서 듣는 것이다. 경청기술은 모든 유형의 대화에 있어 기본적 기술이다.

경청을 함으로써 클라이언트는 마음을 열게 되고 감정적으로 후련하게 되어 감정의 정화와 안정을 얻게 된다. 또한 사회복지사는 클라이언트의 준거틀에 맞출 수 있게 되고 클라이언트에 대해 성급한 판단이나 평가경향을 차단해 주고 성급하게 문제를 해결하려는 것을 막아주는 데 도움이 된다. 경청을 잘하기 위해서는 다음과 같이 유의점이 필요하다.

첫째, 클라이언트의 비언어적 반응에 대하여 민감하게 지각할 수 있어야 한다.

둘째, 사회복지사도 언어적 반응과 비언어적 반응에서 관심을 기울이고 있음을 나타내야 한다.

클라이언트가 무엇을 전달하려고 하는지 이해하려고 노력해야 하며, 클라이언트의 감정이 어떻게 표현되는지 주목해야 하고 열린 마음과 수용적인 태도로 임해야 한다. 또한 대화를 중단하고 성급하게 조언(advice)을 해도 안 된다. 조언은 클라이언트의 의존심을 길러줄 뿐 아니라 만일 조언의 결과가 나쁠 경우에는 사회복지사의 신뢰도도 떨어지게 된다. 또한 들었던 내용을 다시 반복해 주는 기술(paraphrasing)은 클라이언트가 이야기한 것을 분명하게 하는 데 도움을 주며, 클라이언트가 계속해서 자신의 의견을 표현하도록 고무하는 데 필요하다. 뿐만 아니라 요약하는 기술(summarizing)은 클라이언트가 진술한 여러 가지 내용을 좀 더 분명하게 정리하는 데 도움이 된다(전남련 외, 2007).

경청기술은 ① 클라이언트가 하는 말을 주의깊게 듣는 것뿐만 아니라, ② 클라이언트의 비언어적 제스처나 자세를 관찰하고, ③ 클라이언트가 자유로이 표현할 수 있도록 적극 격려하고, ④ 사회복지사와 클라이언트 양자 간의 대화내용을 기억하는 것을 모두 포함한다. 이에 비해 적극적 경청(active listening)은 이들에 더하여 사회복지사가 클라이언트의 메시지를 정확하게 받아들여 이해하고 있음을 끊임없이 클라이언트에게 전달해 줌으로써 클라이언트가 자신이 정확히 이해받고 있다는 생각을 갖도록 하는 행위까지를 포함한다. 따라서 이것은 피드백 과정의 일부라고 볼 수 있다. Sheafor 등(1997)은 적극적 경청의 요령 다섯 가지를 다음과 같이 제시하였다.

① 클라이언트가 표면적으로 나타내는 말뿐만 아니라 그 이면에 숨겨져 있는 감정까지도 세심하게 살핀다.
② 분명하고, 침착하며, 흥미를 나타내는 어조를 구사한다.
③ 관심과 열린 마음을 갖고 클라이언트의 말을 잘 듣고 있다는 것을 나타내는 몸짓(표정, 눈빛, 고개를 끄덕이는 일)을 적절히 사용한다.
④ 클라이언트가 한 말 중에서 불분명하거나 추가적인 정보가 필요하면 적절한 질문을 한다.
⑤ 무엇을 주장하거나 의견제시를 위한 말보다는 클라이언트를 보다 더 잘 이해하기 위한 말을 한다.

또한 경청에는 언어적 경청과 비언어적 경청으로 구분할 수 있다. 비언어적 경청이란 긴장하지 않는 상태에서 클라이언트와 의사소통으로 하고 있다는 것을 알리는 것이다. 비언어적 행동은 의사소통에서 매우 중요한 역할을 담당하므로 지속적으로 클라이언트와 시선을 맞추거나 지금 하고 있는 말을 이해하고 있다는 것을 알리기 위해 고개를 끄덕이는 것 등이 이에 해당한다. 언어적 경청이란 클라이언트가 가져온 주제를 사회복지사가 임의로 바꾸지 않고 클라이언트의 주제 속에 머물러 주는 것을 의미한다. 즉, 사회복지사의 질문은 클라이언트를 통제하기 위한 것이 아니라 클라이언트의 메시지를 명확히 이해하기 위하여 사용되는 것이다(김유숙, 2000; 한국전문대학교육협의회, 2005 재인용).

경청하기 위해서는 사회복지사는 자기가 말하고 싶은 욕구를 통제해야 하며, 클라이언트가 말하고 싶은 것이 무엇인지를 파악하기 위한 노력을 해야 한다. 오쿤(OKun, 1992)에 따르면, 클라이언트는 사회복지사가 자신의 이야기를 경청하고 자신을 존중하는지를 다음과 같은 비언어적 행동에 의지한다고 한다(노혜련 외, 2002; 한국전문대학교육협의회, 2005 재인용).

① 클라이언트와 일치하는 어조
② 눈맞춤
③ 사회복지사가 클라이언트의 말을 잘 따라가고 있음을 보여주기 위해 이따금 고개를 끄덕이는 것
④ 클라이언트의 말에 대한 반응으로서 다양한 얼굴표정
⑤ 온정과 이해를 나타내기 위한 적절한 시점에서의 미소
⑥ 이따금 하는 손동작
⑦ 클라이언트와 신체적으로 가까운 거리에 앉는 것
⑧ 적당한 속도의 언어구사
⑨ 관심과 집중을 보여주기 위해 클라이언트 쪽으로 몸을 약간 기울이는 것
⑩ 이따금 하는 신체적 접촉

효과적인 비언어적 태도는 전문적 면접 시에 주의깊고 존중하는 분위기를 만드는 데 기여할 수 있다. 따라서 경청하는 것도 중요하지만 클라이언트는 사회복지사가 자기 말을 경청하고 있다는 것을 알고 싶어 하므로 클라이언트

에게 경청하고 있다는 사실을 시각적으로 전달하는 경청태도를 보여줄 필요가 있다. 주의를 기울이는 자세, 눈의 접촉, 상체를 앞으로 기울이는 자세 등 외형적이고 주의깊은 태도는 사회복지사가 경청하고 있음을 보여주는 것이다.

경청에 있어서 침묵은 어떻게 다룰 것인가? 대부분 초기단계의 사회복지사들은 면접 중의 침묵은 불안해 하고 부담스러워 한다. 벤자민(Benjamin, 1987)에 의하면, 면접에서는 침묵은 클라이언트가 자신의 생각을 정리하고 있거나 단지 그가 이야기했던 상황에 대해 혼란스럽거나 화가 나있거나, 단순히 지금 곧 해야 할 작업을 앞두고 잠깐 쉬고 있다는 것을 의미할 수 있으므로 클라이언트의 침묵을 존중하는 것이 중요하다고 조언하면서, 침묵을 존중해 줌으로써 클라이언트가 질문에 대답하기 위해 노력할 기회를 주는 것이라고 한다(한국전문대학교육협의회, 2005 재인용).

3) 질문기술

면접과정에서 질문은 매우 중요한 기술 가운데 하나이다. 질문을 하는 것은 이에 대한 답을 얻기 위한 것이다. 또한 질문을 함으로써 사회복지사가 클라이언트가 말하는 내용이나 생각, 감정에 귀를 기울이고 있다는 것을, 그리고 그것들이 중요하다는 것을 표현할 수 있다. 사실 사회복지사가 클라이언트로부터 듣는 대답은 모두 질문에 대한 답변이라고 해도 과언이 아니다. 정확한 답을 찾으려면 우선 정확한 질문을 해야 한다고 본다. 그만큼 질문은 중요하다.

또한 질문하기는 반영적 고찰(self-reflection)을 자극하는 한 방법이 된다. 사회복지사의 훌륭한 질문은 반드시 클라이언트의 생각을 자극한다. 즉, 사회복지사가 클라이언트의 사고에 근거한 질문을 하게 되면 클라이언트는 질문을 받음으로써 사고의 확장이 일어나고 경우에 따라서는 자기결정능력이 강화될 수도 있다. 나아가 질문을 하는 동안 사회복지사는 적극적 경청의 기술을 활용하여 클라이언트의 대답을 명확하게 이해하고 이에 대한 피드백을 제공해 줄 수 있다.

일반적으로 질문은 '언제', '어디서', '누가', '무엇', '왜', '어떻게'라는 육하원칙에 따라하게 된다. 그리고 질문은 크게 개방형 질문과 폐쇄형 질문으로 나눌 수 있다. 이들 질문들이 모두 다 상황에 따라 유용하게 사용될 수 있지만, 질문에 따라 한계를 가질 수도 있다. 폐쇄형 질문과 개방형 질문을 살펴보면 다음과 같다.

우선 개방형 질문에 대해 살펴보기로 한다. 개방형 질문은 클라이언트가 자신의 문제에 대해 자신의 방법으로 이야기할 수 있도록 하며 광범위한 표현을 하도록 질문을 하는 것으로 다양한 정보를 필요로 할 때 유용하다. 예를 들어, "가족과 어떤 관계인지 말씀해 주시겠어요?" 또는 "어떤 도움이 필요하신지 말씀해 주시겠어요?", "그때 당신 기분은 어떠했습니까?"라고 질문을 하는 것이다. 개방형 질문은 클라이언트 상황에 대해 거의 아는 바가 없을 때, 즉 주로 면접 초기에 사용하며 클라이언트 스스로 가장 관계깊고 중요하다고 생각하는 것을 표현할 여지를 주게 된다. 또 클라이언트를 이해할 수 있는 많은 정보를 얻을 수 있다. 때로는 작은 격려로 새로운 여러 정보를 얻는 데 도움이 된다. "조금 더 이야기해 주시겠어요?"나 "그런 예를 한 번 더 들어주시겠어요?"가 있다. 그러나 개방형 질문은 듣는 사람에 따라서 약간 모호한 요소를 가지고 있기 때문에 클라이언트가 그 능력이 부족하거나 경험이 부족한 경우에는 클라이언트의 생각을 돕기 위해 약간의 구성과 방향과 안내를 제공하는 것이 좋다. 질문을 하는 것은 질문형식에 의하여 클라이언트의 사고를 이끌어내는 데 최대의 의의가 있다. 이런 의미에서 볼 때 질문은 기본적으로 '언제, 어디에서, 누가, 무엇을'이라고 하는 폐쇄형 질문보다는 '어떻게'라고 하는 하나의 틀에 얽매이지 않는 보다 개방형 질문이 바람직하다. 개방형 질문은 클라이언트의 사고의 유연성을 방해하지 않기 때문에 클라이언트의 기분을 가장 잘 느낄 수 있는 이점이 있다.

다음으로는 폐쇄형 질문에 대해 살펴보기로 한다. 폐쇄형 질문은 클라이언트의 대답의 폭을 제한시키는 것으로 구체적 정보가 필요하거나 보다 확실히 이해하기 위한 질문을 하는 것으로 클라이언트가 혼란되어 자신의 문제를 조리있게 설명할 수 없어 대화의 초점이 필요한 경우에 유용하다. 그러나 폐쇄형 질문은 “점심은 드셨습니까?”, “당신은 부모님과 화해하기를 원하나요?”라고 질문을 하는 것으로 대개 짧은 대답, “예”, “아니요” 등의 대답으로 이루어진다. 즉, 폐쇄형 질문은 화제를 규정하고 클라이언트의 반응을 몇 마디의 말이나 단순한 대답, 제한된 반응을 나타내게 하기 쉽다.

폐쇄형 질문과 개방형 질문을 비교할 때 개방형 질문은 클라이언트가 무엇을 이야기할 것인지, 어떻게 그것을 이야기할 것인지에 대하여 선택할 수 있는 기회를 제공하므로 클라이언트의 자기결정을 존중하고 증진시킬 수 있는 하나의 방법이다. 잘못된 질문은 클라이언트의 잘못을 추궁하게 되어 클라이언트에게 위협을 줄 수도 있고 대화의 흐름을 막는 역효과를 초래할 수 있으므로 질문을 할 때에 가능하면 피해야 할 질문이다. 어떤 질문보다 자주 사용되는 것이 ‘왜’로 시작되는 질문인데 ‘왜’라는 질문은 클라이언트를 비난하는 것 같은 느낌을 주어 클라이언트로 하여금 자기행동을 정당화시키려는 반응을 유발하여 방어적 태도를 취하게 만드는 경향이 있다. 그러므로 클라이언트의 행동이나 상황에 대해 ‘누가’, ‘무엇을’, ‘언제’, ‘어떻게’ 등에 초점을 두는 질문을 하고 ‘왜’라는 질문은 하지 않는 것이 좋다. 또 사회복지사가 직접 혹은 간접적으로 클라이언트의 응답을 어느 특정한 방향이나 내용으로 이끌어가려는 유도형 질문도 솔직한 자신의 의견을 말하기보다는 사회복지사가 원하고 기대하는 방향으로 말할 수 있기 때문에 잘못된 질문형식이다. 예들 들면, “너는 두려움을 느꼈지?”나 “그가 너를 때리지 않았니?”라고 질문하는 것이 유도형 질문형식이다. 그리고 한 번에 여러 질문을 던지는 중첩형 질문도 질문의 초점이 흐려져 피상적이고 구체적이지 못한 대답을 할 수 있어 관련정보를 끄집어내는 데 비생산적이고 비효과적이므로 한 번에 하나씩 질문을 하는 것이 좋다. 예들 들어, “당신이 어디서 살아야 하는지 생각해 보신 적 있으세요? 그것이 당신의 가장 큰 걱정거리인가요? 아니면 그보다 더 큰 문제가 있으세요?”라고 질문을 한꺼번에 많이 하는 것이다.

사회복지면접에서 클라이언트가 사회복지사에게 사적인 질문을 해서 사회복지사를 당황하고 난처하게 만드는 경우가 있다. 이때는 답을 회피하거나 당황하지 말고 그 질문의 진정한 의도가 단순한 호기심인지, 사회복지사로서의 자질과 자신에게 도움이 될 만한 점들을 갖고 있는지 알아보기 위한 것인지, 아니면 자기가 의논하고 싶은 문제를 꺼내기 위한 것인지를 이해하고 이에 대응해야 한다. 표면적 질문에 대한 내용보다는 질문의 숨겨진 의도를 항상 염두에 두어야 한다. 그러나 그 의도를 직접 확인하는 것은 바람직하지 못하다. 대체로 사적인 질문에 대한 대답은 솔직하고 정직하게 그리고 간단명료하게 하는 것이 좋다(김봉순 외, 2010).

4) 표현촉진기술

정보를 끌어내기 위해 클라이언트의 표현을 촉진하는 기술은 다음과 같은 경우이다.

첫째, 사회복지사가 클라이언트의 정보노출을 촉진시키기 위해 계속 말을 하도록 반응을 보이는 것이다. 예를 들면, 고개를 끄덕이거나 "그래요", "그렇군요" 등의 반응을 보이면서 클라이언트를 이해하고 있음을 느끼게 해주는 것이다.

둘째, 클라이언트가 말한 것을 간단하게 반복해 주거나 또는 새로운 단어로 바꾸어 재진술하는 것이다. 예를 들면, 클라이언트가 "제가 얼마나 마음이 아프겠어요"라고 하소연하면 클라이언트의 말을 반복하여 "정말 마음이 아프시겠어요"라고 하는 것이다. 새로운 단어로 바꾸어 말하는 것은 "어떻게 살아야 될지 정말 막막해요"라고 클라이언트가 말을 하면 사회복지사는 "정말 절망적인 것 같군요"라고 표현할 수 있다. 이러한 사회복지사의 반응은 클라이언트로 하여금 공감을 전달하여 보다 많은 자신의 이야기를 하도록 촉진시킨다.

셋째, 클라이언트의 표현을 촉진할 때는 오해나 실수를 최소화하기 위해 가급적이면 구체적으로 표현하도록 요구해야 한다. 클라이언트의 표현이 애매모호하거나 복잡할 때 다양한 의미를 가진 애매모호한 단어를 명확히 하는 것이 좋다. 예를 들면, "그 사람이 너무 냉정하다는 것은 구체적으로 어떻게 대한다는 것을 뜻하는 것입니까? 예를 들어서 설명해 주시죠" 또는 "그러니까 남편이 바람을 피울까봐 두렵다고 말씀하시는 거죠? 맞습니까?"라고 하는 것이다.

촉진기술은 ① 클라이언트가 말을 시작하거나 계속하도록 할 때 활용하는 것으로 추가로 설명할 것을 권유하는 방법, ② 한 가지 진술내용과 다른 진술내용을 연결시킴으로써 계속해서 말을 할 수 있도록 하는 방법, ③ 중단된 문장이나 말을 끝맺도록 하는 방법 등이 있다. 그러나 중단된 문장이나 말을 끝맺도록 촉구하는 것이 때로는 강압적인 것이 될 수 있으므로 주의해서 사용해야 한다(전남련 외, 2007).

5) 초점유지기술

초점을 제공하고 유지하는 기술은 제한된 시간에 최대의 효과를 가져와야 하는 전문적 관계에서 불필요한 방황과 시간낭비를 막아주는 효과적인 기법이다. 이 기술은 과묵하거나 혼돈된 클라이언트를 위해서 매우 유용하게 사용할 수 있는 기술이다. 예를 들면, 아이의 학습부진 문제로 면접을 하는 과정에서 아이의 어머니가 동네의 유해환경에 대해 장황하게 설명할 경우, 사회복지사는 "유해환경도 중요하지만 먼저 아이의 학교생활에 대해 좀 더 이야기를 나눈 뒤 그 이야기를 하는 것이 좋을 것 같습니다"라고 하여 아이의 학습부진으로 다시 초점을 맞추는 것이다.

이 기술을 통해 사회복지사로 돕는 전 과정 동안 초점을 유지할 수 있기 때문에 클라이언트의 산만한 사고와 감정을 정리하여 중심이 되는 문제를 좀 더 깊이 탐색하고 원하는 변화를 이끌어낼 수 있도록 도와준다.

초점유지기술을 사용하는 이유는 다음과 같다.

① 지금까지의 논의가 특정 문제에 지나치게 초점을 둔 나머지 다른 문제에 대해서는 다루지 못하였을 경우이다.
② 논의의 내용이 소진되어 같은 내용이 반복될 경우이다.
③ 논의내용이 주변적이거나 관련성이 없이 핵심에서 벗어나 있을 경우이다.
④ 어려운 주제에서 벗어나서 이 주제에 다시 초점을 맞출 필요가 있을 때이다.
⑤ 논의내용으로 인해 격한 정서적 감정을 불러일으켜서 진정하고 균형을 유지할 필요가 있을 때이다(전남련 외, 2007).

6) 종결기술

사회복지사와 클라이언트가 원조관계를 무리 없이 종료하는 데도 상당한 기술이 요구된다. 사회복지사가 사용하는 기술은 여러 가지 요인들, 즉 클라이언트가 목표를 성취하여 종료하는 것인지, 목표를 성취하지 못하여 서비스에 대한 비판적인 생각을 가지고 있는 경우인지, 워커가 기관을 떠나게 되는 경우인지, 서비스의 예정된 시간이 끝나게 되는 경우인지 등에 따라 다를 수 있다. 그러나 워커는 다음 과제를 수행해야 한다.

① 워커는 클라이언트가 원조과정에서 경험을 평가하도록 돕는다.
② 종결에 대한 감정처리를 돕는다.
③ 종결 후에도 유익한 변화를 계속 유지하도록 돕는다.
④ 필요하다면 새로운 서비스를 모색하도록 돕는다.

종결이 중요한 한 가지 이유는 많은 실천활동을 실제 생활에서 할 기회를 제공하기 때문이다. 훌륭한 종결을 하는 것은 클라이언트가 떠나게 되는 것처럼 느끼거나 떠나게 됨으로써 그 개인에게는 혼자서 생활해나갈 기회를 준다는 것이다. 그것은 또한 좋은 경험을 할 기회를 그들에게 제공한다. 그렇지만 어떤 개인은 '실망'과 실패한 경험을 가지고 있기 때문에 종결을 매우 어렵게 여기기도 한다. 그 결과 종결은 변화를 가져왔지만 특히 상실감을 느낄 수 있다. 이러한 이유 때문에 종결이 기대하지 않은 감정을 일으킬 수 있다는 것을 기억해야 한다. 종결 시에 클라이언트들은 당황, 무력함, 혼자라는 공포와 두려움, 자포자기 그리고 거부감 등을 느낄 수 있다.

클라이언트가 종결에 대해 느끼는 감정은 목적을 이루게 된 것에 대한 기쁨과 사회복지사와 헤어지게 되는 슬픔, 또는 목적을 이루지 못한 것에 대한 분노, 앞으로 클라이언트 혼자서 해낼 수 없다는 두려움 등이다. 그러므로 사회복지사는 클라이언트가 이러한 감정들을 잘 표현하고 감정을 잘 처리할 수 있도록 도와야 한다. Garland, Jones와 Kolodny는 종결에 대한 반작용의 예를 다음과 같이 설명했다.

- **부정** : 성원들은 워커가 종결에 관해 이야기했었다는 것을 기억하지 못한다. 매우 놀란 듯이 행동하며 언제 다시 집단이 시작되는지 묻는다.
- **퇴행** : 대인관계나 어떤 과업을 수행하는 능력 면에서 이전의 단계로 후퇴한다. 워커에 대한 의존욕구가 증대한다.
- **욕구의 표현** : 성원들은 자신들이 아직 서비스를 필요로 함을 보여준다면 워커가 계속 치료를 진행할 것이라고 느낀다.

그러므로 종결을 위한 준비는 면담 초기에 계획해야 한다. 클라이언트가 종결을 준비하도록 돕기 위해 사회복지사는 초기 단계부터 종결날짜에 대해 명확히 해주고 실제 종결 몇 주 전에 종결에 대해 인식시켜 주어야 한다(전남련 외, 2007).

제4절 의사소통에서의 다양한 활용기술

1. 반 영

반영은 클라이언트의 말과 행동에서 표현된 기본적인 감정과 생각 및 태도를 사회복지사가 다른 참신한 말로 부연해 주는 것이다. 사회복지사는 클라이언트의 감정 및 태도 중 어떤 것을 반영할 것인가를 선택한다. 이 선택의 기준은 일반적으로 클라이언트가 표현한 말에 담긴 감정과 생각 중 가장 중요하고 강력한 것이 어떤 것이냐에 따른다. 중요한 것은 클라이언트가 말로 표현한 수준 이상으로 깊이 들어가지 않는다는 것이다. 클라이언트가 분명히 표현하지 않은 것을 언급하는 것은 명료화나 해석이 되기 쉽다.

Evan(1998)은 부연설명할 때, ① 클라이언트의 말 속에 담긴 주된 생각을 재진술하고, ② 클라이언트 말의 의미에 덧붙이거나 의미를 바꾸지 않으며, ③ 클라이언트의 말을 앵무새처럼 따라하지 않도록 제안하고 있다. 클라이언트가 제시한 메시지나 정보에 대해 부연설명을 하는 것은, ① 사회복지사가 클라이언트의 이야기를 경청하고 이해하는 노력을 보여주는 것이고, ② 클라이언트와 사회복지사 간에 신뢰관계를 형성하는 데 도움이 되며, ③ 클라이언트의 이야기를 잘 이해했는지 점검하는 기회를 주고, ④ 클라이언트가 자신의 생각을 구체화시켜 볼 수 있는 기회를 제공한다.

2. 명료화

명료화는 클라이언트의 말 속에 내포되어 있는 것을 내담자에게 명확하게 해주는 것을 의미한다. 다시 말해서, 클라이언트의 실제 반응에서 나타난 감정이나 생각 속에 암시되었거나 내포된 관계 또는 의미를 보다 분명하게 말해주는 것이다. 클라이언트에게 언급해 주는 내용의 의미와 관계는 어디까지나 클라이언트의 표현 속에 포함되어 있다고 사회복지사가 판단한 것이다.

즉, 명료화의 자료는 내담자 자신이 미처 자각하지 못하는 의미 및 관계이다. 클라이언트가 애매하게만 느끼던 내용이나 자료를 사회복지사가 말로 표현해 준다는 점에서 클라이언트에게 자기가 이해를 받고 있으며 면접이 잘 진행된다는 느낌을 갖게 해준다. 또한 클라이언트로 하여금 미처 생각하지 못했던 측면을 생각하도록 하는 자극제가 되는 것이다.

따라서 이 기술은 클라이언트가 한 말을 사회복지사가 보다 이해하기 쉬운 말과 생각으로 정리를 하는 것으로, 특히 클라이언트가 겪고 있는 가장 중요한 문제나 어려움을 파악하고, 확인하고, 순위를 정할 때 사용된다. 사회복지사는 클라이언트가 여러 문제를 복합적으로 가지고 있으면서 클라이언트에게 가장 심각한 영향을 미치는 문제에 초점을 둘 수 있도록 돕기 위해 이 기술을 활용할 수 있다. 이 기술에서는 클라이언트가 사용한 단어를 사회복지사가 그대로 사용하기 때문에 의미나 생각을 같은 내용으로 확인하는 부연설명기술과는 차이가 있다. 이 기술은 또한 사회복지사나 클라이언트 각자가 가지고 있는 기대와 전제조건들을 확인하기 위해서 활용되기도 한다.

이 기술의 장점은 사회복지사가 클라이언트의 이야기를 주의깊게 경청하고 있으며, 한편으로는 이야기에 중요성을 부여하고 있음을 보여주는 것이다. 특히 자신의 이야기를 누가 들어주고 확인해 주는 것을 경험하지 못한 클라이언트에게 사회복지사의 주의깊은 경청을 통해 자신의 생각이나 감정을 확인받을 수 있는 기회를 갖게 되어 자신감을 가질 수 있다(전남련 외, 2007).

3. 직 면

직면이란 클라이언트가 모르고 있거나 인정하기를 거부하는 생각과 느낌을 규명하는 것이다.

해석과 마찬가지로 직면도 클라이언트의 자기인식을 증진시키고 변화를 촉진시키기 위한 기술이다. 직면은 문제를 지속시키는 클라이언트의 감정, 행동, 사고를 직접 지적하여 주는 것으로 해석과 마찬가지로 조심스럽게 사용되어야 한다. 직면은 클라이언트의 감정, 행동, 사고의 모순적인 면을 지적하는 것이므로 이것을 받아들이기 어려운 클라이언트는 방어적인 반응을 일으킬 수 있기 때문에, 직면에 앞서 깊은 이해를 바탕으로 하는 공감적인 대화가 전제되어야 한다(전남련 외, 2007).

Hepworth와 Larsen은 직면을 얼마나 직접적으로 전달하느냐에 따라 다음과 같이 나누었다.

첫째, 가장 덜 직접적인 방법으로 자기직면(self-confrontation)이 있다. 이것은 클라이언트로 하여금 행동과 가치, 사고의 관계를 한번 스스로 생각해 보도록 질문을 하는 것이다. 이는 사회복지사가 직접 하는 것보다 훨씬 덜 위험하고 상대적으로 저항이 작다.

둘째, 사회복지사가 조금 더 직접적으로 행동, 감정, 가치, 사고의 모순 가능성을 질문하는 것이다. 예를 들면, "아동학대자라는 낙인을 받지는 않았지만 자녀를 학대한 적이 있습니까?, 자녀에게 손찌검을 하는 것을 통제하기 어렵다고 생각한 적이 있습니까?"라고 질문하여 문제행동에 직면하도록 하는 것이다. 그러나 문제의 위험성이 절박하다면 모순된 사고, 감정, 행동을 단정적으로 전달하는 보다 적극적인 직면기술이 필요하다.

이러한 지적은 클라이언트가 비판이나 거부로 받아들일 수 있으므로 적절한 시간을 선택하여 사회복지사의 의도를 충분히 전달하는 형태로 직면을 사용해야 한다.

직면을 사용할 때 다음의 4가지 요소를 포함해야 한다(전남련 외, 2007).

① 관심의 표현

② 클라이언트가 의도하는 목표, 신념

③ 목표나 신념에 맞지 않는 모순된 행동

④ 모순된 행동으로 인한 부정적 결과

예를 들어, 훌륭한 어머니가 되기 위해 노력을 하지만 이것을 알아주지 못하는 자녀에 대한 원망으로 아동학대를 하는 클라이언트에게 "당신이 원하는 것이 무엇인지 충분히 알 것 같습니다(관심의 표현), 당신은 훌륭한 어머니가 되고 싶은 거죠?(목표), 그러면서도 손찌검으로 인해 아이들과의 약속을 몇 번씩 이나 어겼네요(모순), 그 때문에 자녀들이 실망하고 당신을 이해하지 못하는 것 같습니다(부정의 결과)"라고 하는 것이다.

4. 해 석

해석이란 클라이언트가 이야기한 경험내용에 사회복지사가 새로운 의미와 관련성을 부여하여 언급하는 것이다. 즉, 클라이언트가 미처 자각하지 못하고 있는 의미와 관계성을 사회복지사가 지적해 주는 것이라고 말할 수 있다. 면접에서의 해석은 클라이언트에게 어떤 의미를 전달하고자 하는 상담자의 시도라고 볼 수 있다. 해석은 클라이언트가 보이는 행동들 간에 관계 및 의미에 대한 가설을 제시하는 것이다. 즉, 클라이언트로 하여금 과거의 생각과는 다른 각도에서 자기의 행동과 내면세계를 파악하게 하는 것이다. 해석의 의미나 범위는 전문가들에 따라 다르게 설명된다. 예를 들면, 고전적 정신분석가들은 반영과 명료화도 해석의 범주 속에 포함하는 경향이 있고, 어떤 분석적 치료자는 주로 클라이언트를 저항의 본질에 직면시키려 하는 언급만을 해석으로 간주한다. 또한 인간중심치료의 전문가는 일반적으로 해석은 피하고, 주로 명료화나 감정의 반영을 사용한다. 이들은 해석이 저항을 조장하며 사회복지사에게 너무 많은 치료적 책임을 갖게 한다고 주장한다. 그러나 실제로는 감정의 반영도 대부분 온화한 해석이라고 볼 수 있는 것이다. 감정을 반영할 때에는 항상 클라이언트가 제시한 자료 중에서 선택하되 클라이언트가 표현한 것 중에서 가장 정서적인 색채를 띤 감정들을 반영한다. 감정반영에서는 어느 감정이 가장 클라이언트에게 중요하고 의미가 있는가를 판단하여야 하고, 감정의 명료화에서는 클라이언트가 원래 제시한 것보다 더 많은 의미를 추가하여 반응한다. 따라서 사회복지사나 클라이언트의 감정을 반영하고 명료화하는 것은 해석적인 반응과 별개의 것이라고 볼 수 없고, 모두가 하나의 연속체에 속한다고 보아야 할 것이다. 클라이언트의 내면세계에 접근하는 깊이의 정도는 반영, 명료화, 직면, 해석 순이라고 말할 수 있다. 또한 해석은 클라이언트가 의식하지 못하는 의미까지 지적 및 설명해 준다는 면에서 가장 어렵고 무의식에 관한 분석적 전문성이 요구되는 것이다(김봉순 외, 2010).

Hepworth와 Larsen은 해석기술을 사용할 때 주의해야 할 점들을 다음과 같이 기술하고 있다.

첫째, 클라이언트가 사회복지사의 동기를 오해하여 방어적인 반응을 할 수 있으므로 어느 정도의 신뢰관계가 형성되어 사회복지사의 좋은 의도를 믿을 수 있을 때까지 기다려서 사용한다. 일반적으로 해석은 사회복지사와 클라이언트 간의 신뢰관계가 돈독해진 경우에 해야 한다.

둘째, 클라이언트가 자기탐색을 할 준비가 되어 있어야 하고 사회복지사도 정보를 충분히 확보한 다음에 해석기술을 사용한다. 충분한 정보도 없이 너무 빨리 해석을 하면 해석이 틀릴 수도 있기 때문에 이럴 경우에는 해석을 하지 않는 것보다 못한 효과를 가져올 수 있다.

셋째, 연속적인 해석은 오히려 클라이언트를 혼란스럽게 할 수 있으므로 해석 후 충분히 생각할 시간을 주는 것이 필요하다.

넷째, 해석은 어디까지나 사회복지사의 추론에 의한 것이므로 틀릴 수 있음을 항상 염두에 두어야 한다.

다섯째, 클라이언트가 해석에 불쾌해 하거나 부정적으로 반응하면, 실수가 있을 수 있음을 인정하고 클라이언트의 반응에 공감하며 주제를 보다 상세히 탐색하고자 하는 논의를 계속해야 한다.

5. 저항 다루기

저항 다루기는 저항이 변화로의 진전을 심각하게 방해할 때만 사용하는 것이 좋다. 왜냐하면 저항은 주로 클라이언트의 행동으로 나타나므로 저항을 다루기 위해 행동 하나하나를 일일이 끄집어내는 것은 불쾌할 수 있고 오히려 역효과를 가져올 수 있기 때문이다. 그러나 목표달성을 심각하게 방해할 때는 저항을 다루는 것을 최우선으로 한다. 이때는 저항의 저변에 있는 현재의 감정에 초점을 두어 토론한다. 현재의 부정적인 감정이 전에 있었던 일 때문이라 하여도 그에 대한 현재의 감정을 묻는다. 예들 들어, 지난 번 면접에서 할머니 얘기를 꺼냈을 때 감정적으로 불안해졌던 클라이언트가 오늘 면접에서는 거의 말이 없다. 사회복지사는 "지난 번 면접 때 몹시 불안해 보였는데 오늘은 그것에 대해 어떤 감정이 드세요?"라고 한다는 것이다. 이 기법은 저항을 인식하여 해결하는 이득 외에도 부정적 감정을 표현함으로써 대인관계에서의 부정적인 감정을 효과적으로 다룰 수 있는 경험을 제공하게 된다(김봉순 외, 2010).

6. 전이와 역전이 다루기

정통 정신분석치료와 사회복지실천과정에서 전이를 다루는 방법은 다르다. 정신분석에서는 진이를 치료적으로 활용한다. 즉, 전이관계가 주된 무의식적 갈등상황을 표현하는 것이므로 신경증적 상황을 유발시킨 갈등을 현재 상황에서 환자에게 의미있는 방법으로 재연해 준다. 따라서 치료자는 과거의 대상과 달리 모든 상황을 파악하고 통제할 수 있는 안전한 대상이 되어줌과 동시에 환자가 그 갈등을 신경증적으로 다루지 않도록 해석함으로써 그 관계를 치료적으로 만들 수 있다. 그러나 사회복지 개입과정에서 전이는 변화를 방해하는 하나의 요인이므로 전이반응을 없애도록 노력하게 된다. 따라서 클라이언트의 반응이 비현실적임을 지적하고 현실적인 사회복지사에 대한 관점을 가지도록 도와준다. 또한 사회복지사에 대한 감정을 전에 다른 사람에게도 느낀 적이 있는지 알아보고 그것이 어디서 유래되었는지를 클라이언트가 깨닫도록 도와준다(김봉순 외, 2010).

제5절 면접의 기록

면접에서는 모든 과정을 기록으로 남겨야 한다. 즉, 욕구파악, 실천활동에 대한 자료, 서비스의 계속성 및 과정과 결과의 평가 등의 목적을 위해 중요하다. 그러나 기록은 면접의 부수적 요소이므로 면접의 흐름을 깨지 않도록 주의해야 하며, 면접보다 중요한 위치를 차지해서는 안 된다. 사회복지사가 클라이언트의 말을 기억하고자 하는 의도에서 간간이 몇 단어를 적어 내려가면 클라이언트가 많은 관점을 가질 수 있고, 사회복지사도 면접에 대해 편안한 느낌을 가질 수 있으나 면접 중에 기록하는 것이 잘못하면 클라이언트로 하여금 말하고자 하는 것에서 벗어나게 하거나, 심지어는 클라이언트가 말하고 싶어 하는 것을 말하지 못하게 하는 결과를 가져오기도 한다. 따라서 사회복지사는 클라이언트가 말하고 사건과 관련된 감정표현에 집중하는 것이 방해받지 않는 선에서만 기록을 해나가야 한다(이상균 외, 2002).

기록 시에는 클라이언트에게 기록이 왜 필요한지를 설명하고 사전에 양해나 동의를 구해야 한다. 기록방법에는 메모, 녹음, 녹화 등이 있다. 메모는 과정 전체나 중요사항을 적절하게 기억할 수 있도록 주요 어구나 낱말을 기록한다. 메모는 면접하는 동안 일어난 모든 과정을 대화형태 그대로 기록하는 과정기록을 할 수도 있고, 면접에서 파악한 것을 전체적으로 요점정리하여 요약기록을 할 수도 있다. 그러나 면접의 상호작용에서 주의를 산만하게 할 가능성이 있으므로 선택적으로 주의를 끌지 않고 융통성 있게 그리고 개방적으로 작성되어야 한다. 면접에서의 기록방법과 유형 등은 다음과 같다(임은희, 2004).

1. 기록의 활용

사회복지실천에서 기록기술의 목적 및 활용을 살펴보면 다음과 같다(Kagle, 1997).

1) 사회복지실천활동의 문서화

사회복지사는 사례의 개시부터 종결까지 클라이언트에 관해서 클라이언트에게 제공되는 서비스의 내용과 과정, 목표달성에 있어서의 성과 등을 기록으로 남겨서 문서화한다. 또한 클라이언트와의 만남, 지역사회기관과의 회의, 사회복지기관 내의 사례회의 등에 대해서도 문서화한다. 문서화된 정보는 사회복지기관이 약속한 프로그램 및 정책적 지침을 실제로 행하고 있다는 것을 보여주며, 사회복지 프로그램에 대한 재정적 지원을 정당화하고, 프로그램 실시를 위한 재원확보와 사회복지사의 전문활동을 입증할 수 있는 자료가 되며, 법정에서 사회복지사의 증언을 증명하는 데 활용될 수 있다.

2) 효과적 서비스를 위한 모니터

사회복지사가 사실에 대한 정보와 관찰을 체계적으로 기록하는 과정에서 보다 심층적인 사정과 계획이 나오기 때문에 체계적으로 기록한 내용은 클라이언트에게 제공한 서비스를 검토하고 평가, 수정하는 데 활용된다. 기록에는 클라이언트와 그의 상황, 문제에 대한 심리사회적 사정과 목표, 계획, 목표설정을 위한 과정, 서비스의 효율성, 효과성, 질 평가 등이 포함되기 때문에 기록은 서비스가 클라이언트 및 주변환경에 미친 영향을 분석할 수 있고, 서비스 목표와 계획에서 변화를 필요로 하는 부분이나, 서비스 과정에서 긍정적 또는 부정적 요인, 서비스 전달체계에서 강점과 약점이 무엇인지를 규명할 수 있도록 해준다.

3) 사례의 지속성 유지

기록은 담당 사회복지사가 다른 부서에 배치되거나 휴가, 혹은 사직 등 부득이한 사정으로 자신이 하던 업무를 다른 전문가에게 인계할 때, 그 사례를 인수받는 다른 사회복지사가 사례에 대해 현재의 진행사항을 파악할 수 있도록 해주어서 지속적 서비스를 제공할 수 있도록 한다. 또한 한 기관에서 같은 사례가 종결되었다가 다시 개시되는 일이 여러 번 반복될 수도 있기 때문에 이전의 기록은 서비스의 중복을 막고 시간을 절약하도록 하며 사례의 지속성을 유지시켜 준다.

4) 전문가 간의 의사소통의 활성화

여러 전문직이 함께 일하는 기관에서 기록은 전문적 공조체계를 원활히 해주는 도구로 활용된다. 일반적으로 병원이나 정신보건센터 등에서는 사회복지사와 의사, 간호사, 심리치료사 등 여러 전문직 구성원이 하나의 사례에 대해 팀이 되어 함께 일하며 하나의 기록부를 사용한다. 이와 같은 사회복지실천현장에서 사회복지실천활동을 기록한다는 것은 단순한 문서화의 의미뿐 아니라 동일한 클라이언트를 치료하는 다른 전문직에게 각 전문직의 관점을 공유하여 실천하고 활용하는 팀활동에 기여한다.

5) 슈퍼비전의 활성화

기록은 교육훈련의 자료로서 학생이나 실습생, 새내기 사회복지사에게 사회복지실천을 가르치는 유용한 교육도구로써 활용될 수 있다. 기록은 실무자의 업무능력 훈련과 발전을 위한 중요한 도구가 되며, 좋은 슈퍼비전을 통해 사회복지사의 자질을 높이는 것은 결국 클라이언트에 대한 서비스의 질을 향상시키는 것이 되며 기록이 그 기반이 된다.

6) 클라이언트와 정보공유

기록은 클라이언트의 욕구를 파악하고 개입을 위한 기초 자료를 얻고, 클라이언트와 서비스에 관한 정보를 필요 시 이용할 수 있도록 보존하여 클라이언트와 사회복지사 간에 정보를 공유하고, 의사소통을 촉진시킬 수 있는 도구가 되며, 실제로 클라이언트가 치료에 반응하도록 돕기 위한 치료의 도구로 활용될 수 있다. 사회복지사는 클라이언트에게 자신들이 하는 일이 무엇이며, 어떻게 하고 있고, 어떤 치료과정에 포함되어 있는지를 개방할 필요가 있다. 따라서 사회복지사는 자신이 기록한 내용이 클라이언트나 그들의 가족에게 공개될 수 있다는 것을 염두에 두고 기록해야 한다.

7) 행정적 자료로 사용

클라이언트에게 제공된 서비스에 대한 기록은 사회복지실천을 위한 실무와 행정상의 결정을 위한 정보를 제공하여 클라이언트의 욕구, 서비스 유형, 직무관리, 직원의 직무수행, 자원의 분배에 관한 행정적 문제 등을 결정하는데 중요한 자료가 된다. 해당 기관의 서비스 수급자격을 입증할 문서로 사용되며, 사회복지사와 사회복지기관이 행정절차상의 규정이나 기준들을 준수할 수 있는지를 보여준다.

8) 조사연구를 위한 자료제공

사회복지실천의 다양한 주제에 대한 조사연구는 서비스 전달체계를 연구하고자 하는 기관이나 사회복지계 전체에 귀중한 정보를 줄 수 있다. 따라서 기록은 클라이언트의 유형이나 사회복지활동, 정서적 문제 등의 자료를 수집하고 연구하는 전문연구자에게 풍부한 정보를 제공하지만, 클라이언트의 신변상황에 대한 비밀보장에 주의를 기울여야 한다.

2. 기록의 내용

사회복지실천현장에서 실천방법이 다양한 것처럼 기록은 유형이나 용도가 다양하다. 왜냐하면 사회복지기관마다 서비스의 강조점이 다르고 서비스 전달방식, 기록하는 방법 등이 다양하기 때문이다. 그러나 서비스의 진행단계에 따라서 무슨 내용이 기록에 포함되어야 하는가에 대한 공통적인 지침은 필요하다.

기록은 클라이언트의 모든 정보를 저장해 두는 기록이 아니라 서비스에 관한 기록이어야 한다. 즉, 전문적인 의사결정, 그 근거, 내용, 결과 등 서비스 중심의 기록이어야 한다. 또한 기록은 세 가지 목표, 즉 책무성(accountability), 효율성(efficiency) 그리고 사적 권리를 보호하려면 외부로부터의 접근이 제한되어야 하고, 책무성을 달성하기 위해 서비스 중심적이어야 한다. 즉, 책무성을 통해서 사회복지기관의 활동 및 그 효과를 입증하고 재원으로부터 자금을 지원받기 위해서는 서비스 중심으로 기록하는 것이 필요하다. 서비스 중심적이라는 본질적인 기능을 수행하기 위해 기록은 시간의 경과에 따라 지속적으로 문서화되어야 한다. 서비스의 단계별로 기록은 다음과 같은 것들이 포함되어야 한다.

첫째, 서비스 탐색단계의 기록내용은 내담자의 특성, 서비스를 개시하는 이유, 현재와 과거의 내담자 상황에 대한 서술(사회력), 자원과 제약이 포함된다.

둘째, 서비스 형성단계에서는 서비스에 영향을 미치는 결정, 서비스 목적, 서비스 계획, 서비스 특성이 포함된다.

셋째, 서비스 실행단계에는 중간노트, 서비스 재검토가 포함된다.

넷째, 서비스 종결단계에서는 서비스 종결의 방법과 사유, 서비스 활동과 결과에 대한 요약, 추후지도(follow-up)가 포함된다.

사회복지실천과정에서는 서비스의 단계가 직선적이지 않고 지난 단계로 되돌아올 수도 있으나, 여기에서는 명확한 설명을 위하여 기록내용에 포함되어야 할 요소를 사례의 진행과정의 시간적 흐름에 따라 설명한다(전남련 외, 2007).

1) 기록내용의 요소

(1) 서비스 탐색단계

① 클라이언트의 특성

클라이언트에 대한 인구학적 정보로 이름, 주소, 전화번호, 생년월일, 성별, 교육수준, 가족구성, 현재 직업, 수입, 종교, 결혼상태 등을 기록한다. 이러한 인구학적 정보는 전문적 판단을 요하지 않는 정보이며, 사회복지사와 클라이언트가 처음 대면하기 전에 사례접수자나 클라이언트 자신이 기록하기도 한다.

② 서비스를 개시하는 이유

클라이언트가 직접 서비스를 요청하는 경우에는 클라이언트가 기관의 서비스를 어떻게 인식하고 있는가를 알려주고, 클라이언트가 다른 기관에서 의뢰된 경우에는 서비스를 의뢰하는 측이 갖고 있는 내담자가 필요로 하는 서비스에 대한 인식을 알려준다.

③ 사회력

클라이언트의 문제나 욕구를 역사적, 생태학적인 맥락에서 이해하기 위해 클라이언트 및 상황의 현재와 과거에 대한 얻은 정보를 사회력(social history)이라고 한다.

④ 자원과 제약

클라이언트가 필요로 하고 이용가능한 공식적·비공식적 자원과 서비스를 알아보고 자원이 적합하지 않거나 존재하지 않을 때 또는 접근하는 데 장애가 있을 때, 이 모든 것이 기록되어야 한다.

⑤ 사정

사정은 있는 그대로의 정보에 대한 서술과 분리하여, '사회복지사의 사정', '견해', '조작적 가설'과 같은 분명한 제목하에 기술하는 것이 좋다.

(2) 서비스 형성단계

① 서비스에 영향을 미치는 결정

클라이언트에게 전달되는 서비스의 종류나 양에 영향을 미치는 중요한 결정 등의 성격과 정당성을 기록하는 것은 중요하다. 사회복지사와 클라이언트 간의 상호결정은 계약을 통해 이루어지는데, 계약에는 서비스의 목적과 방법에 관한 전반적인 합의를 기본으로 하여 면담시간, 과제, 비용 등과 같은 구체적인 것들에 대한 합의도 포함된다.

② 서비스 목적

서비스는 목적이 명확해야 효과적으로 제공되고 기록될 수 있다. 서비스의 목적을 기록한다는 것은 무엇을 달성할 것인지를 기술하는 것이다. 따라서 목적은 모호한 용어를 피하고 구체적으로 기록해야 한다.

③ 서비스 계획

서비스 계획은 어떻게 목표를 달성할 것인지, 목표성취를 위해 취해질 행위를 서술하는 것이다. 계획에 나타낼 수 있는 것은 첫째, 다른 기관에서 의뢰, 혹은 같은 기관 내의 다른 프로그램에 의뢰계획을 기록한다. 둘째, 탐색과 개입을 위한 쟁점을 제시한다. 셋째, 사회복지사와 클라이언트, 다른 사람들이 취할 일련의 조치를 개략적으로 기록한다.

④ 서비스 특성

서비스 특성은 '클라이언트의 특성'과 마찬가지로 행정적 처리나 조사・연구를 위해 구조화된 기록을 말한다. 기관용으로 만들어진 구체적인 양식을 사용하여 컴퓨터로 관리하는 기관이 많다.

(3) 서비스 실행단계

① 중간노트(interim note)

일단 계획된 서비스가 시작되면, 중간노트가 내담자의 상황과 서비스를 정기적으로 기록하고 사정한다. 중간노트는 과정노트라고도 불리는데, 이는 중간노트에 어떤 정보를 포함시키느냐 하는 선택의 기준이 클라이언트의 변화와 향상의 과정을 보여줄 수 있어야 한다는 것을 의미한다.

중간노트의 내용으로는 첫째, 지난 번 기록 이후의 내담자 및 상황의 상태와 변화에 대한 서술 및 사정을 기록한다. 둘째, 지난 번 기록 이후의 서비스 활동과 서비스 과정에 대해 기록한다. 셋째, 중요한 사건을 기록한다. 넷째, 서비스의 목적이나 계획에 대한 사정 및 변화를 기록한다.

② 서비스 재검토(중간요약)

중간노트가 주어진 사례에 대한 사회복지사의 지속적인 관찰과 사정에 대한 비구조적 기록이라면, 서비스 재검토는 서비스 결정과 서비스 활동에 대한 공식적인 재평가에 대한 기록이다. 서비스 재검토는 많은 경우가 사례회의를 통해 이루어지며, 책무성을 위해 기록된다. 재검토 기록은 구조적인 양식을 따르는 경우가 많으며, 사례진행과정에 대한 그동안의 중간노트 기록을 구조적 틀에 맞추어 요약・정리하는 경우가 많다 사례에 대한 의견에 대해서는 사회복지사, 다른 서비스 제공(치료팀 구성원), 슈퍼바이저, 클라이언트 등의 의견을 모두 포함한다. 서비스 재검토 기록에는 날짜, 참여자, 제안점, 결정내용을 포함한다.

(4) 서비스 종결단계

① 서비스 종결의 방법과 사유

서비스는 사전에 수집된 계획에 따라 종결될 수도 있고 내담자의 독립적 결정이나 예기치 못한 상황 때문에 조기에 종결될 수도 있다. 서비스 종결의 이유와 방법은 서비스 개시의 이유와 방법에 관한 부분에서 설명한 방법에 따라 간략하게 기록한다.

② 서비스 활동과 결과에 대한 요약(종결요약)

사례를 종결할 때는 그동안의 서비스 활동을 개괄적으로 요약하고 종결 당시의 서비스 결과를 기술하는 것이 필요하다. 종결요약이 유용한 첫째, 서비스가 시간제한적이거나 단기적일 때 효과적이다(서비스 과정과 효과를 서술하고 평가하는 역할을 한다), 둘째, 서비스가 장기적이고 기록이 장황할 때 효과적이다(기록은 전체부터 중요한 정보를 요약한 것이므로 클라이언트가 부가적 서비스를 받기 위해 재방문할 때 이전의 정보를 쉽게 파악할 수 있게 해준다). 종결요약에는 다음의 사항이 포함된다. 첫째, 서비스 개시이유, 서비스가 진행되는 동안의 내담자와 그 상황, 서비스의 목적과 계획과정, 서비스와 내담자 상황에서의 중요한 사건들에 대해 요약한다. 둘째 종결 시의 내담자 및 상황의 위치, 서비스에 대한 평가, 향후 서비스와 사후 검토를 위한 제안을 기록한다.

③ 추후지도(follow-up)

추후지도는 종결된 사례에 대한 점검으로 이 과정은 서비스의 효과를 평가하는 데 유용하다. 추후지도에 관한 기록은 클라이언트와 그 상황에 대한 현재의 상태와 향후의 서비스에 관한 제안 등을 기록한다.

3. 기록의 유형

1) 과정기록

과정기록(process recording)은 사회복지실천에서 가장 오랜 역사를 가진 기록방법으로 사회복지실천의 초창기에 사회조사(social investigation)가 중요한 목적이었을 때 과정의 기록을 통하여 클라이언트 및 그들의 사회적 상황에 대하여 말하고, 행동하고, 관찰하고, 추측한 것을 사회복지사가 기억할 수 있는 한 모두 기록하였다.

과정기록에서는 클라이언트와의 면담에서 일어난 것, 사회복지사가 관찰한 것들을 연극대본과 같이 인용부호를 써서 직접인용으로 기록할 수도 있고 혹은 간접적으로 말을 풀어서 쓸 수도 있다. 그러나 일반적으로는 직접인용이 더 바람직하다고 인식되고 있다. 사회복지사와 클라이언트가 상호작용한 내용을 상세하게 기록하는 것은, 원조과정이나 그들의 상호작용과정을 상세하게 연구하기 위해서이다(전남련 외, 2007).

① 원조과정이나 클라이언트와 사회복지사의 상호작용과정을 있는 그대로 기록하는 방법이다.

② 장점은 사회복지사가 스스로 자신이 수행한 사회복지실천과정과 결정한 내용들을 분석하고 그 내용을 개념화하고 조직할 수 있다. 그래서 개입의 목적을 명확하게 하고 실천기술을 향상하는 데 도움이 된다.

③ 반면 기록하는 데에 시간이 너무 많이 소요되고, 실제 내용을 간접적이고 불완전하게 왜곡되게 기록할 수도 있다.

④ 주로 실습생이나 수련생이 교육목적으로 자신의 발전에 필요한 사례를 선택하여 사용한다.

⑤ 과정기록방법은 면접내용을 대화체로 참석자가 한 말을 그대로 옮겨 기록한다. 그리고 옆 칸에는 사회복지사가 관찰한 클라이언트의 행동과 그때 사회복지사의 느낀 감정 등을 기록한다.

2) 이야기체기록

이야기체 요약기록(narrative summary recording)은 기록내용이 이야기체 요약의 형식을 취하고 있어서 일반적으로는 이야기체기록(narrative recording)이라고 한다. 이야기체 요약기록은 사회복지사가 클라이언트 및 그 상황이나 서비스에 대하여 이야기를 풀어가듯이 서술체로 기록하는 방법으로, 과정기록과는 달리 많은 사회복지기관에서 사용하는 기록으로 면담의 내용이 요약되어 서술된다.

간결하며 초점이 분명한 이야기체 보고서는, 특히 사회력이나 사정과 같은 특정 내용요소들을 문서화하는 데 효과적이다. 사회복지기관에서는 이야기체 요약기록방식이 널리 활용되고 있으며 기록의 내용과 구조는 사회복지사의 재량에 맡겨지기 때문에 사회복지 실무자들은 조직적이고 내용이 적합하고, 문장력 있는 이야기체 요약기록을 할 수 있는 능력을 갖추고 있어야 한다.

이야기체기록은 인간행동이나 사회복지의 이론과 실천, 서비스 제공, 기록에 대한 사회복지사의 지식을 반영하기 때문에 임상실천을 문서화하는 데 적합하다. 이야기체 요약기록은 서비스 대상이 개인, 부부, 가족, 집단 등 누구에게 전달되는지에 관계없이 개별화된 서비스를 문서화하는 양식이기 때문에 간결하고 초점이 분명한 이야기체 보고서는 효율적이다.

(1) 이야기체 요약기록 방법

이 기록방법은 사회복지사의 말이나 느낌보다는 클라이언트 및 그 상황, 그리고 서비스 교류에 초점이 맞추어진다. 클라이언트 및 서비스에 대한 많은 정보를 서술체로 기록하기 위해서는 조직화가 필수적이며 관련되어 있지 않은 세부적 사항은 제외되고, 관련되는 사항이라도 다 기록하지 않고 중요한 정보만 기록한다. 그러므로 기록의 질은 얼마나 정보를 적절히 선택하고 명확하게 조직하는가에 달려있다. 사회복지사는 자기가 기록해야 할 중요한 내용을 선택하고 시간의 순서에 따라 또는 주제별, 제목별로 조직하여 기록한다. 과정기록에 비해 시간은 적게 들지만 더 많은 생각과 조직화를 요한다. 이야기체 요약기록은 사례가 진행되는 동안 그간의 진행을 요약하는 보고서이기 때문에 특히 장기간에 걸쳐 진행되는 사례에서는 유용하다.

사회복지사는 일상의 업무에서 자필로 쓴 사례노트를 만들면 편리하다. 사례노트는 시간 순으로 기록되기 때문에 이러한 사례노트를 기초로 하여 자신의 서비스 활동을 요약하는 이야기체 요약보고서를 만든다. 이야기체 요약보고서는 정기적으로 만들 수도 있고, 사례의 진행단계에 따라서 만들 수도 있다. 사례의 진행단계에 따라서 만드는 경우에는 일반적으로 첫 번째 요약은 문제가 규정되고 목표 및 개입계획이 설정되었을 때, 그 다음에는 개입과정에 한 번 또는 여러 번 요약하고, 종결 시에 마무리 요약을 하면 된다(전남련 외, 2007).

(2) 이야기체 요약기록의 장 · 단점 및 유의사항

① 장점

첫째, 임상실무를 문서화하는 데 적합하다. 이야기체 요약기록은 클라이언트 및 그 상황과 서비스 교류의 특수한 본질을 개별적으로 반영할 수 있기 때문에 문서화하는 데 적합하다.

둘째, 중요하다고 생각되는 것은 포괄적으로 기록할 수 있는 융통성이 있다.

② 단점

첫째, 사회복지사의 재량에 너무 많이 의존한다. 따라서 기록내용이 지나치게 단순할 수도 있고, 지나치게 길고 초점이 분명하지 않을 수도 있다.

둘째, 개별적 구성과 부담스러운 양 때문에 원하는 정보를 쉽게 찾기 어렵다. 특히 장기간에 걸친 사례에서 특별한 정보를 찾는 경우에는 원하는 내용을 찾으려면 많은 페이지를 읽어야만 한다.

셋째, 기록하는 데 시간이 많이 걸리기 때문에 종종 기록하기를 미루게 되는 일이 발생할 수 있다. 이것은 기록을 부정확하게 하고 시기적절하지 않게 할 우려가 있다.

3) 문제중심기록

문제중심기록(problem-oriented recording)은 병원 또는 정신보건센터의 세팅(setting)에서 여러 전문직이 함께 일할 때 광범위하게 사용되는 비교적 최신형태의 기록이다. 이 방식은 원래 병원에서 의료기록을 표준화하고 수행 정도를 검토하기 위하여 개발된 것으로 단순히 기록차원을 넘어서 문제해결에 도움이 되도록 만들어졌다.

문제중심기록은 현재 제시되고 있는 문제를 중심으로 구성되며, 문제영역을 규명하고, 시정하고, 각 문제에 대하여 무엇을 할 것인지에 대한 계획을 기록하는 것이다. 이 방식은, 특히 다른 여러 전문직이 하나의 사례에 대해 함께 일하는 세팅에서 효과적이다. 왜냐하면 이러한 세팅에서 기록의 주요 목표는 문서화뿐만 아니라 정보교환이 목표이기 때문이다. 문제중심기록은 사회복지사나 모든 실무자들이 하나의 기록지에 같은 형태로 기록하므로 각각의 팀멤버가 규명된 문제에 대하여 무슨 일을 하는지 한눈에 볼 수 있다.

(1) 문제중심기록 방법

문제중심기록은 데이터베이스, 문제목록, 초기계획, 진행노트 네 부분으로 이루어진다. 첫 부분은 자료수집을 통한 데이터베이스 구축이다. 데이터베이스는 클라이언트가 제시하는 문제, 클라이언트의 일상에 대한 서술, 사회・심리적 정보, 현재 질병 및 과거력, 주변환경에 대한 검토, 신체검사 및 각종 검사결과 보고 등의 내용을 포함한다. 데이터베이스는 클라이언트의 문제목록을 작성하기 위한 기본 자료가 된다.

두 번째 부분은 문제목록이다. 문제목록은 각 문제마다 번호가 붙여지고, 나중에 새로운 문제가 규명되면 문제목록에 추가된다. 문제목록은 사례계획과 개입의 초점을 제공하고 책무성을 위한 문서가 되며, 서비스 종결 시 서비스의 효과를 검토하기 위한 근거가 된다.

세 번째 부분은 초기계획이다. 서비스 제공자들은 독립적으로 혹은 개별적으로 문제목록의 각 문제에 대해서 계획을 세운다.

네 번째 부분은 진행노트이다. 사례가 진행되면 서비스 진행과 변화내용에 대해 문제목록에 기재된 번호에 따라 SOAP 방법으로 기록한다. 사례가 진행되면서 데이터베이스에 있는 정보나 초기계획이 수정될 수도 있다(전남련 외, 2007).

① S(Subjective information) : 주관적 정보

클라이언트가 지각하는 문제, 자신의 상황과 문제에 대해 어떻게 생각하고 느끼고 있는가에 대한 주관적 정보를 기술한다.

② O(Objective information) : 객관적 정보

클라이언트의 행동이나 외모에 대한 사회복지사의 관찰과 사실적 자료와 같은 객관적인 정보를 기술한다(클라이언트의 주거상태, 경제적 상태, 건강상태 등이 포함될 수 있다).

③ A(Assessment) : 사정

주관적 정보, 객관적 정보에 기초하여 사정, 견해, 해석, 분석을 기술한다. 사회복지사의 관찰 및 사실적 정보의 의미를 사정하고 분석한 견해를 기술하는 것이다.

④ P(Plan) : 계획

위의 주관적 정보, 객관적 정보 사정을 기반으로 하여서 확인된 문제에 대하여 무엇을 할 것인지에 대한 계획을 기술한다.

(2) 문제중심기록의 장 · 단점 및 유의사항

① 장점

첫째, 여러 상이한 전문직 간의 의사소통을 촉진하며, 여러 분야 간의 공조를 원활하게 해준다.

둘째, 책무성을 향상시킨다. 팀의 실무자들은 목록화된 각 문제에 초점을 맞추어 다루어야 하고 모든 치료계획에 대해 문서화된 추후점검을 할 책임이 있으므로 책무성을 향상시킨다.

셋째, 질 높은 기록검토를 할 수 있다. 기록이 간결하고 형식이 통일되므로, 기록감독자, 조사연구자, 외부의 자문가 등이 보다 쉽고 질 높은 기록검토를 할 수 있다.

② 단점

첫째, 클라이언트의 욕구, 자원, 강점보다는 문제를 강조함으로써 사회복지실천의 관심의 폭을 지나치게 한정시킬 수 있다.

둘째, 개인과 환경의 상호작용보다는 개인을 강조함으로써, 통합적이며 체계적인 쟁점들을 왜곡시킬 우려가 있다.

셋째, 부분화를 강조함으로써 통합적이며 체계적인 쟁점들을 왜곡시킬 우려가 있다.

chapter 11

사회복지실천과정

chapter | 11

사회복지실천과정

사회복지실천과정이란 도움을 필요로 하는 사람, 즉 개인, 가족, 집단 등이 도움을 받기 위해 처음으로 사회복지사를 만나는 과정부터 포함해 클라이언트의 문제를 확인하고 진단 및 사정과정을 거쳐 구체적인 개입과정과 종결 및 평가과정 등에 이르기까지 전체적인 문제해결과정이 포함된다.

이러한 과정은 학자에 따라 달리 구분하는데 주로 도움을 받기 위해 찾아온 사람을 기관의 사회복지사가 처음으로 접촉하여 접수하고, 긍정적인 원조관계를 수립하면서 관련된 정보와 자료를 수집 및 사정하고, 개입목표와 계획을 세우는 등의 초기단계, 계획된 대로 원조활동을 수행하면서 이를 점검하고 진행해나가는 중간단계, 원조활동의 효과를 평가하고 원조관계가 만족스럽고 긍정적으로 끝나도록 하는 평가와 종결단계로 나뉜다. 각 과정들은 명확하게 구분되기보다는 내용이나 과제가 중복되고 순환되기도 한다.

사회복지실천과정에 대해서 여러 학자들마다 상이한 형태로 설명하고 있다. 먼저 핀커스와 미나한(Pincus & Minahan, 1973)은 사회복지실천과정을 초기접촉, 자료수집, 사정, 계약, 행동체계, 영향력 행사, 변화 노력의 종결과정으로 분류하고 있으며, 헵워스와 라센(Hepworth & Larsen, 1993)은 탐구, 사정, 기획, 변화지향 단계, 종결과 평가의 단계로 분류하고 있다. 그리고 콤튼과 갤러웨이(Compton & Galaway, 1999)는 자료수집과 사정, 업무동의, 개입, 평가, 종결의 과정으로 설명하고 있으며, 팀버레이크(Timberlake)와 그 동료들(2002)은 계약, 자료수집, 사정, 개입, 평가와 종결의 과정으로 사회복지실천과정을 분류하였다.

이와 같이 사회복지실천과정을 학자에 따라 몇 가지 단계로 분류하고 있으며, 이러한 단계는 사회복지실천과정이 기본적으로 일정한 과정 또는 구체적인 단계로 구성되어 있음을 보여주고 있다(김기태 외, 2007).

따라서 사회복지실천과정을 접수, 사정, 계획수립, 개입, 평가와 종결로 구분하여 각 단계별로 보다 구체적인 내용들을 살펴보기로 한다.

제1절 접수단계

1. 접 수

접수(intake)단계는 사회복지실천과정의 첫 번째 단계로서, 먼저 클라이언트를 만나 서비스의 적격 여부를 판단하고, 클라이언트와 긍정적인 관계를 수립함으로써 개입에 필요한 구체적인 자료를 수집하는 단계이다. 또한 접수는 사회복지실천과정의 최초 단계이며 매우 중요한 과정이므로 기관에 따라서는 경험과 지식이 풍부한 접수만을 담당하는 사회복지사를 두어 접수단계의 중요성을 강조하기도 한다.

접수단계에서 클라이언트에 대한 정확한 판단을 내리기 위해서는 우선 클라이언트와 그 가족, 그리고 관련된 다양한 정보를 파악해야 한다. 클라이언트의 특성과 문제, 욕구, 그리고 클라이언트가 가지고 있는 자원과 문제해결 능력 등에 대한 구체적인 파악이 필요하다. 그리고 사회복지사는 클라이언트의 문제해결과정을 위해 클라이언트와 그 가족에게 기관의 목적과 정책, 사회복지사의 역할, 기관에서 제공할 수 있는 가능한 서비스, 클라이언트의 역할, 기관의 한계점 등을 명확하게 설명해 주고 클라이언트의 문제를 사정하여 기관에서 적합한 서비스를 제공할 수 있을지를 판단하게 된다.

만약 접수단계에서 클라이언트의 문제와 도움을 받고자 하는 서비스의 내용이 기관의 정책과 서비스 범위를 벗어나거나 클라이언트의 문제해결을 위해 보다 더 적합한 서비스 기관이 있을 경우, 클라이언트에게 서비스를 연결시켜 주는 타 기관 의뢰서비스가 필요하다.

의뢰는 단순히 다른 기관에 대해 간단히 안내해 주는 것이 아니라 의뢰하는 기관명과 위치, 서비스 내용과 담당 사회복지사 등 정확한 정보를 안내해 주어야 하며, 그 기관의 접수담당자와 직접 연결하여 주는 적극적인 내용을 포함하고 있다. 따라서 사회복지사는 인근의 다양한 사회복지기관과 관련기관의 기능, 역할, 강점과 약점, 접촉가능한 담당자 등에 대한 정보를 가지고 있어야 하고, 이들 기관과의 상호연계를 확립하고 있어야 한다(김봉순 외, 2010).

접수 시 사회복지사의 과제를 헵워스와 라슨(Hepworth & Larsen)은 접수의 특성에 근거해 라포형성, 문제확인으로 보았다. 김융일 외(1995)는 클라이언트의 문제확인, 의뢰결정, 원조관계의 수립, 클라이언트의 동기화, 클라이언트의 저항감과 양가감정 해소 등을 들었다. 시포(Sheafor)는 클라이언트에게 편안한 분위기 조성, 클라이언트의 두려움, 오해를 확인하고 양가감정 다루기, 서비스의 자격요건, 비용 등의 설명, 의뢰결정, 기관서비스의 특성 설명, 앞으로 진행과정에 대한 기본적인 사항(시간, 빈도, 비용 등 결정 등)이 접수 시 사회복지사가 해야 할 과업이라고 설명하였다. 공통적 요소로 강조하고 있는 과제는 문제확인, 관계형성, 자료수집, 의뢰로 볼 수 있다(김혜영 외, 2010).

2. 관계형성

관계형성이란 기관을 찾는 클라이언트들이 일반적으로 보이는 두려움과 양가감정을 해소하기 위해 사회복지사와 상호 긍정적인 친화관계, 즉 라포를 형성하는 것을 말한다. 라포형성은 클라이언트를 개입과정에 적극적으로 참여하게 하므로 성공적인 개입의 필수조건이며, 라포를 형성하면 클라이언트와 사회복지사는 의사소통을 효과적으로 할 수 있는데, 이는 원조관계에서 중요하다. 클라이언트는 자기 문제를 좀 더 노출하고 앞으로의 과정에 지속적으로 참여하려는 동기를 갖게 된다(김혜영 외, 2010).

접수단계에서 클라이언트는 기관과 사회복지사에 대한 첫인상을 갖게 되고 이 첫인상은 클라이언트가 앞으로의 서비스 개입과정에 대한 적극적인 참여에 영향을 주게 되므로, 사회복지사는 도움을 받기 위해 찾아온 클라이언트의 감정상태를 잘 파악해서 신뢰를 줄 수 있도록 해야 한다. 먼저 사회복지사는 클라이언트를 만나기 전에 자기 자신을 되돌아 보고, 안정된 심리상태를 유지할 수 있도록 하여야 하며, 저항이나 양가감정과 같은 클라이언트의 반응에 잘 대응할 수 있도록 준비해야 한다. 이와 같이 접수단계에서 사회복지사의 클라이언트에 대한 태도는 관계의 질을 결정짓는 중요한 요인이며, 클라이언트의 서비스 개입과정에 대한 적극적인 참여에 매우 큰 영향을 미치게 될 것이다.

따라서 접수단계에서 클라이언트가 자기문제를 드러내고 자연스럽게 감정을 표현하도록 돕기 위해서는 사회복지사와의 관계가 안전하다는 신뢰가 필요하다. 신뢰관계의 형성은 언어적, 비언어적으로 클라이언트에게 관심을 기울이는 사회복지사의 진실된 자세가 필요하며, 자발적인 클라이언트인지 비자발적인 클라이언트인지를 파악하고, 클라이언트가 말하는 내용의 진정한 의미를 이해하기 위해 노력하고 고통을 함께 나눈다는 공감하는 자세를 보여주어야 한다(김봉순 외, 2010).

또한 사회복지사는, 클라이언트의 참여를 유도하기 위해서는 클라이언트와의 관계형성, 동기화, 저항감 해소와 양가감정의 수용과 같은 과업이 요구된다. 참여유도는 기관에 찾아온 사람에게 그가 원하는 욕구가 무엇인가를 파악하기 위해 클라이언트와의 친화관계를 이룩하는 것을 말한다. 클라이언트의 참여는 성공적인 개입의 필수적인 조건으로 사회복지실천현장에는 자발적인 클라이언트도 있지만, 비자발적인 클라이언트도 많으므로 라포성립을 통해 참여를 유도하는 것은 사회복지사의 매우 중요한 능력이다. 라포성립을 위해 사회복지사는 우선 클라이언트가 가지고 있는 저항감을 이해하고 가능한 한 해소할 수 있도록 노력해야 한다.

원조과정에서 클라이언트가 변화하고자 하는 동기나 의지가 없다면 매우 어렵거나 실패하게 되므로 클라이언트가 원조과정 동안 적극적으로 참여할 수 있도록 동기를 부여해야 한다. 즉, 자발적 클라이언트와 비자발적 클라이언트를 위한 관계형성이 요구된다.

사회복지사와 클라이언트의 만남에서 클라이언트와 관련된 모든 체계들은 변화 노력을 시작하는 데에 대한 저항의 4단계(갈등, 방어-해결-통합)와 양가감정을 경험하게 된다. 저항감은 양가감정에 기인하는 자연스러운 반응으로, 저항감과 양가감정의 해소는 원조과정의 성공적인 진행에 큰 영향을 준다. 양가감정은 동일한 대상이나 상황에 대하여 정반대의 감정이나 태도, 그리고 생각이나 욕구를 동시에 갖고 있는 것인데 변화에 앞서 누구나 양가감정을 가질 수 있다. 저항은 양가감정, 도움을 수용하기 꺼리는 마음, 지위나 자원의 상실에 대한 두려움, 변화가 불가능하리라는 생각 등에서 기인하는데 원조과정에서 비협조적인 태도 등으로 표현되기도 한다. 사회복지사는 클라이언트의 양가감정을 수용하고 자유롭게 표현하여 저항을 해소해 주어야 한다.

특히 비자발적인 클라이언트들은 자발적인 클라이언트들보다 저항감이 강하기 때문에 사회복지사에 대해 적대적이며 방어적인 태도를 취하게 된다. 만일 사회복지사가 지나치게 권위적이거나 심판적인 태도를 보인다면 변화를 원치 않는 클라이언트들은 더욱 위축되고 반발하게 될 수 있다(엄명용 외, 2007).

비자발적인 클라이언트에게 나타나는 일반적인 행동양식에는 부정, 투사, 적개심, 거리두기 등의 행동적 특성을 볼 수 있다. 부정은 자신이 아무 문제가 없고, 문제가 있어도 스스로 해결할 수 있으며, 스스로 해결할 수 없더라도 이 문제로 인해 무엇이 행해질 수 있는지 알고 싶지 않다고 말하는 것이다. 투사는 문제가 존재하는 것은 인정하지만, 이 문제는 자신이 아닌 다른 사람이 일으킨 것이고, 다른 사람이 그만두거나 다르게 행동하면 해결될 것으로 여기는 것이다. 적개심은 공격을 최선의 방어로 여겨 도움이 필요하다고 여겨지거나 자신이 바라는 도움이 제공되지 않는 것에 화를 내는 것을 말한다. 또한 적개심은 공개적이고 적대적인 말과 행동으로 혹은 말보다 더 지독한 묵비권으로 표출될 수 있다. 거리두기는 분노가 표출되는 또 다른 방식으로 문제로부터 자신을 심리적으로 떼어놓는 것으로 그 문제와 관련된 감정이나 책임감을 외면하는 것을 의미한다. 비자발적인 클라이언트가 사회복지기관에 오게 된 경우 다음에 제시된 두 가지 시도를 권한다(Perlman, 1979). 첫째, 비자발적 클라이언트의 저항에 대한 인정과 수용을 말로 전달한다. 이는 클라이언트가 부정적인 감정을 표현하고 싶은 것을 사회복지사가 이해하고 이를 수용할 수 있음을 클라이언트에게 이야기하는 것이다. 둘째, 왜 그가 여기 보내졌는지 그의 생각을 말하도록 요청한다. 현실을 명료화하고, 오해를 바로잡고, 자신이 원하지 않는 의뢰에 관한 느낌과 태도의 표현과 반응의 기회를 갖는 것이다(최해경, 2009).

비자발적 클라이언트를 동기화시키기 위한 사회복지사의 행동지침

- 비자발적 클라이언트들은 그들이 원해서 사회복지사를 찾아 온 것이 아니라는 사실을 명심해야 한다. 그들에게 원조관계를 긍정적으로 받아들이게 만들려고 무리하게 노력하기보다는 이 사실을 인정하고 관계를 시작한다.
- 서비스에 대한 저항의 실체를 그대로 이해한다.
- 클라이언트의 부정적인 감정을 표출하도록 유도한다. 예를 들면, "여기에서 나를 만나는 것을 무척 싫어하고 있군요. 지금 당신 기분이 어떤지 알고 싶어요"라고 말을 하면, 클라이언트에게 자신의 기분을 솔직하게 표현할 좋은 기회를 주는 것이다.
- 비자발적 클라이언트가 원하는 것을 어느 정도 해결해 줄 수 있는지를 생각해 본다. 클라이언트에게 필요한 구체적인 서비스를 해줌으로써 관계형성이 시작될 수도 있다.
- 희망을 갖게 하고, 용기를 준다. 즉, 사회복지사가 개입함으로써 긍정적인 결과가 초래될 수 있음을 알려준다.
- 비자발적 클라이언트에게서 사회복지사에 대한 신뢰감이 즉시 형성될 것이라는 기대는 무리이다. 점진적인 관계형성을 통해 클라이언트의 신뢰감이 형성되기를 기다려야 한다.

출처 : Kirst-Ashman and Hull, Jr.,(1993), 백은령 외(2007) 재인용.

비자발적인 클라이언트 외에 자발적인 클라이언트지만 문제해결에 대해 부정적이거나 다소 회의적이며, 적극적인 문제해결의 의지가 부족한 클라이언트도 있을 수 있다.

의기소침해 있는 클라이언트에 대한 실천과정은 다음과 같다(임상록 외, 2009).

첫째, 비협조적이고 냉담한 클라이언트를 처음부터 사회복지사의 의지대로 변화시키려고 하기보다는 있는 그대로 수용하려고 노력을 해야 한다.

둘째, 클라이언트의 상태를 잘 이해하고 있다는 느낌을 갖도록 감정이입적인 태도를 보인다.

셋째, 클라이언트의 감정을 표출하도록 유도하여 그가 분노하고 있는 문제가 무엇인지, 의기소침해 있는 이유가 무엇인지를 알아보고 클라이언트에게 반드시 필요한 구체적 서비스를 제공할 수 있도록 하여 긍정적인 관계형성을 이루어야 한다.

넷째, 클라이언트의 긍정적인 변화에 대해 희망과 용기를 갖도록 격려한다.

다섯째, 클라이언트의 단기간의 변화를 기대하여 부담감을 주기보다는 점진적인 관계형성을 통해 신뢰관계가 이루어질 수 있도록 인내심을 가지고 노력해야 한다.

여섯째, 클라이언트가 자신의 문제를 인식하고 스스로 변화를 꾀할 수 있는 능력을 가질 수 있도록 해결능력을 키워주고, 클라이언트에게 변화의 가능성이 충분함을 확신할 수 있도록 지지해 준다.

일반적으로 기본적인 인간관계에서조차도 감정이입, 인정, 온정, 그리고 진실성 등의 요소들이 필요하다(Kirsr-Ashman & Hull, 1993). 특히 클라이언트와의 원조관계를 형성하는 것은 감정이입 외에 상호 신뢰와 존중이 더욱더 중요하다. 또한 사회복지사가 클라이언트의 어려움에 관심을 보이는 공감반응은 신뢰형성의 출발점이다. 클라이언트는 자신이 취약하다고 느낄수록 더 부정적일 수 있기 때문에 사회복지사가 같은 시대를 살아가는 한 사람으로서 클라이언트를 자신과 동등한 인격체로 대하는 것이 공감반응의 시작이라 할 수 있다(Gambrill, 2006).

이와 같이 사회복지사가 클라이언트의 초기 관계형성에 대한 두려움이나 사회복지사와의 관계에 대한 부정적 감정들을 사회복지사가 충분히 이해해 주고, 사회복지사가 자신을 이해하려고 노력하고 있으며, 진정으로 돕고자 하는 의지가 있다고 느낄 때 신뢰관계는 형성된다. 그 결과 클라이언트는 사회복지사로부터 이해와 지지, 믿음을 얻게 되면 스스로 변화를 위한 마음이 생기게 될 것이다.

3. 클라이언트의 동기에 영향을 미치는 요인

클라이언트의 변화에 대한 동기는 사회복지활동의 성공 여부를 알아볼 수 있는 중요한 요소로, 클라이언트의 변화과정 중 적극적인 참여를 유도하는 클라이언트의 동기를 강화시키는 것은 초기 단계의 주요 과제이다.

기본적으로 클라이언트는 변화의 결과에 대해 두려워할 수 있기 때문에 사회복지사의 역할은 클라이언트의 변화를 위한 동기를 촉진하는 것이다. 클라이언트의 동기는 사회복지사가 어떠한 태도와 행동을 보이는가에 의해 영향을 받을 수 있다. 클라이언트가 문제해결에 대한 동기가 없거나 부족할 경우 사회복지사는 그 이유를 파악하여 클라이언트가 원조과정에 대한 참여의지를 가질 수 있도록 노력해야 한다(임상록 외, 2009).

클라이언트의 동기에 영향을 미치는 요인들은 클라이언트가 느끼는 불편함과 희망의 정도, 자발적 혹은 비자발적 참여 여부, 원조요청에 대한 이전의 경험, 원조과정에 관한 기대, 문제해결에 소요되는 시간, 에너지와 자원을 투입할 수 있는 능력 등으로 구분하여 살펴보면 다음과 같다(Goldstein & Noonan, 1999).

1) 불편함과 희망

클라이언트는 자신의 문제로 인해 불편함을 느끼게 된다. 이러한 불편함을 극복하기 위한 희망의 정도는 클라이언트마다 상당히 다르며 문제의 성격이나 심각성, 인생에 대한 기본적 태도, 개인적 경험, 자존감 등에 따라 많은 영향을 미치게 된다. 사회복지사는 클라이언트가 어떠한 문제로 어떤 불편을 느끼는지 찾아내고 클라이언트가 이 불편함을 해소할 수 있다는 희망을 갖도록 노력해야 한다.

2) 자발적 클라이언트와 비자발적 클라이언트

자발적 클라이언트의 경우는 변화에 대한 동기가 비자발적 클라이언트에 비해 강할 것이다. 그러나 자발적인 클라이언트의 경우에도 사회복지사가 즉

각적인 도움을 주지 못하거나 클라이언트의 욕구에 초점을 두어 문제를 재규정할 수 없을 때는 점차 동기가 약화될 수 있다. 비자발적으로 참여하게 된 클라이언트는 동기부여가 되지 못한 채 관계에 임하게 되며 자신을 이러한 변화로부터 보호하려 한다. 따라서 사회복지사는 자발적인 참여와 비자발적인 참여의 특성을 고려해 클라이언트의 동기부여를 위해 노력해야 할 것이다.

3) 서비스 지원에 대한 과거의 경험

사회복지사의 서비스에 대해 부정적 경험이 있는 클라이언트의 경우 동기에 부정적인 영향을 미칠 것이며, 반면 긍정적인 경험이 있는 클라이언트의 경우 적극적으로 사회복지사로부터 도움을 요청하게 될 것이다. 따라서 사회복지사는 클라이언트의 서비스 지원에 대한 과거경험을 확인하여 클라이언트가 원조과정에 적극적으로 개입할 수 있도록 최선을 다해야 할 것이다.

4) 서비스 지원에 대한 기대

클라이언트는 사회복지사로부터 자신이 무엇을 원하는지 각각 다른 요구사항을 가지고 원조과정에 참여하게 된다. 반면 어떤 클라이언트는 사회복지사로부터 자신이 바라는 것이 무엇인지 정확히 알지 못하는 경우도 있다. 이러한 경우 사회복지사는 클라이언트 자신이 무엇을 기대하는지 이해할 수 있도록 도와주어야 할 것이다.

5) 에너지와 자원을 원조과정에 투입하는 능력

모든 클라이언트가 원조를 받기 위해 시간을 내거나 서비스를 활용할 만한 정서적 자원, 경제력, 사회적 지지를 갖고 있는 것은 아니다. 기관이 지리적으로 접근하기 어렵거나 한정적인 근무시간 등의 이유로 원조과정의 참여에 불편함을 겪을 수 있다. 이러한 요인들은 모두 클라이언트의 동기에 영향을 미치는 현실적인 요인으로 개입계획 수립 시 고려되어야 한다.

이와 같이 클라이언트의 동기부여에 영향을 미치는 요인들은 다양하게 나타나며, 동기부여로 인해 개입의 효과성에 많은 영향을 미치게 된다. 이외에도 클라이언트의 동기부여를 위해서는 초기 접수단계의 저항감을 해결하는 것이 매우 중요과제이며, 사회복지사는 변화에 대한 클라이언트의 저항감을 감소시킬 수 있도록 세심한 주의를 기울여야 한다. 따라서 사회복지사는 클라이언트의 저항감의 원인을 파악하기 위해 클라이언트의 반응을 주의깊게 관찰하고 이를 해소하기 위해 노력해야 한다.

4. 문제확인

접수단계에서 해야 할 일 중에서 가장 기본적인 과정 중 하나가 클라이언트의 문제확인이며, 이 과정은 클라이언트가 지적하는 문제와 이와 관련된 감정에서부터 시작한다. 문제확인은 현재 클라이언트가 호소하는 문제에서부터 출발하며, 사회복지사는 그 문제의 성격이 어떤 것인지, 그리고 그 문제가 얼마나 중요한 것이며, 문제가 발생한 원인이 무엇인지에 대해 확인을 하게 된다. 일반적으로 클라이언트가 가지고 있는 문제들은 다양한 형태로 나타날 수 있으며, 이러한 문제들은 두 가지 이상의 영역, 또는 여러 영역이 혼합되어 나타날 수도 있다. 즉, 클라이언트가 가져오는 문제는 클라이언트 개인과 환경 간의 역기능적인 상호작용으로 인해 발생한다고 볼 수 있다. 따라서 사회복지사는 초기 접수단계에서 클라이언트가 가지고 있는 문제에 대한 정확한 진단과 기관 서비스의 적격성을 판단하기 위해 다양한 형태로 나타날 수 있는 클라이언트의 문제에 대해 충분히 확인할 필요가 있다(김봉순 외, 2010).

5. 자료수집

자료수집은 클라이언트의 문제를 분석하여 해결하는 데 필요한 모든 자료를 수집하는 과정으로, 접수단계에서부터 개입의 모든 과정에서 이루어지지만 접수단계에서 가장 광범위하게 이루어진다. 자료수집의 구체적인 목표는 사회복지사가 사정을 위한 다양한 자료를 모으는 과정으로 사회복지사는 문제, 개인, 환경으로 범주화될 수 있는 자료들을 수집한다(Timberlake et. al., 2002). 즉, 사회복지사는 클라이언트의 문제와 그 문제에 관련된 개인, 환경, 그리고 환경과의 상호작용과정에서의 역기능 등 클라이언트의 문제상황에 관련된 실질적인 자료들을 수집하게 된다.

이 과정에서 사회복지사가 수집하는 다양한 자료는 클라이언트가 호소하는 문제의 원인에 대한 주요한 정보를 제공해 주는 자료들이다. 즉, 클라이언트의 직접적인 상담내용, 클라이언트의 비언어적 행동, 클라이언트가 작성한 서류, 주변사람들로부터의 수집된 정보, 심리검사, 클라이언트 주변사람과의 상호작용유형, 클라이언트와 직접 상호작용하면서 느끼는 사회복지사의 감정 등 다양한 자료들을 사회복지사는 클라이언트의 개인력, 가족력, 사회력, 지적·신체적·행동적 능력, 문제해결능력 그리고 클라이언트의 강점과 약점 등으로 클라이언트를 진단하고 사정하는 데 도움이 되도록 재구성할 수 있다(최해경, 2009).

자료수집의 방법은 면접, 관찰, 심리검사 등을 활용하여 클라이언트의 다양한 정보들을 확인해 볼 수 있다. 면접은 생각과 느낌이 교환되는 가운데 개인들 사이에서 언어적·비언어적인 의사소통을 포함한 목적지향적인 대화를 말한다. 이러한 면접은 크게 정보를 얻기 위한 면접, 사정을 위한 면접, 치료를 위한 면접 등으로 구분할 수 있다. 또한 관찰은 비언어적인 형태의 자료를 수집할 때 유용한 방법이다. 관찰은 수집하고자 하는 정보의 종류에 따라 자연스런 관찰과 일련의 순서가 있는 구조화된 관찰로 구분할 수 있다. 심리검사는 클라이언트의 심리상태는 지능, 동기화, 대처행동의 유형, 자아개념, 불안이나 우울의 정도 등을 표준화된 심리검사를 통해 파악할 수 있다.

자료수집에서 다양한 정보의 출처들이 각각 또는 병행하여 사용될 수 있는데, 일반적으로 활용되는 자료수집방법은 다음과 같다(Hepworth et. al., 2006).

1) 클라이언트가 작성한 기본 정보

자료수집에 있어서 정보제공의 가장 중요한 출처는 클라이언트 자신이다. 자료수집방법 중 클라이언트의 자기보고에 해당되는 것이 클라이언트가 작성하는 기본 정보와 면접을 통해 얻은 클라이언트 관련정보이다.

클라이언트의 기본 정보수집은 초기 면접지의 구조화된 양식을 사용하며 초기 면접지에 포함되는 정보들은 다음과 같다.

- 클라이언트의 기본 정보 : 이름, 성별, 나이, 학력, 결혼관계, 주소, 전화번호, 직업 등
- 가족관계 : 가족구성원의 이름, 나이, 직업, 교육수준, 종교, 관계, 동거유무 등
- 주요 문제 : 클라이언트가 가지고 있는 문제, 언제부터 어떻게 지속되었는지에 관한 내용
- 문제해결을 위한 구체적인 욕구
- 기관에 오게 된 동기
- 의뢰이유 : 타 기관 혹은 가족에 의한 의뢰일 경우
- 이전의 사회복지서비스 경험 : 과거에 어떤 사회복지기관에서 어떤 서비스를 받았는지에 대한 내용
- 클라이언트가 활용할 수 있는 공식적·비공식적 자원에 대한 내용

클라이언트가 작성한 자기보고 형태의 자료수집은 사회복지사와 클라이언트와의 면접과정을 통해 이루어지기 때문에 클라이언트의 문제에 관한 정확한 자료를 수집하기 위해 면접과정에서 심도깊은 면접을 실시하여야 한다. 즉, 경청, 구체적 질문, 명료화, 사고와 감정반영, 알기 쉽게 바꾸어 말하기, 요약해 주기 등 클라이언트의 이야기를 통해 정보가 수집될 수 있도록 최선

을 다해 노력해야 한다. 즉, 클라이언트의 생활과 문제에 대해서는 클라이언트 자신이 최고의 전문가라는 생각을 가지고 클라이언트의 관점을 이해하는 것이 필요하다.

2) 비언어적 행동에 대한 직접적 관찰

비언어적 행동에 대한 직접적 관찰은 우울, 분노, 두려움 같은 정서적 상태에 관한 정보를 제공한다. 이러한 자료를 얻기 위해 사회복지사는 클라이언트의 억양, 눈물, 손짓, 몸짓, 목소리의 떨림, 손떨림, 꽉 다물거나 깨문 입술, 표정의 변화 등 비언어적 표현에 주의를 기울어야 한다. 또한 사회복지사는 이러한 클라이언트의 비언어적 행동을 현재 클라이언트가 가지고 있는 문제와 관련하여 해석하고 설명할 수 있도록 해야 한다.

3) 가족구성원 간의 상호작용의 관찰

부부, 가족구성원 등 집단구성원 간의 상호작용에 대한 관찰은 자연스러운 상황에서 이루어질 수 있도록 해야 한다. 특히 가정방문이나 집단의 관찰은 직접 가족의 어려움을 파악할 수 있는 유용한 기회가 되며, 이러한 관찰은 클라이언트의 실제 생활환경을 통해 문제와 자원을 구체적으로 이해할 수 있는 중요한 자료수집방법이다. 또 다른 방법으로 사회복지사는 직접적으로 상호작용을 관찰하기 위해 클라이언트에게 문제상황을 그대로 재현하도록 할 수 있다. 직접적 관찰은 관찰자의 기록과 보고에 의한 오류가 있을 수 있기 때문에 각별한 주의가 필요하다.

4) 전문가들로부터의 부가적 정보

사회복지사가 클라이언트에 대해 추가로 부수적 정보가 필요한 경우 클라이언트와 관련된 자료는 모두 클라이언트의 허락하에 이루어져야 한다. 사회복지사는 클라이언트에게 어떠한 종류의 정보가 필요하고 왜 그 정보가 필요한가에 대한 상세한 설명을 하고, 클라이언트로부터 정보공개동의서를 받아 추가 부수적 정보를 얻어야 한다.

5) 검사 혹은 평가도구

자료수집방법 중에는 심리검사, 기타 평가도구 등 다양한 측정도구들을 활용할 수 있으며, 특히 지능검사, 신경심리학적 검사, 투사적 검사와 같은 검사들은 전문적인 훈련을 받은 전문가에 의해 실시되어야 한다. 사회복지사는 이러한 검사결과를 클라이언트의 문제에 개입을 위한 사정자료로 활용할 수 있다. 또한 일부 검사도구들은 사회복지사들이 사용할 수 있도록 설계되었는데, 우울, 자존감, 스트레스, 불안 등 다양한 임상적 현상들을 측정하는 도구들이 사용될 수 있으며, 클라이언트의 강점과 욕구를 확인하는 데 사용되는 도구들도 활용된다.

자아존중감 검사 · MMPI · MBTI · 사회성숙도검사 · 자아개념검사 등으로 객관적이고 표준화된 측정을 통해 클라이언트의 내적 · 심리적 특성을 파악하는 과정이다. 각종 검사도구들은 이러한 자료와 행동을 수량화해서 유용하게 사용될 수 있지만 검사지에 대한 충분한 지식이 없다면 타 전문가의 도움을 구하는 것도 바람직하며, 클라이언트의 자기보고식 응답의 결과를 전문가의 해석을 과학적이고 객관적인 자료로 얻을 수 있다.

6) 클라이언트와의 직접적 상호작용에 근거한 사회복지사의 개인적 경험

사회복지사의 반응은 클라이언트에 따라 각각 다른 반응을 보일 수 있는데, 사회복지사 자신의 반응에 대한 통찰은 다른 사람들이 클라이언트에게 어떻게 반응하는지를 파악하는 데 도움을 줄 수 있다. 클라이언트 또한 다른 사람들과 다르게 사회복지사를 대하고 행동할 수도 있다. 그리고 클라이언트에 대한 사회복지사의 지각과 반응도 사회복지사의 독특한 생활경험에 의해 왜곡될 수 있다. 따라서 사회복지사는 자신에 대한 통찰을 통해 클라이언트와의 관계형성에서 또 다른 문제를 야기하지 않도록 주의해야 한다.

사회복지사는 다양한 방법을 통해 클라이언트의 문제를 확인하기 위한 자료수집을 하게 되며, 이러한 자료수집과정에서 최대한 오류를 범하지 않도록 주의해야 한다. 자료수집과정에서 나타날 수 있는 오류를 최소화하는 방법 중에 대표적인 방법이 바로 자료의 다각화, 즉 여러 방법을 함께 사용하는 것이다(Nugent, 2008).

마지막으로 클라이언트의 오류, 편견, 불신, 제한된 자아인식 등의 이유로 정확한 상황을 적절하게 설명하지 못하는 경우 다른 자료수집방법으로 보완해야 한다. 여러 가지 자료수집방법을 통해 얻어진 자료를 함께 분석함으로 해서 클라이언트의 문제상황을 보다더 정확히 이해할 수 있을 것이다.

제2절 사 정

1. 사 정

접수단계에서부터 이루어진 자료수집이 끝나면 수집된 자료를 기초로 해서 사정작업이 진행된다. 사정은 과거에는 진단이라고 불리기도 하였는데, 사정은 조사, 진단, 분석을 모두 포함하는 과정으로 최근에서는 진단과 차별화된 특성이 강조되고 있다. 사정의 정의는 학자마다 다양하게 정의하는데, 클라이언트의 문제에 관해 수집된 정보 또는 자료를 해석하는 것으로 정의되기도 하고(Nugent, Sieppert, & Hudson, 2001), 클라이언트와 클라이언트의 욕구와 강점에 관한 핵심정보를 얻기 위해 정보를 수집하고 종합하는 실천가와 클라이언트 간의 실행을 일컫는 것으로 개념화되기도 하며(Hepworth et. al., 2006), 전체적인 원조 프로그램을 개발하기 위해 정보를 수집하고 처리하는 데 사용되는 절차와 도구로 이루어지는 것으로 정의되기도 한다.

사정은 자료들을 해석하고 의미를 부여해서 실천적 개입을 위한 함의를 도출해내는 활동이다. 즉, 문제를 규정하고, 실천의 방향을 결정하는 것으로 구체적으로는 문제가 무엇인지, 어떤 원인 때문인지, 그 문제를 해결하거나 감소시키기 위해 무엇이 변화되어야 하는지에 대해 답하는 것이다. 사정은 수집된 자료를 토대로 하므로 순서상으로는 자료수집이 사정에 선행되지만 사회복지사는 자료를 수집하면서 분석하고, 분석과정에서 필요한 정보를 다시 수집하므로 실제로는 자료수집과 사정이 동시에 순환적으로 행해진다고 볼 수 있다(최해경, 2009). 또한 사정은 사회복지실천과정에서의 핵심적 역할을 하는 복합적 과정으로서 조사, 진단, 치료의 제 측면들을 포괄한다(김기태 외, 2009).

사정은 클라이언트의 문제와 강점 및 약점, 자원을 이해하며, 문제에 영향을 주는 환경을 파악하고, 클라이언트와 환경 간의 상호교류를 이해하는 과정이다. 또한 그 교류가 문제에 어떻게 영향을 미치는지, 그리고 어떻게 영향을 받는가에 대하여 이해하는 과정이다(Hepworth & Larsen, 2006).

우선 클라이언트의 문제를 이해할 때 클라이언트의 문제가 내부체계뿐 아니라 외부체계에도 존재한다고 인식하기 때문에 외부체계도 개입의 대상이 될 수 있다. 또한 사회복지실천과정에서의 사정은 사회복지사가 클라이언트와 '더불어' 활동한다는 것을 강조하고 있기 때문에 문제해결과정에 클라이언트 참여가 이루어진다. 그리고 진단에서는 병리에 초점을 두지만, 사회복지실천과정에서의 사정은 클라이언트의 강점에 초점을 두고 있다. 강점을 강조한다는 것은 사회복지사로 하여금 클라이언트의 성장을 위한 잠재력을 발휘하게 하고 클라이언트의 자긍심을 재고시키도록 돕게 하는 것이다.

따라서 사정은 수집된 자료를 분석하여 문제를 규명하고, 그 문제를 일으킨 요인이 무엇인지를 파악하고 문제를 해결하기 위해 무엇을 할 것인지를 찾아내는 과정이다. 사회복지사는 사정에서 클라이언트 개인에 대한 정보와 문제를 이해해야 할 뿐 아니라 클라이언트가 처한 상황과 환경적 요인에 대한 이해도 요구된다. 개인, 가족, 집단, 지역사회에 대한 이해를 넓혀가는 것이 사정에서 중요한 측면이고 각 체계에 대한 이해는 사정 이후 단계인 서비스 계획 및 개입단계에도 영향을 미친다(Johnson & Yanca, 2004, 2007).

사정은 창조적 과정이지만 과학적 방법을 적용한다는 점에서 과학적이라고 볼 수 있으며, 다음과 같은 특징을 가지고 있다(Johnson and Yanca, 2007; 최해경, 2009 재인용).

첫째, 사회복지사의 클라이언트에 대한 이해의 과정이자 결과이다. 사정단계는 사회복지사가 사정을 수행하면서 경험하는 과정으로 이루어진다. 사회력은 사정이 완성된 결과이다.

둘째, 사정은 지속적으로 이루어진다. 초기단계에 사정이 주로 이루어지나, 이후 단계에서도 클라이언트의 욕구에 관해 재고려할 사항이 있거나 체계들 간의 상호교류에 개입해야 할 일이 있을 때에는 다시 사정을 하게 된다. 클라이언트와 사회복지사가 원조과정에 함께 참여하면서 새로운 정보를 얻을 수 있고 새로운 이해가 발생하기도 한다. 그러면 이것이 진행 중인 사정의 일부가 된다.

셋째, 사정은 환경 속의 클라이언트를 이해하는 것과 계획과 행동의 토대를 제공하는 것에 초점을 두는 두 가지 측면이 있다.

넷째, 사정은 클라이언트와 사회복지사가 참여하는 상호간의 과정이다. 클라이언트는 자신의 능력을 최대한 발휘하여 사정의 모든 면에 관여할 수 있어야 한다. 사정에서 사회복지사와 클라이언트의 상호작용과정을 활용하는 것은 클라이언트의 자존감을 인정해 주고 그가 생각하고 믿는 것이 중요하다는 사실을 확인시켜 주므로, 클라이언트의 역량을 강화시키는 하나의 방법이 될 수 있다. 이러한 경험을 통해서 클라이언트는 자신이 소극적인 원조 수혜자가 아니라 원조과정에서 중요한 파트너라는 점을 알게 된다.

다섯째, 사정과정에는 순서가 있다. 상황에 대해 관찰하고 이해를 위해 필요한 정보를 검토한다. 이어서 관련정보를 수집하고 그 정보들의 의미에 대한 설명이 이어진다. 또한 사실들과 여러 요소들의 의미를 전체상황을 이해하기 위해 종합한다.

여섯째, 수평적이고 수직적인 탐색이 중요하다. 사정의 초기단계에서는 상황을 수평적으로 바라보는 것이 유용하다. 모든 관련부분들, 상호작용, 관계를 확인하기 위해 상황을 폭넓게 검토한다. 이러한 수평적 탐색의 목적은 욕구충족의 장애물과 욕구충족을 위해 사용될 수 있는 생태체계에 가장 중요하다고 확인된 부분들을 수직적으로 혹은 심층적으로 검토한다. 사회복지사는 수평적인 접근이 언제 가장 적절하고 수직적인 접근이 언제 이루어져야 하는지 결정할 수 있어야 한다.

일곱째, 지식기반은 이해를 하는 데 사용된다. 사회복지사는 자신의 지식기반을 환경 속의 클라이언트를 이해하는 수단으로 사용한다. 개인에 대한 이해는 인간발달과 다양성의 요소들을 참조하고, 가족을 이해하기 위해서는 가족구조와 가족과정에 관한 지식이 필요하다. 또한 기관을 이해하는 것은 관료적인 구조에 관한 지식을 참조하고, 지역사회의 이해는 경제학, 정치학 등의 지식을 요구한다. 생태체계의 이해는 체계이론과 체계 간의 구성요소, 에너지, 정보교환에 대한 지식을 필요로 한다.

여덟째, 사정은 생활 속의 욕구들을 확인하고 그 욕구들의 의미와 패턴을 설명한다. 사정은 욕구와 욕구충족의 장애물을 상세하게 설명하면서 생활주기 전반에 걸친 성장과 변화의 과정에 주목한다.

아홉째, 사정은 클라이언트와 생태환경의 강점을 확인하고 개입과정에서 그 강점을 강화하고자 한다. 인간의 능력은 한정되어 있지 않고 강점을 통해 성장한다. 클라이언트와 함께 목적, 목표, 성공 가능성이 높은 과업을 설정하기 위해서 신체적, 정신적, 정서적, 행동적 강점에 대한 철저한 사정을 해야 한다. 클라이언트의 강점에 대한 확인은 클라이언트가 가지고 있는 자원과 욕구를 충족하기 위해 사용될 수 있는 환경 또는 상황 속의 자원을 규명하는 것을 요구한다.

열 번째, 사정은 개별화된 것이다. 인간의 상황은 복잡하며 정확하게 동일한 상황은 없다. 따라서 모든 사정평가는 다르며, 이는 클라이언트의 특징적인 상황과 관련이 있다. 이는 사회복지가 자신과 다른 인종이나 사회·문화적인 배경을 가진 인구집단과 일할 때 특히 그렇다. 사회복지사의 관점이 아닌 클라이언트의 관점에서 그 상황과 상황의 의미를 이해하는 것이 핵심이다.

열한 번째, 판단이 중요하다. 사정평가에서는 많은 결정들이 내려져야 한다. 이 결정들은 어떠한 측면이 초점이 되어야 하는지, 지식기반의 어떤 부분을 적용할지, 클라이언트를 어떻게 참여시킬지, 관심사나 욕구를 어떻게 정의할지 등을 포함한다. 이 결정의 본질이 사정내용과 그 내용의 해석에 크게 영향을 미친다. 사건들의 중요성에 대한 클라이언트의 견해는 주의깊게 평가되어야 한다. 사회복지사가 자신의 준거틀을 기준으로 중요하지 않다고 판단한 것이 클라이언트에게는 매우 중요할 수 있다. 혹은 반대일 수도 있다.

열두 번째, 이해를 하는 데는 한계가 있으므로 사정이 완벽할 수는 없다. 어떤 상황을 완전히 이해하는 것은 불가능하며 이해를 위한 시간이 요구된다. 곤란에 처한 클라이언트는 대개 신속한 원조를 필요로 한다. 사회복지사는 원조를 제공하기 위해 어떤 이해가 필요한지 결정해야 하고 원조를 제공하면서 생기게 되는 새로운 이해를 의식해야 한다. 사회복지사는 제한된 이해에 근거하는 사정의 불확실성을 받아들여야 하고 사정이 연속적 과정이라는 점을 기억해야 한다.

또한 클라이언트의 관심사와 욕구에 대한 사정인데, 클라이언트의 관심사와 욕구는 클라이언트가 가지고 있는 문제에 대한 기술보다 분명하게 그 내용을 전달하지 않으므로, 사회복지사의 어려운 과업 중 하나가 클라이언트의 욕구와 관심사를 구체화하는 것이다. 때로는 클라이언트의 욕구와 관심사가 실제 욕구가 아닌 경우도 있기 때문에 욕구를 규명하기 위해서는 욕구의 내용뿐 아니라 클라이언트가 자신의 이야기를 어떻게 전달하느냐에 주목하여 클라이언트가 말하지 않는 것, 빠뜨린 사항에도 주목할 수 있어야 한다. 그리고 사회복지사의 사정 중 중요한 과업은 클라이언트 체계 및 사회환경의 잠재적인 강점과 능력, 자원, 가능성을 규명하는 것이다. 강점의 규명은 문제해결하기에 활용가능한 자원을 찾아내는 것으로 클라이언트 체계의 능력, 기술, 자원, 가능성과 클라이언트의 환경의 자원을 찾아내는 것을 의미한다. 사회복지사는 클라이언트가 스스로 보지 못하고 있는 장점도 찾아낼 수 있도록 돕고, 그가 갖고 있는 문제해결에 필요한 기술이 무엇인지 찾아내서 장점을 구체화하도록 해야 한다. 또한 클라이언트의 사회환경은 문제의 원인이 되기도 하지만, 문제해결의 자원을 내포하고 있기도 하다. 사회환경에서 가장 대표적인 체계가 가족이다. 개인은 가족체계의 일부 성원으로 가장 친밀하며 가장 영향을 많이 주는 환경이다. 가족을 올바로 사정하기 위해서는 가족구조, 의사소통, 가족관계 및 가족기능 등을 사정한다(Kirst-Ashman & Hull, 2008).

사정과정에서 구체적인 질문들을 살펴보면 다음과 같다.

① 구체적으로 무엇이 문제인가?
② 클라이언트는 문제를 어떻게 보며 문제에 대한 정서적 반응은 어떠한가?
③ 문제체계에 누가 관련되어 있는가?
④ 참여자들이 어떻게 관련되어 있는가?
⑤ 문제의 원인은 무엇인가?
⑥ 문제행동이 어디에서 일어나는가?
⑦ 언제 문제행동이 유발되는가?
⑧ 문제행동의 빈도, 강도, 지속기간은 어떠한가?
⑨ 문제해결의 역사는 어떠한가?
⑩ 클라이언트가 원하는 것이 무엇인가?
⑪ 클라이언트는 문제해결을 위해 어떤 노력을 해왔는가?
⑫ 클라이언트는 문제에 대처하기 위해서 어떤 기술이 필요한가?
⑬ 문제에 대처하기 위하여 필요한 외적인 자원이 무엇인가?
⑭ 클라이언트 자신의 자원, 기술, 강점은 무엇인가?
⑮ 치료계획과 개입계획은 어떠한가?

개인사정 기록지

<table>
<tr><td>접수일</td><td></td><td>담당사회복지사</td><td></td></tr>
<tr><td colspan="4">1. 클라이언트 및 가족현황</td></tr>
<tr><td>성 명</td><td></td><td>연락처</td><td></td></tr>
<tr><td>주 소</td><td colspan="3"></td></tr>
<tr><td>성 별</td><td></td><td>연 령</td><td></td></tr>
<tr><td>학 력</td><td></td><td>종 교</td><td></td></tr>
<tr><td>동거가족</td><td colspan="3"></td></tr>
<tr><td>주거형태</td><td></td><td>월수입</td><td></td></tr>
<tr><td colspan="4">2. 개인력/가족력/가족관계</td></tr>
<tr><td colspan="4">1) 개인력

2) 가족력

3) 가족관계</td></tr>
<tr><td colspan="4">3. 사회적 자원</td></tr>
<tr><td colspan="4">1) 공식적 자원

2) 비공식적 자원</td></tr>
<tr><td colspan="4">4. 클라이언트가 제시한 문제(우선순위 및 내용)</td></tr>
<tr><td colspan="4"></td></tr>
<tr><td colspan="4">5. 클라이언트의 강점 및 약점</td></tr>
<tr><td colspan="4">1) 강 점

2) 약 점</td></tr>
<tr><td colspan="4">6. 클라이언트의 욕구</td></tr>
<tr><td colspan="4"></td></tr>
<tr><td colspan="4">7. 서비스 계획(클라이언트의 문제/서비스 목표)</td></tr>
<tr><td colspan="4"></td></tr>
</table>

2. 사정의 분류

사회복지실천과정에서의 사정을 구체적인 유형별로 살펴보면 다음과 같다(Brown, 1992).

1) 원인론적 사정

원인론적 사정은 일반적으로 사회복지실천의 문제해결접근이나 심리·사회적 접근에서 사용된다. 원인론적 사정은 문제발생의 초기과정과 성장과정을 강조하며 클라이언트의 성격구조 또는 기능에 내재해 있는 역기능에 대한 사정이 이루어진다. 이러한 사정방법은 클라이언트가 직면했던 초기의 문제를 이해하고 이들 문제가 어떻게 현재 상황에 영향을 미치는가를 이해하는데 도움을 준다.

2) 역동적 사정

역동적 사정은 클라이언트의 문제상황에서 내부체계와 외부체계 간 상호작용하는 역동에 횡단적 고찰이다. 즉, 이 역동적 사정은 클라이언트의 과거와 현재의 여러 가지 힘의 상호작용을 인식하고 이들이 클라이언트에 있어 문제에 어떻게 영향을 미치는가를 규명하는 것이다. 이러한 역동적 사정은 가족역동성과 유형을 그림으로 나타내는데 있어 사정을 하는 가계도와 유사한 개념이다.

3) 심리·사회적 사정

심리·사회적 사정은 원인론적, 역동적 및 임상적 사정을 통합할 수 있는 광범위한 사정이다. 사회복지사는 클라이언트에게 영향을 주고 스트레스를 유발하는 심리·사회적 및 문화적 요인을 사정한다. 이 사정은 클라이언트 문제 상황의 강점과 약점을 모두 이해하는 데 중점을 두고 있다. 이러한 측면에서 이 심리·사회적 사정은 가족치료에서 활용되는 생태도와 유사한 형태의 사정이 이루어진다.

4) 임상적 사정

임상적 사정은 사회복지실천의 의료모델과 연결된 것이다. 의료모델은 병리지향적이며 개인이 문제에 대한 책임을 가진다고 본다. 비록 클라이언트와 상황에 대한 정확한 평가가 효과적 개입을 위한 선행조건이 됨에는 의심의 여지가 없으나 낙인을 초래하는 부정적인 요인이 존재하고 있다. 이러한 이유로 사회복지실천에서 활용 정도는 다소 떨어지고 있다. 그러나 사회복지사가 정신장애의 진단 및 통계편람에 대한 지식을 가지고 있어야 하는데, 정신병리와 정신장애에 대한 강의와 학습을 위한 자료제공, 정신과의사나 임상심리학자와 같은 다른 전문가와의 의사소통기능, 정신장애인의 진단을 위한 최신기준을 제공한다.

3. 사정의 기술

사정은 확인된 문제의 해결과 개입의 우선순위를 결정하는 단계로서 클라이언트의 기본적인 생활력, 클라이언트의 정서적·심리적 상태, 역할수행 및 기능상의 문제, 자아방어기제, 클라이언트의 강점과 대처방법, 가족구조 및 기능적 측면, 사회적 지지 등 생태체계적 입장에서 클라이언트와 관련된 모든 정보를 사정하게 된다.

생태체계적 입장에서 우선 '환경 속의 개인'이라는 환경과의 상호작용을 이해할 수 있는 좋은 관점이 유지환경과 양육환경으로 구분되고 있는 노튼(Norton, 1978)의 이중적 관점이다.

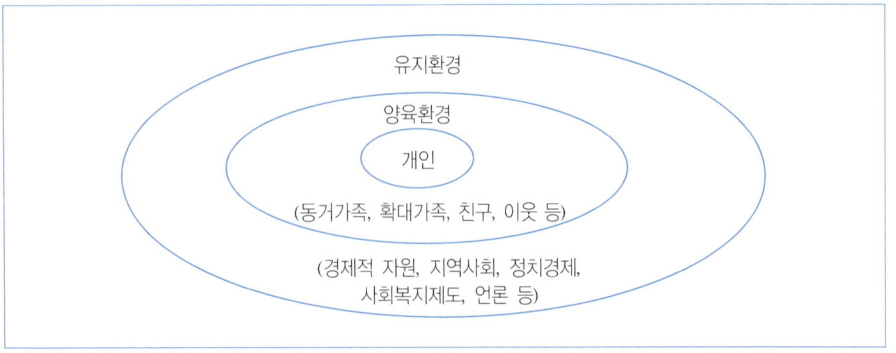

| 그림 11-1 | 이중적 관점

출처 : Norton, D.(1978). The Dual Perspective. NY : CSWE.

노튼(1978)은 이중적 관점에서 클라이언트의 사회환경을 양육환경과 유지환경으로 보고 클라이언트의 문제를 파악하고 개입의 구체적인 방법을 확인하게 된다. 양육환경이란 가족, 친구, 이웃, 학교와 직장 등의 가까운 사람들로 구성된 환경으로 클라이언트의 사회적 기능수행에 미치는 영향력이 크다. 유지환경이란 클라이언트가 살고 있는 사회의 정치체계, 경제체계, 교육과 의료체계 그리고 사회복지체계와 같이 보다 광범위한 환경들로 구성된다.

이를 기초로 사회복지실천과정에서 주로 활용되는 사정도구로는 가계도와 생태계 및 사회도 등이 활용되고 있다.

1) 가계도

가족은 문제의 근원이면서 동시에 문제해결의 근원이기도 하다. 더욱이 체계이론이 사회복지실천에서 널리 받아들여지면서 가족에 대한 사정이 더 중요해지고 있다. 가족에 대한 사정을 할 때에는 가족의 의사소통, 가족구조, 상호작용에 영향을 미치는 경계, 하위체계, 상위체계 등이 그 대상이 된다.

가계도는 사람을 표시하는 기호, 관계를 표현하는 선, 개인관련 주요 정보를 사용하여 3세대 이상의 가족에 나타나는 결혼, 이혼, 출생, 사망, 입양 등 중요한 생활사건과 성별, 연령, 교육수준, 직업 등 인구사회학적 정보들을 나타낸다. 또한 가계도는 가족구조에 대한 체계적인 이해, 가족 내에서 클라이언트의 위치, 가족사건에 대한 이해, 가족의 상호작용유형, 문제의 발견 등 다양한 내용들을 분석해 볼 수 있는 장점이 있다.

가계도에서 사용하는 상징들은 다음 【그림 11-2】와 같다.

가계도는 다음과 같이 네 가지 차원에서 분석할 수 있다(김혜란 외, 2001).

첫째, 가족의 구성과 가족구조를 분석할 수 있다. 이혼, 재혼 등 결혼상태와 형제순위, 자녀에 대한 부모의 기대와 태도 등이 분석된다.

둘째, 가족의 생애주기를 분석할 수 있다. 가족이 생애주기에 따른 변화에 성공적으로 적응해왔는지를 검토한다.

셋째, 세대 간에 유형의 반복이 있는지 분석할 수 있다. 적응유연성, 강점, 창조성 등의 적응적 유형과 가정폭력, 알코올 남용, 자살 등 부적응적 유형 그리고 상호작용에서 친밀감, 소원함, 단절, 갈등, 삼각관계 등이 세대 간에 반복되는지 검토한다.

넷째, 가족구성원들의 역할과 기능이 균형을 이루고 있는지 분석할 수 있다. 부부 간, 형제자매 간에 혹은 능력이나 부모의 편애, 가족가치 등에서 차이가 있는 가족구성원 간에 힘의 균형이 어떻게 이루어지고 있는지, 불균형이 있는 경우 가족이 이 문제를 어떻게 해결하는지, 균형을 이루기 위해 가족구성원들이 어떻게 변화해야 하는지 등에 대해 검토한다.

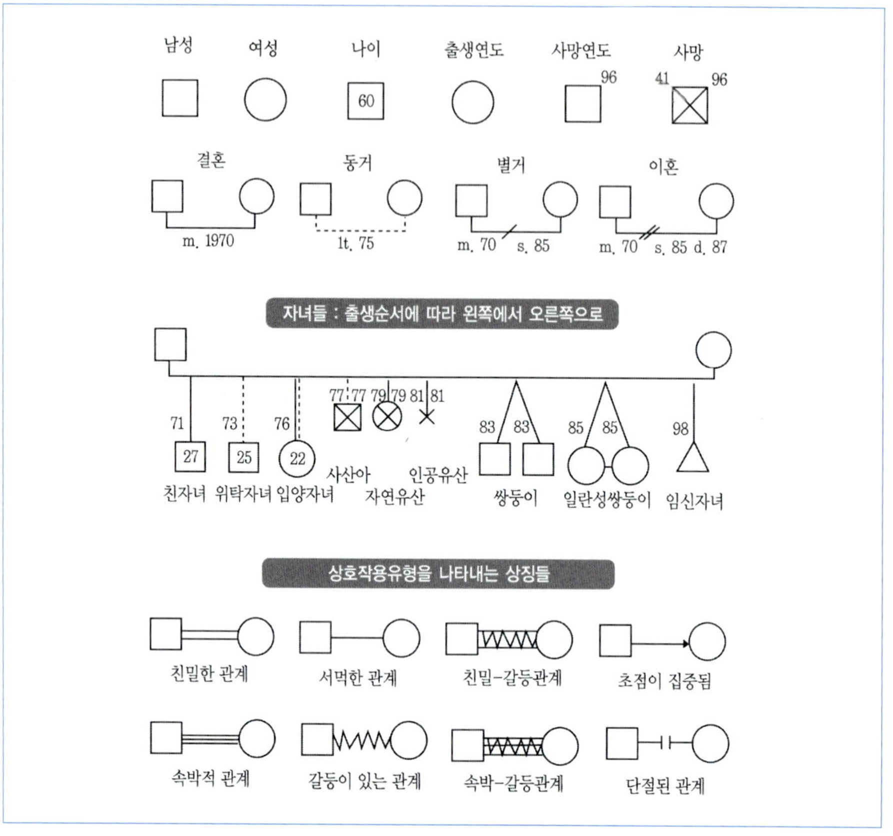

| 그림 11-2 | 가계도의 상징기호

출처 : McGoldrick, Gerson, & Shellenberger(1999).

2) 생태도

생태도는 개인과 가족의 외부에 있는 환경적 요소들을 확인하여 체계화하는 사정도구이다. 사회복지사는 클라이언트 체계의 문제해결 혹은 욕구충족을 돕기 위해 클라이언트 체계가 환경과 어떻게 상호작용하는지 살펴보고자 할 때 생태도를 사용한다. 클라이언트 체계와 주변환경의 관계는 관계의 내용과 방향을 나타내는 여러 가지 형태의 선으로 표현된다. 실선이 굵을수록 강한 긍정적 관계를 나타내고 점선은 약한 관계를 의미하며 실선 위에 사선을 그린 것은 갈등적인 관계를 나타낸다. 자원과 에너지의 흐름은 화살표로 나타낸다. 클라이언트 체계의 상황에서 의미있는 체계들과의 관계를 시각적으로 표현한 생태도는 표적문제와 이에 대한 개입계획을 세우는 데 유용하다(최해경, 2009).

생태도는 클라이언트의 양육환경과 유지환경의 종류와 관계의 질, 그리고 체계 사이의 에너지의 흐름을 보여줌으로써 가족에 대한 현재 지역사회 자원이나 체계들의 영향과 상호작용의 변화를 보여준다. 생태도는 가족이 지역사회에서 얼마나 많은 외부체계들과 관계를 맺고 있는지, 고립의 정도는 어떠한지, 관계의 질은 어떠한지를 보여줌으로써 가족 내부에 대한 이해와 함께 외부와의 연결과 적응 정도를 파악할 수 있게 해준다. 보통의 경우 가계도와 생태도는 사회복지사와 클라이언트가 공동으로 작성한다(엄명용 외, 2007).

생태도는 세 가지 차원에서 분석할 수 있다(김혜란 외, 2001).

첫째, 생태학적 환경에서 가족을 전체적으로 이해할 수 있다. 가족이 이용할 수 있는 주요 자원들이 무엇인지, 전혀 없거나 있지만 부족한 자원이나 지지는 무엇인지, 가족과 환경 간 관계의 본실은 무잇인지 등을 알 수 있다.

둘째, 가족과 환경 간의 경계에 대해 이해할 수 있다. 에너지 혹은 자원의 투입과 산출의 흐름이 쌍방적인지, 환경에서 가족으로 일방적인지, 가족에서 환경으로 일방적인지 알 수 있다.

셋째, 가족 내부에 대해 이해할 수 있다. 가족구성원들이 외부체계들과 어떻게 연결되어 있는지, 일부 가족구성원들이 환경으로부터 단절되어 있는지, 가족구성원 중 누가 주변환경과 긴장관계에 있는지, 가족이 함께 혹은 개별적으로 다른 체계들과 상호작용하는지 등을 알 수 있다. 다음 |그림 11-3|은 생태도의 예이다.

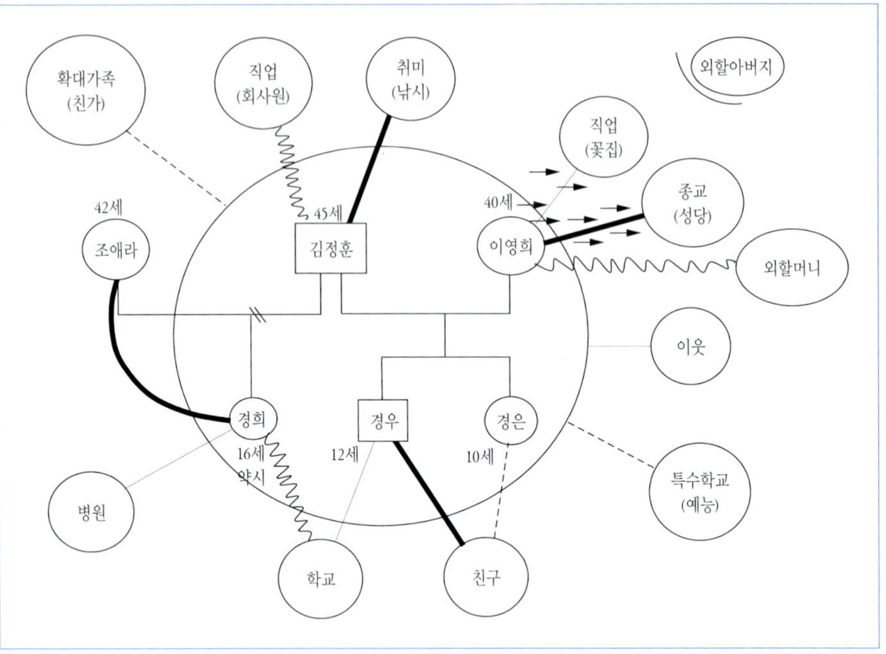

| 그림 11-3 | 생태도

3) 사회적 관계망 그리드

사회적 관계망 그리드(Social support network grid)는 클라이언트의 사회적 망을 사정하는 도구이며, 사회적 관계의 지지 정도와 질, 지지의 방향, 지지기간 등을 보여준다. 사회적 관계망 그리드는 다음과 같이 작성한다(이원숙, 2008).

- 가족, 친척, 직장/학교, 조직, 친구, 이웃, 전문가 등 7개 영역에서 사회망 구성원을 규명한다.
- 개인과 사회망 구성원들 간의 관계에 대해 질문한다. 여기에는 물질적 지지, 정서적 지지, 정보 및 조언, 비판, 도움방향, 친밀도, 접촉빈도, 알고 지낸 기간 등을 기록한다.

〈표 11-1〉 사회적 관계망 그리드

성 명	생활영역	물질지지	정서지지	정보/조언	비 판	도움방향	친밀도	접촉빈도	알고 지낸 기간
	1. 가족 2. 친척 3. 직장/학교 4. 조직 5. 친구 6. 이웃 7. 전문가 8. 기타	1. 가끔 제공 2. 자주 제공 3. 항상 제공	1. 가끔 제공 2. 자주 제공 3. 항상 제공	1. 가끔 제공 2. 자주 제공 3. 항상 제공	1. 가끔 제공 2. 자주 제공 3. 항상 제공	1. 양 방향 2. 내가 그에게 3. 그가 나에게	1. 양 방향 2. 내가 그에게 3. 그가 나에게	1. 보지 못함 2. 1년에 몇 번 3. 1달 한 번 4. 1주일 한 번 5. 매일	1. 1년 미만 2. 1~5년 3. 5년 이상
1									
2									
3									
4									
5									

출처 : 이원숙(2008). 사회복지실천론 재인용.

4) 사회도

전체집단에 대한 사정은 집단의 의사소통과 상호작용유형, 결속력, 응집력 등을 사정하게 되는데, 가장 많이 활용되는 것이 사회도이다.

사회도는 집단구성원들의 관계를 점, 선을 이용해 그래프로 나타낸다. 점은 집단구성원이고, 선은 이들이 서로 어떻게 연결되어 있는지를 나타낸다. 선은 한 구성원이 다른 구성원들과 어떤 형태의 관계에 포함되어 있는지를 나타낸다. 사회도는 상징을 사용해서 집단 내 구성원들 간에 상호작용을 표현하는 그림으로 구성원 간의 개인적 수용과 거부 및 집단 내의 대인관계를 평가하는 데 사용하는 방법이다. 주로 집단과 관계하는 사회복지사가 집단 내 구성원들의 상호작용을 파악할 때 많이 사용한다.

사회도는 상징을 사용하여 집단 내 구성원들 간의 상호작용과 선호관계를 그림으로 표현한 방법이며, 그 특성과 작성방법을 살펴보면 다음과 같다(조학래, 2006).

(1) 특성

- 집단구성원 간의 전체유형은 물론 집단 내의 하위집단들 간의 역할관계, 구성원 간의 서열관계 등을 쉽게 파악할 수 있도록 한다.
- 집단의 발달단계에 따라 여러 번 작성함으로써 집단의 특징적 상호작용 및 대인관계 유형을 파악할 수 있다.
- 집단사회복지사가 집단 내의 소외자, 2인군, 3인군, 하위집단, 경쟁관계 등을 파악할 수 있다.
- 집단 내의 비공식적 구조 내에서의 개별 구성원의 지위를 파악할 수 있지만, 구성원의 실제적인 행동은 나타낼 수 없다.
- 집단대상 사정의 수단으로 편리하지만, 개별 구성원 간의 선호의 이유는 설명되지 않으므로 개입 시 활용하기 쉽지 않다.
- 클라이언트에게 개입 후 클라이언트의 행동의 변화를 파악하는 데 유용한 도구이다(Kirst-Ashman and Hull, 2008).

(2) 작성방법

- 도표를 상단과 하단으로 구분하여 상단에 있는 구성원이 비공식적으로 지위수준이 높고 하단에 있는 구성원은 비공식적으로 낮은 지위를 나타낸다.
- 서로 가까운 구성원은 가까이, 서로 관계가 소원한 구성원은 간격을 두고 그림으로써 호감도의 강도를 표현한다.
- 실선은 호감을 갖는 관계, 점선은 무관심한 관계, 끊어진 선은 불편한 관계를 의미한다.
- 화살표는 선호의 방향을 의미하며 화살표가 없는 선은 상호관계를 의미한다. 또한 관계의 강도, 거부 등을 나타내기 위해 다른 색의 선을 사용하기도 한다.

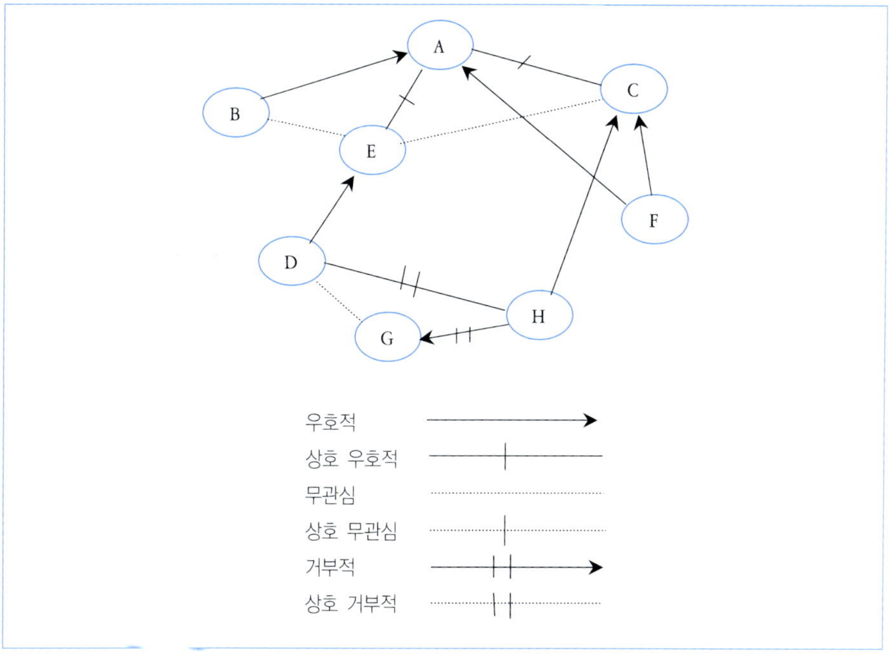

| 그림 11-4 | 소시오그램의 예시

사회도는 사회복지실천과정에서 주로 집단개입에서 집단구성원들의 변화과정을 측정할 때 활용되며, 사회도를 여러 번 그려서 비교해 봄으로써 집단의 특징적 상호작용과 대인관계유형의 변화를 파악할 수 있다.

5) 생활력조사

생활력조사는 모든 사회사업실천에서 공통적으로 쓰이는 방법으로 클라이언트의 생애 동안 발생한 사건이나 문제의 발전과정을 사정하는 데에 요긴하다. 생활력조사는 접수에서부터 수집된 자료 외 모든 과정의 정보들을 활용할 수 있다. 즉, 출생부터 개입시점까지 시간별로 클라이언트의 가족문제, 건강문제, 대인관계 문제 등 구체적으로 기록해 봄으로써 클라이언트의 문제상황을 사정할 수 있게 된다.

또한 사회복지실천에서의 클라이언트들은 사회적 지지가 없거나 매우 약한 특성을 갖고 있는데, 클라이언트가 적절한 사회적 지지를 사용할 수 있도록 하기 위해 클라이언트의 잠재적인 사회적 지지를 확인하고 사정할 필요가 있다. 사회적 지지를 효과적으로 사정하는 방법으로는 사회적 관계망 지도와 사회적 관계망 표를 이용할 수 있다. 사회적 관계망 지도는 클라이언트가 가지고 있는 사회적 관계의 종류를 보여주고 사회적 관계망 표는 사회적 관계의 지지 정도와 질, 그리고 지지의 방향을 보여준다(엄명용 외, 2007).

사정은 이처럼 다차원적인 과정으로 여러 가지 목적을 수행하게 된다. 사정을 통해 사회복지사와 클라이언트는 문제의 발생과 지속에 관계된 요인들뿐만 아니라 문제해결에 도움이 되는 요인 및 방해요인들을 이해할 수 있게 된다. 다음 DAC 표는 사정내용을 구조화해서 결과를 기록하는 여러 가지 방법 중 하나로, 탐색을 통해 얻은 정보를 기술하고(description), 사람 – 문제 – 상황에 대한 사회복지사와 클라이언트의 임시사정내용을 정리하고(assessment), 마지막으로 사회복지사와 클라이언트가 동의한 계약내용(contract)을 일목요연하게 정리한 것이다(김인숙 외, 2002).

기술(description)

- **클라이언트 신원정보** : 이름, 주민등록번호, 집 · 직장의 주소와 전화번호, 비상 시 연락처
- **개인체계, 가족과 가구체계, 지역사회체계**
  - 개인정보 : 키, 체중, 외모, 특징, 말투, 복장 등
  - 가족과 가구의 체계 : 중요한 타자의 이름, 나이, 전화번호와 주소 등 생태도와 가계도의 사용
  - 생태학적 체계 : 지역사회정보, 학교, 직장, 의료, 여가, 종교, 이웃, 문화, 친구, 친척 등
- 표출문제와 초기목표(클라이언트나 의뢰인이 밝힌 문제, 발생원인, 발달, 현 상태 요약, 클라이언트의 문제해결에 대한 기대)
- **강점과 자원**
  - 활용가능한 자원과 자산, 강점기록. 예를 들면, 친척, 경제적 자산, 긍정적 태도, 활동력
- **의뢰출처와 과정** : 부차적 정보
- **사회력** : 클라이언트의 사회력과 현재의 사회적 환경에 대한 정보
  - **발달** : 출생, 유아기, 아동기, 청소년기, 성인기로의 성장과정에 대한 정보, 사건, 경험정보
  - **개인과 가족** : 과거와 현재의 중요한 개인적, 가족적, 문화적 관계에 대한 정보
  - **위기사건들** : 폭력, 학대, 성폭행, 성희롱, 자살시도, 희생, 억압 등 부정적 사건과 클라이언트의 역량을 강화시킨 긍정적 사건을 기록과 영향기록
  - 성(性), 음주 및 약물사용, 의료와 건강 등
  - **법적인 문제** : 형사, 민사상의 문제
  - 교육, 직업, 여가선용방법, 종교, 이전의 심리 · 사회적 서비스 수급내용, 기타

임시사정(assessment)

- 개인
  - **자아정체감과 구조** : 클라이언트의 방어와 대처과정, 장점, 스트레스 대처능력, 충동조절능력 등을 사정
  - **감정과 정서** : 표출문제에 대한 클라이언트의 감정과 정서 사정, 언어적·비언어적 감정표현 간의 일치성 사정
  - **생활주기 발달** : 생활주기 발달단계에서 나타나는 문제점 사정
  - **능력** : 연령과 생활에 적합한 역할과 과제처리능력 사정, 클라이언트의 자기보호와 통제능력, 참여 정도 파악
  - **위험** : 클라이언트 및 관련된 사람에 대한 잠재적 위험 사정, 자살, 살인, 범죄, 학대 등
- 가족, 가구 등 1차적 사회체계
  - **자아정체감과 구조** : 가족 전체의 자아정체성과 구조, 가족체계의 종교적·문화적 전통의 적절성, 응집력, 적응력, 역할, 하위체계, 가족경계, 가족 내 의사결정구조 등 사정
  - **감정과 정서** : 가족 내 지배적인 감정, 애정, 지지의 정도나 숨겨진 감정 등 사정
  - **생활주기 발달** : 가족체계의 생활주기단계 고려
- 환경
  - **자원** : 자원의 범위와 양, 사회, 정치, 경제적 환경, 잠재적 자원과 기회, 장애물 사정
  - **사회·문화적 환경** : 가족의 사회문화적 가치와 전통에 대한 사정

계약(contract)

- 문제
  - 클라이언트가 정의한 문제, 사회복지사가 보는 문제, 개입을 위해 합의된 문제
- 최종목표
- 계획
  - 접근방법, 클라이언트의 과제 혹은 행동단계, 사회복지사가 정한 과제 혹은 행동단계, 회기 내 과제 혹은 행동단계, 평가계획

출처 : 김인숙 외(2002) 재구성.

제3절 계획수립

사회복지사와 클라이언트가 자료를 수집하고 사정하는 과정을 거치고 나면 사회복지실천과정의 계획수립단계로 들어가게 된다. 계획은 사정에 기초를 두고 있고 사정의 산물이며 문제해결과정의 일부분으로 합리적인 선택에 기초하고 가능한 범위 내에서 판단이 이루어져야 한다. 사정과정이 상황 속의 인간을 이해하고 잠재적인 자원을 규명하는 것이라면, 계획과정은 사정내용을 바람직한 결과를 기술하는 목적진술로 바꾸는 것이다(Johnson and Yanca, 2007). 또한 계획과정은 목적뿐 아니라 구체적인 목표를 설정하고, 목표를 달성하기 위한 행동단계를 구체화하여 누가, 무엇을, 언제까지 수행할 것인지를 분명히 하며, 시간계획, 투입비용 및 평가수단에 대해 고려하는 것을 포함한다.

1. 목표설정

사회복지실천과정에서의 계획은 변화에 초점을 두고 사정과 개입을 연결하는 역할을 한다. 계획수립단계에서는 사정단계에서 파악된 클라이언트의 욕구나 문제를 다루기 위해 클라이언트의 동기와 능력에 기반하여 목표를 설정해야 하며, 이 단계에서도 사회복지사와 클라이언트와의 공동적 노력이 강조되고 있다(임상록 외, 2009).

또한 개입의 목표는 세 가지 측면에서 설명할 수 있는데, 첫째, 클라이언트의 내면적 변화, 둘째, 클라이언트의 외적인 변화, 셋째, 적응능력의 강화이다. 클라이언트의 내면적 변화는 개인이 경험하는 문제가 개인 내적이고 정신병리적인 것으로 정의될 경우이며, 외적인 변화는 사람들의 문제와 욕구가 환경과 관련되고 사회병리적인 것으로 정의될 경우이다. 마지막으로 사람들의 욕구와 문제가 개인과 환경의 양면에 걸쳐있고 생활공간 내에서의 부적응적 상호작용의 교류로 정의될 경우에는 적응능력을 강화시키는 데 목표를 두게 된다(Germain & Gitterman, 1986).

목표는 본질적으로 개입과정의 바람직한 결과 혹은 기대를 말한다. 목표는 개입의 본질에 영향을 미치고 변화과정에 사회복지사와 클라이언트가 수행하는 역할, 바람직한 목표에 따라 이행되는 활동유형에도 영향을 미친다(Brown, 1992 : 165).

목표는 개입과정의 방향을 제시해 주고 변화과정에 클라이언트를 적극적으로 참여하게 하는 수단으로 제공된다. 즉, 목표를 통해 클라이언트는 자기결정 혹은 자기주도적 활동에 집중할 수 있다. 그리고 개입을 위한 적절한 방법들을 선택함에 있어서도 목표를 통해 협력이 일어난다. 이를 통해 의사소통의 활로가 열리게 되며 때로는 왜곡된 인식들을 정정할 수 있는 기회를 갖게 된다(Fox, 1993).

이러한 점들을 원조과정에서 이루기 위해 목표는 항상 명백해야 한다. 목표가 모호하게 설정되거나 비현실적으로 높게 설정되면 어려움을 겪게 되고 낙담, 좌절 등을 경험하게 된다. 목표가 명확하지 않으면 사회복지사와 클라이언트 간의 접촉의 이유에 대한 오해가 있을 수 있다. 또한 목표는 계속성을 제공하며 개입의 방향설정에 중요한 기능을 한다(김기태 외, 2009).

사회복지실천과정에서의 목표설정의 의미는 첫째, 사회복지사와 클라이언트가 달성하고자 하는 목표를 서로 합의하고 확인할 수 있다. 둘째, 원조과정의 방향성과 지속성이 유지되도록 한다. 셋째, 원조과정에서 사회복지사는 개입전략과 개입방법을 쉽게 개발하고 선택할 수 있다. 넷째, 사회복지사와 클라이언트가 변화의 진전 정도를 점검할 수 있다. 다섯째, 원조과정에서의 구체적 개입방법과 효과성을 평가하는 기준이 된다고 하였다(Hepworth & Larsen, 1990).

사회복지실천과정에서 목표설정이 중요한 이유는 개입의 방향을 명확히 제시해 주고, 종결 후 평가 시 목표가 기준이 되며, 목표설정을 위해 사회복지사와 클라이언트 간에 합의를 해야 한다는 점이다(엄명용 외, 2006).

사회복지실천과정에서 목표설정 시 고려해야 할 사항은 다음과 같다(양정남, 2007).

① 목표는 클라이언트가 희망하는 것과 관련이 있어야 한다. 이는 개입의 목표에 클라이언트의 희망이 반영되어야 한다는 것이다. 그렇게 되어야 클라이언트가 동기를 가지고 사회복지사의 개입과정에서 목표를 달성하기 위해 적극적으로 노력을 하게 될 것이다.

② 목표는 명시적이며 측정가능한 형태로 진술되어야 한다. 목표가 측정가능한 형태로 제시되어야 변화하고자 하는 최종상태가 무엇인지 명백하게 알 수 있으며, 개입의 성공 여부를 주관적 판단이 아닌 객관적 관찰에 의해 평가할 수 있기 때문이다. 따라서 목표는 하루에 한 번 15분간 운동하기, 하루 한 번 이상 칭찬하기 등 구체적이고 명확하며 행동적 용어로 진술되어야 한다.

③ 목표는 달성가능해야 하며 클라이언트가 성취감을 느낄 수 있어야 한다. 목표는 작더라도 클라이언트의 능력과 환경적 조건을 고려하여 현실적으로 성취가능한 것으로 설정하여야 한다. 이렇게 함으로써 클라이언트의 참여동기를 높여 적극적으로 원조과정에 참여하도록 하게 할 것이다.

④ 목표설정은 사회복지사의 지식과 기술에 적절한 것이어야 한다. 사회복지사는 원조과정에서 자신의 지식과 기술을 사용하여 클라이언트를 돕는다. 즉, 사회복지사의 지식과 기술 내에서 목표달성이 가능해야 함을 의미한다. 만약 사회복지사의 능력을 넘어서는 일이라면 관련분야 전문가의 지도·감독을 통해 목표를 세우고 개입할 수도 있다.

⑤ 목표는 성장지향적인 긍정적 용어로 진술되어야 한다. 성장을 강조하는 긍정적 형태의 목표설정은 목표를 달성하게 되었을 때, 클라이언트의 삶에서 일어나게 될 긍정적인 변화와 성취를 더욱 부각시켜 주는 효과가 있다. 다시 말해, 문제행동을 제거하기보다는 해야 하는 것에 관하여 긍정적인 용어를 사용하여 목표를 설정한다.

⑥ 목표는 기관의 기능과 일치해야 한다. 기관에 속해있는 사회복지사는 기관의 목적과 기능에 대해 잘 알고 있어야 하고 사회복지사의 원조활동은 기관의 목적과 기능에 일치해야 한다.

⑦ 개입목표가 여러 가지인 경우에는 우선순위를 정리해야 한다. 우선순위를 정할 때는 클라이언트에게 가장 시급하고 중요한 문제, 단기간에 성취감을 느낄 수 있는 문제, 클라이언트에게 강한 동기를 제공할 수 있는 것, 사회복지사의 능력, 기관의 기능상 무리 없이 달성가능한 것은 무엇인가 등을 고려하여 우선순위를 정한다.

⑧ 개입과정에서 클라이언트의 문제나 상황이 변하면 목표도 변할 수 있다는 것을 기억하고 목표를 수정하는 융통성이 필요하다.

2. 계 약

계약이란 목표달성과 그것을 달성하기 위한 전략, 역할, 개입, 평가방법 등을 구체적인 활동용어로 기술한 계획에 대해 사회복지사와 클라이언트가 서로 동의하는 것을 말한다(양옥경 외, 2004). 다시 말해, 계약이란 사회복지실천활동에서 클라이언트와 사회복지사, 그 외 관련체계가 성취할 목적 및 목표와 이를 달성하기 위한 실천활동을 누가(행동주체), 무엇(과업)을, 언제(시간적 조건), 어떤 방법(실천방법)으로 할 것인지, 그 외 전반적인 운영사항에 대해 구체적으로 상호 합의하는 과정이다(김혜영 외, 2010).

계약이라는 용어가 사회복지실천에서 사용되기 시작한 때는 명확하지 않으나, 대략 1940~50년대에 집단사회사업실천에서 계약의 뜻을 암시하는 말이 사용된 것으로 추정된다(Compton & Galaway, 1984).

계약이라는 용어는 여러 학자들에 의해 다양하게 정의되었다. 콤튼과 갤러웨이(Compton & Galaway, 1984)는 표적문제, 개입의 목표와 전략, 참여자들의 역할과 과업에 대한 사회복지사와 클라이언트 사이의 동의라고 하였다. 저메인과 지터만(Germain & Gitterman, 1986)은 계약에 대해 원조과정에서의 목표, 과업, 참여자들의 역할, 원조기간 등에 대한 사회복지사와 클라이언트의 명백한 상호 동의라고 하였다. 베이커(Barker, 1987)는 계약이란 개입과정에서 이행하게 될 목표, 방법, 약속시간, 의무 등에 대한 사회복지사와 클라이언트 간의 서면이나 구두로 이루어지는 동의라고 했다.

즉, 계약이란 사회복지실천 영역에서는 사회복지사와 클라이언트가 목표를 설정하고 목표달성을 위해 원조과정에서 각자 어떤 역할을 수행할지를 구체적으로 기술하고 이에 합의한 것을 말한다. 즉, 계약과정에서도 클라이언트에게 참여는 필수적이며 계약내용 속에는 클라이언트와 사회복지사 각각의 역할과 책임을 명확히 하여 가능한 클라이언트의 참여를 높여야 한다. 클라이언트에게 원조자의 역할, 제도 이용의 의미 등을 확인하게 하고 동의를 얻는 것이 필요하며 이용자가 해결해야 하는 문제, 원조 실시의 의미나 순서 등을 알 수 있도록 설명하고 합의를 얻는 것이 이용자인 클라이언트의 권리옹호와 효과있는 원조의 전개에 있어 필요하다(임상록 외, 2009).

이상의 정의들로부터 확인할 수 있는 계약의 주 특성은 상호 동의, 개입과정에서의 상이한 참여, 상호 책임성과 의무, 그리고 명확성 등이다. 상호성과 명확성을 지닌 계약은 클라이언트와 사회복지사 간의 힘의 불일치를 어느 정도 감소시킨다, 즉, 클라이언트와 사회복지사 사이에 존재할 수 있는 간격을 이어주는 교량역할을 함으로써 계약은 일종의 권위부여를 만들어내기도 한다(Fox, 1993).

계약은 서면계약과 구두계약, 암묵적 계약으로 나눌 수 있다. 서면계약은 계약의 내용을 서면으로 기재하는 것이다. 서면계약의 장점은 목표를 명료화하고, 우선순위를 정하며, 역할과 책임을 분명히 하고 클라이언트와 사회복지사의 오해를 줄일 수 있다는 점을 들 수 있다. 자발적이고 적극적인 클라이언트에게는 물론이지만 비자발적인 클라이언트라 하더라도 클라이언트에게 분명하지 않은 상태에서 클라이언트 모르게 처리되지 않음을 보장해 준다는 점에서 유용하다 하겠다. 서면계약의 단점은 문서를 준비하는 데 시간이 많이 걸린다는 점과 클라이언트가 처벌의 두려움으로 계약에 동의할 위험성이 있다는 점, 사소하지만 쉽게 개념화된 목표에 집중하면서 복잡하거나 성취하기 어려운 목표를 회피할 가능성, 클라이언트에 따라서는 서면내용의 목표를 달성해 주어야 하는 사회복지사의 의무인 것처럼 인식하여 달성되지 않았을 경우 잘못된 개입으로 소송할 수도 있다는 점 등을 들 수 있다(양옥경 외, 2004).

구두계약은 구두로 계약하는 것을 말한다. 구두계약의 장점은 서면계약에 비해 신속하고 용이하게 할 수 있다는 것이다. 반면에 단점은 합의한 내용에 대한 것을 잊어버리거나 다르게 기억할 수 있다는 점이다. 이러한 점을 보완하기 위해서는 구두계약이라도 계약내용을 간략하게 기록해 놓도록 한다.

암묵적 계약은 문서화하거나 구두로 합의하지 않았지만 암묵적으로 합의한 계약을 의미한다. 암묵적 계약에는 클라이언트가 동의하지 않은 부분에 대해서도 사회복지사는 동의했다고 오해할 수 있으며, 클라이언트가 자신의 역할과 권리, 책임 등을 이해한다고 가정하지만 실제로 그렇지 않을 수 있다는 단점이 있다(Kirst-Ash-man & Hull, Jr., 1993).

계약은 사회복지사와 클라이언트가 이해한 내용의 본질을 간결하게 재검토하는 것으로서 대개 계약당사자 및 관련된 주요 인물의 역할, 문제목록과 우선순위, 최종목표, 사회복지사와 클라이언트의 과업과 책임, 개입방법과 개입의 몇 가지 구조적 요인(장소, 기간) 및 평가방법으로 구성된다(엄명용 외, 2006).

사회복지실천과정에서 계약서에 포함될 구체적인 내용을 요약해 보면 다음과 같다.

- **구조적 요인** : 사례번호, 참석자, 날짜, 시간, 장소
- **문제** : 클라이언트가 규정한 문제, 사회복지사가 규정한 문제, 개입활동을 위한 합의된 문제개요, 최종목표
- **최종목표** : 명확하고도 구체적으로, 목표달성 정도가 측정될 수 있도록 기술
- **계획** : 접근방법, 클라이언트의 과제, 사회복지사의 과제, 회기 내의 과제, 평가계획(목표와 과정에 대한 평가)
- **비용** : 합의된 목표를 달성하기 위하여 사용될 비용
- **서명날인** : 사회복지사 서명날인, 클라이언트 서명날인

제4절 개 입

개입은 변화를 위한 원조과정의 핵심단계로서 사회복지사와 클라이언트가 상호 합의한 목표를 위해 구체적인 행동을 하는 것이다. 즉, 계획단계에서 수립된 목표들이 사회복지사의 실천기술과 클라이언트의 협력으로 실행되는 것이다.

이 단계에서는 사회복지사와 클라이언트가 선택된 목표들을 성취하기 위해 다양한 전략들을 실행하게 된다. 즉, 이전 단계에서 사회복지사와 클라이언트 간에 이미 합의된 구체화된 개입 및 기술들에 관한 계획을 행동으로 실행하는 단계이다.

이 단계에서 사회복지사의 개입활동의 핵심은 문제를 해결하려는 클라이언트의 변화 노력을 지원하기 위해 문제해결을 위한 구체적인 변화전략을 수립하는 것이다. 또 개입은 필요에 따라 상담, 자원연계, 자원개발, 사회적 지지집단의 활용, 교육, 역할극 등 다양한 방법으로 활용할 수 있다. 이 단계에서 사회복지사는 계획대로 문제해결과정이 진행되고 있는지를 끊임없이 점검(monitoring)하면서 잘될 수 있도록 도와주며 지지와 환류를 제공해야 한다(엄명용 외, 2007).

이러한 개입을 성공하기 위해서는 적절한 개입의 선택이 우선되어야 한다. 개입은 변화가 필요한 표적체계들과의 조화, 클라이언트의 발달상의 단계들과도 조화를 이루는 것이 중요하다(Hepworth et. al., 2006). 그러므로 사회복지사는 개입의 계획에 있어 인간 발달단계들 및 가족의 발달단계들을 신중하게 고려해야 할 것이다. 이들 정상적 범주에서의 발달단계 이외에도 클라이언트에게 과도한 스트레스를 유발시키는 생활사건들도 개입의 선택에서 고려되어야 할 사항이다. 이러한 여러 가지 사항들을 고려하면서 사회복지사는 개입들이 문제에 직접적으로 관련되어 있고 클라이언트와 서로 합의된 목표들에 궁극적으로 합당해야 한다는 원칙을 확인해야 할 것이다(김기태 외, 2007).

개입단계는 클라이언트의 문제해결 혹은 욕구충족이라는 변화를 목표로 하고 있다. 개입단계의 성공적인 수행을 위해 사회복지사는 다양한 역할을 수행하게 되는데, 클라이언트의 목표달성을 위한 사회복지사의 활동은 중개자, 옹호자, 사회행동가, 교육자, 임상가, 중재자라는 여섯 가지 역할로 설명될 수 있다(Connaway & Gentry, 1988).

중개자의 역할은 클라이언트 체계를 문제해결에 필요한 자원체계에 연결시키는 사회복지사의 역할을 말한다. 옹호자의 역할은 클라이언트를 위해 현재 존재하는 권리나 자격을 확보해 주거나 보호해 주는 사회복지사의 활동을 말한다. 사회행동가의 역할은 클라이언트 또는 잠재적 클라이언트를 위해 새로운 권리를 확립하는 사회복지사의 활동을 말한다.

교육자의 역할은 구체적인 사회기술을 학습할 기회를 제공하고 더 효과적인 역할수행을 위한 정보를 제공하는 사회복지사의 활동을 말한다. 임상가의 역할은 클라이언트가 해결해야 하는 문제의 심리적 측면을 변화시키려는 사회복지사의 활동을 말한다. 중재자 역할은 체계 간 또는 체계 내 갈등을 완화하거나 해결하려는 사회복지사의 활동을 말한다.

따라서 사회복지사의 역할은 클라이언트의 문제해결을 위해 개입활동의 핵심으로 상담, 지역사회의 자원연계, 새로운 자원의 개발, 사회적 지지의 활용, 교육 등을 수행한다.

개입단계에서 일어나는 변화의 초점은 개인적 변화, 관계적 변화, 환경적 변화 등 크게 세 가지 유형으로 분류해 볼 수 있다(Bogo, 2006).

개인적 변화는 개인의 사고, 감정, 행동의 변화를 말하는 것으로, 이러한 변화는 클라이언트가 자신의 태도나 행동에 대한 의미, 경험을 통한 사고과정, 자존감 및 자긍심, 과거 외상에 대한 수용과 성공을 위한 자기 자신의 능력을 개발하는 것까지 포함하게 된다. 즉, 클라이언트는 사회복지사의 도움으로 분노, 슬픔 등 다양한 감정을 이끌어낼 수 있고 혼란, 양가감정 등을 해소하게 된다. 사회복지사와 클라이언트가 강한 감정상태를 탐색할 때 관련된 사고와 의미를 분명히 할 수 있으며 사고, 감정, 행동 간의 상호관계가 더욱더 분명해진다. 관계적 변화는 배우자, 가족구성원, 친구, 동료, 고용주 등과의 중요한 관계에서의 변화를 일컫는다. 즉, 대인관계를 개선시킬 필요가 있는 개인들이 의사소통하고, 갈등을 해결하며, 만족을 얻는 방식을 변화시키는 것을 말한다. 관계를 변화시키기 위해서는 클라이언트가 휘말려 있거나 갈등의 원인이 되는 상호작용 패턴에 초점을 둔다. 환경적 변화는 개인의 복지와 사회적 기능에 중요한 영향을 미치는 환경 속의 상황이나 자원의 변화를 일컫는다.

사회복지사는 개인적 문제부터 전체 지역사회에 영향을 미치는 문제에 이르기까지 다루는 문제의 범위가 광범위하고 변화의 초점이 개인, 관계, 환경 등 다양하기 때문에 직·간접적 개입방법을 모두 활용할 수 있어야 한다.

개입단계에서 고려될 사항들
- 문제를 명확히 정의한다.
- 문제해결을 위한 방향과 가능한 방안을 정한다.
- 문제해결방안에 관련된 정보를 수집한다.
- 수집된 자료를 바탕으로 대처행동을 의논한다.
- 검사와 심리진단자료 등을 참고로 바람직한 행동절차 및 의사소통의 실제 계획을 수립한다.
- 계획된 것을 실제 생활에서 실천해 본다.
- 실천결과를 평가하고 행동계획을 수정·보완한다.

출처 : 정원철(2005).

개입수행과정에서 사회복지사가 염두에 두어야 할 원칙

첫째, 경제성의 원칙 : 선택된 활동은 사회복지사와 클라이언트의 시간과 비용을 최소화할 수 있는 것이어야 한다. 클라이언트가 스스로 할 수 있는 일은 사회복지사가 관여하지 말아야 하며 도움이 필요한 일에는 요구되는 도움만을 제공하고, 클라이언트가 혼자서 할 수 없는 일만 사회복지사가 한다.

둘째, 클라이언트의 자기결정의 원칙 : 개인의 전 과정을 통해 가능하면 클라이언트가 스스로 의사결정을 하도록 해야 한다.

셋째, 개별화의 원칙 : 도움을 필요로 하는 특정 클라이언트 체계의 특성과 욕구에 맞도록 개입활동을 조정해야 하는데, 클라이언트의 능력과 상황에 맞는 접근이 필요하다.

넷째, 발달적합의 원칙 : 개입의 전체방향은 클라이언트 체계의 발달적 단계에 적합한 것이어야 한다.

다섯째, 상호의존성의 원칙 : 사회복지사 활동의 일부는 클라이언트의 활동에 달려있다. 클라이언트의 활동과 클라이언트의 변화능력을 고려한 후 개입이 출발되어야 한다. 사회복지사와 클라이언트의 활동은 서로에게 의존하고 있으므로 양측의 활동은 상호보완적이어야 한다.

여섯째, 서비스 목표에 초점의 원칙 : 사회복지사와 클라이언트의 모든 활동은 어떤 식으로든 두 사람의 합의한 계획의 목표에 부합되어야 한다.

출처 : 이종복(2006).

따라서 사회복지실천과정의 개입단계를 직접적 개입과 간접적 개입으로 구분하여 살펴보도록 한다.

1. 직접적 개입

사회복지사는 클라이언트에게 개입하는 과정에서 다양한 문제해결기술을 사용한다. 사회복지사와 클라이언트의 원조관계는 사회복지실천의 전 과정에서 모두 중요하게 다루어지지만 개입단계에서는, 특히 사회복지사와 클라이언트의 상호 협력적 관계가 필수적이다. 사회복지사와 클라이언트 간 상호작용의 목적은 클라이언트의 성장을 촉진하고 자기결정에 따른 삶을 영위하도록 돕는 것이다.

직접적 개입의 목적은 첫째, 클라이언트 체계가 과업을 수행할 때 지지를 제공하고, 둘째 계획된 변화가 일어나도록 클라이언트 체계를 원조하고, 셋째, 클라이언트 체계가 상호간 도움을 얻을 기회를 조성하고, 넷째, 클라이언트 체계에 자원, 문제해결, 행동실행에 관한 교육을 함으로써 클라이언트의 역량을 강화시키는 것이다. 이처럼 1 : 1의 관계를 기반으로 개인의 욕구와 문제해결을 도우려는 개인수준의 직접적 개인의 초점은 주로 클라이언트의 생각, 감정, 행동을 변화시키는 데 있으므로 면접과 상담기술이 필수적이라고 할 수 있을 것이다. 즉, 개인수준의 직접적 개인을 통하여 이와 같은 변화를 일으키려면 치료적 면접의 기술이 필요하다는 것이다. 치료적 면접의 목적은 클라이언트가 변화하도록 돕거나 사회적 환경이 클라이언트의 필요에 보다 맞도록 변화하게 돕는 것이다(이원숙, 2008).

사회복지사는 클라이언트가 스스로 문제해결을 할 수 있도록 적절한 방법을 개발하기 위해 의사소통기법을 사용하고, 바람직하지 않은 행동, 사고 또는 감정을 변화시키기 위해 행동수정기법을 사용한다. 이러한 기법들은 클라이언트가 자신 또는 상황에 대한 이해를 명료화하고 객관화하며 통제력을 갖도록 도움으로써 클라이언트의 변화를 이끌어낸다.

직접적 개입에서 주로 활용되는 개입방법들을 살펴보면 다음과 같다.

1) 의사소통기법

의사소통기법 중 지지, 재보증, 일반화, 환기법, 직면, 재구성 등이 정서적 안정을 위해 유용하게 활용되는 기법들이다.

정서적 안정은 낙담, 좌절, 의기소침, 무력감, 자신감 결여와 같은 클라이언트의 심적 상태를 건강하고 자신감 있는 상태로 회복시키고 불안, 분노, 죄의식 등 불합리하고 불건전한 정서상태를 적절하게 해소하도록 도와 자아기능을 회복시키는 것을 말한다(엄명용 외, 2007).

의사소통기법은 정서적 안정 외에 왜곡된 인지구조를 변화시키기 위해서도 주로 활용되는데, 클라이언트의 비합리적 사고를 변화시켜 자신과 상황을 좀 더 현실적으로 인식하도록 돕는다. 사회복지사는 왜곡된 자아상을 가진 사람들, 예를 들어 자신이 하지 않은 일에 대해서도 스스로 비난하는 사람들을 돕기 위해 인지이론의 원리를 적용한다(정명숙, 2007). 또한 클라이언트의 상황에 대한 인식능력의 향상은 클라이언트 자신의 정서상태와 인지구조 및 행동, 문제와 이를 둘러싼 상황, 동원가능한 자원에 대한 클라이언트의 통찰력을 높이는 것을 말하는 것으로, 정보제공이나 조언 등이 상황인식능력을 높이는 데 유용한 기법으로 활용된다(김융일 외, 2005).

(1) 지지

지지(support)는 클라이언트를 격려하고 인정하는 것을 의미한다(Brill, 1998). 사회복지사는 클라이언트의 내적 강점, 반응방식, 의사결정, 행동방식, 구체적인 관계 등을 지지할 수 있다. 지지는 문제상황에서 자신감이 약화되어 있고 불안과 위기상황에 처해있는 클라이언트를 위한 것으로 사회복지사가 클라이언트에게 신뢰를 표현하는 것이다. 지지는 또한 클라이언트의 문제해결능력을 향상시키기 위해 클라이언트의 행동이나 태도를 인정하고 칭찬해 주는 것이다. 이 기법의 적용에서 주의할 점은 지지되는 요소가 현실적이어야 한다는 것이다. 즉, 클라이언트의 행동, 태도, 감정을 칭찬하거나 인정해 주는 언어적 표현이다. 이 기술은 자신들의 문제를 해결할 능력과 자질 그리고 지식을 보유하고 있는 클라이언트에게 문제해결능력과 동기를 최대화시켜 주는 방법으로 매우 효과적이며, 클라이언트가 자신감이 거의 없거나 자존감이 낮을 경우 또는 경험이 별로 없어서 두려워할 경우 사용된다. 또한 클라이언트가 스스로 자신의 능력과 진도 그리고 기대 정도에 맞추어 문제를 해결해 나가도록 자유롭고 독립적인 분위기를 조성해 주어야 하며, 사회복지사는 클라이언트의 기분과 생각, 행동을 존중하는 반응을 보여주어야 한다. 환기, 재보증 등과 같은 여러 다른 기술과 병행해서 사용할 수 있다.

(2) 재보증

재보증(reassurance)은 고심하고 있는 상황에 대한 해결책이 있다는 사실을 클라이언트에게 확신시키는 것을 의미한다. 클라이언트가 실제로 합리적이고 현실적인데, 자신의 결정이나 행동을 망설이거나 확신이 없을 때 시용하는 기법이다(sheafor & Horejsi, 2006). 즉, 재보증은 자신의 능력이나 자질에 대해 회의를 가지고 있는 클라이언트에게 사회복지사가 신뢰를 표현해 줌으로써 클라이언트의 자신감을 향상시키는 기법이다.

재보증이란 클라이언트는 도움을 받을 수 있고, 그 상태가 절망적이 아니며, 위험상황을 성공적으로 조종하고 해결할 수 있을 뿐만 아니라 자신이 인식하고 있는 것보다 더 많은 능력이나 힘을 가지고 있다는 것을 사회복지사가 클라이언트에게 전달하는 방법이다. 그런데 사회복지사가 사회복지실천관계를 빨리 수립하기 위해서나 사회복지사 자신이 클라이언트의 불안에 대해 견딜 수 없기 때문에 지나치게 재보증을 해서는 안 된다. 더욱이 클라이언트의 불안이 너무 심하며, 재보증하지 않고서는 진행할 수 없을 경우를 제외하고는 불필요한 재보증을 하지 않도록 특별히 유의해야 한다. 그리고 재보증은 반드시 현실성을 가져야 하며 클라이언트의 감정적 요소, 즉 특정 상황에 대해 느끼는 바를 그대로 수용하는 데 주안점을 두어야 한다(김기태 외, 2007).

재보증을 위한 기본적인 원칙은 다음의 세 가지를 들 수 있다(Brill, 1998). 첫째, 현실을 무시한 채 피상적으로 안심시키는 말이 아닌 현실적으로 재보증하고, 둘째, 클라이언트가 자신의 우려와 고통에 대해 표현할 수 있는 기회를 주면서 적절한 시점에서 재보증하며, 셋째, 일반적 적응과 특정한 적응이 모든 상황에서 가능하다는 것을 의식하면서 재보증하는 것이 중요하다.

재보증은 클라이언트의 능력, 감정, 성취와 관련해서도 사용될 수 있다. 사회복지사는 클라이언트의 능력이나 성취에 대해 현실적인 평가에 근거한 사회복지사의 신뢰를 전달해서 클라이언트의 자신감을 높일 수 있다. 그러나 단지 관계형성을 위해 혹은 클라이언트가 보이는 근심이나 의기소침을 완화하려고 재보증을 사용하는 것은 바람직하지 못하다. 막연한 안심시키기나 보장은 사회복지사의 상황인식능력과 원조능력에 대한 의심을 불러일으킨다. "당신은 할 수 있을 거예요", "모든 것이 잘될 거예요"와 같은 막연한 표현들은 오히려 사회복지사의 전문성과 신뢰성이 떨어지면서 개입에 도움이 되지 않을 것이다(Sheafor & Horejsi, 2006).

(3) 일반화

일반화(generalization)는 클라이언트의 생각, 감정, 행동 등이 비슷한 상황에 놓인 다른 사람들과 유사하다고 말해 줌으로써 클라이언트가 자신이 느끼고 행동하는 방식이 이상하거나 비정상적이라는 지각을 상쇄시키는 기법이다(Sheafor & Horejsi, 2006). 즉, 일반화는 클라이언트가 자기만이 이런 문제가 있다고 괴로워하는 것에 대해 다른 사람들의 그것들과 동일하거나 거의 같다고 말해줌으로써 클라이언트가 다른 사람에 대해 가질 수 있는 이질감, 일탈감, 소외감 등을 해소하고, 자신에 대한 신뢰감과 자신감을 회복시키기 위해 사용되는 기술이다.

또한 일반화는 인간경험의 공통점과 클라이언트의 문제상황과 유사한 상황을 성공적으로 해결한 다른 사람의 강점을 활용하는 것이다(Brill, 1998). 일반화는 다른 사람들이 유사한 문제에 성공적으로 대처한 경우가 있음을 알려주고 그 상황으로 인해 지나치게 영향을 받는 것을 완화하고, 문제해결방식에 관한 정보를 나누고, 다른 사람의 문제해결을 위한 강점을 참조하도록 한다.

(4) 환기법

환기법(ventilation)은 문제가 되는 감정과 태도를 표현하며 개방하는 것을 의미한다. 일반적으로 클라이언트의 기능에 영향을 미치고 당면한 문제에 대해 합리적으로 사고하는 것을 방해하는 감정이 환기의 대상이 된다. 이와 같이 클라이언트의 억압되어 있는 감정, 특히 부정적인 감정의 분노, 증오, 슬픔, 죄의식, 불안 등이 문제해결을 방해하거나 감정 자체가 문제가 되는 경우 이를 표출하도록 함으로써 감정의 강도를 약화시키거나 해소시키려고 하는 기법이다.

감정의 표현은 클라이언트를 분노, 자기연민, 상기된 고통과 두려움에 머무르지 않고 이러한 감정에서 벗어나게 하는 것이다. 사회복지사는 클라이언트가 '지금 그리고 여기'의 상황에 초점을 맞추고 과거의 감정에서 벗어나 현재의 문제들을 다루고 변화시키는 데 에너지를 집중하도록 돕는다(Brill, 1998). 클라이언트가 감정의 강도나 본질과 관계없이 어떤 감정이든 표현할 수 있는 안전한 관계를 사회복지사와 형성할 수 있을 때 클라이언트가 현실에 대처하도록 도울 수 있다.

(5) 직면

직면(confrontation)은 클라이언트의 자아인식을 고양하고 변화를 촉진하는 기술로 클라이언트의 어려움을 야기하거나 유지시키는 사고, 감정 또는 행동의 특정 측면을 클라이언트에게 직시하게 하는 것을 말한다(Hepworth et. al., 2006). 또한 직면은 클라이언트가 자신의 문제를 부정하거나 회피하고 변화를 거부하고 개입을 피하려고 할 때 사용되는 기법이다. 이것은 클라이언트의 사고, 감정, 행동 중에서, 특히 변화에 장애가 되는 부분에 대한 인식을 높이기 위해 사용하는 기법이다.

직면의 중요한 목적 가운데 하나는 클라이언트가 행동하고 사고하며 느끼는 것에 있어서 모순을 인식하도록 돕는 것이다(Gambrill, 2006). 클라이언트의 태도와 행동의 불일치, 언어적·비언어적 의사소통의 불일치 등을 직면시키면서 문제에 대한 통찰력을 갖게 하거나 자신을 개방적으로 드러내도록 돕는다.

직면은 평형상태를 혼란시키며 잠정적 불안을 야기하기도 한다(Northen, 1982). 그리고 사회복지사가 직면을 사용할 때 클라이언트를 비판하거나 거절하는 것으로 클라이언트가 해석할 수 있기 때문에 직면은 위험성을 내포하고 있는 기술이다. 따라서 직면을 효과적인 치료기술로서 사용하기 위해서는 충분한 감정이입을 동반해야 하며 적절한 타이밍의 기술 또한 요구된다. 직면을 사용하는 데는 다음과 같은 지침이 필요하다(Hepworth et. al., 2006).

- 효과적인 치료관계가 이루어질 때까지 직면을 사용하지 말 것
- 직면을 남용하지 말 것. 직면은 일반적으로 다른 덜 위험한 방법으로 클라이언트의 맹점이 잘 치료되지 않을 경우에만 활용되는 기술이라는 것을 명심해야 한다.
- 관심과 주의를 기울이며 온정의 분위기 속에서 직면을 사용할 것
- 가능한 한 항상 자기직면을 하게 할 것
- 클라이언트가 매우 심한 정서적 긴장을 경험하고 있을 때에는 직면을 사용하지 말 것
- 감정이입적 반응과 더불어 직면을 사용할 것. 직면을 사용할 때에는 클라이언트의 반응에 대하여 민감해야 한다. 클라이언트들은 종종 그들의 반응을 언어적으로 표현하지 못하기 때문에 상심, 분노, 혼돈, 불안, 당황, 원한 등을 암시하는 비언어적 단서에 대하여 특별한 주의를 기울일 필요가 있다.
- 직면 후에 즉각적인 변화를 기대하지 말 것. 비록 클라이언트가 직면을 충분히 수용한다고 해도 일반적으로 새롭고 기능적인 행동은 점진적으로 전개된다.

따라서 직면은 클라이언트가 비난받는다는 느낌이 들지 않도록 해야 하고, 건설적인 방향이어야 하며, 구체적인 예를 사용하는 것이 유용하다. 시기선택도 중요한데, 클라이언트가 직면에 대한 준비가 되어있는지를 고려해야 한다. 또한 신뢰관계가 충분히 형성된 후에 직면기법을 사용하는 것이 유용하다.

적절한 시점이 아니거나 클라이언트가 준비되어 있지 않은 때 직면을 시도하면 클라이언트와의 관계에 좋지 않은 영향을 미칠 것이다. 따라서 클라이언트가 화가 나있거나 좌절상태에 있는 경우 직면기법의 사용은 바람직하지 않다.

(6) 재구성(재정의)

재구성(reframing)은 클라이언트가 특정한 사건, 행동 또는 생활경험에 부여하는 의미를 수정하도록 돕기 위해 사용된다(Sheafor & Gorejsi, 2006). 즉, 어떤 문제에 대해 클라이언트가 부여하는 의미를 수정해 줌으로써 클라이언트의 시각을 긍정적인 방향으로 변화시키려는 방법이다. 재구성은 과거의 같은 경험을 클라이언트가 다른 관점으로 보도록 도와주며 그리고 보다 긍정적으로 이해하도록 돕는다. 재구성은 사회복지사가 클라이언트에게 새로운 관점을 제공하는 대신 클라이언트 스스로 여러 가지 다른 해석을 생각해 보도록 하는 것이다.

(7) 명료화

사회복지사는 클라이언트의 사고, 감정, 행동을 명확히 하도록 노력한다. 목표는 정신적 사건을 클라이언트의 기능의 다양한 단편들과의 관계를 탐색하고 연결시키는 것이다. 예를 들어, 청소년기의 아들에게 과도하게 처벌적인 어머니는 아들에 대한 자신의 처벌적 태도를 인식하지 못하는 경우가 있으며, 좀 더 깊은 수준에서 볼 때 아들은 그녀를 결혼 초기에 남겨두고 가버린 아들의 아버지를 상기시키기 때문에 그렇게 대한다는 것도 인식하지 못하고 있을 수 있다. 사회복지사는 이러한 사실이 파악되고 시기가 적합할 때 이러한 관계를 지적할 수 있다. 이러한 종류의 명료화는 심도있거나 무의식적 수준의 것은 아니며 단지 부드러운 생활사적 내용일 뿐이다. 명료화는 이렇게 그 특성상 원인론적이거나 발달적인 해석과는 다르다. 명료화는 주로 현재적 사건 중에서 연관성을 찾는 데 국한하여 이루어진다(김기태 외, 2007).

(8) 정보제공

정보(information)를 주는 것은 어떤 상황이나 사건에 관한 지식을 확장시킬 수 있도록 사실이나 의견, 생각을 제공하는 것이다. 즉, 클라이언트의 문제해결능력을 향상시키기 위해 필요한 정보와 지침을 제공하는 것이다.

사회복지사는 정보제공이 클라이언트의 자기결정권을 약화시키지 않도록 유의해야 하는데, 제공된 의견이나 생각은 사회복지사 개인적인 것일 뿐 사람들마다 각기 다른 의견을 가질 수 있다는 점을 분명히 해야 한다.

일반적으로 클라이언트에게 도움이 될 수 있는 정보들로는 서로 다른 행동의 결과, 가치있는 목표달성을 위한 새로운 기회와 선택, 다른 사람에게 영향을 미치는 방법, 사회적 환경을 변화시키는 방법, 가치있는 목표를 달성하기 위해 물리적 환경을 변화시키는 방법 등이 있다(Gambrill, 2006).

정보제공은 클라이언트가 결정을 내리고 과제를 수행하는 데 필요한 정보를 주기 때문에 상황에 대한 이해력과 문제해결능력을 향상시킬 수 있다. 사회복지사는 정보제공을 통해 클라이언트와 클라이언트의 행동에 영향을 미치는 중요한 사람들이 문제해결을 하도록 도울 수 있으며, 클라이언트는 정보를 얻음으로써 선택의 폭을 확장할 수 있다.

(9) 조언

조언(advice)은 사회복지사가 클라이언트에게 추천하는 제언을 일컫는다(Sheafor & Horejsi, 2006). 사회복지사는 클라이언트가 미처 생각하지 못한 대안들을 제시하거나 대안 중의 하나를 추천하는 조언을 한다. 정보제공은 클라이언트가 자신에게 적합한 정보인지 그 여부를 판단한 후 이용하는 것이 자유로운 반면, 조언의 경우 클라이언트가 사회복지사의 선택을 분명히 알 수 있으므로 어떤 경우에는 원하지 않음에도 불구하고 조언을 따라야 한다는 압력을 느낄 수 있다.

사회복지사는 클라이언트가 직접적 조언을 요청하거나 필요로 하는 것을 간접적으로 표현하는 단서에 민감해야 한다. 사회복지사가 조언하기 위해서는 클라이언트의 관심사를 성공적으로 처리하는 방법에 관해 클라이언트보다 더 많이 알아야 하며, 클라이언트가 실제 원하는 것을 포함해 관련된 모든 요소들에 대한 객관적이고 현실적인 평가에 근거해야 한다. 또한 사회복지사는 클라이언트의 능력에 대한 판단을 바탕으로 조언해야 한다.

2) 행동기법

행동기법은 개입목적이 클라이언트가 새로운 행동을 학습하거나 기존의 행동을 수정하도록 돕는 것일 때 사회복지사가 사용할 수 있는 가장 강력한 개입방법이다(Sheafor & Horejsi, 2006).

사회복지사는 특정한 표적행동을 강화 혹은 증가시키거나 반대로 약화 혹은 감소시키기 위한 목적으로 행동기법을 적용하게 된다. 행동기법은 과잉행동, 공격성, 비행, 확대 혹은 방임행동 등 다양한 문제행동에 유용하게 적용될 수 있다. 행동주의적 개입은 인간행동의 학습에 관한 행동주의 이론의 개념과 원리를 적용해 여러 가지 형태의 부적응 행동을 변화시키는 것을 가리킨다. 행동기법은 모든 행동이 학습되며 변화가 가능하다는 전제하에, 사람들 간의 상호작용에 의해 행동이 형성되고 유지된다고 간주한다. 따라서 행동을 형성하고 유지하는 반응을 변화시킨다면 행동이 변화될 수 있다고 기대한다. 즉, 행동기법을 적용함으로써 특정 문제행동을 없애거나 바람직한 행동으로 변화시키고자 하는 것이다.

(1) 모델링

모델링(modeling)이란 다른 사람이 하는 행동을 보고 그대로 모방하도록 하는 방법으로 복잡하거나 새로운 행동을 가르치는 데 사용하는 기술로서, 클라이언트에게 이 기법을 적용하여 의도하는 행동을 학습시키기 위해 비디오테이프 같은 자료를 활용하기도 한다.

(2) 강화

강화(reinforcement)는 표적행동이 더 빈번하게 발생할 가능성을 증가시키는 사건이나 활동을 말한다. 강화는 특정 행동이 어떤 보상을 받으면 그 행동이 다시 일어나기 쉽다는 원리에서 출발한다. 강화는 정적 강화와 부적 강화로 구분되며, 정적 강화는 표적행동을 증가시키는 효과를 얻기 위해 클라이언트가 좋아하거나 유쾌해 하는 조건을 추가하거나 제공해 주는 것을 의미한다. 부적 강화는 표적행동을 증가시키는 효과를 얻기 위해 클라이언트가 싫어하거나 불쾌해 하는 조건을 감소시키거나 제거하는 것을 의미한다.

(3) 소거와 처벌

소거(extinction)는 바람직하지 않은 행동을 없애기 위해 그 행동을 무시하는 것을 의미한다. 즉, 소거는 벌을 사용하는 대신 특정 행동에 대한 강화를 해주지 않음으로써 자연히 그 행동이 소멸되도록 하는 것이다. 소거는 표적행동을 발생시키는 자극이 더 이상 제공되지 않으면 반응이 나타나지 않는 것을 말한다. 또한 소거는 반응을 하지 않는 것은 물론 결과와 그 결과로 이끈 관계, 즉 강화조건을 제거하는 것이다. 처벌(punishment)은 표적행동을 억제하거나 감소시키는 효과가 있는 고통스럽고 불쾌한 자극을 주는 기법으로 특정한 행동이 불유쾌한 결과를 초래하면 그 행동은 약화되거나 없어진다는 원리이다. 처벌은 불쾌한 결과가 뒤따르는 정적 처벌과 생활의 유쾌한 부분을 박탈하는 부적 처벌로 구분된다.

(4) 타임아웃

타임아웃(time-out)은 신체적 징계의 대안으로 문제행동을 감소시키는 데 흔히 사용되는 기법이다. 타임아웃의 목적은 바람직하지 않은 행동을 강화하는 환경으로부터 클라이언트를 일시적으로 격리시켜 문제행동을 감소시키거나 제거하려는 것이다.

(5) 역할연습

역할연습(role play/rehearsal)은 행동기법의 일종으로 자주 사용된다. 역할연습은 토론으로 할 수도 있고 역할수행을 하는 상황을 실제 설정하는 방식으로도 할 수 있다. 혹은 클라이언트에게 이러한 역할이 어떻게 수행되는지 시범을 보여주는 방식으로 할 수도 있다(Brill, 1998). 역할연습은 실제 생활에서 발생할 수 있는 내용에 대해 토론하거나 구성된 각본에 따라 역할행동을 하거나 관찰하는 경험을 함으로써 대처기술과 자신감을 발달시킬 수 있다.

(6) 기술훈련의 제공

사회복지실천전문가들은 클라이언트의 강점관점을 중심으로 대처능력을 증가시키는 데 많은 관심을 가져왔으며, 그 노력의 일환으로 다양한 기술훈련 프로그램들을 제공해왔다. 대표적으로 기술훈련 프로그램으로 문제해결기술, 사회기술, 자기주장, 스트레스 관리 등의 네 가지를 꼽으면서 구체적 설명을 제시하고 있다(Hepworth et. al., 2006).

첫째, 문제해결기술인데, 문제해결과정은 문제의 인정, 문제분석과 참여자들의 욕구파악, 가능한 해결책을 찾기 위한 브레인스토밍, 각 대안의 평가, 선택된 대안이행, 문제해결 노력의 결과평가 능의 여섯 난계로 구분해 볼 수 있다.

문제해결기술은 일상생활의 문제에 대처하는 능력이 적절하지 못하여 어려움을 겪고 있는 클라이언트에게 좀 더 나은 수준의 기능을 하도록 체계적으로 도와주고, 하나의 원칙을 여러 상황에 적용할 수 있도록 한다. 클라이언트는 자신의 문제해결을 위해 체계적으로 접근하는 방법을 배우는 과정에서 사회복지사와의 관계를 통해 타인의 욕구에 반응하고 타인의 입장을 이해하며 그들과 협력하는 과정을 배우게 된다.

〈문제해결기술을 향상시키기 위한 개입〉
- **제1단계** : 문제를 규명하기
- **제2단계** : 문제를 분석하고 참여자들의 욕구를 확인하기
- **제3단계** : 가능한 대안을 위한 브레인스토밍
- **제4단계** : 참여자들의 욕구를 고려한 대안평가
- **제5단계** : 선택된 대안의 실행
- **제6단계** : 결과 평가하기

둘째, 사회기술훈련은 클라이언트가 자신이 속한 환경 속에서 효과적으로 기능하는 데 필요한 기술들을 습득하도록 연습하고 실연해 볼 수 있는 기회를 제공해 준다. 사회기술훈련은 클라이언트에 따라 그 내용을 달리하지만 그 중에서 부모양육기술, 자기주장, 다른 사람의 이야기 듣기, 분명한 메시지 전달, 요구하기, 분노조절, 친구 사귀기 등이 있다.

셋째, 자기주장훈련은 일부 클라이언트가 대인관계에서 자신의 생각이나 느낌을 상대방에게 솔직하게 표현하지 못함으로써 결과적으로 타인이 자신을 침해하거나 무시하도록 허용해버리는 식으로 응대하는 경우 상대방의 권리와 감정을 존중하는 가운데 본인의 의견과 주장, 선호도 등을 구체적으로 표현하는 행동이다.

자기주장훈련은 스스로 행동을 변화시켜서 자신에 대한 태도와 감정을 변화시키는 것을 말한다. 자기주장훈련은 타인의 권리와 감정을 존중하면서 구체적인 행동요소를 표현하는 것으로 다른 사람과 깊이있는 커뮤니케이션을 하는 방법, 삶에 적극적으로 대처하는 방법 그리고 자기 자신을 이겨내는 방법 등을 알려준다.

넷째, 스트레스 관리는 매우 다양한 접근방법들을 포괄하고 있으며, 이들 모두 일상생활의 여러 문제들과 관련된 긴장과 스트레스를 더욱 효과적으로 다룰 수 있도록 한다는 공통의 목적을 가진다. 즉, 개인이 스트레스를 주는 사건과 상황에 과도한 반응을 하지 않게 대처기술을 사용하도록 돕는 것이라 할 수 있다. 스트레스가 많은 상황에 대해 클라이언트의 생체학적 · 인지적 · 지각적 · 행동적 요소가 어떻게 반응하는지에 대한 구체적인 기술을 의미한다.

2. 간접적 개입

사회복지사들은 직접 클라이언트를 만나서 서비스를 제공할 뿐만 아니라 클라이언트가 처한 환경을 변화, 조정하는 간접적 개입을 하기도 한다. 간접적 개입은 주로 기관과 지역사회체계들과 이루어지는 경우가 많으며 중범위 혹은 거시실천으로 표현되기도 한다.

간접적 서비스 제공을 개입방법으로 선택한 경우 사회복지사는 환경변화를 위한 개입, 영향력 있는 인사들과의 관여활동, 서비스 조정, 조직체 내부변화를 위한 활동, 옹호활동 등의 구체적 전략들을 통해 보다 세부적 활동을 추구할 수 있다.

사회복지실천에서 사회복지사는 다양한 역할을 수행하는데, 이 중 환경조정에서는 주로 중개자, 중재자, 옹호자, 해석자, 자원의 제공자 역할을 수행한다(Grinnell et. al., 1981).

간접적 개입은 클라이언트 또는 클라이언트 체계의 목적을 달성하기 위하여 표적체계 및 외부기관과 접촉하는 것을 의미한다(Timberlake et. al., 2002). 사회복지사는 클라이언트가 목표달성에 필요한 변화를 가져오기 위해 이 체계들에 개입한다. 사회복지사는 개입과정에서 클라이언트나 사회복지사의 요구에 비협조적인 체계들을 만날 수 있다. 따라서 사회복지사는 클라이언트를 적극적으로 원조과정에 참여시키고 변화하도록 돕기 위하여 이 체계들을 관리할 수 있는 전문적인 기술이 필요하다(김봉순 외, 2010).

1) 자원연계

사회복지사는 개입과정 중에 외부자원을 동원하고 연결하는 간접적 개입도 하게 된다. 사회복지사는 클라이언트의 가족, 동료, 소득보장 프로그램, 자조집단, 지역사회 내 다양한 기관과 서비스 등 클라이언트 체계에 도움이 될 수 있는 모든 사람과 제도를 원조과정에서 활용한다. 전문가집단의 협력과 클라이언트의 사회적 관계망을 확장하는 것은 클라이언트에게 필수적인 자원과 지지체계를 강화하는 데 필요하다.

사회복지사는 클라이언트의 욕구를 충족시키고 문제를 해결하기 위해 공식적·비공식적 자원을 동원하고 연계할 수 있도록 도와야 한다. 또한 사회복지사는 지역사회의 자원을 발견해 이를 단순히 클라이언트에게 연결해 주는 역할에 그치는 것이 아니라 클라이언트의 옹호자 혹은 대변자로서의 역할을 수행해야 한다. 이 과정에서 때로 서비스 전달체계 개선도 필요하다. 지역사회에서 어떤 사람들은 필요한 서비스가 부족하거나, 혹은 정보가 없어서 수혜대상에서 배제되는가 하면, 어떤 사람들은 중복이 심한 서비스로 인해 조정을 필요로 한다. 서비스의 배제 혹은 중복과 같은 전달체계상의 문제를 해결하기 위해서 사회복지사는 필요한 서비스의 공급확대, 지역사회 내 서비스 분석의 정보제공, 서비스 조정 등의 역할을 수행할 수 있다(김봉순 외, 2010).

또한 자원을 새롭게 개발하는 활동도 포함된다. 필요한 자원이 지역사회 내에 없는 경우는 흔하다. 생활환경이 급변하고, 기술이 발전하고, 사회・경제적 상황이 바뀌면서 변화하는 클라이언트의 욕구에 부합하기 위하여 새로운 자원의 개발이 요구되고 있다. 사회복지사는 새로운 자원의 개발과 관련해 옹호와 사회행동 차원에서의 역할을 수행한다.

2) 환경개입

간접적 개입은 환경에 대한 개입활동과 기술을 포함한다. 클라이언트의 변화를 위해 사회복지사가 행하는 환경에 대한 개입은 서비스 연결과 의뢰와 같은 서비스 조정에 관련된 활동, 새로운 프로그램 및 자원의 개발에 초점을 둔 프로그램 계획과 개발을 위한 활동, 클라이언트의 시설입소 등의 환경조정 등을 일컫는다. 클라이언트가 스스로 주위환경과의 상호작용을 통해 필요한 자원과 지원을 확보하지 못하는 경우, 사회복지사는 클라이언트의 외부환경을 변화시키기 위해 환경적 개입을 실시한다. 어떤 클라이언트는 자원이 어디에 존재하는지와 같이 단순한 정보가 없어서 어려움을 겪는가 하면, 어떤 클라이언트는 비록 자원의 소재는 알고 있지만 그 자원을 어떻게 연계할지 모르는 경우도 있다. 지역사회에 자원이 존재하고 있음에도 불구하고 그 자원과 연계되지 못해 클라이언트의 욕구가 충족되지 못하는 경우가 흔히 발생한다. 클라이언트는 필요한 자원을 얻도록 도와줄 수 있는 옹호자를 필요로 하는 경우가 종종 있다(김봉순 외, 2010).

환경조정(environmental manipulation)은 클라이언트의 사회적 기능을 향상시키는 수단으로 클라이언트의 환경에 변화를 일으키는 전략이다. 공간, 시간, 관계라는 환경의 세 가지 요소가 변화대상의 초점이 된다(Johnson & Yanca, 2007).

헵워스와 라슨(1993)은 환경을 개선시키기 위한 개입의 구체적 전략들을 제시했는데 요약하면 다음과 같다.

① 가정 내 관계의 증진
② 가족환경 내의 자원의 보충
③ 지지체계의 개발과 강화
④ 클라이언트를 다른 환경으로 이동시킴
⑤ 시설환경의 개선
⑥ 지역사회의 환경의 활용
⑦ 새로운 자원의 개발
⑧ 해석을 통한 태도변화
⑨ 대중매체의 활용

제5절 평가와 종결

1. 평 가

1) 평가의 내용

사회복지사는 서비스 전달과정에서 사회복지전문직의 윤리와 가치를 지키면서, 클라이언트와 계약한 내용대로 서비스를 제공하고, 기관의 정책 및 지침에 적합한 서비스를 제공할 책임이 있다. 사회복지기관 및 시설은 한정된 자원과 서비스를 전문직의 가치에 적합한 방식으로 배분하는 것이 중요하다. 다시 말해, 서비스의 효율성과 만족도를 최대화하여 사회복지실천의 책임을 다하는 것이 필요하다. 이러한 책무성은 곧 사회복지실천의 전문성을 입증하는 것이기도 하다. 이를 위해 실천과정에서 개입의 효과성 및 효율성에 대한 검증과 그 평가방법이 중요하다고 하겠다.

사회복지실천과정의 평가는 개입과정을 통해 설정된 목표가 얼마나 달성되었는지 어떤지를 과학적으로 판단하는 것이다. 그러한 평가는 문제해결과정의 마지막 단계라고도 할 수 있다(Compton and Galaway, 1999).

사회복지실천에 있어서 평가는 사회복지실천의 과학성과 전문성을 강화해주고 클라이언트에 대한 책임성을 높여준다는 면에서 매우 중요한 의미를 지니고 있다.

사회복지실천에 있어서 평가는 여러 측면에서 긍정적인 기능을 수행한다. 평가를 통해 사회복지사의 지식기반이 증진될 수 있고, 서비스 질에 관한 결정을 용이하게 할 수 있으며, 책임성을 증명할 수 있고, 클라이언트의 목표가 달성되었는지 여부를 객관적으로 결정할 수 있다(Gabor & Grinnell, 1994).

평가를 통해 사회복지사와 클라이언트는 의도한 바대로 서비스계획을 이행했는가의 여부와 목적들이 성취되었는가를 결정짓고 이를 토대로 문제나 목표, 서비스계획 등이 수정될 수 있으며 동일한 서비스계획을 다른 방식으로 수행할 수도 있다.

또한 평가를 통해 서비스를 받는 클라이언트뿐 아니라 실천가, 프로그램관리자, 재원제공자, 정책수립자 등에게 서비스의 질에 관한 정보를 줄 수 있다. 그리고 평가를 통해 클라이언트의 욕구충족 혹은 문제해결을 위한 서비스를 적절하게 제공하고, 재원을 적절하게 지출하였으며, 실천윤리와 가치에 위배되지 않는 서비스 전달을 하였다는 책임성을 증명할 수 있다. 무엇보다도 평가를 통해 클라이언트의 목표달성을 증명할 수 있다.

헵워스와 라슨(Hepworth & Larsen, 1993)은 평가를 실천과정의 세 가지 다른 차원에서 이루어져야 할 활동으로 설명하면서 결과평가, 과정평가, 그리고 사회복지사평가의 영역으로 구분해서 설명했다. 결과평가라 함은 성취된 결과들에 대한 사정을 의미한다. 사정단계에서 이미 결정된 방식에 따라 결과를 사정하게 된다. 결과평가는 클라이언트의 욕구충족이나 문제해결을 돕기 위해

서비스 계획수립 시에 사회복지사와 클라이언트가 함께 설정하였던 목표가 원하는 바대로 달성되었는지에 초점을 둔다. 총괄평가라고도 불리는 이 방법은 개입의 결과가 효과적인지를 측정하게 된다. 따라서 현재의 결과가 사회복지사의 개입으로 인한 것이라는 점을 입증해야 한다.

또 다른 한 영역으로서의 과정평가는 원조과정에 대한 클라이언트의 인식과 관련해서 이루어진다. 원조과정에서 사용된 기법 및 활동들에 대한 클라이언트의 피드백은 사회복지사로 하여금 특정 기술들을 더욱 활용하거나 배제시킬 수 있도록 한다. 과정평가는 실천의 과정을 살펴보는 것으로 서비스 제공의 여러 단계에서 진행한 활동들이 목표달성에 어떻게 기여했는지에 초점이 맞추어진다. 실천과정에서 진전에 도움이 되거나 방해가 되었던 방법과 기술에 대한 피드백은 사회복지사로 하여금 특정한 기술을 연마하고, 미래에 보다 차별화된 기법을 활용하도록 돕는다. 형성평가라고도 불리는 이 방법은 프로그램의 요소들이 원하는 변화를 가져오는 데 효과적이었는지, 사용했던 기법이 기관의 일반적인 규준에 맞는 것인지를 평가한다.

그리고 클라이언트의 만족도 조사가 있는데, 이는 사회복지사가 제공했던 서비스에 대한 클라이언트의 만족도를 알아보는 것으로 종결단계나 사후관리기관에 설문지에 답변하게 한다. 사회복지사의 서비스에 대해 "앞으로 가족 혹은 친구에게 이 서비스를 추천하고 싶은가?", "제공되지 않은 서비스 중 추가적으로 필요한 것이 있다고 생각하는가?" 등의 내용을 포함한다. 이 밖에도 만족도에서 직원들의 친절도, 시설의 편리성 등에 대해서도 조사할 수 있다(Hepworth et. al., 2006).

마지막으로 사회복지사에 대한 평가는 사회복지사 자신의 행동, 태도 및 속성들이 원조과정에 어떠한 방식으로 긍정 혹은 부정적 영향을 미쳤는가에 대한 피드백을 통해 이루어진다. 사회복지사는 항시 비판을 적극적으로 수용할 준비를 갖추어야 한다. 부정적 피드백은 때로는 받아들이기에 고통스럽기도 하지만 사회복지사 자신의 행동, 태도, 매너리즘 등에 대한 인식을 가지게 하므로 매우 유용하다고 할 수 있다. 클라이언트와 마찬가지로 사회복지사도 성장 및 변화를 위해서는 인식이 앞서야 한다.

평가를 위한 핵심질문은 '목표가 달성되었는가?'이다. 사회복지실천은 개입계획을 수립하는 과정에서 목표를 설정한다. 그리고 그 목표는 문제규정과 직접적으로 관련된다. 기본적으로 평가과정에서 제기되는 질문은 다음과 같이 요약될 수 있다(Timberlake et. al., 2002).

① 목표가 달성되었다면 그 원인은 무엇인가?
② 목표가 달성되지 못했다면 클라이언트 체계, 행동체계 또는 표적체계는 목표를 어느 정도 달성했는가?
③ 목표를 달성하지 못했다면 그 원인은 무엇인가?
④ 목표달성 시기는 적절했는가?
⑤ 목표설정이 처음부터 정확하지 못했는가?
⑥ 사정이 정확하지 못했는가?

2) 평가도구

평가는 검정된 평가도구 및 설문검사지, 문제상황의 변화 정도에 대한 평가, 참여자의 피드백 등을 활용한 객관적 자료가 요구된다. 사회복지사는 클라이언트와의 면접 시 개입과정에서 무엇을 했고, 어떻게 느꼈으며, 무슨 생각을 했는지 등을 파악한다. 여기서 클라이언트의 변화에 따라 개입을 조정한다.

더불어 특정한 문제영역이나 강점에 초점을 둔 간단한 표준화된 질문지 혹은 척도로 구성되어 신속하게 사정평가할 수 있는 도구가 개발되어 클라이언트와의 직접면접 혹은 클라이언트를 대신해서 얻을 수 있는 정보의 신뢰성, 타당성 및 유용성을 증진시켰다(Thyer, 2008).

(1) 사례연구

사례연구는 사회복지실천과정의 결과를 평가하는 가장 오래된 방법이다(Thyer, 2008). 이는 클라이언트의 변화를 평가하기 위해 이야기, 도표, 그림 등을 사용하는 질적 평가방법 중의 하나이다.

사례연구에서 사회복지사는 측정도구, 행동변화의 기록, 모니터링, 과정기록, 이론적 틀에 대한 비판, 각각의 실천요소 수행에 대한 철저한 검토, 클라이언트의 만족도 등 여러 가지 평가수단을 활용한다(Bisman, 1994).

(2) 단일체계설계

단일체계설계는 가장 널리 알려진 사회복지실천의 평가방법이다. 단일체계설계는 어떤 규모의 클라이언트 체계에도 적용될 수 있으며, 개인, 가족, 집단, 프로그램, 조직 또는 지역사회를 대상으로 할 수 있다(Johnson & Yanca, 2007). 단일체계설계는 개입결과를 그래프로 그려 평가결과를 시각적으로 쉽게 이해할 수 있다.

사회복지실천평가와 관련된 문헌들을 검토한 후 단일체계설계평가에 있어서 실행절차를 다음과 같은 단계로 분류하고 있다. ① 목적을 명확히 하는 것, ② 적절한 측정방식을 선택하는 것, ③ 기초선 자료를 기록하는 것, ④ 개입을 실행하며 모니터링을 계속하는 것, ⑤ 변화를 사정하는 것, ⑥ 효과를 추론하는 것으로 분류하고 있다. 이는 클라이언트에게 일어난 변화에 대하여 분석을 하거나 인과관계에 관한 추론을 하는 작업을 말한다.

단일체계설계는 표적행동과 기초선으로 설명할 수 있다. 표적행동은 개입을 통해 변화시키려는 행동을 말하며, 클라이언트의 문제나 상황의 측정가능한 표적이다. 기초선은 개입 이전의 표적행동의 빈도, 강도, 기간을 의미하며, 기초선은 개입과정 동안 관찰된 변화의 정도를 측정하기 위한 기준으로 사용된다. 기초선을 위한 측정횟수는 일반적으로 많을수록 좋으며 적어도 세 번 이상 측정하도록 권장한다.

AB설계는 개입 이전의 기초선을 알아보기 위해 사전측정을 여러 번 하고 개입을 하는 동안 연속적인 측정을 하는 것으로, A는 기초선, B는 개입을 의미한다. 기초선의 패턴과 개입 이후의 패턴에 변화가 보이면 개입이 영향을 미친 것으로 간주한다.

(3) 목표달성평가

목표달성평가는 구체적 과업의 완수를 측정하는 것이다(Sheafor & Horejsi, 2006). 목표는 바라는 결과에 도달하기 위해 필요한 클라이언트 혹은 사회복지사의 행동이나 결정을 일컫는다.

목표달성평가는 서비스가 상대적으로 단기적이고 활동들이 구체적일 때 특히 유용하다. 목표달성평가의 형식은 각 세부목표에 대한 성취 정도를 서열척도로 평가한다.

각 목표에 대한 평가점수들을 합계해서 최고점수 합계로 나누면 성공률이 계산된다.

(4) 클라이언트 만족도 조사

클라이언트 만족도 조사는 사회복지기관이 제공한 서비스에 관한 클라이언트의 의견을 구하는 것이다(Sheafor & Horejsi, 2006). 클라이언트에게 기관의 인상, 개입의 성공, 담당자의 역량 등 원조과정의 중요한 측면들을 평가하도록 한다. 이 평가방법의 한계는 개입의 결과로 일어난 것에 대한 클라이언트의 인식만을 파악한다는 점이다.

2. 종 결

1) 종결의 의미

종결은 사회복지실천과정의 최종단계이며, 사회복지실천의 이상적인 마무리는 긍정적인 변화를 지속하게 하는 것으로 사회복지사의 개입이 종료된 후에도 문제를 해결할 수 있는 클라이언트 체계의 능력이 유지되도록 하는 데 있다. 바람직한 종결은 클라이언트에게 원조과정에서 이루어진 변화를 검토할 기회를 주고, 클라이언트가 그 변화를 통합하며 자신이 변화의 주체임을 깨닫고, 종결 이후의 생활에 대한 자신감을 갖게 하며 원조관계를 종료하도록 돕는다(최해경, 2007).

종결단계에서 사회복지사는 클라이언트가 개입으로 인해 나타나는 전체적인 변화과정에 대해 이해할 필요가 있다. 따라서 사회복지사는 처음 제기되었던 문제를 현재 어떠한 상태인지, 개입 이후 어떤 변화가 있었는지, 개입과정에서 클라이언트가 어떤 역할을 수행했는지, 유사한 문제가 다시 발생한다면 클라이언트가 이를 어떻게 다룰 것인지, 문제에 대한 클라이언트의 생각이 어떻게 달라졌는지, 실천과정의 종결에 대해 클라이언트는 어떻게 느끼는지, 다시 개입이 필요하다고 느끼게 하는 요인들은 무엇인지 등을 구체적으로 확인해야 한다(김혜란 외, 2001).

사회복지실천이 종료된 이후에도 클라이언트가 독립적으로 자신들의 문제를 해결하기 위한 역량을 발휘할 수 있어야 하기 때문이다. 사회복지사는 클라이언트가 새로운 성취를 인정하고 자신감을 유지할 수 있도록 세심한 배려로 종결을 이끌어야 한다. 클라이언트와 종결을 준비하는 과정에서 서비스를 효과적으로 마무리하기 위해 사회복지사는 시간과 기술 및 이해가 필요하다. 종결의 목표는 개입을 통한 클라이언트의 변화를 확인하고 원조과정에서 성취한 것들을 유지할 수 있도록 준비시키는 것이다.

종결과정에서의 과업은 적절한 종결시기의 결정, 클라이언트와 사회복지사의 정서적 반응의 처리 및 개입을 통해 획득한 효과의 유지와 강화, 필요한 경우 클라이언트를 다른 자원으로 의뢰하는 것이다(엄명용 외, 2007).

종결한 이후에도 만일 클라이언트에게 어려움이 새롭게 발생한다면 언제든지 다시 사회복지사를 찾아올 수 있다는 것을 알려주는 것도 클라이언트의 정서적 반응을 다루는 데 도움이 된다.

종결의 적합성을 판단할 때는 다음과 같은 요소들이 고려되어야 한다(Sheafor & Horejsi, 2006).

- 계획된 개입목표가 달성되었는가?
- 서비스 제공이 적절하였는가?
- 클라이언트의 문제가 해결되어 현재 만족스러운가?
- 사회복지사와 기관은 만족할 만한 성과 없이 시간, 에너지, 기술을 투입

하고 있는가?

- 클라이언트와 사회복지사는 개입의 필요가 없다는 결론에 도달했는가?
- 클라이언트를 다른 기관이나 다른 전문가에게 의뢰하는 것이 더 적합한가?

2) 종결의 유형

일반적으로 종결의 유형은 다음의 세 범주로 구분할 수 있다(최해경, 2007).

(1) 목표달성으로 인한 종결

바람직한 종결의 유형은 클라이언트와 사회복지사가 목표가 달성되었고 충분한 변화가 이루어졌다고 믿거나, 제시된 상황이나 문제에서 벗어났을 때 발생한다(Bogo, 2006). 개입의 목표가 달성되어 종결을 하게 되는데, 종결의 유형 중에서 가장 만족스러운 종결유형이다.

개입과정이 원활하고 클라이언트가 과업수행을 잘하여 소기의 목적을 달성하였을 때 종결이 뒤따르는 것이다. 이러한 경우일지라도 종결에 대한 클라이언트의 정서적 반응은 나타날 수 있다. 사회복지사와 클라이언트 관계의 친밀감이 높거나, 개입기간이 길어질수록 종결에 대한 두려움과 관계를 지속시키고 싶은 욕구를 나타낼 수 있다. 따라서 목적달성에 의한 종결을 하는 경우에도 정서적 반응을 다루는 것은 중요하다.

(2) 시간제한에 의한 계획된 종결

기관의 기능 혹은 사회복지사와 클라이언트 간의 합의와 관련된 시간제한에 의해 종결이 이루어지는 경우이다. 사회복지기관은 대체적으로 사례에 개입할 때 일정한 시간을 계획하고 실천의 초기 단계부터 클라이언트에게 시간제한에 대해 알려준다. 따라서 목표달성이 미진하더라도 제한된 시간 동안 서비스를 제공하게 된다. 시간제한은 실천현장의 현실적 조건 때문이기도 하지만, 동시에 정해진 시간 내에 성과를 기대하는 것이므로 시간제한이 있을 때 실천가와 클라이언트 모두 열심히 개입에 임하게 된다. 일반적으로 시간

제한이 있는 원조인 경우 원조과정이 목표지향적이고 한시적이라는 것을 클라이언트에게 처음부터 주지시켜야 한다.

(3) 계획되지 않은 종결

클라이언트가 공식적으로 혹은 말없이 중단하는 경우처럼 계획되지 않은 종결이 일어나는 상황이다. 계획되지 않은 종결은 원조관계에 문제발생, 서비스가 도움이 되지 않는다, 클라이언트가 시간이나 장소 등 물리적으로 이용하기 어려운 사정 때문 등의 이유가 있다. 계획되지 않은 종결이 곧 실패를 의미하는 것은 아니다. 계획되지 않은 종결이 발생하는 이유가 사회복지사에게 있을 수도 있다. 사회복지사의 퇴직이나 업무변동 혹은 개입이 클라이언트에게 더 이상 도움이 되지 않는다는 전문적 판단 등에 의해서 종결이 이루어질 수 있다. 사회복지사로 인한 종결이 발생하는 경우 클라이언트는 거부당한 느낌과 같은 부정적인 감정을 갖기 쉽다. 사회복지사는 클라이언트와 함께 이러한 감정들을 개방적으로 이야기할 기회를 갖는 한편 다른 사회복지사 또는 다른 기관으로 의뢰가 원활하게 이루어질 수 있도록 해야 한다. 계획되지 않은 조기종결에 영향을 미치는 요인은 클라이언트와 사회복지사 간의 태도, 신념 및 행동이 서로 일치하지 않을 경우, 사회복지사와 클라이언트 간의 불일치와 관련되는 것으로서의 사회계층, 사회적 영향, 과거에 치료중단 경험이 있는 경우 등 다양하다(김봉순 외, 2010).

3) 종결의 단계

종결의 단계를 부정, 분노, 애도, 시험, 고별파티증후군 등 다섯 단계로 나누어 설명한다(Shulman, 1984; 김기태 외, 2007 재인용).

(1) 부정의 단계

클라이언트는 종결에 직면했을 때 가끔 종결이 임박했다는 것을 부정하거나 그 경험이 가치있었다는 것을 부정한다. 부정은 임박한 분리를 피하고 분리와 관련된 상실감과 불안을 피하려는 방어로써 작용한다. 클라이언트는 헤어질 준비가 되지 않았다거나 문제가 다른 어느 때보다 악화되었다고 저항을 하기도 한다.

사회복지사와 클라이언트는 그들의 감정을 정리하고 이 단계를 생산적으로 활용하도록 준비할 수 있는 충분한 시간을 제공하는 것이 중요하다. 갑작스런 중단은 사회복지사와 클라이언트 양자 모두에게 어려움이 따르며 필요한 활동을 못하게 하는 것이 된다.

(2) 분노의 직접적 및 간접적 표현

분노의 감정과 슬픈 감정이 관련되어 있는 경우가 있으므로 분노의 감정을 표현하도록 허용하는 것이 중요하다.

(3) 애도의 기간

클라이언트가 표현하는 분노의 감정 저변에는 종종 슬픔의 감정이 있다. 이 슬픔이 나타날 때 종결과정의 애도단계가 시작된다. 이 기간 동안에 억제하기 힘든 감정을 경험한다. 이러한 감정이 유발하였을 경우에 클라이언트는 이 감정을 사회복지사에게 직접적 혹은 간접적으로 나타낸다.

(4) 시험을 해봄

사회복지사는 마지막 면접에서 클라이언트의 문제해결능력과 기술을 시험해 보려고 한다. 사회복지사는 클라이언트의 성취에 대한 긍정적 감정을 가지고 클라이언트를 신뢰하며 클라이언트 자신의 문제해결능력에 대한 직접적인 인정 등의 방법을 사용한다.

(5) 고별파티증후군

모든 치료관계는 긍정적인 면과 부정적인 면을 가진다. 사회복지사는 지나치게 긍정적인 감정에 사로잡혀서 내용과 과정에 대한 정직한 분석을 소홀히 해서는 안 됨을 기억해야 한다. 따라서 사회복지사는 부정적 평가에 관한 기술도 활용해야 한다.

4) 종결의 구성요소

종결의 구성요소를 변화 정도 검토, 긍정적 변화의 유지, 다음 단계의 계획, 정서적 유대 다루기, 다음 단계의 계획, 평가 등 다섯 가지 요소로 구분하여 살펴보고자 한다(Bogo, 2006).

(1) 변화수준 검토

종결이 다가온 것을 클라이언트에게 알리는 유용한 방법은 사회복지사와 클라이언트가 함께 해온 과정에 대해 성찰적 논의를 하도록 클라이언트를 참여시키는 것이다(Bogo, 2006). 이 시점에서 중요한 것은 클라이언트가 노력한 부분에, 특히 주목하면서 목표가 어떻게 성취되었는지를 함께 생각해 보는 것이다. 사회복지사는 클라이언트의 강점과 협력에 초점을 두면서 변화에 영향을 미친 클라이언트 자신의 태도, 역량, 자원을 확인하도록 돕는다. 이 과정에서 클라이언트로부터 실천가의 개입으로 인해 도움이 되었던 점을 들을 기회를 갖는 것은 사회복지사에게도 매우 유용하다.

(2) 변화의 안정화

변화의 안정화는 변화의 정도를 검토하는 것에서부터 시작된다. 사회복지사는 그동안의 변화를 검토하면서 클라이언트가 변화를 가져오기 위해 무엇을 했는지 확인하고 자신이 변화의 주체임을 깨닫도록 돕는다(Bogo, 2006). 클라이언트는 탐색과정을 통해 개인적 요인과 환경적 요인을 구별해 보고 어떠한 변화가 자신의 새로운 사고, 감정, 행동의 결과이고 어떤 변화가 가족, 친구, 직장동료와 같은 중요한 사회적 관계 및 환경의 결과인지 알게 된다. 이후 성취한 것을 유지하기 위해 어떤 요소와 상황이 중요한지 생각하면서 이를 극대화하고 일반화할 수 있게 된다. 이는 클라이언트에게 미래에 발생하게 될 문제들에 대해 어떻게 접근하고 처리해야 하는지에 대한 지침이 된다. 사회복지사는 변화의 안정화를 위해 문제점을 예상하고 이를 극복할 수 있도록 클라이언트를 준비시킨다.

변화를 안정화하기 위한 또 다른 방법은 클라이언트가 원조를 요청하기 위해 처음 기관에 오게 된 상황과 비슷한 상황을 설정하고 가능한 대처방법들을 탐색해 보도록 하는 것이다(Johnson & Yanca, 2007). 그동안 경험을 통해 배운 것이 다른 상황에서도 적용될 수 있는지 생각해 본다. 클라이언트의 생활 속에서 대처능력을 키우기 위해 클라이언트 환경의 유용한 다른 자원들을 함께 확인해 보는 것도 중요하다.

(3) 정서적 유대 다루기

종결은 목표달성을 의미하므로 일차적으로 긍정적인 것으로 간주된다. 목표달성을 하고 종결을 앞둔 클라이언트는 자신의 역량에 대한 기대와 신뢰가 증진될 수 있다. 긍정적 종결반응으로 가장 전형적인 것은 클라이언트가 자신의 자아가 확대되었다고 느끼는 것이다. 사회복지사 또한 클라이언트와 함께 설정한 목표가 성취되는 것에서 전문가로서 자존감 향상과 역량강화를 경험할 수 있다. 사회복지사는 클라이언트가 느끼는 종결에 대한 부정의 감정을 클라이언트와 함께 개방적으로 다루어야 한다.

클라이언트의 종결에 대한 감정은 원조관계의 강도와 성격에 따라 다양하다(Johnson & Yanca, 2007). 원조관계의 강도가 약하거나 참여기간이 짧았다면 관계가 돈독했거나 장기간이었던 경우보다 종결에 대한 감정이 덜 강렬할 것이다. 또한 자발적인 클라이언트와 비자발적인 클라이언트의 경우도 종결에서의 반응은 달라질 것이다. 그리고 클라이언트의 독립성이나 의존욕구도 감정에 영향을 미친다.

원하는 결과를 얻지 못하고 종결하는 경우 클라이언트는 목적이 달성되지 못한데 대한 실망, 사회복지사에 대한 분노, 초조함 등을 느낄 수 있고, 이런 시점에 종결이 논의된다면 충격이 증폭되어 거부 혹은 공격으로 부정적 감정을 표출할 수 있다. 사회복지실천은 문제의 특성, 클라이언트의 특성, 환경적 요구와 지지, 사회복지사와 클라이언트 간의 관계를 포함한 많은 요인들에 달려있기 때문에 최선의 노력을 했음에도 변화가 일어나지 않는 상황들이 있게 된다(Bogo, 2006). 이처럼 목표달성이 안 된 종결이라 하더라도 사회복지사는 클라이언트 체계와 함께 변화를 성취하지 못하게 작용했던 요인들에 대해 그리고 추가적 원조를 구하는 클라이언트의 감정에 대해 이야기할 기회를 갖는 것이 중요하다.

사회복지사 또한 슬픔, 상실감, 죄책감, 불안감 등 종결에 따른 다양한 부정적인 정서를 경험할 수 있다. 이러한 감정은 상실이나 슬픔뿐만 아니라 원조관계나 원조과정에 관한 불만과 관련될 수 있다. 사회복지사 자신의 불편함이나 미숙한 대처로 인해 클라이언트의 감정을 적절하게 해소하도록 돕지 못한다면 클라이언트는 감정처리를 배울 수 있는 기회를 놓치게 된다.

따라서 사회복지사는 클라이언트와의 관계를 적절하게 마무리 짓는 기술을 발휘하여야 한다. 클라이언트에 대한 관여를 점차 줄여나가고 만남의 간격을 더 넓혀나가면서 클라이언트 스스로 해야 하는 것을 더 강조하는 접근이 필요하다.

(4) 다음단계의 계획

많은 실천상황에서 종결은 퇴원계획 또는 클라이언트가 필요로 하는 자원이나 프로그램을 제공할 수 있는 다른 기관으로의 이동을 의미한다(Bogo, 2006). 클라이언트에 대한 배려로 더 적합한 다른 자원이나 다른 전문가에게 의뢰된다는 것을 설명하여야 한다. 따라서 사회복지사는 의뢰기관과 클라이언트 간에 확실히 연결될 수 있도록 중개자와 옹호자 역할을 해야 한다.

5) 사후관리

사후관리를 통해 변화의 유지와 강화를 모색할 수 있다. 추후면접을 이용해 클라이언트의 기능수행상의 악화를 막을 수 있다. 사후관리는 종결이 이루어진 후 일정 기간이 지나서 클라이언트가 잘 적응하고 있는지를 점검하는 과정으로, 종결 후 대개 1~6개월 사이에 진행된다. 종결 시에 사후관리를 언급하는 것은 종결에 대한 클라이언트의 불안을 감소시키는 데 도움이 된다. 또한 사회복지사는 문제가 재발했을 때 언제든지 다른 원조를 받을 수 있으며 향후 대처하기 어려운 문제가 생기면 재방문할 수 있다는 점을 클라이언트에게 알려주도록 한다.

참고문헌

권육상(1999). 사회복지실천론. 학문사.

권육상 · 이태희(2003). 최신 가족복지론. 유풍출판사.

김기태(1998). 위기개입론. 대왕사.

김기태 · 김수환 · 김영호 · 박지영(2007). 사회복지실천론. 공동체.

김만두 역(1992). 케이스워크 관계론. 홍익재

김상균 · 오정수 · 유채영(2002). 사회복지 윤리와 철학. 나남출판.

김성천(1993). 사회복지학에서의 가족연구 접근방법. 한국가족학회. 가족학논집, 제5집.

김융일 · 조홍식 · 김연옥(2005). 사회복지실천론. 나남출판.

김인숙 · 김용석 공역(2002). 사회복지 실천기술 연습. 나남출판. Cournoyer, B.(2000). *The Social Work Skills Workbook*.

김정희 · 이장호(1992). 현대심리치료. 중앙적성출판사.

김혜란 · 홍선미 · 공계순(2001). 사회복지실천기술론. 나남출판.

김혜영 외(2010), 김귀숙 외(2010). 사회복지실천론. 양서원.

도광조(2008). 사회복지실천론. 양서원.

문인숙 · 김만두 공역(1976). 사회사업 면접의 기법. 홍익재.

사회복지사 1급 시험연구회(2003). 사회복지실천론. 나눔의 집.

서미경 · 김영란 · 박미은 공역(2000). 사회복지 실천윤리. 양서원.

서진환 · 이선혜 · 정수경 공역(2001). 현대 사회복지실천이론. 나남출판.

설진화(2008). 사회복지실천기술론. 양서원.

송성자(1991). 제13차 한국아동학회 정기총회 및 1991년도 추계 워크숍. 한국아동학회.

송정아 · 최규련(1997). 가족치료이론과 기법. 도서출판 하우.

양옥경 외(1993). 사회복지실천과 윤리. 한울 아카데미.

________(2005). 사회복지실천론. 나남출판.

양옥경 · 김정진 · 서미경 · 김미옥 · 김소희(2000). 사회복지실천론. 나남출판.

________________________________(2004). 사회복지실천론. 나남출판.

양정남 · 최선령(2007). 사회복지실천론. 양서원.

엄명용 외(2001). 사회복지실천론. 형설출판사.

________(2008). 사회복지실천론. 학지사.

엄영용 · 김성천 · 오해경 · 윤혜미(2007). 사회복지실천의 이해. 학지사.

이상균 · 박현선(2002). 사회복지 면접의 길잡이. 나눔의 집.

이영분 외(2001). 사회복지실천론. 동인.

이영실 외(2010). 사회복지실천론. 양서원.

________(2011). 사회복지실천론. 양서원.

이원숙(2008). 사회복지실천론. 학지사.

이윤로(2006). 최신사회복지실천론. 학지사.

_____(2008). 최신사회복지실천론. 학지사.

이종복 · 전남련 · 김덕일(2006). 사회복지실천론. 학현사.

이준우 · 이화옥 · 임원선(2006). 사회복지실천의 이해. 학지사.

___________________(2004). 사회복지실천론. 인간과 복지.

이창호 · 최일섭(1993). 사회계획론. 나남출판.

이팔환 외 공역(1999). 사회복지실천이론의 토대. 나눔의 집. Mark A. Mattaini, Christine T. Lowery, & Carol H. Meyer(Eds.)(1995). *The foundations of social work practice*(2nd ed.). Washington, DC : NASW Press.

임상록 · 구승신 · 권향임 · 박주현 · 손경숙 · 윤영미 · 이명순 · 정옥희(2009). 사회복지실천의 이해. 파란마음.

임은희(2004). 사회복지실천론. 학지사.

장인협 · 문인숙 공역(1983). 사회복지의 원리와 방법(Brill, N. I. 저). 집문당.

장인협(1989). 사회사업실천 방법론(상, 하). 서울대학교출판부.

_____(1999). 사회복지실천방법론. 서울대학교출판부.

전재일(1986). 집단지도론. 형설출판사.

_____(1998). 집단사회사업실천. 사회복지개발연구원.

전재일 · 이성희(2000). 집단실천기술론. 사회복지개발연구원.

전재일 · 이준상(1999). 사례관리의 기초. 사회복지개발연구원.

전재일 · 김상규(1987). 개별사회사업. 형설출판사.

전재일 · 조운희 · 이준상 · 이성희(2009). 사회복지실천론. 형설출판사.

___________________________(2001). 사회복지실천론. 형설출판사.

정명숙(2007). 사회복지와 상담학. 시그마프레스.

정문자 외(2007). 가족치료의 이해. 학지사.

정진영 · 황성철 외 역(1998). 현대집단사회사업. 학문사.

조학래(2006). 집단사회복지실천론. 침례신학대학교출판부.

조현춘 · 조현재(1996). 심리상담과 치료의 이론과 실제. 시그마프레스.

조휘일 외(2003). 사회복지실천론. 학지사.

조휘일 · 이윤로(1999). 사회복지실천론. 학지사.

조흥식 외(2001). 사회복지실천분야론. 학지사.

________(1998). 가족복지학. 학지사.

주은선 역(2009). 상담의 기술. 학지사. Hill, C. E., & O'Brien K. E.(2001). *Helping Skills*.

최옥채(1999). **사회복지실천론**. 인간과 복지.

_____(2010). **사회복지실천론**. 양서원.

최일섭 · 류진석(1999). **지역사회복지론**. 서울대학교출판부.

최준식(2003). **한국인에게 문화는 있는가**. 사계절.

최해경(2009). **사회복지실천론**. 학지사.

한국사회복지교육협의회(2004). 2004년도 사회복지학 교과목지침서. 집현전.

한국전문대학사회복지교육협의회(2005). **사회복지실천론**. 양서원.

허남순 외(2004). **사회복지실천 이론과 기술**.

Aguilera(1998). *Crisis Intervention : Theory and Methodology*(8th ed.). Mosby.

Aheafor, B. W., & Landon, P. S.(1987). "Generalist Perspective." in A. Minahan, et al.(eds.). *Encyclopedia Social Work*(18th ed.), *Vol. I*, Silver Spring, MD : National Association of Wocial Workers, 660-669.

Alissi. A.(1980). Social influences on Group Values. *Social Work, 10*(11).

American Psychiatric Association(1994). *Diagnostic and statistical manual of mental disorders*(4th ed.). Washington, DC : Author.

Anderson, J. D.(1988). *Foundations of Social Work Practice*. New York : Springer Publishing Company.

______________(1981). *Social Work Methods and Processes*. Belmont, Calif. : Wadsworth Publishing Company.

______________(1982). Generic and Generalist Practice and the BSW, C urriculum, *Journal of Education for Social Work, 18*(3), 37-45.

Auerswald, E. H.(1968). Interdisciplinary versus ecological approach. *Family Process, 7*, 202-215.

Austin, C.(1983). "Case Management in Long-Term Care : Options & Opportunities." *Health and Social Work, Vol. 8. No.1.*

Baker, R.(1975). "Toward Generic Social Work Practice : A Review and Some Innovations". *British Journal of Social Work, 5*(2), 193-215.

Ballew, J. R., & Mink, G.(1986). *Case Management in the Human Services.*

Barker, R. L.(1995). *The Social Work dicitionary*(3rd. ed.). Washington, D. C. : NASW Press.

Barker, R. A.(1987). *The Social Work Dictionary*. Silver Spring. Md. : National Association of Social Workers.

Barker, R. L., & Briggs, T. L. eds.(1971). *Manpower Research on the Utilization of Baccalaureate Social Worker : Implications for Education.* Washington, D. C. United States Government Printing Office.

Barker, R. L.(1987). *The social work dictionary*. Silver Spring, Md : National Association of Social Workers.

Barker, R. L.(1987). The social work dictionary. Silver Spring. Md : National Association of Social Workers.

Bartlett, H. M.(1970). *The common base of social work practice*. NY : National Association of Social Workers.

Berg, I. K., & Miller. S. D.(1992). *Working with the problem drinker-A solution-focused approach*. NY : Norton

Biestak, F. P.(1957). *The casework relationship*. Chicago : Loyola University Press.

__________(1973). *The Casework Relationship*. London : Unwin University Books.

Bisman, C.(1994). *Social work Practice : Cases and princeples*. Belmont, CA : Brooks/Cole.

Boehm, W. W.(1958). The Nature of Social Work. *Social Work*, *3*(2), 10-18.

Bogo, M.(2006). *Social work Practice : Cases and principles*. Belmont, CA : Brooks /Cole.

Bonner, H.(1965). *On being mindful of man*. Boston : Houghton Mifflin.

Bowen, M.(1978). *Family Therapy in Clinical Practice*. New York : Jason Aronson.

Bowers, S.(1949). *The Nature and Definition of Social Casework*. New York : Family Service Association of America.

Brammer, L. M.(1979) *The helping relationship : process and skills*(2nd ed.). Englewood Cliffs, N.J. : Prentice-Hall.

Brieland, D.(1995). Social Work Practice : History and evolution. In R. L. Edwards(Eds), *Encyclopedia of social work*(19th ed). Washington, D.C. : NASW press.

Brieland, D., Costin, L. B., & Atherton, C. R.(1985). *Contemporary Social Work : An Introduction to Social Work and Social Welfare*(3rd ed.). New York : McGraw-Hill, 120-121.

Brill, N. I.(1985). *Working with people : The helping process*(3rd ed.). White Plains, NY : Longman.

________(1998). *Working with people : The Helping process*(6th ed.). N.Y. : Longman.

Bronfenbrenner, V.(1979). *The ecology of human development*. Cambridge, MA : Harvard University Press.

Brown, J. A.(1992). *Handbook of Social Work Practice*. Springfield, IL : Charles C Thomas Publisher.

Browne, C. V.(1995). "Empowerment in Social Work Practice with Older Women". *Social Work, 40(3)*.

Cohen, J.(1980). *Nature of Clinical Social Work*. Washington D.C. : National Association of Social Workers.

Comds, A., & Avila, D.(1985). *Helping relationships : Basic concepts for the helping professions*. Boston : Allyn & Bacon.

Compton, B. R., & Galaway, B.(1984). *Social Work Practice*(3rd ed.). Home-wood, II. : The Dorsey Press.

________________________(1989). *Social work processes*(4th ed.). Pacific Grove, CA : Brooks/Cole.

Compton, B., & Gallaway, B.(1999). *Social work processes*(6th ed.). Pacific Grove, CA : Brooks/Cole.

Connaway, R. S., & Gentry, M. W.(1988). *Social work practice*. Englewood cliffs, NJ : Prentice Hall.

Cormier, S., & Nuriyus, P.(2003). Pacific Grove, *Interviewing and change strategies for helpers : Fundamental skills and cognitive behavioral interventions*(5th ed.). CA : Thompson.

CSWE(Central Council for Education and Training in Social Work)(1994). Council on Social Work Education. *Handbook of Accreditation Standards and Procedures*. Alexandria, Va.

DeGennarro, M. R.(1987). Developing Case Management as a Practice Model. *Social Casework, Vol.68*.

Dinitto, D. M., & McNeece, C. A.(1997). *Social Work : Issue and Opportunity in a Challenging Profession*. Boston : Allyn and Bacon.

Doherry & Burge(1987). Attending to the context of family treatment : Pitfalls and Prospects. *journal of marital and family Therapy, 12*(1), 37-47.

Dubos, R.(1978). Health and Creative adaptation. *Human Nature, 1*, 74-82.

Fisher, J.(1978). *Effective casework practice : An eclectic approach*. NY : McGraw-Hill.

Fox, R.(1993). *Elements of the Helping process : A Guide for Clinicians*. New York : Haworth Press.

Frank, M. G.(1980). Clinical social work : Past, present, and future challenges and dilemmas. In P. L. Ewalt(Ed.), *Toward a Definition of Clinical Social Work*(NASW Conference Proceedings), Washington : NASW.

Gabor, P., & Grinnell, R.(1994). *Evaluation and quality improvement in the human services*. Boston : Allyn and Bacon.

Gambrill, E.(2006). *Social work practice : A critical thinker's guide*(2th ed.). N.Y. : Oxford University Press.

Garvin, C.(1981). *Contemporary group work*. Englewood Cliffs, N.J. : Prentice-Hall.

Garvin, C. D., & Tropman, J. E.(1992). *Social work in comtemporary society*. Englewood Cliffs, N. J. : Prentice-Hall.

Gelfand, Bernard(1988). *The Creative Practitioner : Creative Theory and Method for the Helping Services*. N.Y. : Haworth.

Germain, C., & Gitterman, A.(1980). *The Life Model of Social Work Practice*. New York : Columbia University Press.

Germain, C.(1979), "Ecology and Social Work", In C. Germain(ed), *Social Work Practice : People and Environments*, 1-2. New : Columbia University press.

__________(1981). The Ecology Approach to People-Environmental Transactions. New York : Columbia University Press. *Social Casework, 62*(6), 323-331.

Germain, C. B., & Gitterman(1986). *The life Model of Social Work Practice*. N.Y. : Columbia University Press.

Germain, C. B., & Gitterman, A.(1980). *The life model of social work practice*. NY : Columbia University Press.

______________________________(1995). Ecological perspective. In R. L. Edwards(Eds.), *Encyclopedia of social work*(Eds.). Washington : NASW Press.

______________________________(1980). *The life model of social work practice*. N.Y. : Columbia University Press.

Gilliland, B., & R. James(1997). *Crisis Intervention Strategies*. Brooks/Cole.

Glasser, P., Sarri, R., & Vinter, R.(1974). *Individual change trough small group*. New York : Free Press.

Glasser, W.(1965). *Reality Therapy*. New York : Harper & Low.

Golan, N.(1978). *Treatment in crisis situation*. N.Y. : Free Press.

Goldstein, E., & Noonan, M.(1999). *Short-term treatment and social work practice : An integrative perspective*. N.Y. : Free Press.

Gordon, W. E., & Schutz, M. L.(1977). A National Basis for Social Work Specializations. *Social Work*, *22*(5), 422-426.

Gordon, W. E.(1969). Basic contracts for an integrative and generative conception of social work. In G. Hearn(Ed.), *The general systems approach : Contributions toward a holistic conception of social work*. NY : Council on Social Work Education.

Greene, R. R.(1992). "Case Management : An Arena for Social Work Practice." In *Social Work Case Management*. edited by Betsy S. Vourlekis & Roberta R. Greene. NY : Aldine de Gruyter, 11-25.

Grinnell, R. M. Jr., Kyte, N. S., & Bostwick, G. J.(1981). Environmental Modification. In A. N. Maluccio(ed.), *Promoting Competence in Clinets*. N.Y. : The Free Press.

Haley, J.(1973). *Problem Solving Therapy*. San Francisco : Jossey-Bass.

Hall, B. P.(1973). *Value Clarification*. New York : Paulist Press.

Hamilton, G.(1940). *Theory and Practice of Social Case Work*. New York : Columbia University Press.

___________(1954). Self Awareness in Professional Education. *Social Case Work, Nov.*, p.371.

Hardcastle, David(1983). "Certification, Licensure and Other Forms of Regulation", In *Handbook of Clinical Social Work*, edited by Aaron Rosenblatt and Diana Waldfogel. San Francisco : Jossey-Bass.

Hartford, M.(1971). *Groups in social work*. New York : Columbia University Press.

Hartman, A.(1978). Diagrammatic assessment of family relationships. *Social Casework, 59*, 465-476.

Hepworth, D. H., & Larsen, J. A.(1990). *Direct Social Work Practice : Theory and Skills*(3rd Ed.). Belmont, Calif. : Wadsworth Publishing Company.

________________(1993). *Direct social work practice*. Pacific Grove, CA : Brooks/Cole Publishing.

Hepworth, D. H., Rooney, R. H., Rooney, G. D., Strom-Gottfried, K., & Larsen, J. A.(2006). *Direct social work practice : Theory and skills*(7th ed.). Pacific Grove, CA : Brooks/Cole Publishing.

Hepworth, D. J., & J. A. Larsen(1986). *Direct Social Work Practice : Theory and Skills*. Chicago : Dorsey.

________________(1990). *Direct Social Work Practice : Theory and Skills*. Belmont, CA : Wadsworth Publishing Company.

________________(1993). *Direct Social Work Practice : Theory and Skills*(4th ed.). Pacific Grove, California : Brooks/Cole Publishing Company.

________________(2006). *Direct Social Work Practice : Theory and Skills*(7th ed.) Pacific Grove, Calif. : Brooks/Cole.

Heus, Michael, & Allen Pincus(1986). *The Creative Generalist : A Guide to Social Work Practice*. Barneveld, Wis : Micamar .

Howe, David(1987). *An Introduction to Social Work Theory*. Aldershot, Honts, England : Wildwood House.

International Federation of Social Workers (2000). *Definition of social work*. http://www.ifsw.org/Publications/4.6e.pub.html 2005년 5월 26일 접속.

Jahoda, M.(1958). *Current Concepts of positive mental health*. New York : Basic Books.

Jehu, D.(1967). *Learning Theory and Social Work*. London : Routledge and Kegan Paul.

Johnson, H. W.(1990). *The Social Services*. Itasca, Ill : F. E. Peacock Publishers, Inc., 335-338.

Johnson, L. C.(1986). *Social Work Practice*. Allyn & Bacon, Inc.

________(1989). *Social Work Practice : A Generalist Approach*(2nd ed.).

Johnson, L. C., & Yanca, S. J.(2004). *Social work practice : A generalist approach*(8th ed). Boston, : Pearson Education, Inc.

________________(2007). *Social work practice : A generalist approach*(9th ed.). Boston, MA : Pearson Allyn and Bacon.

Kadushin, Alfred & Judith Martin(1988). *Child Welfare Services*(4th ed.). New York : Ma cmillan.

Kaplan, L.(1986). *Working with multi-problem families*. Lexington, MA : lexington Books.

Karls, J. M., & Wandrei, K. E.(1992). PIE : A new language for social work. *Social Work, 37*(10), 80-85.

Keith, D. V., & Whitaker, C. A.(1982). "*Experiential/Symbolic Family Therapy*."

Kelman, H. C.(1965). "Manipulation of Human Behavior : An Ethical Dilemma for the Social Scientist", *Journal of Social Issue, 21*(2), 31-46.

Kerr, M. E., & Bowen, M.(1998). *Family Evaluation : An approach based on Bowen Theory*. New York : Norton.

Kirst-Ashman, K. K., & Hull, G.(1993). *Understanding generalist practice*. Chicago : Nelson-Hall.

____________________(2008). *Understanding generalist practice*. 5th eds. Belmont, CA : Brooks/cole Cengage Learning.

Klein, A.(1972). *Effective group work*. New York : Association Press.

Koestler, A.(1979). *Janus : A summing up*. NY : Vintage Books.

Koglevzon, M., & Maykrznz, J.(1982). Theoretical orientation and clinical practice : Uniformity versus eclecticism. *Social Service Review, 56*(1), 120-129.

Konopka, G.(1963). *Social group work : A helping process*. Englewood Cliffs, N. J. : Prentice-Hall.

Leiby, J.(1978). *History of Social welfare and social work in the United States*. NY : Columbia University Press.

Leighninger, L.(1980). "The Generalist-Specialist Debate in Social Work". *Social Service Review, 54*(1), 1-12.

Levine, I., & Fleming, M.(1986). *Human Resource Development : Issue in Case Management.* Washington D. C. : National Institute of Mental Health.

Loewenberg, F., & Dologoff, R.(1985). *Ethical Decisions For Social Work Practice*(5th ed.). Itasca, I L : F. E. Peocock.

____________________(1992). *Ethical Decisions for Social Work Practice*(4th ed.). Itasca, Ⅲ : F.E.Peacock,

Magnusson, D., & Allen, V. L.(1983). An interactional perspective for human development. In D. Magnusson & V. L. Allen(Eds.), *Human development : An interactional perspective*(pp. 3-34). NY : Academic Press.

Mailick, Mildred(1990). "Social Work Practice with Adolescents : Theoretical Saturation." In *Serious Play : Creativity and Innovation in social work*, edited by harold Weissman. Silver Spring, Md : NASW.

Maslow, A.(1954). *Motivation and Personality*. New York : Harper Brothers.

Mayer, C. H.(ed.).(1983). *Clinical Social Work in the Ecosystems Prospective*. New York : Columbia University Press.

McCain, Garvin, & Erwin Segal(1973). *The game of Science*. Monterey, Calif : Brooks/Cole.

McDermott, F. E.(1975). *Self-determination in social work : A collection of essays on self-determination*. London : Routledge & Kegan Paul.

McGoldrick, M., Gerson, R., & shellenberger, S.(1999). *Genograms : Assessment and Intervention*(2nd ed.). N.Y. : W. W. Norton.

McMullan, W. E.(1976). "Creative individuals : Paradoxical Personage." *Journal of Creative Behavior 10*(Fourth Quarter), 265-275.

Middleman, R. R., & Goldberg, G.(1974). *Social Service Delivery : A Structural Approach to Social Work Practice*. New York : Columbia University Press.

Miley, K. K., O'melia, & DuBois, B. L.(1995). *Generalist social work practice : An empowering approach*. Boston : Allyn and Bacon.

Minuchin, S.(1974). *Families and family therapy*. Cambridge : Harvard Univ. Press.

Morales, A., & Sheafor, B. A.(1986). *Social Work*(4th ed.). Allyn & Bacon, Inc.

Moxley, D. P.(1988). *The Practice of Case Management*. London : Sare Publications, Inc.

NASW(1971). *NASW Standards for Social Work Personnel Policies*. Washington, D.C.

______(1981). Conceptual framework Ⅱ(Special Issue). *Social Work, 26*(1), 6-75. Washington, D.C. NASW.

______(1981). Mission Statement. *Social Work, 26*, p. 6. Washington, D.C. NASW.

______(1981). *NASW Standards for the Clssification of Social Work* Practice. Washington, D.C. NASW.

______(1982). *Family Policy Statement*. Washington, D.C. NASW.

______(1984) *NASW Standards and Guidelines for Practice*. Washington, D.C. NASW.

______(1993). *NASW Code of Ethics*, rev. Washington, D. C. NASW.

______(1994). *NASW Policy Statements*, 3rd ed. Washington, D.C. NASW.

______(1995). *Overview of a Decade of Adjudication*. Washington, D.C. NASW.

Nichols & Schwartz(1995). *Family therapy : Concepts and methods*(3rd Ed.).

Northen, H.(1982). *Clinical Social Work*. N.Y. : Columbia University Press.

Notron, D.(1978). *The dual perspective*. N.Y. : Council of Social Work Education.

Nugent, W. R.(2008). Assessment and data collection. In W. Rowe & L. A. Rapp- Paglicci(Eds). *Comprehensive handbook of social work and social welfare vol. Ⅲ*. Hoboken, NJ : John Wiley & Sons, Ins.

Nugent, W., Sieppert, J., & Hudson, W.(2001). *Practice evolution for the 21st century*. Belmont, C A : Wadsworth.

O'Connor, G.(1988). Case Management : System and practice. *Social Casework, Vol. 70.*

O'Neil, M. J.(1984). *The General Method of Social Work Practice*. Englewood, Cliffs, NJ. : Prentice-Hall, 195-235.

Parnes, S. J., R. Noller, & A. Biondi(1967). *A Guide to Creative Action*. N.Y. : Charles Scribner's Sons.

Payne, M.(1991). *Modern Social Work Theory : A Critical Introcuction*. Chicago : Nelson-Hall.

Perlman(1957). *Social Casework : A Problem-Solving Process*. Chicago : The University of Chicago Press.

Perlman, H. H.(1957). *Social casework : A problem solving process*. Chicago : University of Chicago Press.

____________(1979). *Relationship : The heart of helping people*. Chicago : University of Chicago Press.

____________(1986). The problem-solving model. In F. Turner(Eds.), *Social Work Treatment : Interlocking theoretical approaches*(3rd ed.). NY : Free Press.

Perlman, H. H.(1978). *Relationship : The Heart of Helping People*. Chicago : Univ. of Chicago Press.

Pincus, A. & Minahan, A.(1973). *Social Work Practice*. Itasca : F. E. Peacock.

Pumphrey, R. E., & Pumphrey, M. W.(1961). *The heritage of American social work*. NY : Columbia University Press.

Richmond, M. E.(1917). *Social Diagnosis*. New York : Rusell Sage Foundation.

____________(1922). *What is Social Casework?*. New York : Russell Sage Foundation.

Ripple, L.(1974). *Report to the Task Forde on Structure and Quality in Social Work Education*. New York : Councill on Social Work Education.

Roberts-DeGennaro, M.(1987). "*Developing Case Management as a Practice Model.*" *Social Casework*, *69*, 466-469.

Rogers, C.(1961). *On becoming a person*. Boston : Houghton Mifflin.

Rose, S.(1980). *A casebook in group therapy*. Englewood Cliffs, N.J. : Prentice-Hall.

Rose. Stephen. Moore. Vernon.(1995). *Case Management, Encyclopedia of Social Work*. Washington : NASW Press.

Rothman, R.(1992). *Guideline for Case Management*. Itasca, Ill. : F. E. Peacock Pub., Inc.

Saleeby. D.(1996). The strengths perspective in social work practice : Extensions and cautions. *Social Work*, *41*(3), 296-305.

Sarri, R.(1974). Behavioral theory and group work, In P. Glasser, R Sarri, and R. Vinter(eds.). *Individual change trough small group*. New York : Free Press.

Satir. V.(1975). *Conjoint Family Therapy*. Palo Alto-Science and Behavior Books.

______(1972). *People making*. Palo Alto, CA : Science and Behavior Books.

Schorr, Lisbeth(1989). *Within Our Reach : Breaking the Cycle of Disadvantage*. New York : Doubleday.

Schutz, M. L., & Gordon, W. E.(1977). "The Social Work Generalist as a Specialist." Paper presented at the Annual Program Meeting, Council on Social Work Education, Phoenix, Ariz.

Schwartz, W.(1961). "The Social Worker in the Group". *The Social Welfare Forum*. New York : Columbia University Press.

Shazer, S.(1988). *Clues : Investigating Solutions in Brief Therapy*. New York : Norton.

Sheafor, B. W., & Horesji, C. R.(2006). *Techniques and guidelines for social work practice*(7th). Boston, MA : Pearson Education, Inc.

Sheafor, B. W., Horejsi, C. R., & Horejsi, G. A.(1997). *Techniques and guidelines for social work practice*(2nd ed.). Boston : Allyn & Bacon.

______________________________(1997). *Techniques and guidelines for social work practice*(4th ed.). Needham heights, MA : Allyn & Bacon.

Shulman, L.(1992). *The Skills of Helping*. Itasca, Ill. : F.E.Peacock Publishers.

Siporin, M.(1975). *Introduction to social work practice*. New York : Macmillian Publishing Co., Inc.

________(1980). Ecological Systems Theory in Social Work. *Journal of Socialogy and Social Welfare,* 7(4), 507-532.

________(1993). "The Social worker's Style." *Clinical Social Work Journal, 21*(Fall), 257-270.

Specht, H.(1979). "Generalist and Specialist Approaches and New Educational Model," in *The Pursuit of Competence in Social Work*, F. W. Clark, M. L. Arkava, and associates, eds., San Francisc o : Jossey-Base, 1-22.

Steinberg, R., & Carter, G.(1983). *Case Management and the Eldery*. Lexington, MA : Lexiton Books.

Strean, H. S.(1971). *Social Casework*, Metuchen, N. J. : The Scarecrow Press.

Teare, R. J., & Sheafor, B. W.(1995). *Practice-sensitive social work education : An Empirical Analysis of Social Work Practice and Practitioners*. Arlington, VA : Council on Social Work Education.

Thyer, B. A.(2008). Practice evaluation. In W. Rowe & L. A. Rapp-Paglicci(Eds.), *Comprehensive handbook of social work and social welfare Vol. III*. Hoboken, NJ : John Wiley & Sons, Inc.

Timberlake, E. M., Farber, M. Z., & Sabatino, C. S.(2002). *The general method of social work practice : McMahon's generalist perspective*. Boston, MA : Pearson Allyn & Bacon.

Towle, C. (1965). *Common Human Needs. Washington*, D. C. : NASW, Inc.

Turner, F. J.(1996). *Social Work Treatment : Interlocking Theoretical Approaches*. N.Y. : Free Press.

Vinter, R.(1974a). The essential components of social group work practice. In P. Glasser, R. Sarri, and R.Vinter(eds.). *Individual change trough small group*. New York : Free Press.

Von Bertalanffy, L.(1967). General systems theory. In N. Demerath & R. A. Peterson(Eds.), *Systems change and conflict*(pp.119-129). NY : Free Press.

Walsh, J.(2006). *Theories for Direct Social Work Practice*. Thomson Books/cole.

Weick, A.(1992). Building a strengths perspective for social work, In D. Saleebey(Ed.), *The strengths perspective in social work practice* (pp. 18-26). New York : Longman.

Weil, M., Karls, J. M., & Associates(1985). *Case Management in Human Service Practice*. San Francisco : Jossey-Bass.

Weismiller, T., & Rome, S. H.(1995). Social workers in politics. In R. L. Edwards, *Encyclopedia of Social Work*(19th ed.). Washington, DC : NASW Press.

Yalom. I. D.(1975). *The theory and practice of group psychotherapy*. NY : Basic Books.

Zastrow, C. H.(1995). *The practice of social work*(5th ed.). Pacific Grove, CA : Brooks/Cole Publishing Company.

____________(1999). *The Practice of Social Work*(4th ed). Belmont, Calfornia : Wadworth Publishing Company.

____________(2007). *The Practice of Social Work*(8th ed.). California : Thompson Brooke/Cole Publishing Company.

小田兼三(1999). 社會福祉援助技術 .

小田兼三. 岡本民 夫著. 社會福祉援助技術總論, 東京 : 書房.

硯川眞旬(2000). 新社會福祉方法原論. 東京 : 書房.

平山尚外 3人 共著(1998). 社會福祉實踐 新潮流. 東京 : 書房.

찾아보기

인 명

내 용

저/자/약/력

▪ 남연희

대구대학교 사회복지학과 및 동 대학원 졸업
대구대학교 대학원 사회복지학 박사
현 한일장신대학교 사회복지학부 교수
저서 : 〈사회복지개론〉, 〈사회복지총론〉, 〈장애인복지론〉, 〈아동복지론〉, 〈아동권리와 복지〉,〈인간행동과 사회환경〉, 〈사회복지조사방법론〉, 〈자원봉사론〉, 〈사회복지 이해〉, 〈사회복지행정론〉, 〈사회복지정책론〉 외 다수

▪ 박영국

대구대학교 재활심리학과 졸업
대구대학교 대학원 사회복지학 석사
대구대학교 대학원 사회복지학 박사
현 안동과학대학교 사회복지과 교수
저서 : 〈사회복지개론〉, 〈사회복지실천기술론〉, 〈자원봉사론〉, 〈사회복지행정론〉 외 다수

▪ 도기봉

대구대학교 국어교육학과 졸업
대구대학교 대학원 사회복지학 석사
대구대학교 대학원 사회복지학 박사
현 대구대학교 사회복지학과 외래교수
저서 : 〈아동복지론〉, 〈자원봉사론〉, 〈초 · 중 · 고생을 위한 약물 오남용 예방교육 강사용 지도서〉 외 다수

▪ 김연진

이화여자대학교 사회학과 졸업
서울대학교 보건대학원 보건사회학 석사
광주대학교 사회복지전문대학원 사회복지학 박사
현 목포과학대학교 사회복지과 교수
저서 : 〈노인복지론〉

사회복지실천론

|공저자| 남연희 · 박영국 · 도기봉 · 김연진

|1판 1쇄 발행| 2023년 3월 10일

|발행인| 김 동 훈
|발행처| 공 동 체

|주소| 경기도 고양시 일산동구 호수로 358-39
동문타워 I 905호(백석동)
|전화| 031) 814-3000(대표)
|팩스| 031) 814-3100
|홈페이지| http://www.compub.co.kr
|전자우편| compub@naver.com
|출판등록| 2005년 10월 6일
|등록번호| 제396-2005-36호

|ISBN| 979-11-6725-237-1
정가 20,000원